HOWARD GARDNER

Aprire le menti

La creatività e i dilemmi
dell'educazione

Introduzione di Marianella Sclavi
Traduzione di Nicoletta Cherubini e Marianella Sclavi

D1717575

Ma noi, siamo cinesi?

di Marianella Sclavi

Aprire le menti è un libro-laboratorio in cui i lettori sono praticamente obbligati a entrare a far parte dell'esperimento in corso. È un libro-invito a un gioco: il gioco di guardare noi stessi e il nostro contesto educativo e scolastico con gli occhi di altre culture, di altri sistemi di autorità, alla luce di diverse e contrastanti concezioni di cosa significa "istruirsi", "conoscere", "scuola". In questo caso il confronto è fra i sistemi educativi e scolastici americano, cinese e, attraverso i lettori, italiano.

Ma *Aprire le menti* è soprattutto un libro-sfida. La sfida è: trovare i modi per far funzionare la scuola in una società multi-culturale. La compresenza in una stessa area geografica di persone e gruppi con radici culturali diverse è un fenomeno inarrestabile, destinato a trasformare profondamente nei prossimi decenni lo scenario di città e paesi in ogni parte del mondo; un fenomeno che costringerà tutti quanti, bene o male, volenti o nolenti, a ridefinire sia i criteri del "noi" che i criteri del rapporto fra "noi" e "gli altri". All'avanzata di questo fenomeno, tutte le vecchie ricette sia educative che scolastiche sembrano andare in tilt. Per quanto riguarda la scuola, né il tradizionalismo cinese, né il nozionismo europeo e neppure il più giovane e scattante orientamento progressivo statunitense sembrano adeguati. Questo è il problema.

Questa introduzione, composta di quattro paragrafi, ha lo scopo principale di fornire al lettore una serie di informazioni di sostegno al suo ruolo di co-protagonista di un siffatto libro.

Il primo paragrafo serve a presentare Howard Gardner e spiegare come egli, avendo vissuto l'esperienza di shock culturale, abbia deciso di farne il centro di questo libro. Vi è anche un accenno ai problemi che ha posto a chi ha tradotto e curato il presente libro il fatto che Gardner faccia ricorso a volte al "femminile generico" (il femminile usato a implicare sia femmine che maschi). A Harvard, dove Gardner insegna, questo uso del femminile generico è ormai da anni considerato "normale", tanto che si sarebbe criticati se non si usasse *sia* il maschile *sia* il femminile come generi con una stessa capacità e forza di implicarsi a vicenda. In Italia e in italiano, naturalmente, la situazione è un po' diversa... né mi risulta che alla Bocconi o alla Statale di Milano vi sia una analoga sensibilità.

La decisione presa è stata di attenersi al testo originale, precisando in nota che quell'uso del femminile non è un errore tipografico. Inoltre mi è parsa un'utile provocazione usare anch'io in questa introduzione, un po' di femminile generico, invitando i lettori a meditare sulle radici culturali dell'inevitabile senso di fastidio che sono consapevole di procurare.

Il secondo paragrafo è composto di alcuni esempi intesi a suggerire che "le lettrici" faranno con molte probabilità una scoperta davvero inquietante e sorprendente: immesse, attraverso il racconto di Gardner, in situazioni specifiche di tensione fra le due visioni del mondo contrastanti, quella americana e quella cinese, si troveranno per lo più "schierate" dalla parte dei cinesi. Ovvero: i modi con cui i cinesi affrontano le questioni dell'autorità, il rapporto adulti-bambini, il ruolo e gli scopi della istruzione scolastica, i rapporti cittadino-pubblica amministrazione, cittadino-pubblica autorità, ci risultano più "familiari", più facilmente comprensibili, anche se non necessariamente condivisibili, di quelli della cultura statunitense. Questo fatto, se verificato dalle lettrici, è destinato a darci una visione quantomeno insolita della nostra collocazione nel mondo, degna di qualche meditazione.

Nel terzo paragrafo descrivo quattro caratteristiche del sistema scolastico statunitense che a noi paiono utopistiche e/o "eccessive" e che invece Gardner dà per scontate, col risultato che non di rado sono le sue reazioni ai comportamenti dei cinesi che a noi appaiono "eccessive".

Quarto paragrafo: la teoria delle intelligenze multiple di Howard Gardner presentata nel suo libro *Formae mentis*[1] come contributo stimolante e originale alla questione del multiculturalismo nella scuola e questo *Aprire le Menti* come sviluppo di tale teoria.

---

[1] Howard Gardner; *Formae mentis. Saggio sulla pluralità dell'intelligenza* (1983), Feltrinelli, Milano 1987.

Elogio dello shock culturale

Howard Gardner, che insegna al Dipartimento di Studi sull'educazione di Harvard, è uno degli studiosi dell'apprendimento più originali e anche fra i più conosciuti e ascoltati nel variegato mondo della scuola statunitense. I suoi principali ispiratori e maestri sono stati Erik Erikson, Jerome Bruner, Nelson Goodman, Jean Piaget e Susanne Langer.

Le insegnanti americane leggono volentieri i suoi libri perché sa scrivere cose complesse in modo chiaro e perché molte delle teorie più ardite di Gardner nascono dalla sua tendenza a pensare che se una brava insegnante non si conforma a certi principi di Piaget, vale certamente la pena indagare se per caso non sia Piaget ad aver torto.

Formae mentis e questo *Aprire le menti* sono due testi[2] grazie ai quali il movimento di educazione progressiva,[3] dopo anni di stallo e confusione sotto le critiche della "nuova destra" dell'età reaganiana, sta incominciando a darsi una nuova impalcatura teorica ed epistemologica, e nuove strategie per affrontare i limiti sempre più evidenti del sistema educativo e scolastico statunitense.[4]

Nel 1984 Gardner si era recato in Cina, accompagnato dalla moglie e dal figlioletto di un anno e mezzo, per cercare di capire, visitando asili e scuole elementari, come mai i bambini cinesi sanno dipingere, raccontare storie, danzare ed eseguire altre attività artistiche con tanta freschezza e bravura tecnica, nonostante che i loro insegnanti seguano una impostazione didattica che è il contrario di quanto raccomandato dalla moderna pedagogia statunitense, nonché da lui stesso.

Giunti in Cina, Gardner e la moglie si accorgono che i cinesi, in albergo, per le strade, ai giardinetti pubblici, sembrano non saper resistere alla tentazione di intervenire nei loro rapporti col

---

[2] Per *Formae mentis* Gardner ha ricevuto una quantità di riconoscimenti e premi di grande prestigio, fra i quali il *National Psychology Award for Excellence in the Media*, della American Psychological Association e recentemente i 150.000 dollari del *Grawemeyer Award in Education* dell'Università di Louisville.

[3] Fondato all'inizio del secolo da John Dewey e William James e divenuto dominante nelle scuole statunitensi dal primo dopoguerra in poi. Su questo movimento negli Usa: Roberto Mazzetti, Dewey e Bruner, *Il processo educativo nella società industriale*, Armando, Roma 1976, e sulla ricezione dell'attivismo deweyiano in Italia: Tina Tommasi, *Scuola e pedagogia in Italia 1948-1960*, Editori Riuniti, Roma 1977.

[4] In particolare *Aprire le menti* è una risposta (come indica anche il titolo) al più importante e arrogante testo della "nuova destra" sui problemi della scuola, il best seller di Allan Bloom, *La chiusura della mente americana*, Frassinelli, Milano 1988; ed. orig. 1987.

figlioletto, mostrando direttamente al bambino "come si fanno le cose" e indirettamente agli stupefatti e risentiti genitori, quale dovrebbe essere, con tutta l'ovvietà di un sapere filtrato nei secoli, un corretto rapporto adulti-bambini.

Queste scene, in cui gli interlocutori reagiscono vicendevolmente con trattenuta insofferenza, malcelata disapprovazione, educata ostilità, rimandano a opposte concezioni dell'autorità e della conoscenza che ognuna delle due parti dà per scontate e che emergono alla coscienza solo tramite questo tipo di scontro-incontro. Per Gardner sono una rivelazione.

Vedendosi per la prima volta in vita sua "dal di fuori", egli si rende conto di essere profondamente, straordinariamente "americano" sia nei propri comportamenti che nelle proprie reazioni alle reazioni dei cinesi. La stessa impostazione delle sue ricerche e le teorie di psicologia cognitiva che ha elaborato gli appaiono condizionate dal contesto sociale statunitense molto più di quanto si aspettasse.

Da epistemologo, Gardner si rende conto che queste "scene di reciproca insofferenza" sono un percorso conoscitivo vitale (quindi non da evitare, ma da cercare) in qualsiasi ricerca che riguardi il rapporto fra culture e visioni del mondo diverse. (E quindi anche per comprendere, lui americano, come mai i bambini cinesi danzano con tanta spontaneità e bravura tecnica.)

Da psicologo dello sviluppo e pedagogo, gli salta all'occhio l'enorme valenza educativa di una tale esperienza. In un mondo sempre più multiculturale, insegnare agli studenti a riconoscere e rispettare le tensioni derivanti dallo scontro-incontro fra diverse Weltanschauung, è probabilmente più importante che insegnare loro più di una lingua.

Da ex studente che negli anni cinquanta e sessanta ha frequentato alcune delle migliori scuole degli Stati Uniti e da esperto di problemi dell'apprendimento, è in un'ottima posizione per sapere che la scuola non è stata attrezzata per trasmettere né questo tipo di sensibilità, né questo tipo di conoscenze.

Invece è proprio nei ricordi di infanzia, in quanto figlio nato negli Stati Uniti da genitori ebrei sfuggiti al nazismo, che trova un relativamente ricco bagaglio di aneddoti ed esempi di tensioni fra diverse concezioni del mondo (Europa-Stati Uniti) le quali, vissute allora prevalentemente come frustrazioni, acquistano a posteriori la coloritura di un doppio legame che ha favorito la sua creatività.

La struttura di questo libro riflette tutto questo: metà viaggio autobiografico, metà viaggio in Cina, alla ricerca di esempi su come divergenti principi di autorità e conoscenza possono manifestarsi e scontrarsi. Il libro diventa così una iniziale "banca dati", o "banca-esempi", da usare a scuola e nella vita e che la lettrice è invitata ad arricchire attingendo alla propria storia familiare e alla propria esperienza.

Infine c'è il ricorso, a volte, al "femminile generico". Per Gardner questo comportamento è del tutto ovvio (perché condiviso nel suo ambiente intellettuale) e abituale: nel suo libro *Artful Scribbles* (Scarabocchi artistici) uscito nel 1980, ha fatto ricorso a maschile e femminile generici a capitoli alterni, e in quasi tutti i suoi saggi e articoli, sia scientifici che giornalistici, usa il femminile o il maschile a seconda di come gli viene meglio nel particolare contesto. Un tale comportamento linguistico, già iconoclasta in inglese, in italiano è destinato ad esserlo ancor più, sia perché la nostra lingua è più "sessuata" dell'inglese,[5] sia perché la nostra è una cultura più tradizionalista. Questo specifico problema di traduzione è quindi pertinente al tema trattato nel libro. Così, quando nei capitoli che seguono (oltre che in questa introduzione), troverete un femminile che vi sembrerà troppo invadente, allarmatevi pure, ma sappiate di cosa si tratta: è "solo" un *doppio shock*, di cultura e di genere.

In che senso "siamo cinesi"

Immaginate di stare nell'atrio di un hotel e di vedere un bambino di un anno e mezzo circa che con aria entusiasta e senza dare la minima idea di voler smettere, sta sbattendo il pendaglio della chiave della camera contro la cassetta portachiavi dell'albergo. Quali sarebbero le vostre reazioni? Vi dico le mie. Credo che anch'io, come i cinesi che passavano lì accanto, avrei una certa tendenza a fermarmi a guardare e a pensare che quei due genitori che stanno osservando il proprio pargoletto senza intervenire dimostrano una certa mancanza di rispetto verso gli altri ospiti dell'albergo. Non capirei al volo il motivo per cui questi genitori ostentano un'aria compiaciuta, come se stessero assistendo a dei progressi fondamentali nella vita sociale e intellettuale del loro bambino. Infine, non so se in tale situazione anch'io, come gran parte dei cinesi, interverrei prendendo la manina del bimbo e facendogli vedere come si infila la chiave nella fessura della cassetta, ma so per certo che mia madre lo fa-

---

[5] Gardner parla di un "child" o di uno "student" e che sia al femminile lo apprendiamo solo quando usa il pronome: "she"; ma noi parliamo subito di un "bambino" o una "bambina"; al plurale abbiamo "readers" e "they", che valgono sia per maschile che femminile, non così per noi in cui è molto chiaro che vi sono "lettori" e "lettrici"... ecc... ecc...

rebbe o comunque sarebbe fortemente tentata di farlo, e con lei tutta una serie di signore della generazione precedente la mia.

In breve: il comportamento dei cinesi, così come descritto da Gardner, mi risulta più familiare e immediatamente comprensibile di quello di Gardner stesso e di sua moglie. Posso non condividerlo interamente, ma non mi appare come un comportamento assurdo, ridicolo, esterno all'arco di possibilità previste dalla cultura cui appartengo, come invece succede a Gardner e moglie.

Può darsi che poi, se mi trovassi per davvero all'Hotel Jinling di Nanchino di fronte a un bimbo in carne e ossa che gioiosamente sta misurandosi col compito di infilare la chiave nella cassetta, reagirei in modo completamente diverso. Ma quello che conta, in questo gioco, non è "cosa faremmo per davvero", ma le associazioni di idee, il ventaglio di giudizi e spiegazioni possibili che, nel leggere quell'episodio, ci vengono in mente.

Un altro esempio, relativo a un altro ordine di rapporti.

Racconta Gardner che di solito, al termine o della visita a una scuola o di una conferenza, invitava gli insegnanti e amministratori cinesi presenti a fare delle domande. In queste occasioni l'ha colpito la puntigliosità con cui gli insegnanti cinesi continuavano a proporre domande sul "curriculum della scuola americana" e su dove e come potevano "procurarsene una copia".[6] Gardner e la moglie avevano un bel spiegare che negli Stati Uniti non esistono né un ministero della Pubblica Istruzione, né dei programmi nazionali; che questo tipo di decisioni vengono lasciate ai più di quindicimila distretti scolastici, i quali a loro volta spesso le affidano alle singole scuole, le quali le delegano ai singoli dipartimenti per materia o gruppi di materie, i quali non di rado si limitano a coordinare le proposte dei singoli docenti.

Gli insegnanti cinesi non sembravano voler capire ragione. Li lasciavano parlare assentendo cortesemente e poi: "Sì, va bene, ma un qualche tipo di programma ci sarà pure, come possiamo procurarcene una copia?"

Anche in questo caso devo ammettere che lo sconcerto degli insegnanti cinesi mi suona abbastanza ovvio, mentre la facilità con cui Gardner parla di insegnanti che decidono in tutta autonomia cosa insegnare, mi sembra un atteggiamento che viene da un altro mondo. Un sistema di istruzione nazionale privo di ministero della Pubblica Istruzione, in Italia, richiama alla mente prevalentemente idee di caos, anarchia, caduta della qualità dell'insegnamento e dei controlli; in breve: aumento di tutti i di-

---

[6] Capitolo 11, p. 276

fetti che già esistono, nei riguardi dei quali il ministero viene ritenuto in parte responsabile, ma in parte ancora maggiore, un argine. Come i cinesi e a differenza degli americani, anche noi "non possiamo non dirci ministeriali".

Gli altri esempi li lascio a voi. Invece vorrei qui accennare al fatto che anche alcune delle conclusioni generali tratte da Gardner dalla sua esperienza, possono essere arricchite e in parte cambiate da una lettrice italiana. Gardner individua cinque punti o assunzioni generali che sono in grado di dar conto dei nessi fra ciò che egli ha osservato nelle classi di educazione artistica in Cina e la più generale concezione dell'educazione e dell'autorità nella società cinese. Questi punti, frutto di una osservazione "per differenze" fra la società statunitense e quella cinese, sintetizzano una visione del mondo considerata globalmente ovvia, scontata in Cina, mentre altrettanto apoditticamente e globalmente, suggerisce Gardner, è considerata "sbagliata" e "stonata" negli Usa. Eccoli:

1. La vita dovrebbe dipanarsi come un'esecuzione artistica, dai ruoli ben delineati.

2. Ogni arte dovrebbe perseguire la bellezza ed essere promotrice di comportamenti buoni (morali).

3. Un controllo è sempre necessario e deve emanare dall'alto.

4. L'educazione procede grazie a una continua attività di formazione e modellamento.

5. Le capacità di base sono essenziali e devono precedere ogni sforzo di incoraggiare la creatività.

Domanda alla lettrice: ti pare che il modo di pensare degli italiani – così come risulta dalla tua esperienza – sia in accordo o in contrasto con ognuna di queste cinque affermazioni, ovvero sia più simile a quello dei cinesi o a quello degli americani? Si tratta di un esercizio che consiglio di fare dopo aver letto il libro e i cui risultati varieranno da persona a persona. Ma anche indipendentemente dai risultati (anche se non "vince la Cina"...), credo si possa asserire che nelle mani della lettrice italiana la concatenazione e interconessione "quasi confuciana" dei cinque punti proposti da Gardner è destinata a rompersi. Risultato inquietante.

Voglio dire: noi siamo abituate a considerarci "occidentali". Con questa espressione intendiamo grosso modo che le comuni radici nel pensiero greco-latino, il Rinascimento e la Rivoluzione industriale hanno avuto dei riflessi precisi e determinanti sulla organizzazione della nostra vita quotidiana e sui nostri modi di pensare e vedere il mondo. Quando diciamo "noi occidentali" intendiamo che in tutto questo noi siamo più simili agli americani che non ai cinesi. È sottinteso che sia così, è ovvio. Ma la lettura di questo libro ci mostra che non è vero.

Al contrario: questo libro ci fa venire il dubbio che ogniqualvolta ci si occupi specificamente di comparazione fra concezioni della educazione e della autorità, l'espressione "noi occidentali" (cui ricorre spesso lo stesso Gardner...) sia una categoria inadeguata e fuorviante. Una categoria che invece di farci capire le cose, ci impedisce di vederle con chiarezza.

Già centocinquant'anni fa Alexis de Tocqueville in *La democrazia in America* aveva documentato come in America stesse nascendo *un'altra cultura* rispetto a quella europea. Bisogna riconoscere che non gli abbiamo dato molto credito. Oggigiorno la questione del multiculturalismo ci costringe a riaffrontare il problema.

Howard-Gardner-in-Cina, come ribadirò con diversi argomenti anche nel prossimo paragrafo, a "noi" pare prima di tutto non "occidentale", ma "americano". Ed è probabile che col moltiplicarsi di studi comparativi concreti fra i modi di concepire la vita quotidiana in culture diverse diventerà sempre più evidente come al posto di *una cultura* occidentale sia utile presupporne, a seconda dell' angolazione della ricerca, *almeno due*,[7] ma probabilmente tre o più.[8]

Non è possibile comprendere il diverso senza trovare la diversità anche dentro noi stessi.

Quattro caratteristiche "eccessive" della scuola statunitense

In Cina l'apparato statale e il partito hanno il monopolio nell'organizzazione della società e l'iniziativa e la responsabilità lasciate alla società civile sono ridotte ai minimi termini; negli Stati Uniti è il contrario. In Cina vale ancor oggi il detto "Prima di correre bisogna imparare a camminare": i bambini fin da piccolissimi vengono guidati ad acquisire le "abilità di base" tramite esercizi di ripetizione perfezionistica. In Usa l'accento è tutto spostato su "Impara a camminare sulle tue gambe, non su quelle degli antenati": un insegnamento che incoraggia la scoperta indi-

---

[7] Due culture che – sulle tematiche della educazione e concezione dell'autorità – non coincidono con la tradizionale distinzione: cultura anglosassone e cultura "europea-continentale". Ne fa testimonianza lo shock culturale, particolarmente violento perché di solito non atteso, di chi si trasferisce, con figli, dall'Inghilterra agli Stati Uniti.

[8] Analogamente negli anni settanta e ottanta per capire più concretamente i problemi del nostro paese abbiamo trovato utile parlare di tre o più "Italie".

viduale delle soluzioni, la sperimentazione. Negli Stati Uniti si crede nella possibilità di formulare giudizi di merito "non partigiani", cioè nella possibilità di far prevalere dei criteri professionali su quelli di parte; in Cina Gardner, seguendo gli sguardi dei suoi interlocutori, "sa" subito chi è nel gruppo il rappresentante del partito. In Cina la politica scolastica viene decisa dal ministero della Pubblica Istruzione tramite dei programmi ministeriali, negli Usa i singoli stati si limitano a fissare in termini piuttosto generici i requisiti minimi per ottenere il diploma, lasciando tutta l'iniziativa ai distretti scolastici.

Gardner in questo libro ci offre numerosi esempi di come una persona nata e cresciuta entro un sistema disperso e pluralistico come quello statunitense, reagisce di fronte a un sistema opposto, dominato dal partito e dal centralismo burocratico.

Sono, quelle che Gardner ci descrive, reazioni spontanee e immediate di un cittadino americano in Cina, di un buon osservatore che procede più ascoltando la voce della propria cultura che non cercando di verificare degli schemi concettuali precostituiti. Eppure alla lettrice italiana tali reazioni sono destinate ad apparire spesso eccessive e precostituite. Ed è naturale che sia così perché lo sfondo sociale cui l'autore attinge per il confronto è profondamente diverso non solo da quello cinese, ma anche dal nostro.

Quello che segue è un elenco di alcuni principi di funzionamento del sistema scolastico statunitense alla cui luce le reazioni di Gardner alla Cina ci diventeranno più comprensibili.

Ne ho individuati quattro, i primi due relativi alla gestione della scuola, i rimanenti all'impronta della pedagogia progressiva[9]:

1. I cittadini di ogni distretto scolastico si assumono tutti i compiti relativi alla pubblica istruzione da noi svolti dal Parlamento e dal ministero della Pubblica Istruzione.[10] Essi eleggono un organo rappresentativo il quale assume un manager che diviene il capo dell'esecutivo.

2. La principale regola generale di gestione a tutti i livelli e su tutte le questioni è: "Guardarsi attorno e imparare da chi fa me-

---

[9] Per una descrizione e discussione molto più particolareggiate rimando al mio libro *A una spanna da terra. Indagine su una giornata di scuola negli Stati Uniti e in Italia e sui fondamenti di una metodologia umoristica*, Feltrinelli, Milano 1989.

[10] Ai cittadini del distretto spetta decidere le finalità e i contenuti dell'istruzione, le modalità di assunzione del personale e di gestione e controllo dell'apparato scolastico nonché i criteri ed entità di autotassazione per sopperire ai costi. I distretti scolatici sono totalmente autonomi l'uno dall'altro, liberi di coordinare le proprie iniziative oppure no. Compito di ogni stato è fissare i requisiti *minimi* per ottenere i diplomi e proporre dei test per la verifica dei livelli di preparazione in certe materie essenziali.

glio",[11] sulla base di principi di valutazione di merito, non procedurali.

3. Nella scuola dell'obbligo (che arriva ai 17 anni) il sapere libresco e la sua ripetizione mnemonica, sono sostituiti dall'apprendere tramite l'esperienza.[12]

4. Agli studenti, man mano che crescono, viene riconosciuto un sempre più ampio diritto di decidere *quanto studiare* (possono scegliere di non fare praticamente niente...) e *quali materie studiare*.[13] Anche gli insegnanti, entro certi limiti possono decidere cosa insegnare e come. Ma ognuno è sottoposto a una serie per noi incredibile di verifiche e controlli di merito.[14] Nessuno può fare "le proprie cose" nella propria stanzetta, senza che gli altri interferiscano.

Questi principi, mentre rappresentano "il nostro contrario", riflettono abbastanza bene quei valori e pratiche progressive (possibilità di scelta, flessibilità, individualità, automotivazione, la ricerca del "divertente" e del "rapporto significativo") che sono venute sempre più caratterizzando la società americana da cent'anni a questa parte e ciò che Gardner ha in mente quando contrappone il proprio modo di concepire l'istruzione scolastica a quello dominante in Cina.

Afferrare il toro del multiculturalismo per le corna

Nel corso degli anni settanta di fronte a una molteplicità di gruppi etnici sempre più consapevoli del proprio diritto sia all'istruzione che a mantenere una propria identità culturale, la

---

[11] Viceversa: secondo l'etica protestante, il modo più serio di offrire aiuto al prossimo è tramite il proprio esempio.

[12] Si apprende imparando a fare: costruire oggetti con diversi materiali, scrivere poesie e brevi racconti, leggere dei "classici" per commentarli in base alla propria esperienza e alle proprie reazioni, fare piccole ricerche in laboratori scientifici, organizzare recite, dibattiti, redigere giornali e/o trasmissioni televisive, ecc.

[13] L'amministrazione scolastica da parte sua deve offrire tutti gli stimoli possibili per fare in modo che gli studenti scelgano *liberamente* di cimentarsi al *loro* (deciso da loro...) *massimo*.

[14] Per esempio, un insegnante che sta attuando un nuovo corso ha a che fare con i giudizi: degli studenti che così come hanno scelto quel corso, possono lasciarlo; con i *counselors* degli studenti (consiglieri per fare o disfare i piani di studi), i quali sanno sempre tutto; con il capo del proprio dipartimento e gli altri insegnanti dello stesso, i quali avendo permesso l'esperimento vogliono delle relazioni su come sta andando; con il preside e vicepresidi i quali vanno varie volte ad assistere alle lezioni e ne scrivono una dettagliata narrativa; con le associazioni degli insegnanti della stessa materia, le quali immediatamente la invitano alle loro riunioni.

società statunitense ha reagito in due modi: da un lato, sull'onda della campagna dei diritti civili, con un consistente aumento di borse di studio e aiuti del governo federale agli studenti bisognosi e dall'altro abbassando i livelli minimi richiesti per prendere il diploma e ampliando il ventaglio delle materie offerte con l'aggiunta sia di corsi obbligatori (come "storia africana" e "storia asiatica") che di seminari opzionali corrispondenti a richieste specifiche ("storia dell'Olocausto", "storia dell'Islam", "storia dei movimenti migratori in Estremo Oriente", ecc.).

All'inizio degli anni ottanta, con l'amministrazione Reagan, tutto questo è cambiato: i fondi federali sono stati soppressi o tagliati[15] e sono cominciati a uscire allarmati rapporti sullo stato "disastroso" dell'educazione pubblica statunitense.[16] Questi rapporti erano centrati su un'accusa e una proposta: l'accusa era di aver creato un "bazar delle culture"[17] in cui, in nome della "apertura mentale e non discriminazione", ognuno poteva piluccare a proprio piacimento senza mai conoscere a fondo le radici culturali e le tradizioni di pensiero "che contano" (cioè quelle occidentali...) e la proposta era di istituire un piano di studi severo e uguale per tutti, teso a fornire a tutti "le nozioni matematiche, scientifiche e umanistiche di base".

Come conseguenza di questa campagna, nella seconda metà degli anni ottanta quasi tutti gli stati hanno elevato i minimi richiesti per il diploma di high school e gran parte dei distretti scolastici hanno concentrato i propri programmi su materie più tradizionali e fatto ricorso più sistematicamente a test standardizzati per la verifica della preparazione degli studenti.

Il movimento progressivo ci ha messo un po' a passare al contrattacco, anche perché non tutte le critiche erano prive di fondamento. In particolare tre critiche del sistema scolastico statunitense dovevano essere tolte di mano ai neoconservatori e affrontate in una rinnovata prospettiva progressiva:

1. Nella scuola statunitense manca l'esperienza (che noi europei invece conosciamo benissimo...) di fare per un lungo periodo di tempo qualcosa che non si capisce bene, ma che si dimostrerà importante in seguito.

2. Gli adulti evitano di "imporsi" indicando quali nozioni

[15] W. De Marcell Smith e E. Wells Chunn, *Black education. A quest for equity and excellence*, Transaction Publisher, New Brunswich and Oxford 1989.

[16] Mortimer J. Adler, *Progetto Paideia. Un Manifesto sull'educazione*, Armando, Roma 1985; ed. orig. 1982; e per una visione d'insieme: Beatrice e Ronald Ross (a cura di), *The Great school Debate*, Simon and Schuster, New York 1985.

[17] Espressione resa famosa da Allan Bloom, *La chiusura della mente americana*, cit.

sono fondamentali e quali secondarie, sottraendo ai giovani un'altra esperienza che (se gestita bene...) può essere fondamentale: quella del conflitto fra generazioni diverse.

3. Nelle scuole americane non si impara a riconoscere e gestire positivamente il conflitto fra culture diverse. L'ideale di una democrazia in cui ognuno' può coltivare il proprio orticello, si è dimostrato un collante troppo debole per tenere assieme una società multiculturale. Troppo debole e troppo poco credibile.

La teoria delle intelligenze multiple di Howard Gardner – come vedremo per sommi capi fra poco – ha offerto al movimento progressivo la possibilità di combinare la varietà dei percorsi con la continuità di impegno (carenza n. 1) e il rispetto per le "tendenze" espresse da ogni individuo con una organizzazione degli studi più rigida (carenza n. 2).

Invece è *Aprire le menti* il lavoro che offre elementi per afferrare il toro del multiculturalismo per le corna: è possibile una scuola dell'obbligo multiculturale che funzioni rimanendo non selettiva e non imponendo a tutti un unico modo di pensare e di operare?

Gardner critica le posizioni neoconservatrici perché basate su un'analisi inadeguata dei processi di apprendimento e su una visione anacronistica della società americana.[18]

Tutte le proposte di tornare a un programma uniforme insegnato in modi e tempi uniformi si richiamano all'idea che esiste una unica modalità valida di intelligenza (quella logico-matematica), che tutti gli esseri umani possiedono in gradi diversi (idea implicita anche nel nostro concetto di "maturità" dello studente e relativa prassi della bocciatura).

Al contrario, in *Formae mentis* Gardner ci mostra all'opera una molteplicità di intelligenze dotate di inclinazioni ben precise, che richiedono dei programmi flessibili capaci di dare loro spazio. Vengono individuate e illustrate sette diverse intelligenze: linguistica, spaziale, musicale, corporeo-cinestetica, logico-matematica, abilità interpersonali e intrapersonali, ognuna ampiamente indipendente dall'altra (per cui uno può essere un genio in una e un disastro nell'altra) e ognuna che procede in modi diversi.[19] Ognuna di queste intelligenze, pur richiedendo ogni volta il concorso di quasi tutte le altre, è più adatta delle altre alla soluzione di specifici tipi di problemi. Ogni persona, così come ha delle impronte digitali, ha una propria impronta intel-

[18] Howard Gardner, "The Difficulties of School: Probable Causes, Possible Cures", in *Daedalus*, primavera 1990, p. 86.
[19] In questa teoria lo statuto della razionalità logico-matematica è pari a quello delle altre intelligenze.

lettuale, per cui nasce con una maggiore propensione verso la comprensione del mondo da certi punti di vista e in certe aree dello scibile e con degli handicap in altre aree e/o discipline.

In una scuola concepita su queste basi, l'obiettivo sarà sempre quello di far sì che ognuno sappia *leggere, scrivere, parlare, ascoltare, osservare, misurare, valutare, calcolare,* ma i modi e i tempi di insegnare queste capacità, dovranno variare da persona a persona. A ogni studente, in questa scuola, dovrebbe essere richiesto fin dai primi anni di scuola di "scoprire se stesso", le proprie "aree forti" e "aree deboli", perseguendo una serie di attività nei tre campi: artistico, accademico e corporeo-cinestetico;[20] lavoro di esplorazione coadiuvato dal ricorso a test capaci di misurare l'intero arco delle competenze intellettuali. A ogni studente dovrebbe essere richiesto un impegno particolarmente approfondito e protratto nel tempo nelle proprie aree forti, con anche un rapporto di "apprendistato" con un adulto riconosciuto come "maestro" in quel campo.[21] Ma l'aspetto veramente sovversivo della teoria delle intelligenze multiple rispetto all'attuale modo di operare della scuola (e della società...) statunitense è proprio il fatto che, approfondendo i modi e caratteri delle differenze, *riapre la questione del conflitto*: come si capiscono fra loro una persona prevalentemente polarizzata su un'intelligenza di tipo analitico e una quasi totalmente consegnata all'intelligenza, mettiamo, corporeo-cinestetica? Come avviene lo scontro-incontro fra Weltanschauung che operano su piani diversi e in modi diversi, sia sul piano interindividuale che su quello interculturale?

Questa è la questione sulla quale il movimento progressivo ha sempre dato risposte debolissime e che lo stesso Howard Gardner incomincia ad affrontare direttamente solo nella presente ricerca.

[20] Howard Gardner, "The difficulties of School: Probable Causes, Possible Cures" , cit., pp 85-113.
[21] Sull'importanza di reintrodurre nella scuola rapporti di apprendistato e di tirocinio, vedi le conclusioni del presente libro.

a Beniamino, con profondo affetto

Nuova prefazione

Tutti i libri sono scritti per rispondere a un bisogno, ma solo pochi traggono origine da una spinta compulsiva. Ho ancora vividi nella mente gli eventi che mi hanno costretto a scrivere *Aprire le menti*. Nell'ultimo mese del mio quarto soggiorno in Cina, mi sono accorto che stavo per essere sommerso da un turbine di impressioni, sentimenti, domande, conclusioni. Le mie osservazioni nelle aule cinesi avevano messo in discussione alcune delle mie più radicate credenze in materia di educazione e di sviluppo umano e questa crisi professionale veniva esacerbata ulteriormente per il fatto che i mesi in Cina avevano fatto riemergere tematiche inquietanti dai lontani tempi della mia infanzia.

Per cercare di tenere sotto controllo questo crescente "shock culturale", iniziai a scrivere appunti e gli appunti divennero pagine e pagine. La mia agitazione andò crescendo finché non mi resi conto che l'unico modo per affrontarla era cercare di metterne assieme tutti i pezzi in un'unica forma coerente. Appena tornato negli Stati Uniti, ho ripulito la mia scrivania, mi sono chiuso in casa e, con una tensione più simile a quella di un Georges Simenon che non a quella di un sobrio psicologo, ho buttato giù la prima stesura di *Aprire le menti* in meno di due settimane. A differenza di Simenon, ho poi passato l'intero anno seguente a modificare questa prima stesura e sono convinto che le numerose revisioni abbiano effettivamente migliorato di molto il testo originale.

Di gran lunga il più personale dei miei libri, *Aprire le menti* ha provocato un ampio ventaglio di reazioni da parte di una larga gamma di persone. I lettori hanno provato interesse, simpatia, rifiuto nei riguardi di parti diverse della mia narrazione. Bambini immigrati e adulti residenti in città come Scranton, in

Pennsylvania, hanno concentrato la loro attenzione sul ritratto della mia infanzia; psicologi, educatori, neurologi e artisti, sui diversi filoni della mia formazione professionale; amanti della Cina hanno condiviso il mio entusiasmo per quel paese, i suoi abitanti e le abilità artistiche dei suoi bambini; i fustigatori della Cina si sono invece concentrati sull'autoritarismo implicito nel peso dato all'esecutività ripetitiva; esperti della Cina mi hanno offerto loro interpretazioni di certi incidenti – per esempio l'episodio da cui ho preso l'avvio, nel quale dei cinesi adulti tentano di guidare la manina di mio figlio Beniamino in modo che riesca ad infilare la chiave nella cassetta portachiavi dell'hotel.

Alcuni hanno asserito che ho posto un'enfasi esagerata sul valore che i cinesi attribuirebbero alle formalità nella vita quotidiana, mentre altri hanno espresso l'opinione che non ho dato sufficiente rilevanza al motivo della creatività taoista che scorre su un binario parallelo alla storia cinese. Un tale arco di reazioni è molto simile a quello che di solito accompagna un pranzo cinese: nessuno ha protestato per la varietà dei piatti, alcuni commensali hanno apprezzato la mescolanza di certi cibi, mentre altri avrebbero voluto che alcune portate fossero più abbondanti.

Una reazione imprevista è venuta da persone di estrazione cinese cresciute o immigrate negli Stati Uniti. Alcuni di loro mi hanno scritto che la mia narrazione li ha aiutati a comprendere certi strani sentimenti che avevano provato nel contesto americano e specialmente nelle scuole americane. Mi ha fatto molto piacere venire a sapere che il mio resoconto può anche aiutare dei cinesi in America a fare i conti con una sorta di "shock culturale speculare" a quello provato da me e così contribuire alla comprensione interculturale.

Molti lettori si sono soffermati sulle mie proposte di nuovi obiettivi e metodi di insegnamento nella scuola contemporanea, specie nel contesto americano. Questa enfasi è appropriata perché la mia motivazione nel visitare la Cina e nello scrivere questo libro era catalitica piuttosto che etnografica, cioè finalizzata a usare le situazioni incontrate in Cina per comprendere meglio il *nostro* sistema di educazione e per avanzare proposte che potessero rafforzare le pratiche educative correnti.

Anche a questo proposito vi sono state reazioni tanto diverse quanto diversificato è stato il pubblico dei lettori. Alcuni lettori hanno sostenuto che avrei dovuto spingermi più avanti in direzione di una scuola totalmente calibrata sui punti di forza e le necessità dei singoli studenti; altri hanno sostenuto che sarebbe opportuno muoversi verso forme educative che promuovano la cooperazione e un corpo di conoscenze e abilità comuni. Alcuni hanno giudicato le mie proposte "roba vecchia", altri le hanno giudicate "utopiche". Un gratificante numero di lettori mi hanno scritto per sapere se ci sono delle scuole che stanno già applicando e sperimentando queste idee. Sono lieto di poter rispondere che, sì, almeno una dozzina di scuole americane stanno mettendo in opera alcune delle idee espresse nei capitoli finali di questo libro. Ovviamente queste idee per essere veramente produttive, devono essere filtrate attraverso le esigenze locali, esigenze spesso molto diverse da quelle che io avevo immaginato e certamente molto lontane da quelle di un pubblico cinese.

Sebbene mi senta ancora a mio agio rispetto i contenuti di *Aprire le menti,* desidero usare questa prefazione per aggiungere due lunghe note "a piè di pagina". Il primo insieme di considerazioni riguarda il contrasto tracciato nel libro fra "un'educazione centrata sul rispetto della esecuzione" come può essere concepita in un contesto segnato dal confucianesimo, e un'"educazione centrata sulla comprensione", come perseguita in Occidente. Questo contrasto mi convince ancora, a livello intuitivo. Ma a questo punto preferirei dire che tutti i tipi di educazione si propongono di sviluppare un insieme di abilità esecutive. La differenza consiste nel fatto che alcuni sistemi educativi si propongono di coltivare delle esecuzioni ripetitive, ritualistiche o convenzionali; mentre altri si propongono di promuovere capacità esecutive nelle quali l'individuo sia chiamato ad applicare concetti o forme di pensiero a situazioni nuove in un modo non previsto ma ciononondimeno appropriato. Sto lavorando intorno a questa nozione di "esecuzioni finalizzate alla comprensione" in un progetto di libro su *Educazione centrata sulla comprensione,* la cui pubblicazione è prevista entro il prossimo anno.

La mia seconda nota riguarda i recenti eventi in Cina. *Aprire le menti* è stato dato alle stampe nel maggio del 1989, poche settimane prima degli orribili avvenimenti in piazza Tienamen, dove un imprecisato numero di cittadini cinesi che avevano manifestato a favore della democrazia furono trucidati dai soldati dell'Armata del Popolo. Oltre ad affossare le speranze di una vita migliore di milioni di cinesi, la stretta repressiva che ne è seguita ha posto un freno almeno temporaneo ad alcune delle tendenze descritte in questo libro: le riforme del sistema educativo, la libertà artistica, gli scambi fra i nostri due paesi. Molti di noi hanno avuto la tentazione di reagire con sanzioni nei confronti della Cina, ma gli esperti di affari cinesi sono quasi unanimi nell'osservare che tali misure colpirebbero per primi proprio coloro che noi vorremmo aiutare. Di conseguenza io ho continuato a raccomandare ai miei colleghi di visitare la Cina e io stesso sto programmando di ritornarci.

Comprensibilmente, e non senza un elemento di autodifesa,

mi sono chiesto (e mi hanno chiesto) quali possono essere le implicazioni della svolta cinese dal punto di vista della prospettiva generale che sostengo nel libro. In fondo, come posso sostenere di aver imparato cose fondamentali da un paese capace di azioni così ripugnanti nei riguardi dei propri cittadini?

La mia opinione, certamente non disinteressata, è che *Aprire le menti* è tanto attuale oggi quanto lo era nel momento in cui l'ho scritto. I cinque principi generali che governano la vita cinese, come li ho sintetizzati nel capitolo 12, offrono una spiegazione perfino fastidiosa, tanto è accurata, del perché le autorità cinesi hanno agito in quel modo; in effetti, una volta che si è compresa la natura profondamente autoritaria, gerarchica e ritualistica di quella società, sarebbe panglossiano prevedere un qualsiasi tipo di reazione. Ma il fatto che una società faccia mostra di aspetti ripugnanti – quale società ne è priva? – non è una buona ragione per ignorare gli aspetti positivi che da lei possiamo imparare. L'approccio e i valori cinesi in fatto di educazione, di cultura, di estetica, continuano a serbare importanti lezioni per noi, le stesse che hanno serbato nel corso di alcune ultime migliaia di anni.

In effetti è proprio alle migliaia di anni di storia che dobbiamo guardare per cogliere la saggezza contenuta nella società cinese. Ho sentito un aneddoto attribuito di volta in volta all'uno o all'altro dei grandi leader del movimento comunista, Mao Dzedong e Zhou Enlai. A uno di questi due signori fu un giorno chiesto se pensava che la Rivoluzione francese fosse stata un successo. Egli ci pensò sopra un poco e poi rispose: "È semplicemente troppo presto per poterlo dire". Questa, credo, sia la prospettiva che bisogna assumere nei riguardi degli avvenimenti della civilizzazione cinese.

agosto 1990
Cambridge, Massachusetts

Ringraziamenti

I miei viaggi in Cina sono stati resi possibili dalla Fondazione Rockefeller, al cui staff e ai cui amministratori va il mio grazie più caloroso. In particolare desidero ringraziare Lonna Jones, Bill McCalpin, Russell Phillips, David Rockefeller Jr. e Ben Shute. Durante il Progetto Cina la mia più stretta collaboratrice e il mio più valido aiuto è stata Connie Wolf, ma devo molto anche a Kathy Lowry, che lavorava a Harvard, e a Chou Wen-chung, Michelle Vosper e Susan Rhodes del Centro sino-americano della Columbia University. Judy Greissman, Phoebe Hoss, Martin Kessler, Ann Rudick, Vincent Torre e Suzanne Wagner della Basic Books hanno fatto sì che fosse un piacere pubblicare ancora una volta con l'editore dei miei ultimi cinque libri. A Connie Wolf, Karen Donner e Mindy Kornhaber devo competenti e specifici contributi alla preparazione del manoscritto e dell'indice. Un grazie speciale a Mindy Kornhaber, che mi ha guidato nei marosi delle diverse traslitterazioni di parole e nomi cinesi antichi e moderni; mi scuso con lei se non ho sempre seguito i suoi suggerimenti. Ai miei amici John Brockman, Mihaly Csikszentmihalyi e David Feldman devo un prezioso e competente feedback per la prima versione di questo manoscritto. Mia moglie Ellen Winner è stata il mio sostegno durante la spesso difficile avventura Cina e ha influenzato con i suoi commenti le varie versioni che il manoscritto ha avuto sia per l'esposizione sia per le idee espressevi. Ann Slavit e Terry Baker hanno generosamente messo a mia disposizione il materiale fotografico. Altrettanto ha fatto la Foreign Languages Press di Pechino. Sono grato ai miei vecchi colleghi del Progetto Zero di Harvard e del Boston Veterans Administration Medical Center, e alle varie istituzioni che hanno finanziato il lavoro descritto in questo libro, tra le altre la

Carnegie Corporation, il Fondo Lilly, le Fondazioni Grant, MacArthur, Markle, McDonnell e Spencer.

Ho contratto altri numerosi, incalcolabili debiti lungo il percorso che ha condotto alla realizzazione di questo libro. Non mi è materialmente possibile ringraziare tutti coloro che mi hanno aiutato: tra loro ci sono quelle persone oggi dimenticate che hanno ispirato la mia prima infanzia e quei colleghi cinesi che, talvolta a proprio rischio, mi hanno permesso di sbirciare dietro le quinte. Spero che la mia gratitudine appaia chiara nelle pagine che seguono.

Aprire le menti

Una lunga marcia verso la creatività

L'Hotel Jinling è un albergo comodo e moderno, nel cuore della indaffaratissima Nanchino, nell'Est della Cina. Nella primavera del 1987 vi ho trascorso un mese intero, con mia moglie Ellen e il nostro figlioletto di un anno e mezzo, Beniamino. Scopo della nostra visita era studiare come si insegna "educazione artistica" negli asili infantili e nelle scuole elementari cinesi.

La chiave della camera dell'albergo era dotata di un massiccio pendaglio di plastica con sopra inciso il numero della stanza. Uscendo, bisognava riconsegnare la chiave porgendola a un inserviente oppure lasciandola scivolare dentro un'apposita cassetta. La fessura della cassetta era rettangolare e stretta e infilarvi la chiave richiedeva un po' di attenzione affinché chiave e pendaglio fossero entrambi orientati nel modo giusto.

Per Beniamino questa chiave, che poteva essere sbattuta vigorosamente di qua e di là, era un grande divertimento. Gli piaceva anche tentare di infilarla nella cassetta. Avvicinava la chiave alla fessura e provava a spingerla dentro. Data l'età, la mancanza di destrezza manuale e la scarsa comprensione della necessità di orientare la chiave "proprio così", le sue possibilità di successo erano piuttosto limitate, ma non se ne preoccupava affatto. Sbattere la chiave contro la cassetta era un'attività divertentissima e i suoni e le sensazioni cinestetiche che ne derivavano erano probabilmente più piacevoli della soddisfazione provata le rare volte in cui la manovra andava in porto.

Ellen e io eravamo più che lieti di lasciarlo fare e di osservarlo in questi suoi esperimenti. Di solito noi non avevamo fretta, lui chiaramente si stava divertendo e ci sembrava che questo "comportamento esplorativo" del bambino non dovesse infastidire nessuno. Ma presto osservammo un inquietante fenomeno. Gli inservienti che si trovavano o capitavano nei paraggi di questa scena e a volte anche alcuni ospiti dell'albergo, si fermavano, sorpresi, ad osservare Beniamino e non appena si rendevano conto di cosa stava tentando di fare e del suo insuccesso, si sentivano (specie le donne, ma a volte anche gli uomini...) in dovere di intervenire. Di solito la persona in questione afferrava delicatamente ma con fermezza la mano del bambino, aiutandolo a orientare la chiave nel modo giusto, poi dirigeva la mano verso la fessura e lo aiutava a sospingere dentro la chiave. Seguiva un sorriso, rivolto ad Ellen e a me, come di chi si attenda un ringraziamento, e a volte anche un corrugarsi della fronte come per ammonirci.

Si dà il caso che, a scapito dei futuri sviluppi dell'amicizia sino-americana, noi non ci sentissimo affatto particolarmente grati per questo aiuto. Dopo tutto non era come se avessimo lasciato Beniamino scatenarsi per i corridoi dell'albergo senza controllo alcuno; eravamo ben presenti e consapevoli di quel che stava facendo e doveva essere chiaro che il nostro non intervento era una precisa scelta. Entravano qui in conflitto due atteggiamenti radicalmente divergenti nei confronti dell'educazione dei bambini e del ruolo degli adulti nella loro socializzazione.

L'esserci portati dietro un bambino piccolo nel corso di un relativamente lungo soggiorno in Cina, ci ha offerto molte occasioni per confrontare Beniamino con i suoi coetanei cinesi e osservare i rapporti che di solito si instaurano fra adulti e bambini. Capitava spesso che degli adulti si rivolgessero a Beniamino, non solo per dirgli "Ciao!" o per giocare con lui (azioni riscontrabili in ogni paese del mondo), ma quasi sempre avendo anche in mente un preciso piano d'azione. A volte gli adulti si burlavano di Beniamino, fingendo di volergli donare o mostrare qualcosa, ma poi sottraendogli la ricompensa promessa. Più spesso l'intervento dell'adulto consisteva nel porgere un aiuto a Beniamino: riportargli una palla con la quale stava giocando, aiutarlo a stare seduto diritto nel suo sedile, accomodargli la camicetta o le scarpe, allontanarlo da una sporgenza pericolosa o manovrare il passeggino che egli maldestramente stava spingendo.

Ci divenne evidente che i bambini in Cina sono considerati territorio comune di caccia: gli adulti (e perfino gli adolescenti) non provano alcuna remora a intervenire nel loro processo educativo. Si potrebbe pensare che la fisionomia di Beniamino, che è egli stesso cinese, da noi adottato a Taiwan, fosse uno dei fattori che incoraggiavano tali interventi. Non è così: intrusioni del tutto analoghe sono ampiamente riportate da occidentali i cui figlioletti non assomigliano neppure lontanamente a dei cinesi. Era altrettanto chiaro che fra i cinesi c'è ampio consenso su ciò che, nella maggior parte delle situazioni, va giudicato giusto o sbagliato; negli incontri occasionali con Beniamino o altri bambini occidentali, essi non facevano altro che manifestare dei valori fermamente radicati.

Questi incidenti – mi resi presto conto – avevano direttamente a che fare con i motivi del nostro soggiorno di studio in Cina: investigare le modalità dell'educazione nei primi anni di scuola (con particolare riguardo per le arti) e, più specificamente, descrivere gli atteggiamenti dei cinesi nei riguardi della creatività. Così ho finito con l'incorporare l'aneddoto "della chiave nella fessura", nei miei frequenti colloqui con educatori cinesi. Mentre raccontavo loro questo episodio, studiavo le loro reazioni. Con pochissime eccezioni, le reazioni dei miei colleghi cinesi erano del tutto simili a quelle degli inservienti nell'Hotel Jinling. Poiché gli adulti sanno come infilare la chiave nella fessura della cassetta (era la loro reazione...) e poiché questo è il motivo per cui ci si avvicina alla cassetta, e poiché il pargoletto non è né sufficientemente cresciuto né abbastanza abile da mandare in porto per conto proprio l'azione desiderata, perché mai lasciarlo agitarsi senza guida? L'unico risultato non certo desiderabile sarà di farne un frustrato. Perché non mostrargli come si fa? Il bambino sarà felice (e quelli attorno ancor più), imparerà più in fretta come portare a compimento una certa azione e potrà dedicarsi ad attività più complesse, come aprire una porta, o chiedere la chiave: comportamenti anche questi che a tempo debito richiederanno l'intervento di adulti i quali potranno (e dovranno) porgere il loro aiuto per modellarne l'esecuzione.

Ascoltavamo queste spiegazioni con guardinga comprensione. Eravamo d'accordo che a volte è importante mostrare al bambino cosa deve fare e non avevamo certo intenzione di farne un frustrato. Ma, come già detto, Beniamino non sembrava quasi mai frustrato dai suoi roboanti tentativi: "esilarato" sarebbe un termine più adeguato. E spiegavamo agli interlocutori che il nostro modo di vedere è condiviso dalla maggioranza della gente nel nostro paese.

A noi non interessava un granché che Beniamino riuscisse o meno a infilare la chiave nella fessura. Si stava divertendo e stava esplorando, due attività che invece ci stavano molto a cuore. Ma il punto critico era che in questo processo noi stavamo tentando di insegnare qualcosa a Beniamino: cioè che si può risolvere efficacemente un problema da soli. Una tale fiducia in se stessi è un valore centrale nell'educazione dei bambini della classe media americana. Quanto più al bambino si mostra esattamente come fare qualcosa – sia l'infilare la chiave nella fessura, o disegnare un gallo, oppure chiedere scusa per qualche misfatto – tanto meno egli sarà propenso a cercare da solo le soluzioni di tali problemi. Più in generale, sarà meno propenso a vedere la vita – come invece fanno molti americani – come una serie di situazioni in cui uno deve imparare a pensare con la propria testa per risolvere per proprio conto i problemi e nelle quali deve perfino scoprire nuovi problemi per i quali sono necessarie soluzioni creative.

In retrospettiva, mi sono venuto convincendo che questo episodio era veramente "chiave", in molti sensi. Faceva risaltare importanti differenze nelle pratiche educative e artistiche nei nostri due paesi e sembrava suggerire qualcosa sulle grandi differenze nelle premesse generali su cui si fondano le nostre due tradizioni culturali. Di più: questo episodio apparentemente così banale portava alla ribalta questioni riguardanti l'educazione, la creatività e l'arte, che hanno a lungo intrigato le riflessioni di pensatori di tutto il mondo.

Fin dai tempi dei Greci, come ha evidenziato Philip Jackson, sono riscontrabili due approcci contrastanti ai problemi dell'educazione. Nell'approccio dominante, detto "mimetico", il maestro (e "il testo") sono visti come indiscussi depositari di conoscenza. Agli studenti è richiesto di memorizzare delle informazioni che in seguito, in altre occasioni, essi stessi trasmetteranno ad altri negli stessi modi e tramite gli stessi modelli con cui erano state loro presentate. In contrasto con questa tradizione si situa l'approccio "trasformativo", nel quale il maestro assomiglia più a un allenatore che cerchi di sviluppare certe qualità nei suoi allievi. L'insegnante sollecita l'attiva partecipazione degli allievi al processo di apprendimento sia attraverso domande sia dirigendo la loro attenzione su fenomeni nuovi, nella speranza di irrobustire in questo modo le capacità di comprensione degli allievi. Si potrebbe sostenere che nella tradizione "mimetica" lo scopo primario è la coltivazione di capacità di base (come l'abilità nel saper scrivere e leggere o l'apprendimento di rituali); invece nell'approccio "trasformativo", centrale è la stimolazione delle capacità espressive, creative e di conoscenza.

Nel corso di gran parte della storia e in gran parte delle culture, l'approccio mimetico è stato dominante, sebbene solo raramente sia dato incontrarlo nella sua forma più pura. (Lo stile socratico di porre le domande è l'esempio più classico di "approccio trasformativo".) È principalmente negli ultimi pochi se-

---

* P. Jackson, *The Practice of Teaching*, Teacher's College Press, New York 1986.

coli e in particolare nell'Occidente che gli approcci trasformativi hanno incominciato a prevalere. Difensore appassionato di questo cammino più aperto era Jean-Jacques Rousseau, la cui influente opera *Emilio* può essere letta come una argomentata critica agli approcci mimetici. (Va notato che al pari di Socrate, anche Rousseau ne emerge come una figura notevolmente più autoritaria di quanto egli desiderasse apparire.) Anche famosi educatori europei di bambini anche piccoli, come Pestalozzi e Friedrich Froebel, propendevano decisamente per un approccio trasformativo.

In tempi più recenti, specialmente negli Stati Uniti, gli approcci trasformativi hanno acquistato una piena autonomia. I seguaci di John Dewey, i quali si autodenominano "educatori progressivi", hanno tentato di elaborare contesti di apprendimento in cui esplorazione e scoperta sono le attività primarie e l'insegnante si presenta come un coesploratore o facilitatore, piuttosto che come maestro della conoscenza. Per questo gruppo di educatori, l'acquisizione di capacità di base rimane in secondo piano rispetto al compito di stimolare le capacità creative e immaginative del bambino.

L'incidente della chiave mi ha aiutato a rendermi conto dei motivi per cui ogniqualvolta si discuta congiuntamente di educazione *e* di creatività, sorgono acute tensioni. Da un lato c'è la necessità di sviluppare quelle abilità e conoscenze di base sulle quali poi sarà possibile fondare prestazioni e realizzazioni più mature; dall'altro c'è l'appello a una filosofia educativa di non intervento, non direttiva, progressiva, la quale sembra decisamente preferibile se si vuole che la creatività venga coltivata fin dalla tenera età per poi potersi dispiegare negli anni successivi. Cina e Stati Uniti, di fronte al dilemma tra "educazione di base" e creatività, hanno abbracciato soluzioni diametralmente opposte.

È così che la mia ricerca, che all'inizio si presentava come una viaggio in terre lontane per esplorare una forma di educazione in un certo senso marginale (educazione artistica...), ha finito col focalizzarsi su questioni oggi ampiamente dibattute nella nostra società e nelle quali anch'io, come altri, mi sento emotivamente molto coinvolto.

Anche la storia sociale degli Stati Uniti, infatti, è sempre stata travagliata dalla tensione fra questi due orientamenti di pensiero rivali. Da un lato ci sono i forti legami con le società di tipo tradizionale che gli emigranti hanno abbandonato per venire in America: nel passato più lontano i puritani e i neri africani, nei due secoli successivi gli emigranti dall'Europa dell'Est e dell'Ovest e più di recente i popoli dell'Estremo Oriente. Ognuno di questi gruppi ha sentito un profondo impulso a cercare di ricreare per quanto possibile nel Nuovo Mondo abitudini e valori del proprio passato.

In direzione fortemente opposta tendevano invece le straordinarie opportunità offerte da un paese dotato di ampie risorse naturali e umane e privo di qualsiasi vincolo verso un preciso modo di fare le cose. Qualunque fosse stato il loro impulso iniziale, coloro che sono rimasti in America hanno avvertito l'acuta attrazione verso l'esplorazione, l'innovazione e il pragmatismo. La terra delle opportunità ha dato via libera ad atteggiamenti liberali sia in campo politico che sociale e ha incoraggiato la sperimentazione in ogni sfera, dall'educazione alla tecnologia, all'arte. Non è certamente un caso che l'educazione "progressiva" sia nata qui negli anni immediatamente seguenti le grandi emigrazioni e, di fatto, sia divenuta la quintessenza dell'educazione americana.

Recentemente l'attrazione verso l'uno o l'altro di questi due filoni rivali si è di nuovo fatta sentire con particolare acutezza nell'arena educativa statunitense. Dopo un periodo, nei primi decenni del secolo, in cui le idee "progressive" hanno goduto la massima influenza e da cui (forse come conseguenza...) sono usciti studenti giudicati "sottoeducati", molti americani profondamente preoccupati sono giunti alla conclusione che il nostro sistema educativo è troppo aperto, troppo poco strutturato, troppo poco dedito alla padronanza di importanti capacità di base e importanti concetti e valori occidentali.

Ora, come ben si sa, le idee "progressive" o "trasformative" sono state sotto attacco praticamente fin dal primo momento in cui sono state enunciate (pensate alla sorte di Socrate...), tuttavia recentemente, negli Stati Uniti, l'attacco è divenuto particolarmente violento. Tutto è iniziato con la pubblicazione nel 1983 di un importante rapporto governativo intitolato "Una nazione a rischio". In questo rapporto, un certo numero di influenti educatori hanno sostenuto persuasivamente che si era lasciato che le scuole americane divenissero mediocri o anche peggio e che il livello di compromissione dell'intero tessuto nazionale era ormai talmente avanzato da poter essere paragonato alla capillare infiltrazione da parte di una potenza straniera ostile. Sebbene il rapporto non attaccasse direttamente le idee "trasformative", certamente portava molti argomenti a favore della convinzione che la principale carenza degli studenti americani era la mancanza di padronanza di "abilità di base". Leader nei campi dell'educazione, della politica e del commercio invocarono un ritorno a un curriculum centrato fin dai primissimi anni sulle abilità di base, da proseguire poi con l'acquisizione di specifiche nozioni di storia, geografia, matematica, scienze e altre discipline "di base".

Queste idee sono divenute i luoghi comuni di ogni circolo conservatore e, per l'opinione pubblica, i loro massimi portavoce sono William Bennett, capo del Dipartimento dell'Educazione sotto Reagan; E.D. Hirsch, professore di letteratura all'Università della Virginia, il quale non si è limitato a sottolineare la necessità di un nucleo di conoscenze comuni, ma si è spinto fino a elencare ad una ad una le nozioni che dovrebbero sostanziare un "alfabetismo culturale";[*] e Allan Bloom, professore di filosofia politica alla Università di Chicago, il quale sostiene che "l'educazione liberale" (*sic!*)[**] dovrebbe basarsi sulla discussione approfondita di alcuni testi cruciali del pensiero occidentale e una sommaria e rapida panoramica delle idee e scritti nati in contesti diversi.

Anch'io faccio parte della schiera dei delusi dai magri risultati di certe sperimentazioni di stampo progressivo, e anch'io a volte ho avvertito l'attrazione del punto di vista neoconservatore; nondimeno rimango convinto che tale punto di vista è sbagliato come concezione e inappropriato come proposta per l'America pluralista di oggi (e di domani).

Come Allan Bloom, anch'io temo il "chiudersi" della mente americana, ma il tipo di chiavi cui mi affiderei, per aprire *tutte* le menti, sono sicuramente diverse. La mia posizione deriva sia dalle ricerche che mi hanno impegnato assieme ad altri nel passato, sia dal mio quadro di valori.

Questo libro è in parte un'indagine su meriti e limiti delle concezioni tradizionali-mimetiche. In tale indagine l'esperienza cinese ha giocato un ruolo fondamentale. Quando, nel dibattito sull'educazione negli Stati Uniti e in altri paesi occidentali, ci affanniamo alla ricerca del miglior curriculum, della struttura organizzativa ideale per una scuola, il modo ottimale con cui le diverse materie dovrebbero essere presentate a un corpo studentesco diversificato e il giusto bilanciamento di filosofie educative progressive e tradizionali, abbiamo a che fare con temi sui quali l'esperienza cinese ci può grandemente aiutare per mettere meglio a fuoco la discussione.

All'epoca del mio primo viaggio in Cina, nel 1980, i moderni dilemmi dell'educazione erano tutt'altro che al primo posto nella mia mente. Ero invece spinto da una motivazione "turistica" in senso lato: vedere una terra favolosa che da sempre, nella mia giovinezza, era stata anche "proibita" agli americani. La

---

[*] *Cultural Literacy* (traducibile con "alfabetismo culturale") è il titolo del famoso libro di E.D. Hirsch, Houghton Mifflin Company, Boston 1987.
[**] *Liberal*, come è ormai quasi universalmente noto, in America sta per "aperto al nuovo", "di sinistra" ed è opposto a *conservative*. [*N.d.T.*]

Esempi di disegni di giovani allievi cinesi messi a confronto con le opere di famosi maestri della tradizione cinese: (1) gallo di un bambino di sette anni; (2) gallo di Qi Baishi (1863-1957); (3) bambù di un bambino di cinque anni; (4) bambù tratto da un manuale di pittura settecentesco (Mustard Seed Garden Manual of Painting, by courtesy of the Harvard-Yenchin Library); (5) gamberetti di un bambino di otto anni; (6) gamberetti di Qi Baishi.

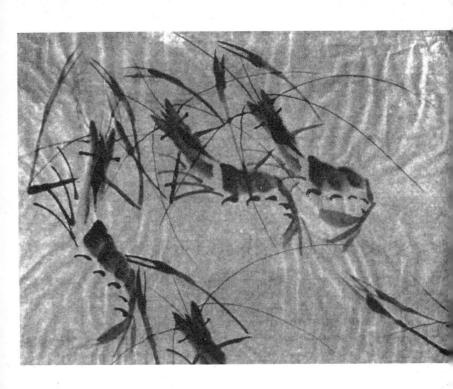

curiosità per un paese che stava solo allora riprendendosi dalle atrocità della Rivoluzione culturale (1966-1976), durante la quale milioni di cinesi persero la vita in un periodo di tensioni sociali senza precedenti. Ma, come è capitato a innumerevoli altri visitatori prima di me, anch'io sono rimasto ammaliato dai grandiosi e diversi paesaggi e dal calore e dalla dignità delle persone che ho incontrato. Man mano che imparavo di più sulla Cina, sono rimasto affascinato dalle realizzazioni – e dalle tragedie – di una così antica civiltà. E, in qualità di studioso profondamente interessato ai problemi dell'educazione e delle arti, sono stato sopraffatto dall'enorme importanza che in quel paese era sempre stata attribuita a questi due campi.

Quando mi fu data l'opportunità di tornare in Cina, ho deciso di concentrare le mie osservazioni su un fenomeno che mi aveva profondamente impressionato: l'elevato livello delle manifestazioni artistiche, diffuso perfino fra i bambini in tenerissima età. Volevo capire meglio com'è che dei bambini di quattro o cinque anni erano in grado di raccontare una storia con tanta delicatezza, suonare strumenti cinesi o occidentali con tanta spigliatezza tecnica e grazia, e produrre dei disegni che noi non ci aspetteremmo da un bambino occidentale con il doppio o triplo di età. Mi chiedevo anche se una tale precocità comportasse dei costi.

Dopo quattro viaggi in Cina, mi pare di essere riuscito a mettere a punto un ragionevole insieme di risposte a tali domande. Sono giunto a cinque conclusioni principali che presenterò nel capitolo dodicesimo, dove riprenderò tra l'altro in tono conclusivo l'episodio "della chiave nella cassetta". Ma nel corso di questa ricerca ho scoperto che la Cina possedeva le chiavi anche di altri problemi, cui mi ero interessato negli anni passati. Come psicologo evolutivo avevo teorie abbastanza precise sulla successione ottimale delle fasi dello sviluppo artistico nella prima infanzia: prima l'esplorazione, poi lo sviluppo delle abilità tecniche. Questo modo di vedere veniva messo radicalmente in discussione dalla maestria di stili e forme manifestata dai bambini cinesi. Come studioso delle arti condividevo l'idea, prevalente fra i critici occidentali, delle arti come attività eminentemente cognitive, tese a suscitare problemi, a costruire nuovi universi; questa posizione veniva messa in discussione in Cina da una concezione dell'attività artistica come ricreatrice di belle forme tradizionali e come generatrice di comportamenti morali. Come ricercatore nel campo educativo, ero persuaso dell'importanza di varie "idee progressive", ma in Cina ho visto risultati spettacolari raggiunti proprio trasgredendo i principi che mi erano più cari.

E soprattutto, nei miei lunghi studi sulla creatività avevo messo a punto una definizione notevolmente precisa della stessa e idee specifiche su come promuoverla o come impedirla. Dal mio punto di vista, la creatività può essere descritta come quella capacità umana che consente regolarmente di risolvere problemi o modellare prodotti in campi specifici, in un modo tale che inizialmente risulta nuovo, ma alla fine accettabile entro una data cultura. Su questo sfondo si stagliano quelle imprese capaci di alterare radicalmente la nostra comprensione dei fenomeni scientifici o le nostre concezioni del mondo, sia a livello personale che sociale. Tale creatività dovrebbe trovare alimento, specie nei primi anni dell'infanzia, in un'atmosfera trasformativa mentre un regime pesantemente mimetico dovrebbe avere solo l'effetto di soffocarla. Oggi mi rendo conto che questa impostazione è esattamente quella che uno potrebbe immaginare dovesse nascere in uno dei contesti culturali più giovani del nostro pianeta.

L'esperienza cinese – oggi come nel passato – costituisce una sfida diretta a queste idee. Sebbene i cinesi riconoscano l'esistenza e la necessità di cambiamenti, il loro punto di vista è molto più evolutivo; la loro società non premia in particolar modo le novità o le riconcettualizzazioni radicali (con l'eccezione, forse, della sfera politica). Questa concezione non ha impedito loro di fare, nei millenni, delle scoperte eccezionali sia sul terreno tecnologico che su quello estetico. Come si addice alla più antica civiltà ancora in vita, il sistema educativo cinese è improntato nel modo più rigoroso (e spesso rigido) immaginabile da principi mimetici; eppure, come mostrerò nella seconda parte del libro, queste pratiche non impediscono ai cinesi di realizzare innovazioni in molti campi. Non c'è dubbio che la storia della creatività è molto più complessa di quanto io non avessi immaginato, o anche – per ricorrere a una espressione cinese cui sono affezionato – che c'è una "lunga marcia verso la creatività".

Ma l'esperienza in Cina è stata ancora più sconvolgente di quanto fin qui non appaia. Non solo mi ha indotto a rivedere certe posizioni su cos'è la creatività e su come incentivarla o bloccarla. Non solo mi ha costretto a un tracciato di ricerca pieno di svolte e ripensamenti idiosincratici. Non solo a riflessioni sui dilemmi del sistema educativo americano. La presa di coscienza forse più fondamentale indotta dall'esperienza in Cina è stata la constatazione che non si può neppure incominciare a scandagliare i temi collegati di educazione e creatività senza mettere nel quadro le proprie reazioni e i propri sistemi di valori.

La mia reazione a ciò che andavo vedendo in Cina è stata certamente molto forte: in parte entusiasta, in parte eccessivamente negativa, in buona parte estremamente ambivalente. Inoltre, parlando con Ellen e con altri osservatori (compresi sinologi, cinesi in Cina e cinesi d'Oltreoceano), ho notato un vasto spettro di reazioni, dentro e attraverso ognuno di questi gruppi, rispetto sia a singoli modi di fare cinesi che alla civiltà cinese nel suo insieme. Reazioni non completamente prevedibili, che più che altro sembravano riflettere i sistemi di valori di ogni singolo interlocutore: la sua educazione, i suoi rapporti con l'autorità, gli atteggiamenti verso i bambini, i suoi principi estetici e l'atteggiamento generale verso la natura umana. Con una espressione americana: le reazioni a ciò che vedevano in una lezione scolastica o nell'atrio di un hotel in Cina, la dicevano lunga su "da dove venivano".*

È così che mi sono convinto che c'era un'altra cruciale dimensione da aggiungere alle mie considerazioni sulla creatività, la cultura, l'educazione, la Cina: la parte autobiografica. Non che io muoia dal desiderio di raccontare "tutto" su quella che spero sia solo la prima metà della mia vita. Ma mi sono convinto che la mia concezione della creatività e le conclusioni raggiunte dopo vent'anni di ricerche, sono inseparabili da chi sono io, da dove vengo, quali sono i miei valori fondamentali. Penso che le mie conclusioni saranno comprese meglio e sostenute in modo più convincente se esplicitamente riallacciate ad alcuni eventi cardine della mia fanciullezza, al tipo di scelte educative compiute e a certe esperienze formative vissute strada facendo, come giovane pianista, accanito studioso, insegnante, membro di una famiglia e, da ultimo, come visitatore in Cina al tempo stesso affascinato e respinto da ciò che vede.

I punti di vista che intendo presentare sono inseparabili dai miei principi estetici, dalle mie preferenze educative e ricerche scientifiche, e dai miei atteggiamenti profondamente (e forse significativamente) ambivalenti verso ciò che ho visto in Cina. Naturalmente questi punti di vista non nascono nel vuoto: risulteranno familiari, sebbene forse non totalmente condivisi, a un gran numero di americani (e forse anche a qualche nonamericano) cresciuti nell'era dell'educazione progressiva la quale praticamente ha coperto tutto il nostro secolo. Di qui la fiducia che le preoccupazioni e le conclusioni esposte in questa sede, possiedano una validità che travalica gli avvenimenti della mia vita.

---

* *"Where they were coming from"*, il loro retroterra personale e culturale. [N.d.T.]

44

Un'educazione americana a metà del secolo

1. Messaggi conflittuali nell'atmosfera americana

Quando ripenso alla mia infanzia, mi affiora alla mente sempre una stessa immagine, come se il ricordo di quegli anni andasse a colpire sempre lo stesso reticolo neuronale facendovi scattare una scintilla. Il piccolo Howie (così venivo chiamato...) sta esercitandosi al pianoforte, con la madre seduta accanto. Una esperienza né particolarmente gradevole, né sgradita. Howie sta adempiendo un proprio dovere: quello di esercitarsi regolarmente e quotidianamente, e lo fa volentieri perché non desidera incorrere nella disapprovazione della madre, che chiaramente ci tiene molto a questa sua attività.

I miei studi di pianoforte non erano nati da una decisione programmata. I miei genitori, da poco sfuggiti alla Germania nazista, non avevano ricevuto essi stessi una seria educazione musicale e nel nostro piccolo appartamento non avevamo un pianoforte. Fu vedendomi intonare con un certo successo dei brevi motivi al pianoforte di un vicino di casa che i miei genitori si convinsero che valeva la pena investire una trentina di dollari nell'acquisto di un vecchio pianoforte verticale, per vedere se il loro figliolo aveva per davvero la stoffa del musicista. Inoltre mi procurarono delle lezioni da un giovane amico di famiglia che studiava alla Juilliard School.

È così che si scoprì che il pianoforte mi piaceva e che avevo un certo talento musicale e dai sette ai dodici anni una parte importante del mio tempo fu dedicata a questi studi. Esercitarmi al piano con mia madre accanto, suonare per me stesso e per altri, fu forse una delle attività più regolari della mia fanciullezza. Studiare col metodo Czerny (al battito dell'onnipresente metronomo), apprendere una nuova sonata di Beethoven, o suonare una composizione di Bach ad un piccolo recital, sono esperienze che ancor oggi rimangono fra i miei ricordi più vividi.

Una tale disciplina e un tale impegno quotidiani si possono trovare ancora oggi sia in America che in altre parti del mondo, ma certamente erano più diffusi nelle più semplici abitudini di vita degli Stati Uniti di trentacinque anni fa. Invece nella Cina contemporanea il praticare regolarmente una forma d'arte è un costume che affonda nei secoli ma ancor oggi capillarmente diffuso, e in particolare il pianoforte è considerato uno strumento preziosissimo.

Per ricorrere a un termine di cui solitamente mi servo nello studio dell'infanzia, lo studio del pianoforte fu per me una "esperienza cristallizzante", ovvero il mio rapporto con questa esperienza è stato caratterizzato da una iniziale attrazione emotiva cui hanno fatto seguito prima la scoperta di possedere le capacità per raggiungere discreti risultati e poi un impegno prolungato nel tempo per entrare in possesso di questo campo.

Per un certo tempo sembrò proprio che mi stessi avviando a diventare un pianista di professione o forse un compositore o almeno, in qualche modo, un musicista. Nella mia piccola città, Scranton, nella regione dei giacimenti di antracite della Pennsylvania nordorientale, divenni noto come un giovane musicista di talento. Mi resi conto che alla gente piaceva ascoltarmi suonare e improvvisare e che tali attività mi procuravano approvazione e riconoscimenti da coetanei e adulti. Scoprii che mi piaceva trovarmi al centro della scena e divenni molto irritabile se alla mia attività di musicista non venivano accordati il dovuto silenzio e rispetto. Non dimenticherò mai il grande onore che mi venne tributato, quando, nel corso di un recital nella casa di una nota insegnante, mi venne chiesto di suonare un pezzo. In quella occasione, dopo aver dignitosamente eseguito una versione leggermente semplificata dello *Studio Rivoluzionario* di Chopin, l'insegnante mi propose di "passare dalla sua parte" e diventare suo allievo. Anche se né io né i miei genitori avremmo mai preso seriamente in considerazione la possibilità di fare uno sgarbo al mio insegnante, mi crogiolai a lungo nella gloria di una tale inaspettata proposta.

Quando fu chiaro che stavo superando il mio giovane insegnante, divenni allievo di Harold Briggs, una specie di "dio", a Scranton. Il maestro era ultranovantenne, ma ancora agile (saliva con facilità i due piani di scale che portavano al suo appartamento e allo studio), ed era un bravo insegnante. Andavamo d'accordo e mi piaceva suonare per lui e per il suo ristretto gruppo di studenti e al tempo stesso cimentarmi con un repertorio più professionale. Mi disse di aver studiato con Clara

Schumann e con Edward MacDowell, due compositori di cui conoscevo alcuni lavori. All'epoca la cosa mi sembrava incredibile: nel mio confuso senso della storia, si trattava di nomi provenienti da un passato remotissimo, come se mi avesse detto di aver studiato con Claudio Monteverdi o Leopold Mozart. In seguito mi resi conto che il Maestro Briggs era nato intorno al 1860 e quindi avrebbe potuto studiare non solo con Schumann e MacDowell, ma anche con Liszt, Wagner, o Brahms.

Il fatto che andassi d'accordo col mio Maestro e che, per merito suo, facessi progressi nell'esecuzione e nell'analisi musicale, non valse però a risparmiarmi quella che fu l'origine di una delle più importanti crisi della mia gioventù. Dopo che ebbi compiuto dodici anni, un giorno il Maestro mi informò che ero arrivato a un punto di svolta: se volevo continuare a migliorare, da allora in poi avrei dovuto esercitarmi almeno tre ore al giorno. (A quell'epoca agli esercizi di piano dedicavo in media un'ora al giorno con l'aggiunta a volte di un'altra mezz'ora alla fisarmonica.) Briggs si aspettava che l'idea di poter diventare in futuro un bravo musicista e forse anche un professionista, unita alla mia ambizione (o a quella della mia famiglia), sarebbero stati sproni sufficienti a farmi accettare quel regime più impegnativo. Invece, dopo aver riflettuto (nel modo superficiale in cui i pre-adolescenti a volte prendono cose di questo genere), decisi che piuttosto che dedicare tante ore al giorno al pianoforte, preferivo abbandonare; una decisione che il Maestro Briggs accettò con una certa tristezza.

A posteriori questa decisione provoca in me sentimenti ambivalenti. Da un lato so che non mi sarebbe piaciuta la vita peripatetica e l'inflessibile disciplina del musicista, e quindi feci bene a lasciare. D'altro lato, in altre circostanze di vita, avrei forse voluto diventare un compositore: il piacere che provavo da giovanissimo sia a improvvisare che a modificare brani musicali è un segno ricorrente nella vita di futuri compositori. Ma a Scranton a quell'epoca semplicemente non c'erano persone né istituzioni capaci di aiutarmi in questa vocazione, per cui avrei dovuto cercare unicamente dentro di me la forza di scoprirla e di coltivarla. (Penso spesso che la mia carriera musicale sarebbe stata completamente diversa se fossi cresciuto a Manhattan in una casa di musicisti ebrei russi. Lì sarei stato circondato da gente interessata a verificare fino a che punto fossi per davvero un prodigio, lì mi avrebbero spinto oltre i miei limiti, per esempio iscrivendomi a qualche concorso per pianoforte. Ma a Scranton, fatta eccezione per un paio di insegnanti di pianoforte, non ero che un motivo di minore interesse in una piccola cerchia.)

Nutro sentimenti ambivalenti anche nei riguardi del potere che ero riuscito ad arrogarmi, pretendendo di prendere da solo una decisione così importante. Eravamo all'inizio dell'era di Eisenhower. In quel tempo e in quella società, come nella società tedesca da cui provenivano i miei genitori o come nella società contemporanea cinese, era impensabile che un giovane prendesse per proprio conto, in poco meno di una settimana, una decisione così determinante. Ma fin da ragazzo ero abbastanza cocciuto, sebbene fondamentalmente obbediente e, a causa dello sradicamento cui la storia aveva obbligato i miei genitori, ero in grado di comprendere meglio di loro sia la società in cui vivevo che le opportunità che essa offriva. Fu così che, senza grandi sensi di colpa, mi sembrò, nell'America in cui stavo crescendo, più che naturale prendere una decisione di tale grandezza astronomica, pur senza saperne valutare a fondo i pro e i contro e senza idee chiare su cos'altro volevo fare.

Di una cosa mi rendevo fin da allora conto con notevole chiarezza: che ero differente dagli altri, un marginale. Ero diverso dai miei genitori, cresciuti in un relativo benessere nella Germania della Repubblica di Weimar e poi ritrovatisi a vivere, da adulti, in una cultura non più familiare. Ero diverso anche dai miei molti compagni i quali, sebbene legati a un ampio ventaglio di retroterra etnici e sociali, erano ben più saldamente americani di me. Questa sensazione di essere diverso era amplificata dalla presenza, nei rapporti fra il giovane Howie e i suoi genitori, di due segreti i quali, una volta scoperti, lasciarono tracce profonde nel mio sviluppo e nel mio pensiero.

Uno di questi due "segreti" era noto al resto del mondo: l'insorgere del nazismo in Germania, la fuga di gruppi di ebrei benestanti, preveggenti o semplicemente fortunati e gli inauditi eventi dell'Olocausto. I miei genitori, assieme ad alcuni loro parenti stretti, erano sfuggiti per poco a questo tragico destino che aveva stroncato tanti altri; e per motivi loro avevano deciso di tenere il proprio giovane figlio all'oscuro di tutto questo. Fu così che, proprio durante gli anni della mia formazione, il passato dei miei genitori rimase per me avvolto nel mistero.

Forse uno dei motivi che impedì loro di parlarmi dell'Olocausto era connesso al secondo segreto, di natura fortemente personale. I miei genitori avevano lasciato Norimberga nell'autunno del 1938, portando con sé il loro figlioletto di tre anni, Eric. Sebbene non conoscesse una parola di inglese, Eric, al suo arrivo a Scranton, si era adattato rapidamente alla vita del nuovo paese (o "patria d'adozione", come lo chiamavano i miei genitori). Era un bambino educato e di bell'aspetto, la cui intelligenza impressionò a tal punto i suoi insegnanti, che gli venne concesso di saltare la prima elementare. All'età di otto anni, Eric rimase ucciso in uno spaventoso incidente di slitta, sotto gli occhi impotenti di mia madre, che all'epoca in cui Eric morì era incinta di me. Eric e la sua assurda morte erano ancora vivi nella mente di tutti quando io ero bambino. In casa le sue foto erano sparse dappertutto e riempivano l'album di famiglia; però, quando facevo domande sull'identità di quel volto familiare, mi veniva risposto: "Oh, è solo un bimbetto del vicinato". Una parte di me probabilmente sapeva che la storia non finiva lì, ma solo quando ebbi dieci anni appresi l'identità di quel volto dalla viva voce dei miei genitori e solo più tardi, ormai adolescente, conobbi i dettagli della sua tragica morte leggendo dei vecchi ritagli di giornale trovati nel cassetto di un vecchio comò. Rabbrividisco ancora al ricordo di quella rivelazione. Come può accadere ad un bambino adottato che apprenda per caso la verità sui genitori, così anche per me la scoperta dell'esistenza di questi segreti risultò quasi più traumatizzante dei loro stessi contenuti. Più ancora della brutalità dei fatti accaduti, mi sconvolgeva la mancanza di sincerità nei miei confronti da parte dei miei genitori, i quali non avevano voluto rivelarmeli, o forse non erano stati capaci di farlo.

Ad un ragazzo che comincia a collegare i fili che compongono la propria identità, viene naturale prendere in considerazione le alternative che gli si sarebbero potute offrire e – nel mio caso – soffermarsi specie su quelle alternative che erano state occultate dal segreto. Dai dieci anni in poi, trascorsi molte ore pensando all'ascendenza tedesca ed ebrea dei miei genitori, alla loro vita confortevole a Norimberga, in un paese che si vantava di rappresentare le vette della civiltà e che aveva dato al mondo, fra gli ebrei, personalità del calibro di Freud, Marx, Einstein e Mahler. Uomini creativi che avevano dato un contributo di prim'ordine nel foggiare il mondo in cui vivevo. Avevo le loro stesse radici, ma al contrario di loro, che avevano vissuto nei centri intellettuali d'Europa, studiando e confrontandosi con figure di primo piano della loro generazione, io ero stato gettato in una valle della Pennsylvania, che aveva come principali caratteristiche l'essere poco interessante, intellettualmente stagnante ed economicamente depressa.

Pensando alla vita molto più eccitante che avrei potuto condurre a Berlino o a Vienna, mi ritrovavo anche a rimuginare sull'orribile destino subìto dalle tante vittime del nazismo (era in me vivido, come sogno ricorrente, il racconto dell'uccisione del marito di mia zia Emmy, calpestato a morte dalla Gestapo davanti alla moglie inorridita, appena dieci giorni dopo la partenza dei miei genitori dalla Germania). Ripassavo in rassegna anche gli eventi, che mi apparivano donchisciotteschi, che avevano permesso ai miei genitori e a mio fratello di fuggire e iniziare altrove una nuova vita, solo per vedersela spezzare crudelmente un'altra volta. Ogniqualvolta trovavo la forza di guardare le foto di Auschwitz, o di chiedere ai miei parenti sopravvissuti di parlarmi di quelle loro vite trascorse nascondendosi o nei campi di prigionia, non potevo fare a meno di immaginarmi al loro posto. Più tardi avrei appreso che durante la Rivoluzione culturale in Cina, in quella terra che vantava un'antica civiltà, per un intero decennio compagni di lavoro e membri di una stessa famiglia si erano crudelmente denunciati l'un l'altro, consegnando alla morte in un parossismo di rabbia e di odio milioni di vittime innocenti. Ho spesso paragonato tutto questo all'Olocausto, chiedendomi: "Come è potuto accadere?", "Perché?"

Inoltre non potevo fare a meno, nel modo tipico con cui i bambini fantasticano, di immaginarmi al posto di Eric. Avrei potuto anch'io morire in un incidente con la slitta. Avrei potuto essere lui, o lui avrebbe potuto essere me. I miei genitori avevano nutrito grandi aspettative nei confronti del loro primogenito: sarei stato io in grado di sostituirlo o di eguagliarlo? Un giorno i miei genitori mi dissero che se mia madre non fosse stata in attesa di me, alla morte di Eric, si sarebbero suicidati. Una dichiarazione futile, sconsiderata ed eccessivamente franca il cui effetto fu di aumentare il già considerevole peso che inconsciamente sentivo gravare su di me. Come giovane di una cerchia familiare composta da dozzine di membri residenti nell'area di New York e della Pennsylvania, ci si aspettava da me che io lasciassi nel Nuovo Mondo non solo la mia impronta, ma anche quella della mia intera famiglia.

Questo, dunque, era lo sfondo entro il quale maturai la decisione di abbandonare lo studio del pianoforte. Non stavo semplicemente decidendo di lasciare un hobby in favore di qualcos'altro: stavo abbandonando un sentiero che avrebbe forse potuto fare onore ai miei familiari e aiutarli a recuperare quel sentimento di essere speciali che, in quanto membri di ciò che era stata una élite, si portavano ancora dentro, anche una volta emigrati in un paese straniero.

A voler essere giusti verso la mia famiglia, devo dire che non subii alcuna pressione perché continuassi lo studio del pianoforte, né mi furono inflitti sensi di colpa per questo. In tal senso, anch'io come altri figli di emigranti beneficiavo di uno status speciale. In molte società, infatti (come ho notato nel Prologo parlando di Beniamino e della chiave della camera), le linee di comportamento da seguire sono ben note e ci si aspetta che i genitori le trasmettano ai figli. Per contro i genitori-emigrati, impegnati come sono a sbarcare il lunario, continuano per un lungo tempo a possedere una conoscenza molto limitata della nuova lingua e della nuova cultura in cui vivono; invece i loro figli, frequentando la scuola e vivendo con gli altri bambini, apprendono più facilmente le regole della cultura dominante. I bambini che popolano la scuola in America hanno in genere nonni venuti da lontano, ma i loro genitori sono già abbastanza ben integrati nella cultura dominante. Gli stessi mass media, giornali e radio in una prima fase e in seguito, dalla metà del secolo in poi, la televisione e i giornalini, hanno fornito ai giovani una comune tradizione culturale, prontamente assorbita.

In una tale situazione paradossale, i figli si trovano ad "allevare" i genitori. I miei genitori, tuttavia, non avevano rinunciato alle loro responsabilità morali e facevano valere norme del "Vecchio Mondo" (forse anche antiquate) quando si trattava di riferirsi a concetti come onestà, obbedienza, lealtà e cortesia nell'educazione dei loro figli – cosa di cui io e mia sorella Marion, nata dopo di me, siamo loro profondamente grati. La diligenza con cui mi applicai allo studio del pianoforte, infatti, fu possibile solo in virtù dell'esempio dei miei genitori, le cui doti di regolarità e perseveranza si manifestavano in ogni situazione della vita quotidiana. Tuttavia essi si sentivano inadeguati quando si trattava di istruirci sul funzionamento della scuola o di altre istituzioni della comunità, sul come comportarci coi compagni, sugli hobby da seguire o sulle scelte scolastiche da fare. Non erano neppure in grado di farci da modello sui comportamenti tipici dei genitori americani, che dovemmo apprendere dalle pagine di *Life*, dagli sceneggiati televisivi, dall'esempio dei nostri insegnanti e dai nostri amici più americanizzati e dalle loro famiglie. In questa situazione di "educazione in senso inverso" accadeva non di rado che fossero i genitori, presi dai dubbi, a rivolgersi ai figli per avere indicazioni su come comportarsi nella nuova terra.

I miei genitori, ridendo, narravano spesso un incidente che costituisce un perfetto esempio di ciò di cui sto parlando: una sera, poco dopo essere giunti negli Stati Uniti, essi organizzarono un ricevimento invitando nel loro minuscolo appartamento al pianterreno, a Scranton, alcuni vicini di casa. Al momento di accomiatarsi, uno dei vicini disse casualmente "See you later!"* E i miei sventurati genitori rimasero alzati ad aspettarli fino alle due del mattino.

Ripassando in rassegna gli anni della mia gioventù, la vita a

---

* Letteralmente "Ci vediamo più tardi", in realtà col significato di "Arrivederci". [*N.d.T.*]

Scranton più che sgradevole mi appare terribilmente noiosa (cosa di cui ero infelicemente consapevole a causa dei commenti di alcuni miei parenti cosmopoliti e della frequenza con cui Scranton veniva sbeffeggiata dai mass media nazionali come non plus ultra della vita di provincia). Non c'è molto da dire neppure dei miei primi anni di scuola. Gli insegnanti erano pieni di buona volontà, ma limitati. Noi studenti stavamo seduti in banchi inchiodati al pavimento e mandavamo a memoria liste di parole, di date e tavole pitagoriche; le scienze, i problemi di matematica, le gite, le ricerche di qualunque tipo, ci erano pressoché sconosciuti. Lo stimolo intellettuale ci veniva dalle letture, dalle conversazioni in famiglia, dal gioco e da progetti di gruppo svolti con pochi compagni che amavano far funzionare la mente.

Tuttavia, pur sentendo il peso di essere figlio di emigranti e di vivere nell'isolamento intellettuale di Scranton, la mia gioventù non fu priva di aspetti gradevoli, fra gli altri i rapporti con la mia famiglia. Verso la fine della guerra una cinquantina di nostri parenti erano venuti a stabilirsi in America, quasi tutti a New York o intorno a Scranton. Pareva che tutto congiurasse a cementare l'unione della mia grande famiglia: la storia, i costumi e la lingua d'origine, le comuni tragedie, la sfida di stabilirsi in una nuova terra e di farvi crescere una famiglia con pochi mezzi a disposizione e in un ambiente quasi sconosciuto. In effetti in quei primi anni eravamo tutti molto poveri: la mia famiglia era partita dalla Germania senza un soldo e mio padre si era trasferito a Scranton solo perché lì gli avevano offerto un lavoro che consisteva nel trasportare cisterne di petrolio per diciotto dollari la settimana. Ma quella relativa povertà non interferiva in alcun modo sulla capacità di noi giovani di divertirci, cosicché quando cominciai a rendermi conto di quella condizione iniziale, la situazione economica della mia famiglia stava già migliorando.

Frequentavamo moltissimi parenti, specialmente il gruppo di Scranton con cui ci incontravamo ogni settimana e in certi periodi tutti i giorni. Si festeggiavano insieme compleanni e anniversari, matrimoni e *bar mitzvah*.[*] Ci si riuniva nei momenti di tristezza, ma anche per il solo piacere di stare insieme. Suppongo che oggi tanto tempo trascorso in compagnia di parenti mi stancherebbe: era un continuo ascoltare le stesse storie, gli stessi scherzi, gli stessi discorsi di politica, giocavamo sempre agli stessi giochi e mangiavamo sempre gli stessi cibi. Ma per un bambino era un magico modo per imparare a conoscère il proprio passato e incontrare un'affettuosa galleria di personaggi che

[*] Cerimonia ebraica in cui i giovinetti di tredici anni vengono iniziati alla vita adulta e alle responsabilità inerenti i loro doveri morali e religiosi. [*N.d.T.*]

facevano da modello di identità in quelli che poi si suole chiamare: "Gli Anni Più Belli della Mia Vita".

Naturalmente legami familiari di tale intensità stanno diventando meno comuni in America, a causa di una maggiore tendenza a spostarsi con più facilità o a rompere volontariamente o involontariamente i legami con la famiglia. I miei figli non hanno che una pallida idea del tipo di scambi familiari che erano per me cosa di tutti i giorni. Una vita così incentrata sulla famiglia è molto più comune in società tradizionali, come in Cina, dove questo rimane il modo principale di stare assieme.

Non vorrei dare l'impressione che la mia giovinezza sia iniziata e finita su uno sgabello da pianoforte. Da bambino non amavo aggregarmi agli altri e ho sempre cercato di avere pochi e buoni amici, piuttosto che una schiera di conoscenti o amici occasionali; però ero sempre impegnato in qualcosa e, di solito, ero felice. I miei interessi e le mie attività di allora si rivelarono indicativi di ciò che avrei fatto più tardi e premonitori dei concetti che un giorno avrei sviluppato in psicologia.

Oltre al grande interesse per la musica – sono ancor oggi un appassionato ascoltatore – ero grandemente affascinato dalle parole. Come nella musica, mi ero dimostrato precoce, fin dall'inizio della scuola, anche nell'imparare da solo a leggere. Leggevo durante quasi tutto il mio tempo libero, il che, per un ragazzo di Scranton che non possedeva un apparecchio televisivo, ammontava a molte ore alla settimana. Le mie letture erano degne di nota sia per la voracità con cui mi ci applicavo, sia per l'assenza di criteri di selezione. Siccome i miei genitori non erano istruiti, i libri in casa erano pochi ed io non facevo altro che leggere qualsiasi cosa mi capitasse per le mani in biblioteca e a scuola. Sono sempre sorpreso da quanto poco leggano i giovani di oggi – inclusi i miei tre figli più grandi – e mi chiedo se questo non costituirà un'altra grande differenza fra le nostre generazioni. Mi colpisce molto anche un paradosso: coloro cui è stata tolta la possibilità di godere della famiglia le danno più valore, proprio come può amare i libri chi abbia passato la propria infanzia immerso nella lettura a dispetto del fatto che i propri genitori avessero ben poco tempo per questa attività.

I brani musicali da me composti sono pochi e semplici, mentre in virtù delle mie letture non facevo che scrivere. In seconda o terza elementare avevo incominciato a produrre un mio giornaletto scolastico, servendomi a volte di vecchi fogli di carta da ciclostile (quand'ero ancora in calzoni corti avevo imparato da solo a battere a macchina con due dita, e non ho mai saputo farlo altrimenti), oppure usavo un piccolo torchio tipografico a mano. Ero il solo a cui interessassero quei giornaletti, che perfino i miei devoti genitori probabilmente non lessero mai; però mi piaceva produrli per metterci dentro storielle e fatterelli avvenuti in classe, o per sbandierare le mie giovanili opinioni su avvenimenti politici e sociali. Da allora fino alla scuola superiore ho sempre partecipato alle pubblicazioni scolastiche, di solito in veste di direttore. Parallelamente sbocciava la mia carriera radiofonica a Scranton, poiché ero regolarmente ospite di vari programmi, incluso uno in cui un gruppo di "critici junior" valutava i nuovi dischi tre volte alla settimana. Nei ritagli di tempo ero uno scout (raggiunsi anche, alla fine, l'esaltante status di "aquilotto") e un devoto ebreo, un *bar mitzvah* cresimato che frequentava regolarmente la dottrina domenicale e la scuola ebraica.

Fu proprio al tempio che mi accadde, all'età di dodici anni, un'altra di quelle esperienze formative che hanno avuto una influenza permanente sul mio pensiero. Era mia abitudine, ogni sabato mattina, percorrere gli otto isolati da casa al tempio per assistere al Sabbath. Ero un "bravo ragazzo" che, così come faceva esercizi al pianoforte (ma per non più di un'ora...) perché gli dicevano di farli, allo stesso modo si recava al tempio. Fu così che, durante una forte nevicata, un sabato di dicembre, mi misi tranquillamente gli stivali e arrancai lungo Gibson Street e Madison Avenue fino alla Congregazione Anshe Chesed.

Al mio arrivo ebbi la grossa sorpresa di scoprire che nessuno era venuto al tempio, eccetto naturalmente il nostro formidabile rabbino Erwin Herman. Per una ragione che non saprei dire (ma forse è perché ero già più americano di quanto non credessi), supposi che il rito non avrebbe avuto luogo. Al contrario, il rabbino celebrò l'intero rito, incluso il sermone, davanti ad un solo membro della congregazione, per di più un bambino! Lo fece senza commenti, perché era appropriato che così fosse: Dio non conta i presenti. In seguito vi furono molte occasioni in cui, quando sembrava il caso di lasciar perdere o di girare "alla larga" da qualcosa, mi ricordai l'esempio del rabbino e tenni duro.

Rammento con altrettanta chiarezza varie attività che non svolsi o non potei svolgere. Poiché avevano perso il loro primo figlio in quel tragico incidente, i miei genitori furono iperprotettivi nei miei confronti e non mi permisero mai di andare in bicicletta. (Alla fine imparai, ma avevo già quasi vent'anni.) Praticai anche pochi sport da bambino, e quando divenni più attivo come atleta (più o meno all'epoca in cui abbandonai il pianoforte), mi resi conto di non essere molto bravo. Si scoprì tra l'altro che avevo dei seri problemi alla vista: ci vedo poco, sono daltonico, non ho la visione stereoscopica e non sono fisionomista. Senza dubbio tali carenze contribuirono alla mia pochezza atletica e forse anche ai miei poco brillanti risultati in attività visivo-spaziali come la pittura o la vela.

Credo che questo variegato profilo di abilità e inabilità fosse già un segno per me di come l'intelligenza umana sia più differenziata di quanto non sembri, un segno che ha gettato le basi per la teoria delle intelligenze multiple, che avrei sviluppato anni dopo. Chiaramente il mio talento potenziale nei campi della musica e del linguaggio mi permetteva di distinguermi fra i miei compagni. Altrettanto evidente era il fatto che le mie doti fisiche, visuali e spaziali erano modeste. Tuttavia, non sempre ho accettato quei limiti, passando molta parte del mio sviluppo intellettuale e personale a sforzarmi con testardaggine (anche se non sempre con successo) di dimostrare che anch'io potevo fare le cose in cui apparentemente mostravo poco talento. Per esempio, una buona parte della mia vita professionale l'ho dedicata alle arti visive, nonostante le mie evidenti carenze in questo campo.

Mi sono spesso chiesto se la mia mente avrebbe potuto svilupparsi in modi diversi. Se i miei genitori fossero stati atleti o mi avessero incoraggiato allo sforzo fisico, ce l'avrei fatta a "entrare nella squadra"? Se mio padre fosse stato un ingegnere o mia madre una pittrice, mi sarei sviluppato di più sul versante spaziale o visivo? Naturalmente, i fattori genetici e ambientali sono totalmente intrecciati nel singolo individuo, ma secondo la mia teoria delle intelligenze multiple, in un diverso ambiente avrei sicuramente potuto sviluppare più alte capacità spaziali o fisiche, anche se non avrei mai potuto elevarmi ai livelli di competenza che invece riuscii a raggiungere in campo musicale e linguistico, malgrado il terreno familiare relativamente modesto.

Quando ebbi tredici anni, i miei genitori si convinsero di avere fra le mani un figlio di talento, fondamentalmente obbediente anche se talvolta ostinato, che non sapevano da che parte prendere, anche perché i modelli di comportamento che avevano ereditato dal loro passato avevano anche in questo caso una utilità limitata. Presero quindi una decisione che sarebbe stata impensabile nella Germania di cinquant'anni prima: mi portarono a Hoboken (città del New Jersey, bersaglio satirico dei mass media quasi quanto Scranton), allo Stevens Institute of Technology, dove fui sottoposto a cinque giorni di test psicologici per vedere "cosa potevo diventare da grande". Mi sottomisi a questi test di buon grado, a volte provando perfino piacere a risolvere i vari giochetti inventati dagli psicologi, ma in genere mantenni un atteggiamento sospettoso sull'intera faccenda. Una settimana dopo, terminati i test e valutati i risultati, uno degli psicologi ci convocò per un incontro conclusivo. Ricordo bene cosa ci disse: "Signori Gardner, vostro figlio è molto dotato e probabilmente da grande potrebbe fare qualsiasi cosa desideri, tuttavia dimostra una particolare predisposizione per le attività 'clericali'".* Era chiaro che lo psicologo non mi stava suggerendo di dedicarmi alla carriera ecclesiastica; stava piuttosto riferendosi al fatto che, quando mi avevano chiesto di fare un segno su tutti i "3" e su tutte le lettere "j" di una lunga colonna di simboli, ero riuscito a farlo rapidamente e con precisione. Secondo me, quel test aveva semplicemente dimostrato che ero in grado di portare a termine con rapidità anche un compito ripetitivo e che non avevo nessuna forma di dislessia.

Sempre bravo nei test scolastici, non avevo avuto difficoltà neppure con la batteria di test "Stevens" cui mi avevano sottoposto gli psicologi. Più avanti, al liceo e al college, continuai a cavarmela benissimo nei test, fiutando sempre la risposta giusta fra quattro o cinque alternative. Il giornalista William F. Buckley ha giustamente scritto che la sua bravura nei test standardizzati era consistita non tanto nel dare la risposta giusta in senso assoluto, quanto nel riuscire a intuire "qual era la risposta che gli esaminatori probabilmente volevano".** Dalle mie ricerche risulta che i test forniscono informazioni principalmente sull'intelligenza linguistica e logica, con qualche vantaggio per chi ha doti di velocità, flessibilità e superficialità.

È così andata a finire che, paradossalmente, sono divenuto uno dei critici più aggueriti di questi test, poiché sono convinto che, a prescindere da quello che riescono a stabilire, sia sempre molto più importante quello che *non* riescono a stabilire; spesso questi test non riescono a darci indicazioni proprio sugli attributi e abilità umane più importanti; inoltre mi sembra che favoriscano lo studio di ciò che è facile e convenzionale anziché profondo e creativo, e che le persone che non comprendono tali strumenti attribuiscano loro molti più meriti di quanti non ne abbiano. Oggi mi domando quanto questo mio atteggiamento critico possa essere stato influenzato, fin dall'inizio, dal fatto che c'erano voluti una settimana di tempo e varie centinaia di dollari (in valuta degli anni cinquanta!) per sentirci dire che un giorno sarei potuto diventare un contabile.

Indipendentemente da quanto di questo senso critico verso i test fosse già presente in me a quei tempi, è chiaro che fin

---

* In inglese: "He has particularly impressive skills in the clerical area", dove "clerical" può significare tanto "ecclesiastico" che "impiegatizio", con riferimento ad attività con carattere di sistematicità. [*N.d.T.*]
** David Owen, *None of the Above*, Houghton Mifflin, Boston 1985, p. 58.

dall'adolescenza possedevo due atteggiamenti divergenti nei riguardi di creatività, educazione delle abilità di base e uso della mente. C'era un "punto di vista tradizionale", che avevo appreso dalla mia famiglia e che avevo applicato negli anni precedenti ai miei studi di pianoforte, che poneva al centro lo sviluppo delle abilità di base. Per diventare un bravo pianista – o un bravo detentore di una qualsiasi altra abilità – bisognava passare attraverso un rigoroso tirocinio con un bravo insegnante, del tipo del Maestro Briggs, e fare regolarmente gli esercizi assegnati. In tempi antichi, addirittura, il giovane da educare usava vivere nella casa del suo maestro soddisfacendo tutte le sue richieste. Invece trentacinque anni fa, a Scranton, un giovane adempiva al suo dovere andando alle lezioni, partecipando ai riti religiosi settimanali, svolgendo diligentemente i propri compiti, cercando, insomma, di fare del proprio meglio. Era così che si rendevano felici i propri genitori, il maestro, il rabbino, e perfino – per quanta importanza potesse avere – anche se stessi.

A questa concezione tradizionale centrata sullo sviluppo delle abilità di base, faceva da corollario un insieme di altri precetti: ubbidire all'autorità e ai più anziani perché sapevano più di noi, non creare problemi, tenere per sé i pensieri aberranti e, in generale, non cercare di cambiare le cose che non ci piacevano, o almeno, se si osava farlo, preferire cambiamenti lenti e graduali, tali da non offendere nessuno; era più importante essere fedeli alla tradizione che non prendere l'iniziativa e cercare di cambiarla. Aderire a tali norme procurava sollievo e felicità, come pure lo stare in compagnia di persone con i nostri stessi punti di vista – familiari o altri con lo stesso retroterra etnico o religioso.

Ma, come scrisse Goethe, "due anime si dibattono in me!". Stavo infatti assimilando, allo stesso tempo, un altro insieme di precetti e lezioni tipici delle strade d'America, una terra costruita su presupposti radicalmente diversi: l'innovazione è un bene, anche quando fine a se stessa; gli esempi tratti dal passato raramente sono utili, quando non sono perniciosi; è più importante esplorare le cose da soli e imparare a conoscerle direttamente, che non conformarci alla saggezza di altri o ad abitudini trasmesse acriticamente dalle generazioni precedenti. Tutte le lezioni ricavabili dalla storia di Beniamino e della chiave erano dunque già parte integrante dell'atmosfera americana. Inoltre, quando avevo deciso di "seguire il mio istinto", secondo un'impostazione nell'educazione di me stesso che oggi chiamerei "progressiva" (o non tradizionale), ero sempre stato premiato: leggendo ciò che volevo, apprendevo moltissimo; non solo suonavo il repertorio standard per il mio maestro di musica, ma intrattenevo anche i miei amici con improvvisazioni e invenzioni;

con la fisarmonica (strumento cui manca una vera tradizione) ero libero di fare quasi tutto ciò che volevo e godevo a fondo di quella libertà. Creavo poi i miei giornali scolastici e scrivevo da me le mie storie che, quando entrai nell'adolescenza, cominciarono finalmente ad attrarre l'attenzione dei miei compagni e degli adulti.

Nell'ultimo anno delle elementari, però, si verificò un episodio che mostrò come queste due vedute del mondo possano cozzare fra loro. Avevo allora un'insegnante con cui non andavo affatto d'accordo. La signorina Clark, oltre ad essere molto grassa – più larga che lunga – e vendicativa, era anche la sorella di un importante politico del luogo e come tale poteva permettersi di fare quel che voleva. Sfortunatamente per lei e per me, mi intendevo di musica più di lei e un giorno la corressi, probabilmente con un po' di arroganza. Afferrò una bacchetta e mi colpì sulle mani.

Questo atto mi sconvolse. Forse piansi anche sul momento, ma di certo lo feci quando giunsi a casa. Non mi piaceva essere picchiato, tanto meno in pubblico, ma la mia umiliazione nasceva in ugual misura dalla consapevolezza che io avevo ragione e che l'insegnante aveva completamente torto, a proposito della disputa musicale in questione. Comunque sia, mia madre si accorse di quanto la cosa mi avesse ferito e, con mia sorpresa, si lamentò col preside. Cosa ancora più sorprendente, il preside ci convocò nel suo ufficio e la signorina Clark, grande e grossa, dura e autoritaria com'era, dovette farmi le sue scuse. Sebbene non ricordi né di che cosa si fosse scusata, né se lo avesse fatto di buon grado o a malincuore, non ho mai dimenticato che un'insegnante si trovò a porgere le proprie scuse a uno studente.

Avevo appreso una preziosa lezione sull'autorità intesa alla maniera americana. Da ragazzo ben socializzato ai valori tedeschi qual ero, credevo che bisognasse sempre piegarsi a chi è in una posizione di autorità, e mostrarsi rispettoso nei suoi riguardi, anche se si trattava di una persona che non meritava particolare stima. Ma in America una tale ubbidienza all'autorità non era né automatica, né eterna: chi abusava della propria autorità ne era ritenuto responsabile. Questa lezione di vita che appresi in America non andò mai perduta. Ero orgoglioso di mia madre, che si era recata dal preside con determinazione – dopo tutto, era cresciuta in un paese autoritario, dove battere gli studenti era tollerato, se non incoraggiato, e dove aveva temuto per la propria vita durante il dominio nazista. Ero orgoglioso del mio preside, che si era schierato contro una insegnante bellicosa e potente. Infine, ero stranamente orgoglioso anche di come si era comportata la signorina Clark, quando aveva ammesso di aver avuto torto. Questa sfida vittoriosa all'autorità mi tornò in mente in seguito, quando dovetti misurarmi con situazioni simili in Cina, un paese la cui tradizione autoritaria precede di molti secoli quella tedesca e dove la gerarchia è così radicata che di solito per metterla in questione bisogna ricorrere a una rivoluzione in piena regola.

Il coraggio di abbandonare lo studio del pianoforte deve essere compreso sullo sfondo di tutto questo: il piacere provato nel seguire le mie inclinazioni, la non insistenza dei miei genitori a farmi fare le cose a modo loro, l'esperienza di aver sfidato con successo l'autorità. Quella decisione lasciò un vuoto al centro della mia vita, ma fu un vuoto prontamente colmato da crescenti interessi di studio e da una sempre più ampia cerchia di amici. Stavo entrando nella cultura adolescenziale americana e benché avessi rinunciato alla carriera di musicista, rimanevo più che mai coinvolto nella musica. Continuavo a studiare la fisarmonica e iniziai a suonare l'organo e anche il flauto nell'orchestra della scuola media. A scuola entrai a far parte di un quartetto che si esibiva alle feste danzanti e incominciai a guadagnare un po' di soldi dando lezioni di pianoforte a dei ragazzi del vicinato. Inoltre, per la prima volta, mi dedicai seriamente, con un piccolo gruppo di amici, all'ascolto di incisioni di musica classica e incominciai a recarmi tutte le estati a Tanglewood per ascoltare dal vivo la musica che avevo imparato a conoscere. Ricominciai perfino a suonare il pianoforte assieme al mio primo insegnante, non più studiando sotto la sua direzione, ma suonando con lui duetti a quattro mani.

Essendomi lasciato alle spalle la carriera musicale, dovevo decidere quale altra strada avrei dovuto imboccare. Il problema in sé non mi premeva affatto, ma era ovvio che esisteva, perché ero un intelligente giovane ebreo tedesco che al tempo stesso era anche il "giovane più anziano" di un clan che aveva raggiunto ragguardevoli dimensioni: circa venti cugini solo nella mia zona. La prima decisione da prendere riguardò la scelta della scuola secondaria. Mi iscrissi alla Central High School di Scranton, pensando di rimanervi fino all'ultimo anno. I miei genitori invece avrebbero voluto che mi iscrivessi alla Phillips Academy di Andover (la sola scuola privata di cui avessero sentito parlare), ma io non volli. Ben presto però mi resi conto che stavo imparando incredibilmente poco da insegnanti volenterosi quanto ignoranti. (Nonostante fossi intellettualmente maturo per capirlo, feci molta fatica ad arrivare a questa conclusione.)

Fu così che con i miei genitori arrivammo a un compromesso: avrei frequentato una piccola scuola "preparatoria per i migliori college" (*prep school*) che si chiamava Wyoming Seminary e che si trovava abbastanza vicino a casa da permettermi di tornarvi ogni fine settimana. Per molti anni dopo la laurea ignorai del tutto l'importanza che ebbe per me questa scuola, essendo del parere che la mia "vera vita" fosse iniziata solo all'epoca del mio ingresso ad Harvard. Ma nel 1986, ritornato a Kingston, in Pennsylvania, in occasione della venticinquesima riunione coi compagni di scuola, dovetti riconoscere quanto la mia persona adulta fosse debitrice a quei tre anni passati al "Sem".

Il Wyoming Seminary segnò l'epoca in cui mi ritrovai per la prima volta in un ambiente scolastico lontano da casa, forse addirittura la prima volta che vissi in un ambiente scolastico *tout court*. Un posto dove dovetti misurarmi con ragazzi e ragazze che non conoscevo fin dall'infanzia e che spesso possedevano abilità, retroterra, esperienze e conoscenze che a me mancavano. Incontrai anche per la prima volta insegnanti che si erano formati in università di prim'ordine e che, sebbene non producessero direttamente ricerca, avevano interessi intellettuali. Erano lieti di avere in me uno studente intelligente e serio e mi dedicavano molta attenzione. In effetti il professor Roberts, mio insegnante di latino, che rimane ancora uno dei migliori insegnanti che abbia avuto, fu il primo a trasmettermi un senso di eccitazione per delle idee e a farmi vedere connessioni tra diversi campi di conoscenza e parallelismi fra culture ed epoche diverse.

Penso tuttavia che il Wyoming Seminary sia stato più importante per il mio sviluppo sociale e professionale che non per la mia formazione intellettuale. Poco dopo il mio arrivo entrai a far parte della redazione del giornale e della rivista della scuola di cui divenni condirettore durante il terzo anno. L'*Opinator* conteneva non solo tutte le notizie e i punti di vista sulla scuola, ma anche poesie, racconti, saggi e arte grafica. Ogni settimana il mio condirettore Barry Yoselson ed io, aiutati da un piccolo corpo redazionale, dovevamo far in modo di stampare dalle venti alle trenta pagine; quando il materiale non era sufficiente, dovevamo produrlo noi stessi e occuparci anche dell'impaginazione e della distribuzione delle copie a tutti gli studenti durante il rito obbligatorio del venerdì pomeriggio nella cappella della scuola.

Quel lavoro ci insegnò moltissimo: scrittura, redazione di testi, critica letteraria e non, pubblicità, fotografia ed altri accorgimenti grafici. Apprendemmo anche come comportarci con l'amministrazione, con gli insegnanti, la redazione, gli altri studenti, i pubblicitari, i tipografi e perfino i genitori e gli ex alunni che si risentirono di alcune nostre più oltraggiose prese di posizione e scelte editoriali. In seguito all'esperienza acquisita nel far uscire trenta numeri dell'*Opinator* in trenta settimane, lo scrivere per una scadenza precisa mi ha raramente dato problemi. Lavoravo molto intensamente, ma facevo cose che mi piacevano e che tenevo a fare bene. In una scuola più piccola e sconosciuta, probabilmente non vi sarebbero stati né un giornale né una rivista settimanali. Invece in una scuola più grande, come ad Andover o a Choate, gli studenti responsabili della redazione del giornale sarebbero stati molto più numerosi, il che non ci avrebbe dato né il potere, né l'autorità, né tantomeno le occasioni che ci offrì l'*Opinator*.

Durante la scuola media superiore iniziai anche ad "uscire all'aperto" socialmente: per la prima volta portavo fuori delle ragazze ed entrai a far parte di un gruppo ("il gruppo", come lo avremmo poi chiamato), divenendone uno dei personaggi di spicco. Un tale aumento della mia popolarità si sarebbe forse realizzato in ogni modo, in qualsiasi ambiente scolastico a livello di scuola superiore, ma fu certamente favorito dall'ambiente ridotto e dall'atmosfera di amicizia che regnavano al "Sem". Per la prima volta nella mia vita mi sentivo meno isolato: ora avevo un'identità, ero un giovane studioso, un leader della scuola, tutti ruoli che in certo senso mitigavano la mia diversità e la percezione di me come marginale in quanto tedesco, ebreo, bravo pianista e "cervello" della mia classe.

Quel tocco in più di fiducia in me stesso mi rese ancora più temerario o almeno più avventato. Nonostante non avessi mai avuto a che fare con la giustizia (eccetto a sedici anni, quando mi ritirarono la patente per eccesso di velocità), divenni una specie di capobanda irriverente in cerca di guai. Con i buoni voti ricevevo spesso anche critiche per il mio atteggiamento ribelle ed anche perché non mi sforzavo molto di studiare. Forse il problema, oltre che in ciò che facevo, stava nel come lo facevo e mi accadde ogni tanto di essere indicato da chi rappresentava l'autorità, insegnanti o poliziotti, come responsabile di disordini. Chiaramente provavo un certo piacere nel mettere alla prova i limiti politici del sistema, mostrando che non mi andava di sottomettermi all'autorità.

Col senno di poi mi domando se sarebbe stato possibile individuare già durante gli anni di scuola media superiore quale strada avrei preso nella vita. Ero un bravo studente, interessato soprattutto agli studi storici e umanistici; tuttavia, quasi contro la mia inclinazione, ottenevo voti migliori nei corsi di matematica e nei test scientifico-matematici di accesso al college. (A posteriori si può dire che avevo un certo potenziale di tipo "logicomatematico" che non sfruttai appieno.) Mentre un adulto perspicace avrebbe potuto facilmente riconoscere in me un futuro accademico, io pensavo che avrei scelto una delle professioni dotte, mi vedevo frequentare la facoltà di legge o di medicina. Non sapevo nulla di psicologia, né i miei interessi si indirizzavano verso quel campo; quando un mio zio mi diede un libro di testo di psicologia, lo sfogliai rimanendo affascinato soltanto dalla descrizione – con tanto di tavole illustrate – del fenomeno del daltonismo. Ignoravo totalmente l'esistenza della psicologia cognitiva, della psicologia evolutiva e degli studi sul cervello umano, i tre campi di cui mi occupo attualmente. Freud per me era semplicemente il nome di un medico ebreo austriaco sul quale si scriveva e si discuteva molto. Le arti, in particolare la musica, rimanevano importanti per me, ma non pensavo più seriamente alla carriera musicale, né tantomeno a indagare la natura della conoscenza artistica.

Nonostante il mio attuale interesse per la Cina, allora non sapevo quasi nulla su questa nazione. Oggi noto verso l'Asia un forte interesse da parte dei miei figli e dei loro amici: alcuni di loro si recano in Giappone o a Hong Kong o studiano il giapponese o il cinese (o anche entrambe queste lingue!); molti altri seguono dei corsi o addirittura si specializzano in studi orientali o del Sudest asiatico. Tali interessi sarebbero parsi molto eccentrici ai miei tempi, negli anni cinquanta. In quegli anni, chi non era completamente immerso nella propria vita e nella cultura pop tipica dell'epoca di Eisenhower, voleva visitare l'Europa, studiarci, imparare a conoscerla, e spesso per Europa si intendeva l'Inghilterra, la parte occidentale del continente europeo e quell'esotico avamposto a metà fra America e Europa chiamato Israele. Sapevamo poco dell'Europa orientale e della Russia e quasi niente dell'Africa, dell'America latina e dell'Asia.

Naturalmente conoscevamo (o credevamo di conoscere) il comunismo. Sul *Reader's Digest* e sulle onnipresenti pubblicazioni Luce, splendidamente illustrate, leggevamo di lavaggi del cervello, di torture praticate nella guerra di Corea e anche delle odiose purghe del regime stalinista. La Cina era presentata in termini molto rigidi e manichei: da un lato Formosa, o la Cina libera, con a capo un leader dal volto gentile, Chiang Kai-shek, e questa era la parte buona, dall'altro la Cina rossa, capeggiata dal sinistro Mao, la parte cattiva. A dire il vero nel nostro primo anno di scuola superiore era previsto un corso di storia non occidentale, che studiammo su un orribile volume arancione intitolato *Our Widening World*, in cui si parlava anche della Cina. Ma la discussione su quelle pagine non fu affatto memorabile, sia perché la nostra infelice insegnante era solo un paio di lezioni più avanti di noi, sia perché trovavo la ragazza seduta accanto a me molto più interessante delle varie dinastie o dei recenti sconvolgimenti dell'età repubblicana e comunista.

Mi piacerebbe poter rintracciare in quell'adolescente che studiava al Wyoming Seminary le premesse dei suoi futuri interessi per la creatività e la sinologia, ma non riesco a farlo. Invece posso intravedere le tensioni contrastanti che già si dibattevano in lui, come ad esempio: da un lato la volontà di eccellere in una professione e di compiacere la propria famiglia, dall'altro il desiderio di lanciarsi in una carriera più innovatrice, meno ortodossa, anche a rischio di incorrere in un fallimento; da un lato il riconoscimento istintivo del valore di un serio tirocinio e di solide abilità di base in campi come la musica e la scrittura, dall'altro la forte ammirazione per coloro che riescono ad utilizzare tali abilità in campi diversi da quello originale o che addirittura le abbandonano; da un lato il rispetto tutto tedesco per l'autorità, dall'altro l'attrazione tutta americana per l'innovazione, l'individualismo, l'iconoclastia.

Gli studi di psicologia evolutiva compiuti in seguito mi inducono a riflettere su quali fattori della mia infanzia abbiano avuto una maggiore influenza sul mio sviluppo. Al primo posto metterei l'ampia cerchia familiare con i suoi valori (incentrati sull'istruzione), il suo esempio (l'ubbidienza, la lealtà, la disciplinata regolarità) e la vita in comune dei suoi membri. Quasi eguale importanza darei alla sensazione di marginalità da me provata fin da piccolo a causa del mio essere tedesco, ebreo, immigrato e a causa dei "segreti" che non mi vennero rivelati dai miei genitori. Se questi due fattori, famiglia e marginalità, venissero tolti dal quadro della mia vita, niente del mio sviluppo sarebbe più comprensibile. Invece, nel bene o nel male, la scuola ha avuto durante la mia gioventù un peso molto minore, in cui i compagni ebbero forse più importanza degli insegnanti.

Come psicologo cognitivo, rifletto anche sul particolare profilo delle mie abilità; date le mie inclinazioni naturali e l'ambiente in cui sono cresciuto da piccolo era quasi inevitabile che mi sarei dedicato ad attività connesse al linguaggio. Tuttavia, per esempio, il talento musicale – così importante nella mia infanzia – si rivelò in modo fortuito: se non mi fosse capitato di cimentarmi al piano di un vicino, forse non sarei mai diventato un giovane musicista. Sembra che avessi delle potenzialità anche nel campo delle abilità logico-matematiche, ma solo dopo l'arrivo al college incominciai a provare interesse per queste discipline (una guida capace di stimolare il mio interesse per la matematica o la fisica avrebbe potuto indirizzarmi meno verso i libri e più verso le scienze e la tecnologia, ma la totale assenza di insegnanti maschi o di scienziati nel mio ambiente mi ha sottratto una tale opportunità). Quanto alle mie attitudini fisiche e spazio-visive, già modeste in partenza, senza una spinta a loro favore, non vi era semplicemente motivo che le perseguissi.

Infine, come studioso della creatività, sono indotto ad alcune riflessioni anche sulle mie inclinazioni in questo campo. Né l'ambiente familiare, né la mia precoce formazione musicale giocarono molto a favore "dell'impulso creativo", essendo entrambi molto più consoni all'approccio tradizionalista che privilegia le abilità di base. E neppure si può affermare che i miei primi successi, in poesia o in composizione musicale, siano stati delle attività creative in senso proprio. Tuttavia l'impulso creativo non mi era completamente estraneo, grazie a due fattori: una personalità abbastanza indipendente (talvolta insoddisfatta, talaltra cocciuta) e la vita in una società che raramente scoraggia e talvolta mostra di apprezzare – almeno in apparenza – l'innovazione, l'esplorazione e l'individuazione dei problemi. Posso come minimo affermare che la mia gioventù non fu compressa al punto da impedirmi una "scelta creativa". Però se dovessi riscrivere il copione della prima parte della mia vita vi inserirei un paio di adulti autorevoli, dei mentori capaci di incoraggiarmi all'esplorazione creativa (specialmente nelle scienze) e capaci, sulla base delle mie produzioni giovanili, di suggerirmi alternative interessanti e nuove "strade da battere".

All'età di circa dieci anni amavo molto i "classici a fumetti", dei volumetti di una cinquantina di pagine in cui la trama dei capolavori della letteratura mondiale veniva illustrata per mezzo di immagini a fumetti. Sul logoro retro di uno di questi, un giorno trovai la storia di un luogo chiamato "Harvard", dove, negli anni quaranta, gli studenti avevano eletto quattro loro rappresentanti, uno protestante, uno cattolico, uno ebreo e uno di colore. Come ebreo e come vittima potenziale di persecuzioni (come temeva costantemente la mia famiglia) un tale pluralismo mi stupì non poco. Fino ad allora avevo desiderato recarmi al Notre Dame o al Georgia Tech, le sole scuole non locali di cui avessi sentito parlare forse perché possedevano formidabili squadre di football e accattivanti "inni di battaglia". Ora, però, avevo un nuovo obiettivo: frequentare un luogo in cui potessi sentirmi a casa, anche se non giocavo al football.

C'era molta strada da compiere fra il momento in cui lessi di Harvard nei fumetti e quello in cui vi fui ammesso alla classe del 1965, ma fortunatamente trovai diversi alleati che mi aiutarono a raggiungere la mia meta. Quando venni ammesso ero fuori di me dalla gioia e non vedevo l'ora di diventare una matricola a tutti gli effetti. Credo di poter affermare che uno dei più grandi sogni dei miei genitori si realizzò il giorno in cui ricevetti la fatidica voluminosa busta col timbro di "Cambridge, Massachusetts".

Presto però mi resi conto che le cose non sarebbero state mai più le stesse. Fino al giorno in cui io e la mia famiglia salimmo in macchina alla volta di Cambridge, io ero stato il proverbiale pesce grosso in un piccolo acquario. Adesso non c'era più nessuno in tutto il pianeta a cui importasse dei miei buoni risultati in quella ristretta e marginale area geografica: nessuno a cui importasse qualcosa di Scranton, del Wyoming Seminary, dei miei studi di pianoforte, degli articoli di fondo sull'*Opinator*, del mio strano amalgama di tradizionalismo e iconoclastia. D'un tratto divenni apprensivo pensando a che figura avrei fatto nei confronti di tutti quei primi della classe e redattori di giornali di scuole ben più importanti come Scarsdale, Evanston, o della Groton Academy. Avevo l'aspetto del *preppie*,* ma dentro mi sentivo ancora un sopravvissuto ebreo tedesco, dotato di un inusuale ma marginale insieme di abilità e peculiarità. Ancora legato alle mie radici, ma già ambivalente nel desiderio di allontanarmi dalla mia famiglia, diedi l'arrivederci alla valle Lackawanna, per fare ingresso nel più vasto mondo.

* Studente che frequenta una *prep school*. [*N.d.T.*]

2. L'impronta di Cambridge

Il docente incaricato di assistermi e consigliarmi nei primi anni di università era l'eminente psicoanalista Erik Erikson. Una volta egli osservò che gli studenti di Harvard a livello di college erano il pubblico ideale per le sue lezioni e i suoi scritti. Solo oggi, ripensando a quell'osservazione, riesco a capirne il significato. Quando entrai a Harvard come matricola nel 1961, l'anno entusiasmante in cui un ex studente di quella università, John Kennedy, saliva alla presidenza degli Stati Uniti, mi sentii libero di studiare ciò che volevo: mi accostai a vari corsi con fervore e impegno, riuscendo ad assimilare e usare ciò che stavo apprendendo. Come il piccolo anatroccolo che rimane per sempre condizionato dal primo oggetto attraente che vede, anch'io da allora in poi sentii su di me l'impronta dell'atmosfera intellettuale di Cambridge (e dei suoi riflessi sulla Washington di Kennedy) dei primi anni sessanta.

Anche a distanza di venticinque anni, sebbene riesca a scordarmi che cosa ho scritto ieri in una lettera, ricordo bene il contenuto – e l'atmosfera – di quegli eterogenei corsi del primo anno, riuscendo perfino a rivedere con la mente pagine di appunti e libri di testo. La mente di un diciottenne, al pari di quella di un anatroccolo appena nato, è simile a una lavagna sgombra, come Erikson ben sapeva, totalmente ricettiva a idee e concetti sconosciuti, disposta ad affrontarli e capace di dominarli e ricordarli.

Vedendo nella storia un possibile campo di specializzazione, mi iscrissi al primo corso di scienze sociali (conosciuto come "Storia 1" e poi soprannominato "Soc. Sci. 1"*). Nell'ufficio del

* Social Science 1. [*N.d.T.*]

dipartimento dove si teneva questo corso, era conservata una copia dell'esame finale di scienze sociali redatto trent'anni prima dallo studente Arthur Schlesinger Jr., senza dubbio messa lì come esempio e monito per i suoi successori! Il corso iniziava dall'Impero romano e finiva con la seconda guerra mondiale. Poiché la musica aveva ancora per me uno speciale valore, mi iscrissi ad un corso equivalente a quello di storia, il leggendario "Musica 1" di Wallace ("Woody") Woodworth: una maratona musicale che andava dai Canti gregoriani a Boulez e Stockhausen. Quando ebbi modo di ascoltare la maestria di alcuni miei compagni nei concerti del Club delle matricole, mi resi conto di quanto fosse stato saggio da parte mia abbandonare il pianoforte.

Poiché era obbligatorio frequentare un corso di scienze naturali, scelsi, con iniziale diffidenza soppiantata poi da crescente entusiasmo, il corso di biologia insegnato da George Wald, futuro premio Nobel. Secondo la "Guida confidenziale ai corsi" di Harvard, Wald "era in grado di far diventare scienziati anche le più incallite poetesse del Radcliffe College". Fino ad allora l'idea di diventare uno scienziato o un esperto in materie scientifiche non mi era mai passata per la mente, perché la mia vita intellettuale si era basata principalmente su libri di storia, di scienze politiche e su biografie. George Wald risvegliò in me delle tendenze che anni dopo mi avrebbero portato ad approfondire gli aspetti cognitivi dell'apprendimento alla luce degli studi scientifici del sistema nervoso e dell'informatica.

Seguendo le orme di Mark Harris, l'unico altro studente di Scranton ad Harvard, mi iscrissi e fui ammesso anche ad un seminario per matricole, parte di uno speciale gruppo di corsi in cui i docenti di Harvard lavoravano con piccoli gruppi di studenti. (Quel programma per matricole era stato appena varato grazie ai fondi di un anonimo donatore, che poi si rivelò essere Edwin Land, della Polaroid Corporation; formidabile scienziato e inventore, un gigante nel mondo dell'industria, egli non aveva apprezzato la propria esperienza di studio ad Harvard e voleva che le cose migliorassero per le generazioni successive.) Non c'è da stupirsi se io, aspirante specializzando in storia con una mezza intenzione di diventare avvocato, scelsi un seminario dal titolo "La storia americana attraverso i suoi documenti".

Per un anno intero, con una mezza dozzina di altri studenti, studiai a fondo alcuni eventi della storia americana, fra cui i processi alle streghe di Salem e il caso Sacco e Vanzetti. Era la prima volta che io (e forse anche i miei compagni di corso) svolgevo una ricerca intensiva sotto la diretta supervisione di uno studioso – in quel caso, di Stanley Katz, un bravo storico del diritto.

Quando fu chiaro che la prima relazione da me scritta per il seminario non era all'altezza dei suoi standard, egli mi mise all'angolo dicendomi: "Questa è una prima stesura, non è vero?". Non cercai mai più di tirar via con il lavoro che svolgevo per lui, e nemmeno con quello per gli altri corsi che frequentai ad Harvard. Ma forse davo ancora segni di ribellione e resistenza all'autorità, visto che Katz ebbe modo di dire più tardi ad un nostro comune amico che secondo lui sarei potuto diventare tanto un laureato "summa cum laude" che un "degenerato".

Tutto sommato il ricordo più vivo che conservo riguarda però il quinto e forse meno importante dei corsi del primo anno. Tutte le matricole dovevano frequentare un corso di scrittura espositiva, ed io feci domanda e fui ammesso ad un corso particolarmente impegnativo tenuto da un indimenticabile personaggio di Harvard, che chiamerò prof. B. Il prof. B, figura molto nota nella comunità di Harvard, arrivava pimpante in classe, spesso con dieci e più minuti di ritardo, indossando una toga nera e cominciava a parlare a bassa voce e in modo enigmatico di qualsiasi cosa avesse in mente. Sebbene lo ascoltassi attentamente e prendessi diligentemente appunti, raramente capivo quel che diceva. La sua frase d'inizio preferita era: "Supponiamo che X sia vero, così potremo parlare di Y", ma ciò che veniva dopo X o Y raramente aveva un senso per me. Ci chiedeva di scrivere regolarmente delle relazioni che non ci restituiva quasi mai. Quando riemergevano, i suoi meticolosi commenti scritti raramente mi sembravano intelligibili. Alla fine del corso, ci invitò nella sua bella casa di Beacon Hill, dove ebbi modo di sfiorare un mondo bizzarro e stravagante, molto "camp", che mi affascinava e al tempo stesso mi intimoriva. Per un po' di tempo dopo quella visita, non feci altro che parlare degli angoli scuri, dei grafici misteriosi e delle esotiche sostanze che colà avevo visto.

Ciononostante, nel corso del prof. B. imparai molto, quasi esclusivamente grazie alle eccellenti letture e alle vivaci discussioni in cui egli fungeva da catalizzatore entro un gruppo formato dai suoi studenti, intelligenti e supercompetitivi, e da numerosi curiosi attirati dallo spettacolo settimanale delle sue lezioni. Leggemmo *Ritratto dell'artista da giovane* di Joyce, *Tenera è la notte* di Fitzgerald, *I falsari* di Gide, alcuni saggi di Pascal e Kierkegaard e molti altri classici della letteratura e della filosofia.

Ma i due libri che lasciarono su di me un segno più duraturo, furono quelli con cui iniziammo il corso: il dialogo di Platone *Menone*, in cui Socrate usa una conversazione con uno schiavo come mezzo per analizzare la natura della conoscenza e il significato della virtù; e l'agile trattato *Philosophy in a New Key*, in cui la filosofa Susanne Langer tracciava quell'analisi delle forme simboliche, che stava divenendo uno dei temi dominanti nella moderna epistemologia occidentale.

I temi di queste opere, forse le prime che lessi di filosofia, ebbero su di me un profondo impatto. Nel *Menone* non solo potevo osservare i giochi di una mente particolarmente potente e sottile, ma potevo anche confrontarmi con quello che potrebbe essere stato il primo tentativo nella storia scritta dell'umanità di indagare la natura della conoscenza. Nell'intervistare il ragazzo schiavo, Socrate avanza alcune ipotesi su come viene acquisita la conoscenza, sulla natura della memoria, sui veicoli del pensiero e sullo statuto privilegiato assegnato al pensiero matematico. Mentre le specifiche soluzioni proposte da Socrate oggi ci appaiono alquanto estrose (il ragazzo schiavo "ricordava" veramente per diritto di nascita come si calcola una radice quadrata?), i problemi che egli sollevava sono ancor oggi per i filosofi e gli scienziati degli affascinanti enigmi.

Philosophy in a New Key[*] era stato un tentativo moderno di rivisitare alcune di queste fertili questioni epistemologiche. Basandosi su secoli di analisi filosofica e attingendo a studi nel campo della psicologia umana (inclusa perfino la psicologia evolutiva), la Langer affermava che la capacità di trattare con simboli – parole, dipinti, diagrammi e composizioni musicali – è il carattere distintivo della conoscenza umana. Inoltre, pur riconoscendo che la matematica differisce dalle altre forme di conoscenza umana, la Langer non cadeva nella tipica trappola platonica (o pitagorica) di metterla su di uno speciale piedestallo. Avanzava invece un punto di vista più equilibrato e umano, per il quale le modalità del pensiero artistico sono altrettanto valide quanto quelle matematiche o scientifiche: la differenza consiste nei tipi di simboli usati e nel tipo di processo cognitivo messo in funzione da tali simboli. Mi colpì in particolar modo la concezione della musica proposta dalla Langer, come una comunicazione concernente non tanto i sentimenti in quanto tali, quanto le "forme dei sentimenti" – le tensioni, le dinamiche e contrasti che permeano la nostra esistenza emotiva e che non possono essere adeguatamente o accuratamente descritti con delle parole o dei simboli matematici. Forse una tale descrizione "formale" era in grado di spiegare il forte impatto che la musica ha su così tanta gente. Sebbene certamente non fossi in grado di capire tutte le implicazioni del lavoro della Langer, vi percepii un importante moderno sforzo di descrizione dei veicoli del

[*] Harvard University Press, Cambridge 1942.

pensiero e dell'arte e – sua particolarità – di basare queste analisi su studi del comportamento umano che avessero uno status scientifico.

In ogni caso, qualsiasi ne sia la ragione, questi due libri si sono rivelati essenziali come nessun altro per il lavoro che avrei svolto in seguito. Come ho scritto nel mio ultimo libro, *La nuova scienza della mente*, concepisco tutta la psicologia occidentale e le scienze cognitive come un'ampia meditazione sui temi che vennero per la prima volta presentati nel *Menone*; considero inoltre le questioni sulla natura e lo sviluppo del pensiero artistico, che hanno guidato il mio lavoro nel Progetto Zero a Harvard, come una diretta germinazione dal tema filosofico trattato con tanta sensibilità dalla Langer nel suo "volumetto" del 1942. Tutta la filosofia, come suggerì una volta Alfred North Whitehead, è una nota a piè pagina degli scritti di Platone. Senza dubbio anche tutto il mio lavoro può essere visto come una nota a piè pagina di quelle iniziali letture del primo anno di Harvard.

Anche in altri corsi, la mia attenzione tendeva a polarizzarsi attorno alle idee e ai modi di pensare. Avevo preso lo studio davvero molto seriamente, ed era divenuto importante per me, troppo importante, prendere dei buoni voti. Tuttavia anche la mia curiosità era notevole e non si appagava assolutamente nei corsi obbligatori, per cui può darsi che abbia stabilito un record per il numero di corsi cui partecipai regolarmente come semplice uditore. Avevo la possibilità di stare a contatto con un gruppo eccezionale di studiosi – come Walter Jackson Bate, che si occupava dell'epoca di Samuel Johnson, John Finley di epica, William Alfred di teatro, Henry Kissinger di teoria politica ed Europa occidentale, Stanley Hoffman di storia militare, H. Stuart Hughes di storia delle idee europea del diciannovesimo e ventesimo secolo, Perry Miller e Donald Fleming di storia delle idee americana, David Riesman impegnato a studiare il carattere degli americani, Erik Erikson il ciclo della vita umana, Gordon Allport la psicologia sociale, Paul Tillich la religione come preoccupazione ultima, Raphael Demos la storia della filosofia e Alexander Gerschenkron la storia economica. Oggi mi rendo conto che tali studiosi hanno raggiunto la stessa leggendaria statura che un "Copey", un "Kittredge", un "Perry" e un "Baker" avevano assunto per le generazioni precedenti di Harvard. Ho anche seguito come uditore altri corsi tenuti da personaggi meno memorabili su argomenti che andavano dalla letteratura tedesca e francese a "discorso pubblico".

In retrospettiva, i miei anni a Harvard mi vedono come il proverbiale "ragazzo in un negozio di dolci", che afferra qui e là la conoscenza disponibile nei vari campi. Anche se non avevo un appetito alla Thomas Wolfe, che leggeva ogni libro, frequentava tutti i corsi e andava a letto con tutte le compagne di corso, volli anch'io provare almeno un assaggio delle molte cose che una grande università come quella poteva offrire (anche se i problemi asiatici continuavano a restare fuori dal mio orizzonte). Sentivo anche un particolare bisogno di mentori intellettuali, forse perché non ne avevo mai avuti prima. Oggi come allora, apprezzo molto l'eccezionale apertura educativa disponibile nei college americani. Altrove la specializzazione inizia molto prima; in Cina, poi, l'idea che lo studente possa prendere in mano il timone della propria educazione sembrerebbe una bizzarria.

Nell'estate del 1963, allo scopo di guadagnarmi i soldi per l'iscrizione ad un corso estivo di francese, lavorai come guida sotto la sgargiante tenda a strisce del cortile principale di Harvard: camminando all'indietro e parlando per quarantacinque minuti ogni volta, facevo fare il giro di Harvard a chiunque fosse interessato. Lavorava con me uno studente che aveva appena terminato il college ad Harvard, Ken Freed, probabilmente il primo vero intellettuale che mi divenne amico. Era ancora in atto un lungo sciopero dei quotidiani newyorkesi iniziato nel dicembre del 1962, e fu proprio Ken a farmi conoscere una nuova pubblicazione, apparentemente provvisoria, che si chiamava *New York Review of Books* (rivista intellettuale che va molto forte ancora oggi) e mi fece conoscere anche degli scrittori che esploravano idee per il gusto di farlo, anziché lavorare entro i confini di una disciplina accademica. Ken mi parlò anche di due autori che ebbero poi una profonda influenza su di me.

Poiché aveva recentemente studiato gli scritti del filosofo americano Nelson Goodman (che allora insegnava nella vicina Brandeis University di Waltham), Ken mi riassunse alcune delle sue idee e mi disse che secondo lui Goodman era uno dei filosofi più importanti e originali del nostro tempo. Goodman sembrava interessarsi agli stessi problemi che aveva studiato Susanne Langer, quindi mi riproposi di seguire quell'indicazione. Alcuni anni più tardi questo proposito si sarebbe concretizzato in un'associazione che avrebbe cambiato la mia vita, come avrò modo di spiegare nel prossimo capitolo.

L'altro personaggio di cui mi parlò Ken era molto diverso da Goodman (sebbene per certi versi la fronte alta, gli occhi penetranti e i nasi stupendamente importanti rendessero le loro fisionomie molto simili): era il critico e saggista americano Edmund Wilson, che un tempo era vissuto a Cambridge e che nel 1963 si era già affermato in America come eminente uomo di lettere. Nonostante la sua notorietà all'interno della comunità intellettuale (non di rado era considerato altezzosamente da quegli stessi "limitati" accademici che egli a sua volta disprezzava), io non avevo mai sentito parlare di Wilson. (Questa era un'altra caratteristica tipica della vita culturale americana: la virtuale invisibilità di figure intellettuali di spicco. Come se uno studente di un'università francese dell'epoca potesse non aver mai sentito parlare di Jean-Paul Sartre, o uno studente britannico di Bertrand Russell.)

Leggere Wilson fu per me un'esperienza affascinante. Il suo stile saggistico era fra i migliori del ventesimo secolo, abbellito da uno stile di scrittura scorrevole che apprezzavo particolarmente. Sembrava incapace di scrivere un paragrafo che non riuscisse ad insegnare qualcosa e allo stesso tempo a intrattenere il lettore. Ma ciò che mi impressionava di più era la volontà e capacità di Wilson di scrivere praticamente su qualunque soggetto gli venisse in mente. I suoi testi più famosi vertevano sulla poesia simbolista, sulle origini della Russia sovietica e sulla letteratura patriottica della guerra civile. Aveva scritto anche sugli indiani Irochesi, sui manoscritti del Mar Morto e sulla guerra fredda; uno dei suoi romanzi era stato bandito dallo Stato di New York; inoltre era un prolifico produttore di articoli giornalistici, poesie, drammi e narrativa. Ammiravo moltissimo l'audacia con cui Wilson si occupava di qualsiasi soggetto con una tale maestria da costringere gli esperti a tenerne conto.

Le mie vedute intellettuali si stavano ampliando e stavano anche modificandosi. Alla fine del primo anno di college avevo scoperto che erano gli *aspetti psicologici* della storia e della biografia ad interessarmi in modo speciale. Ero rimasto molto colpito, anzi mi aveva lasciato senza fiato, *Il giovane Lutero* di Erik Erikson.[*] In questo studio ancor oggi controverso Erikson applica l'approccio psicoanalitico a un evento storico cruciale e lo fa in un modo che non avrei mai creduto possibile, mettendo in rilievo i processi di pensiero e le emozioni pertinenti non solo a un personaggio storico famoso, ma anche a un'intera generazione di gente comune dell'Europa settentrionale, che si sentiva sempre più alienata.

Erikson mostra come Lutero avesse affrontato una serie di problemi personali e familiari che gli si erano presentati durante il suo agitato sviluppo psicologico e come la prospettiva religiosa che da ultimo egli elaborò fosse in grado di placare quelle sue ansie e toccasse profondamente anche moltissimi altri individui del suo tempo. L'argomentazione di Erikson mi parve convincente: mi piaceva il modo in cui, facendo uso alternativamente di

[*] W.W. Norton, New York 1958; tr. it. Armando, Roma 1979[2].

psicologia, storia, biografia e narrazione, riusciva a descrivere e analizzare le situazioni umane. Mi interessava in particolare l'interpenetrazione fra i problemi affrontati da un solitario tedesco e quelli che ha avuto di fronte nel corso del proprio sviluppo un'intera generazione — forse perché anch'io, su scala infinitamente minore, mi confrontavo con alcuni di quei dilemmi.

L'attrazione per Erikson aveva anche una dimensione personale. Emigrato negli Stati Uniti e solo di recente entrato a far parte del corpo docente di Harvard, Erikson – sebbene non fosse né ebreo, né tedesco di nascita – era cresciuto in un ambiente familiare ebreo-tedesco, e in generale faceva parte della stessa cerchia cui apparteneva la mia famiglia. Alcuni miei parenti l'avevano anche conosciuto da giovane. Speravo segretamente che un giorno avrei potuto studiare con lui e forse, come ebbe modo di dirmi in seguito per stuzzicarmi, avrei anche voluto che mi psicanalizzasse.

Il docente che faceva da consigliere del corso di scienze sociali, notata la mia predilezione per le analisi eriksoniane (avevo scelto Lutero come argomento della mia principale relazione per il corso) mi suggerì di iscrivermi ai corsi di psicologia in quello che allora si chiamava Dipartimento di relazioni sociali. Così nel secondo anno vi iniziai due corsi e, poco dopo, abbandonai del tutto l'indirizzo specialistico in storia a favore del tirocinio in relazioni sociali.

Avevo ormai trovato il mio campo di studi e da quel momento in poi non fui più tentato di cambiare specializzazione. La materia mi piaceva e, cosa ancor più importante, apprezzavo grandemente la flessibilità di questo indirizzo specialistico. In effetti, dopo aver verificato i buoni risultati da me ottenuti nel corso del secondo anno, fui lasciato libero di studiare quel che volevo. Seguii corsi di sociologia, di psicoanalisi e di psicologia sociale; ma, curiosamente, mai di psicologia in senso stretto, né di psicologia evolutiva, cognitiva o sperimentale, e neppure di neuropsicologia, le quattro aree di cui mi occupo attualmente. Inoltre continuai a frequentare come uditore molti altri corsi in aree diverse.

Ma in tutti e quattro gli anni di college, nessuna altra influenza fu confrontabile a quella esercitata su di me da Erik Erikson nei due anni in cui mi seguì come mio consigliere. Grazie all'intuito del preside di facoltà, McGeorge Bundy, Erikson era stato invitato a Harvard verso la fine degli anni cinquanta. Pur non essendo né un professore anziano, né un grande oratore – in effetti non aveva mai frequentato l'università – in pochi anni divenne una figura eminente ad Harvard, se non la principale presenza intellettuale del campus. Una notorietà che non dipendeva tanto dalla sua imponente e gradevole presenza fisica (aveva una magnifica zazzera di capelli bianchi che gli incorniciava un viso sempre rubicondo) o dai suoi modi gentili, quanto dall'originalità e forza delle sue idee sulla gioventù, la storia e il progresso (tre temi di speciale interesse per gli studenti in età di college).

Noi studenti accorrevamo per poter sbirciare questa figura carismatica e restavamo ad ascoltarlo parlare delle otto fasi del ciclo della vita, della crisi cruciale d'identità che avviene durante l'adolescenza e dei problemi dello sviluppo umano visti da una angolazione maschile o femminile, nera o bianca, dei paesi industrializzati o in via di sviluppo, nel mondo all'inizio degli anni sessanta. Leggevamo i suoi scritti belli e profondi e vi trovavamo ispirazione. Eravamo particolarmente attirati dalla finezza con cui Erikson riusciva ad impiegare la sua disciplina – lo studio psicoanalitico dell'infanzia e della società – per descrivere e spiegare i maggiori problemi del nostro tempo. Inoltre mi colpiva molto la sua capacità di svelare i fattori coinvolti nella formazione dell'identità umana, senza cadere in eccessive semplificazioni o in stereotipi. Nelle mani di Erikson, "sezionare" un argomento non significava "distruggerlo".

Nella primavera del 1964 Erikson annunciò che avrebbe condotto un seminario per un piccolo gruppo di studenti del terzo anno, iniziativa che divenne immediatamente uno degli eventi fondamentali della vita del campus. Quasi tutti i circa cento studenti del Dipartimento di relazioni sociali si iscrissero. Il capo del Dipartimento, da bravo e furbo burocrate, ci annunciò che i partecipanti sarebbero stati scelti a caso, tramite estrazione. Fu con immensa gioia che appresi di essere fra i vincitori di quella presunta lotteria. Ma quando ci ritrovammo in classe, fu chiaro che non eravamo stati scelti a caso, dato che i miei otto compagni di seminario erano certamente se non i migliori studenti del Dipartimento, almeno quelli intellettualmente più attivi. (Alcuni si mantengono ancora in contatto e considerano la partecipazione al famoso "seminario di Erikson" un legame sacro.)

Nel seminario leggemmo quasi tutte le opere di Erikson e fummo informati sulle sue ricerche precedenti, ma il tema vero e proprio del seminario era costituito dalle idee su cui egli stava lavorando in quel momento. Era un fatto raro ed estremamente eccitante: un uomo indiscutibilmente famoso e all'apice del suo magnetismo intellettuale e personale stava condividendo con noi le sue più recenti prese di posizione su importanti problematiche: Freud, la psicoanalisi, l'infanzia, la vita in America, la Germania nazista, l'Unione Sovietica, la vita degli indiani Sioux e Yurok, l'adolescenza, la sessualità, la razza, i nostri passati infantili e i nostri incerti futuri. Erikson stava scrivendo saggi memorabili proprio su quegli argomenti e a noi veniva offerta non solo la possibilità di ascoltarlo esporre le sue tesi, ma anche quella di criticarlo molto prima che questi stessi testi potessero essere letti da intellettuali e accademici americani sulle pagine della *New York Review of Books* o nei suoi libri più famosi.

La relazione che scrissi per il seminario trattava dello stadio finale dello sviluppo umano, la crisi della vecchiaia. Analizzai il tema secondo la prospettiva enucleata da Erikson nei suoi scritti, secondo quella rilevabile nei personaggi di Re Lear e di Willy Loman e infine secondo quella espressa nei ricordi del dottor Borg, il protagonista del film di Ingmar Bergman *Il posto delle fragole*, uno dei film preferiti di Erikson. Il mio scritto piacque ad Erikson, che mi incoraggiò a studiare una comunità californiana composta unicamente di anziani e accettò generosamente di continuare ad essere il mio tutore mentre compilavo una tesina durante il mio ultimo anno di corso. Lo stimolante seminario di Erikson e la sua offerta di continuare a seguirmi furono probabilmente determinanti nella mia decisione di diventare uno studioso.

Durante gli anni in cui fui in contatto con lui ad Harvard (dal 1963 al 1969 circa), Erikson stava lavorando al suo capolavoro, uno studio sul metodo del Mahatma Gandhi: il Satyagraha ("far leva sulla forza della verità"), poi pubblicato col titolo *Gandhi's Truth*.[*] Gli Erikson si recavano regolarmente in India, intervistavano persone che avevano conosciuto Gandhi, collaboravano con studiosi indiani sia in America che all'estero per cercare di tracciare una relazione fra i cicli vitali indù e quelli occidentali e cercavano di rileggere il Mahatma e le sue idee attraverso la lente della psicoanalisi.

Erikson era ossessionato dall'India e usava noi studenti come cassa di risonanza (gli avevo suggerito un motto su se stesso che egli amava usare: "Quando ero più giovane, studiavo il Giovane Lutero, ora studio il maturo Mahatma Gandhi"). L'esperienza indiana di Erikson mi fornì anche un vivido quadro dei modi in cui uno studioso con poca esperienza e conoscenza di una cultura può riuscire a immergervisi con sufficiente profondità e ampiezza, arrivando a produrre un capolavoro. Notai anche che Erikson stava ripensando molti dei suoi concetti più fondamentali alla luce delle sue nuove intuizioni sull'India.

Inoltre appresi da lui che uno studioso, nell'affrontare una cultura diversa, deve fare attivamente i conti con i propri preconcetti. Fu proprio la coraggiosa decisione di Erikson di inserire a

---

[*] W.W. Norton, New York 1969.

metà del libro *Una parola personale*, una lettera aperta a Gandhi, che mi aiutò a rinsaldare la mia decisione di collegare la mia autobiografia con lo studio interculturale della creatività. Proprio come Edmund Wilson mi aveva impressionato per la volontà di analizzare qualsiasi soggetto gli venisse in mente, Erikson mi mostrò quanto fosse importante mettere alla prova i propri concetti fondamentali cercando di applicarli ad un'altra cultura e il modificare le proprie nozioni di partenza alla luce delle intuizioni emerse da un'altra cultura; e come a questo fine fosse indispensabile includere esplicitamente anche se stessi nell'equazione analitica.

Se da un lato il lavoro e la persona di Erikson ebbero un fortissimo effetto su di me durante i primi due anni di corso, d'altro lato i nessi fra i nostri campi di ricerca sono oggi meno evidenti. In effetti, a una visione superficiale, il tipo di psicologo che sono diventato è lontanissimo da quello rappresentato dal mio amato tutore. Erikson si interessava a tematiche concernenti l'affettività e la personalità, mentre io ho finito per concentrarmi sugli aspetti cognitivi; Erikson favoriva l'analisi dei casi, mentre io ho adottato un metodo sperimentale; infine Erikson usava concetti e modelli psicoanalitici, mentre io mi sono sempre tenuto alla larga dalle analisi del profondo. Io mi sono orientato verso lo studio del cervello e la critica dei modelli computerizzati dell'intelligenza, mentre gli ultimi scritti di Erikson riguardano i sermoni di Gesù e la saggezza.

Ciononostante, a me sembra di essere rimasto in un certo senso fedele al suo esempio. Anch'io come Erikson, ho dato valore all'osservazione attenta e alla familiarizzazione con un fenomeno e di conseguenza ho mostrato scetticismo verso metodi troppo quantitativi o riduttivi. Anch'io provo interesse per fenomeni "molari" di vasto raggio e sono convinto che la psicologia debba occuparsi dei principali problemi dell'esistenza umana. Al pari di Erikson, concepisco lo studio della personalità umana come l'area più centrale della psicologia, e ho messo in evidenza le connessioni (anziché le distinzioni) fra studio della personalità e studi umanistici. Inoltre, e questo è forse l'aspetto più importante, ho aderito pienamente all'"approccio evolutivo" nello studio della psicologia umana; a mio parere la descrizione degli otto stadi del ciclo vitale umano di Erikson è una delle maggiori acquisizioni nel campo cui egli mi introdusse un quarto di secolo fa.[*]

Erikson possedeva una sensibilità rara e potente. Egli ne era consapevole e ci consigliava: "Non cercate di assomigliarmi

---

[*] E.H. Erikson, *Identity and the Life Cycle*, International Universities Press, New York 1959 (tr. it. *I cicli della vita*, Armando, Roma 1986).

troppo." Scoprii di essere più attratto di lui dai metodi di studio scientifici, dal formulare e mettere alla prova delle ipotesi e dalla raccolta e analisi di dati quantitativi. Ero anche più scettico di lui su quanto in là ci si potesse spingere affidandosi unicamente all'analisi psicoanalitica dei casi e ad altro materiale "aneddotico". Il lavoro di Erikson divenne per me un punto intermedio di passaggio fra gli studi storici e biografici con cui avevo iniziato e gli studi sperimentali di tipo cognitivo verso cui mi stavo orientando. Ma si trattava di un punto intermedio che mi avrebbe influenzato per il resto della mia vita di studioso.

Chiaramente, dal punto di vista della carriera stavo allontanandomi dagli studi di legge e avvicinandomi alle scienze sociali. Decisi di dedicare l'estate precedente l'ultimo anno di corso a un grosso progetto di ricerca: mi sarei recato a studiare la nuova comunità per anziani cui ho sopra accennato. Intervistai molti abitanti della comunità, osservai le loro riunioni e attività e condussi un elaborato studio per mezzo di un questionario. Analizzai le tensioni provate dagli anziani allorché fanno ingresso nella loro ultima comunità, composta da compagni sconosciuti. Lo studio si svolse con successo, se non altro perché produsse una tesina che fu ben accolta. Inoltre la ricerca mi procurò delle credenziali nuove di zecca: psicologo della personalità, sociologo empirico e antropologo culturale.

Rimanevo però sempre molto consapevole delle aspettative di carriera che la mia famiglia ed io stesso avevamo proiettato sul mio ingresso ad Harvard. Sentivo un forte bisogno di dimostrare a me stesso che, da "bravo ragazzo ebreo tedesco" avrei potuto, se lo avessi deciso, abbracciare una professione più convenzionale. Mi iscrissi a un corso di procedura legale tenuto da un eminente e comprensivo giurista, Paul Freund, da cui ricevetti la lode all'esame finale. Desiderando un'analoga assoluzione psicologica anche nei riguardi della – non più da me desiderata – carriera medica, seguii anche dei corsi di biologia e di chimica, prendendo il massimo voto in entrambe le materie e lavorai per un certo tempo in un ospedale; alla fine decisi che avevo "giocato abbastanza al dottore". Feci dei colloqui per un lavoro di insegnante scolastico, di guida estiva a Tanglewood e di terapista in una clinica della Pennsylvania, ma nessuna di queste alternative di lavoro centrate sui "rapporti interpersonali" mi attirava veramente. In effetti queste attività mi sembravano quasi altrettanto remote da me quanto il lavoro di contabile che mi era stato consigliato allo Stevens Institute dieci anni prima.

Ciò che mi piaceva e su cui si era polarizzata ormai la mia attenzione, era invece l'idea di una carriera orientata verso una qualche forma di ricerca psicologica. Avevo svolto con gioia il mio lavoro con Erikson e, nello scrivere la tesina, avevo sentito che erano le questioni psicologiche (piuttosto che quelle sociologiche o antropologiche) che mi avevano stimolato nello studio della vecchiaia. Finii per iscrivermi e per essere ammesso a dei programmi universitari di specializzazione in psicologia clinica, ma a causa di due fatti intervenuti nel frattempo, questa fu una possibilità di carriera che finii col non prendere mai in seria considerazione.

Prima di tutto, vinsi una borsa di studio Knox che mi permetteva di studiare per un anno in qualsiasi parte del mondo appartenuta al vecchio impero britannico. Decisi così di prendere un anno di aspettativa e di rimandare a dopo la scelta dell'indirizzo di specializzazione.

Il secondo evento fu il lavoro che svolsi nell'estate del 1965, non appena conseguito il diploma di Harvard. Avevo appreso per caso che Jerome Bruner, noto psicologo cognitivo e dell'educazione con il quale però non avevo ancora studiato, stava mettendo a punto un progetto fuori dal comune. Insieme ad altri ricercatori e a degli insegnanti scolastici, stava creando un programma di studio di scienze sociali per la quinta elementare, intitolato: "L'uomo: un corso di studi" (conosciuto universalmente con la sigla MACOS).* Basandosi su materiali tratti da antropologia, primatologia, psicologia, linguistica e altre scienze sociali e biologiche, il MACOS aveva lo scopo di aiutare i bambini a riflettere su tre domande cruciali: cosa rende umani gli esseri umani? Come sono divenuti tali? Come potrebbero diventare più umani?

Bruner era riuscito a organizzare questa ricerca facendo leva sul massiccio impulso di riforma dei programmi scolastici in atto in America a metà degli anni sessanta. Sull'onda del successo del lancio dello Sputnik russo nel 1957, molti educatori e leader americani avevano sentito il bisogno di una radicale riformulazione e aggiornamento degli argomenti insegnati agli alunni americani. E naturalmente la riforma prese il via dall'insegnamento delle scienze, della tecnologia e della matematica, dando origine ai ben noti programmi conosciuti sotto il nome di "progetto fisica" e "nuova matematica".

Poi, nel 1959, Bruner aveva presieduto una importante conferenza a Wood's Hole, nel Massachusetts, sulle finalità educative dei programmi scolastici in tutte le materie. Gli studiosi concordarono sul fatto che i bambini dovrebbero essere esposti fin da piccoli agli "stili di pensiero" e alla "struttura" delle diverse di-

* Sigla ricavata dalle iniziali di: "Man: A Course of Study". [N.d.T.]

scipline e che tale esperienza avrebbe dovuto estendersi a tutte le materie. Quando venne il momento di elaborare un nuovo programma di studi sociali (o scienza del comportamento), Bruner fu designato a questo compito. Vennero assicurati fondi sufficienti al fine di assumere "le migliori menti sul mercato" e di metterle al lavoro per migliorare l'istruzione in America.

L'invito a partecipare a una simile "sperimentazione educativa" mi pareva di gran lunga la cosa più eccitante che potesse capitare a chiunque il quel momento (per dire la verità c'era un'altra cosa che avrei voluto fare: frequentare il corso che stavano preparando per i bambini di dieci anni!), e fui piacevolmente sorpreso quando Bruner mi chiese, da un momento all'altro, di far parte dell'équipe, offrendomi uno stipendio che andava molto al di là di quello che i miei coetanei appena diplomati guadagnavano in quei tempi. Iniziai il lavoro alla fine di giugno del 1965 e, nel giro di un mese, i miei progetti di vita ne furono sconvolti.

La Underwood School è un edificio di mattoni senza pretese situato sul bordo di un parco vicino a Newton Corner, nel Massachusetts. Frequentata da un corpo studentesco molto diversificato, inclusi giovani di famiglie assistite dallo Stato, per molti anni ha goduto di una forte leadership e di un gruppo di insegnanti che facevano il loro lavoro con competenza e dedizione. Bruner e le altre autorità costituite avevano scelto la Underwood School per elaborare e sperimentare il nuovo programma di scienze sociali che speravano avrebbe cambiato il volto dell'istruzione elementare in America. Ogni mattina, in una classe di bambini di quinta, si provavano alcune parti del programma. Di solito erano gli insegnanti a presentare i materiali, sostituiti talvolta da dei formatori di insegnanti o da uno di "noi", del gruppo di ricerca o di supporto. Nel pomeriggio, spesso anche fino a sera, i vari gruppi di ricerca e di sviluppo si riunivano per discutere la lezione del mattino, per fare un piano di lavoro (o rivedere quello già fatto) per il giorno dopo, e per ridiscutere temi a più lunga scadenza. Il gruppo a cui appartenevo, dal nome poco invitante di "Gruppo di ricerca sulla strumentazione", aveva il compito di esplicitare le logiche dei diversi materiali didattici, le relazioni fra il programma e gli obiettivi educativi e di sviluppo e gli strumenti per valutare ciò che gli allievi potevano ricavare da una unità didattica sperimentale. Il programma in sé era entusiasmante: era composto da alcuni avvincenti film sui boscimani Kung del deserto del Kalahari e sugli eschimesi Netsilik, tribù ad uno stadio precedente la scrittura, i cui membri erano stati ripresi mentre cacciavano, allevavano i figli, giocavano o erano impegnati in cerimonie e riti di passaggio; poi vi erano giochi da tavolo con i quali si apprendevano le gerarchie di dominio vigenti fra i babbuini e i sistemi di parentela umani; e lezioni sul "linguaggio" delle api e quello degli esseri umani. Bruner e i suoi colleghi avevano scelto dalle scienze sociali contemporanee alcuni dei concetti più affascinanti – gli stessi che Bruner aveva presentato nel suo famoso corso a livello di college intitolato "Scienze sociali 8" – dando loro una nuova veste che li rendesse comprensibili ad una mente giovane e curiosa. Solo alcuni anni prima, Bruner aveva elettrizzato la comunità degli educatori con una stupefacente dichiarazione: "Si può insegnare con efficacia e in maniera intellettualmente onesta una qualsiasi materia ad un bambino, qualunque sia il suo stadio di sviluppo."[*] Stavamo mettendo alla prova proprio tale asserzione.

L'atmosfera alla Underwood School mi ricordava molto di più quella che avrei potuto respirare nel corso di un buon seminario tenuto in una scuola media superiore o in un college, che non la tristezza delle lezioni di Scranton dieci o venti anni prima. Quei bambini di dieci anni si entusiasmavano veramente alle idee: discutevano fra loro se era giusto che un bambino eschimese dovesse uccidere un uccello, si portavano a casa dei rompicapo linguistici e ci lavoravano di sera, anziché guardare la televisione, comprendevano gli intrichi degli alberi genealogici e facevano delle domande piene di immaginazione sugli effetti del divorzio, dell'adozione, e sulla discendenza familiare. Si trattava di educazione progressiva, stile anni sessanta. Per quanto mi concerne, divenni un forte sostenitore di un approccio all'istruzione così aperto, esplorativo, non direttivo e intellettualmente ricco; ero convinto che i bambini hanno il diritto di essere al corrente delle scoperte più feconde della ricerca. Inoltre, come gli altri circa quaranta membri del progetto MACOS, ero fermamente convinto che il programma scolastico che stavamo elaborando stava funzionando molto bene, che gli alunni assimilavano i materiali didattici, e che stavamo assistendo alle prime avvisaglie di una vera e propria rivoluzione su come i bambini sarebbero arrivati a comprendere il mondo del sociale e della psicologia.

L'atmosfera intellettuale era fortemente corroborante per tutti. Bruner, a causa del suo magnetismo, riusciva a stimolare e mantenere vivo l'entusiasmo in un gruppo di individui di grande talento provenienti dalle direzioni più disparate; amministratori,

[*] J.S. Bruner, *The Process of Education*, Harvard University Press, Cambridge 1960, p. 33; tr. it. *Dopo Dewey. Il processo di apprendimento nelle due culture*, Armando, Roma 1976[14].

creatori di giochi, cineasti, psicologi, primatologi, linguisti, antropologi ed educatori di vario genere vivevano a contatto di gomito durante il giorno e si incontravano frequentemente, e meno formalmente, a delle feste serali alle quali spesso si univano nomi famosi di Cambridge e anche occasionali artisti di passaggio e uomini politici.

Col passare dei giorni mi sentivo sempre più coinvolto nelle problematiche intellettuali della scienza sociale contemporanea, mentre con i miei colleghi mi immergevo in quella che Bruner chiamava "la forma più naturale di respirazione a Cambridge: il parlare". Essendo stato uno studente ragionevolmente curioso, avevo letto i maggiori classici nel campo delle scienze sociali (Freud, Weber, Durkheim e Marx), ma ignoravo completamente quello che molti studiosi degli anni sessanta stavano leggendo e scrivendo. Penso in particolar modo a Noam Chomsky, che accanto al fiume Charles, al MIT, stava mettendo in discussione nozioni radicate su cosa fosse il linguaggio e come dovesse essere studiato; agli etnologi Konrad Lorenz, Niko Tinbergen e Karl von Frisch i quali, usando intelligenti modi di osservazione e di sperimentazione informale, avevano decifrato il significato di comportamenti enigmatici quali la rapida danza delle api, la danza di corteggiamento delle oche, e l'attrazione degli anatroccoli per il primo oggetto da loro considerato "materno" che cada sotto i loro occhi alla nascita; penso allo psicologo George Miller che (insieme allo stesso Bruner) stava studiando sperimentalmente i limiti dell'informatizzazione dell'informazione e i processi fondamentali della comunicazione umana. Facevo molte domande, ricevevo qualche risposta e cominciavo a mettere insieme una biblioteca di materiali che mi avrebbero tenuto impegnato per alcuni anni.

Cosa forse più importante, per la prima volta fui introdotto allo studio di due pensatori contemporanei che avrebbero influenzato fortemente il mio pensiero. Lo psicologo evolutivo Jean Piaget si era dedicato allo studio della natura della mente del bambino ed aveva messo a punto degli eleganti esperimenti per dimostrare che i bambini piccoli anziché essere semplicemente più stupidi degli adulti, pensano in maniera diversa, e che queste differenze possono essere studiate scientificamente. Non solo le idee di Piaget erano ricche di fascino di per sé (e in affascinante contrasto con l'importanza data da Erikson allo sviluppo affettivo della personalità), ma erano anche chiaramente fondamentali per chiunque lavorasse sui bambini – cosa che noi facevamo tutti i giorni e che (cominciavo già a rendermene conto), io avrei fatto per il resto della mia vita.

Una figura egualmente imponente era quella dell'antropologo

strutturale Claude Lévi-Strauss, dotato di una mente brillante e di una forte sensibilità letteraria, che descriveva il pensiero, le pratiche e i miti di remote comunità di indiani del Brasile usando un'impostazione che avrebbe potuto senza dubbio essere applicata anche ai suoi colleghi intellettuali del Collège de France. Mi piacque particolarmente *Tristi tropici*,[*] il racconto autobiografico della visita di Lévi-Strauss al "nobile selvaggio" Nambikwara, in Brasile, un libro bellissimo che in un certo modo mi è servito da modello nella stesura di questo studio sull'educazione e sulla cultura cinesi. Il fatto che Bruner conoscesse queste persone – aveva di recente incontrato Lévi-Strauss e stava dedicando il suo prossimo libro a Piaget – mi dava l'impressione di respirare la stessa aria dei più importanti pensatori del nostro tempo nel campo delle scienze sociali.

Le idee e l'atmosfera del progetto "L'uomo: un corso di studi", alla Underwood School, esercitarono un'enorme influenza su di me. L'attrazione per una vita da intellettuale, dedicata allo studio, avvertita fin dai miei primi due anni ad Harvard, stava finalmente sostanziandosi a contatto con uno specifico insieme di idee, di personalità e discipline che da quel momento in poi avrebbero popolato i miei lavori. Da Bruner appresi – attraverso il modo con cui organizzava la sua équipe di ricerca, con un tocco sociale e personale, oltre che intellettuale – un modello di come incoraggiare sia l'eccellenza di pensiero sia la solidarietà nelle attività svolte cooperativamente. Infine ebbi modo di intuire come l'educazione scolastica possa operare potentemente ed efficacemente anche in una normale scuola pubblica, a patto che vi siano insegnanti impegnati e un programma scolastico in grado di coinvolgere e stimolare individui di diverse età e inclinazioni.

La passione era nell'aria, e probabilmente non fu per caso che mi innamorai proprio quell'estate. Judy Krieger venne ad Harvard per lavorare al MACOS e per studiare direttamente con Bruner, e dopo poche settimane eravamo già pronti a sposarci. Le teste meno calde dei nostri genitori prevalsero, e fummo persuasi ad attendere un anno. In questo intervallo i nostri cuori si avvicinarono ancor più e nel 1966, alla scadenza di un contratto annuale di lavoro universitario dopo la specializzazione, ci sposammo.

Chi avrebbe potuto prevedere, in quell'estate del 1965, che non tutto sarebbe andato come sembrava? Il moralismo e l'idealismo della *great society* di Lyndon Johnson lasciò il posto ben

---

[*] Tr. it., Il Saggiatore, Milano 1982[8].

presto al più lacerante conflitto fin dai tempi della guerra civile, alla fine del quale non vi sarebbe stato più denaro né per i cannoni né per i fiori, né tantomeno per migliorare l'istruzione dei bambini americani. Sebbene il programma innovatore di scienze sociali cui stavamo lavorando fosse stato completato e in un primo momento adottato su scala abbastanza vasta, dopo alcuni anni fu sottoposto a violente critiche da parte di un Congresso che stava diventando sempre più conservatore e vendicativo. Il MACOS fu accusato di essere relativista, umanista, forse perfino filo-comunista e gradualmente sparì quasi completamente dalle scuole del Paese. Non che i suoi creatori fossero totalmente senza colpa: i concetti non erano così semplici come avevamo creduto; e non eravamo mai riusciti a risolvere il problema di come "far passare" il programma in mancanza di insegnanti già impegnati e di allievi già motivati. Si preparavano per me delusioni anche sul piano personale. Anche la mia relazione con Judy che all'epoca sembrava paradisiaca e mi procurava molta felicità, non sarebbe sopravvissuta·alle prove terrene della decade seguente.

Quell'estate aveva cambiato la mia vita. Dopo poche settimane di lavoro nelle classi poco numerose della Underwood School avevo compreso di non voler diventare uno psicologo clinico. Mi interessava invece divenire uno scienziato sociale e maneggiare strumenti più ampi, come quelli usati con tanta facilità da un Bruner o da un Erikson; mi pareva anche che la psicologia cognitiva e quella evolutiva aprissero a questo fine le strade più interessanti. (Molti altri fra i più dotati studenti del mio gruppo scelsero questi campi, così come un decennio o due più tardi altri come loro avrebbero gravitato verso le scienze informatiche o la neurobiologia.) Ciò che più contava, avevo ricevuto da Bruner e dai suoi colleghi il modello di uno stile di pensiero e di interazione con gli altri che ammiravo molto; li avevo già osservati all'opera durante il progetto estivo di scienze sociali, ma presto li avrei osservati al lavoro anche nel Centro di studi cognitivi che Bruner e Miller diressero ad Harvard per una prospera decade. Un giorno anch'io avrei cercato di ricreare quell'atmosfera, anche se su scala molto più modesta, al Progetto Zero di Harvard.

Erikson mi aveva indotto ad allontanarmi dagli studi di storia e di diritto per l'esplorazione della psicologia, ma fu Bruner a mostrarmi il filone della psicologia che mi avrebbe poi interessato per sempre. Fu lui il mio modello, nel senso più ampio del termine. Gli interessi di Bruner nel campo della psicologia cognitiva, dello sviluppo e dell'educazione sono divenuti i miei interessi; la sua volontà di toccare vaste problematiche e usare la conoscenza proveniente da varie discipline, unita al suo profondo interesse per la letteratura e le arti e la sua particolare inclinazione verso gli studi a cavallo fra culture diverse, tutto questo ha avuto un impatto costante su di me. Anch'io mostro alcuni dei tratti per cui Bruner è stato criticato: perdo la pazienza quando si tratta di cercare il pelo nell'uovo, sia nel campo sperimentale che metodologico; non trovo facile svolgere analisi formali; ho una certa scioltezza letteraria che talvolta mi incoraggia a sorvolare o ad aggirare i punti difficili; sono attirato da argomenti interessanti (e forse anche "di moda"), il che può portarmi ad abbandonare problemi più "impervi", di cui poi devono occuparsi altri. Sebbene Bruner abbia una maggiore inclinazione di me verso le arti visive, mentre io prediligo la musica, entrambi sembriamo avere delle intelligenze simili ed essere attratti dallo stesso tipo di problematiche.

Sono pochi gli studenti che hanno avuto un'esperienza altrettanto feconda quanto quella che io ebbi ad Harvard. Fui a contatto con un'intera galassia di personalità illustri ed ebbi la possibilità di lavorare con due dei grandi psicologi del nostro tempo. Erikson era perfetto come guida iniziale, Bruner rappresentava invece per me il modello ideale di carriera. I miei insegnanti principali, dopo avermi introdotto in campi di irresistibile interesse, mi indicarono come si poteva approfondirli e scriverne sia per un pubblico professionale che per uno più vasto. Anche a distanza di anni, dopo che i miei interessi mi hanno portato verso percorsi che nessuno di noi avrebbe potuto prevedere, Erikson e Bruner continuano a rimanere per me un punto di riferimento costante e sicuro.

Ho avuto fortuna in molte cose, non ultima la mia data di nascita. Infatti, con l'infuocarsi della guerra in Vietnam, io sarei stato proprio tra coloro che avrebbero dovuto essere richiamati. Invece, evento rarissimo, la borsa di studio Knox mi permise di recarmi in Europa e di restarci per un intero anno dopo il college e senza impegni per gli studi futuri. Se fossi stato anche di un solo anno più giovane, quell'opportunità mi sarebbe stata negata. Avrei potuto finire in Vietnam e certamente avrei perduto un periodo di apprendimento caratterizzato da libertà e piacere, in una fase in cui ero aperto verso la creatività e i suoi risultati.

Nell'autunno del 1965, salutata la mia famiglia e Judy, partii per l'Europa; dopo qualche viaggio, mi stabilii a Londra insieme a dei vecchi conoscenti di Harvard per trascorrervi un anno di studio e di esplorazione. Anch'io, come quei miei amici, facevo capo nominalmente a una scuola (nel mio caso era la London School of Economics), ma il nostro vero libro di testo era Londra o, più in generale, l'Europa. Percorrevamo, insieme o da soli, le strade della città, e rendevamo giustizia al motto di Samuel Johnson secondo il quale "chi si stanca delle strade di Londra si stanca della vita". Passavamo spesso dalla scuola, raramente per delle lezioni e piuttosto per incontrarci con gli altri compagni, per andare a un club, per fare un po' di ginnastica o semplicemente per prendere il tè. Ogni mese vedevo il mio tutore, l'eminente studioso di scienze sociali Ernest Gellner, il quale mi rese il più grosso servigio possibile permettendomi di fare esattamente ciò che volevo durante tutto l'anno e incoraggiandomi soltanto a farlo bene. Il teatro, a Londra, era eccellente e non caro, e così assistemmo a dozzine di spettacoli, dai classici della Royal Shakespeare Company ai drammi di autori allora ancora pressoché sconosciuti, come Tom Stoppard, Arnold Wesker, Edward Bond, Simon Grey e Harold Pinter. Vedemmo recitare i grandi attori dell'epoca (John Gielgud, Ralph Richardson, Rex Harrison, Sybil Thorndike) e brillanti esordienti (come Albert Finney, Maggie Smith e Alan Bates). Andammo a grandi concerti alla nuova Royal Festival Hall e anche a recital più intimi nell'elegante Wigmore Hall, a un isolato dal nostro appartamento. Andammo a vedere decine di film. Leggemmo della morte di T.S. Eliot, avvenuta a qualche isolato di distanza, e sapevamo che il cuore di Bertrand Russell batteva a poche miglia di distanza. Vi fu poi una serata memorabile al Ye Old Cheshire Cheese Pub, in cui ascoltammo le reminescenze dell'editore Victor Gollancz sulla sua carriera. Noleggiammo un'auto e facemmo il giro dell'Inghilterra e della Scozia, visitando antiche fortezze, cattedrali medievali e Stonehenge. Andavamo spesso a trovare amici a Cambridge e Oxford, e loro venivano anche più spesso da noi a Londra. E poi ci deliziavamo dei dipinti e delle sculture di Francis Bacon e Henry Moore, nella città che giustamente si proclamava una capitale artistica. I tremila dollari che mi erano stati assegnati con la borsa mi permisero di fare ciò che volevo in Inghilterra e in Europa per dodici mesi; trascorsi perfino due settimane in Russia, senza che per questo il mio conto in banca andasse in rosso.

Anche una tale girandola di attività culturali lasciò su di me la sua impronta. La città in cui ero cresciuto non era certo un centro culturale, e ad Harvard avevo passato il mio tempo col naso sui libri. Adesso, per la prima volta nella mia vita, mi veniva offerta l'opportunità (anche economica) di indulgere nelle belle arti e nelle arti dello spettacolo. Attività che adoravo. Da allora in poi quando visito una città mi reco sempre nelle gallerie, a teatro e ai concerti, e cerco di incontrarvi artisti e intellettuali. Cosa ancor più significativa, quell'anno in Inghilterra segnò la mia sensibilità estetica. Abbracciai completamente – forse acriticamente – la sensibilità modernista, accogliendo pienamente il programma astratto e formale che artisti come Picasso, Stravinsky, Eliot e Woolf avevano introdotto all'inizio del secolo.

Quando non stavo viaggiando o saltando da un teatro a un cinema a una galleria, leggevo. Lo facevo, come mia abitudine, in modo non sistematico e senza frontiere disciplinari: letteratura (in tedesco e in francese, oltre che in inglese), filosofia, un gran numero di riviste letterarie e politiche inglesi (la distinzione fra i due generi è spesso impalpabile) e, soprattutto, le scienze sociali. Era come se stessi facendo le prove della mia vita intellettuale senza che mi fosse stato richiesto di scegliere una "parte". I miei due eroi erano gli uomini che Bruner mi aveva fatto conoscere – Piaget e Lévi-Strauss – e di loro leggevo quasi tutto quello che mi capitava fra le mani. Decisi di studiare psicologia evolutiva e, più tardi, in effetti venni ammesso al corso di specializzazione in psicologia evolutiva ad Harvard – a cui la mia fidanzata era già iscritta. Finii perfino con il conoscere di persona i miei due eroi.

Il contrasto fra loro era affascinante. Lévi-Strauss fu invitato a Londra per svolgervi una Huxley Lecture, forse l'incarico più prestigioso nel suo genere in Gran Bretagna nel campo dell'antropologia. Parlava un inglese perfetto, anche se con un forte accento. Era il prototipo dell'erudito di aspetto distinto. Aveva dei modi educati e trattava con cortesia ogni domanda, restando però coi piedi ben piantati nelle sue posizioni intellettuali sul tortuoso terreno del "Futuro degli studi sulla parentela". Il suo traduttore inglese, Rodney Needham, lo presentò al pubblico, mentre il decano degli antropologi inglesi, Edmund Leach lo ringraziò a nome del folto pubblico riconoscente. Mi sentii al cospetto della storia intellettuale e delle incarnazioni dell'antropologia sociale francese e britannica.

Alcuni mesi più tardi, durante la luna di miele, incontrai Piaget. Appena sposati alla West End Synagogue di Londra in un luminoso mattino di giugno, Judy ed io prendemmo l'aereo per Ginevra, in parte anche perché volevamo che il maestro riconosciuto del campo che avevamo scelto "benedicesse la nostra unione". Grazie a un nostro amico, ci fu permesso di frequentare il seminario tenuto da Piaget su biologia e conoscenza. Egli presiedeva agli incontri in maniera inconfondibile, emanando una presenza dominante quanto quella di Lévi-Strauss a Londra; però corrispondeva piuttosto all'immagine dello studioso distratto, che veste casualmente e informalmente, maneggia fogli di carta e firma lettere e di tanto in tanto motteggia colleghi e studenti. Anche questo seminario era una vera rappresentazione, anche se ovviamente molto meno sontuosa della lezione di Lévi-Strauss a Londra. (Non so se Piaget e Lévi-Strauss mi sarebbero apparsi diversi se le occasioni in cui li vidi all'opera fossero state invertite, però tendo a credere di no, date le profonde differenze nei loro stili personali e intellettuali.) Poiché Piaget non parlava inglese e né io né Judy parlavamo bene il francese, alla fine del seminario potemmo scambiare con lui solo alcune frasi di circostanza. Ma nella tribù accademica l'importanza rituale del far conoscenza è tale, che ora sentivo di avere anche dei genitori intellettuali oltre a quelli biologici.

Quell'anno passai la maggior parte del tempo immerso nelle letture e nell'apprezzamento dell'arte, però non lasciai da parte la scrittura. Per la prima volta fin dai tempi della scuola media superiore, iniziai a scrivere su argomenti diversi dalle scienze sociali. Tenevo un diario giornaliero dei miei pensieri e attività in Gran Bretagna e altrove. Scrissi un articolo su Erik Erikson visto nel contesto della vita intellettuale di Cambridge (Massachusetts), passando in rassegna le sue opere principali e cercando di sintetizzare i suoi ultimi studi. (Ad Erikson l'articolo piacque molto, anche se ne definì "impossibili" alcune parti.) In un articolo sul mio viaggio in Unione Sovietica descrissi tre giovani russi molto diversi fra loro. Trasformai la tesina dei tempi del college intitolata "Gerontopia", in una versione più popolare, e ne ricavai anche un breve articolo che ne riassumeva i punti nodali. Scrissi dei pezzi occasionali sull'arte di recensire i film, su Marshall McLuhan, su Susan Sontag e su ciò che allora si chiamava "la rivolta contro la forma" e "la nuova sensibilità". Cosa ancor più ambiziosa, scrissi un romanzo di mille pagine, e per di più lo feci durante tre settimane di vacanza con i miei genitori ad Ascona, in Svizzera, proprio prima di sposarmi. Il romanzo, guarda caso, era un'autobiografia quasi senza veli il cui unico tratto distintivo era che tutti i parenti del protagonista morivano prima della fine.

Ora so che questa "tendenza alla narrazione" non è rara negli psicologi. Tre dei migliori psicologi della generazione precedente la mia, – Donald Hebb, B.F. Skinner ed il mio stesso insegnante, Roger Brown – avevano iniziato come romanzieri, e Skinner aveva in effetti scritto un romanzo, *Walden II*,[*] che era diventato un bestseller. Credo che anche loro, come me, siano partiti da un impulso verso la letteratura per poi arrivare alla conclusione che ciò che avevano da dire sarebbe stato meglio espresso attraverso la scienza del comportamento che non attraverso la narrativa. Questa conclusione mi venne naturale, perché scoprii che non avevo niente da dire in forma narrativa:

[*] McMillan, New York 1948.

probabilmente non a caso il mio autore preferito era Edmund Wilson, e non Proust o Joyce.

Per quanto mi ricordi, nessuno degli articoli, saggi, o libri che scrissi durante quel mio soggiorno in Europa fu mai pubblicato. Non che non ci avessi provato, ma mi ricordo ancora i rifiuti ricevuti da *Commentary* e da *Harper's*. Da alcune parti mi fu manifestato un amichevole interesse, ma pubblicare non era il mio vero obiettivo. Mi resi conto che lo scopo di tutto quello scrivere era imparare come farlo così bene da rendere il prodotto pubblicabile. Un altro scopo era stabilire che cosa avrei scritto in futuro: non dei libri di narrativa, e neanche giornalismo leggero, ma piuttosto materiali di tipo scientifico-sociale che fossero professionalmente rispettabili ma possibilmente anche interessanti per un più largo pubblico. Quello che mi imposi a metà degli anni sessanta fu dunque un apprendistato in scrittura.

A posteriori riesco a vedere che sotto la superficie stava succedendo anche qualcos'altro. Durante il giorno leggevo psicologia, in particolare psicologia cognitiva ed anche altri lavori di scienze sociali. Nel tardo pomeriggio e di sera assistevo ai migliori esempi di lavoro artistico, musicale e teatrale del tempo. Chiaramente, l'arte rimaneva importante per me – sebbene fossi divenuto uno del pubblico anziché un creatore o un esecutore. Altrettanto chiaro era il fatto che il mio stile di osservazione stava diventando quello di uno scienziato sociale. Era virtualmente inevitabile che prima o poi avrei cercato di legare i due aspetti: guardare l'arte e la conoscenza artistica con gli strumenti delle scienze sociali (e possibilmente di quelle naturali). Un tale obiettivo era molto lontano da Piaget, che non aveva mai mostrato un interesse apprezzabile verso l'arte, ma faceva parte integrante di Lévi-Strauss, che era egli stesso un pittore e anche un compositore frustrato; ed era inoltre congeniale ad Erikson, che aveva iniziato dipingendo, e a Bruner, che provava grande interesse per l'arte. Sempre all'inizio del 1966 lessi, prendendo una quantità di note, il recente libro di Arthur Koestler, *L'atto della creazione*, ed un compendio sulla creatività a cura di Calvin Taylor e Frank Barron, due libri che mi avrebbero interessato ben poco alcuni anni prima.

Durante il periodo in cui rimasi in Europa con la borsa di studio, trassi larghi benefici da ciò che i tedeschi definiscono *Wanderjahr*, un anno di vagabondaggio. Parte del mio vagare era fisico, poiché mi spostai, da solo o con amici, a Londra, in Gran Bretagna, in Europa occidentale e nell'Unione Sovietica. Ma l'esperienza forse più importante che vivevo era un vagare mentale, un ampio e fortemente indisciplinato itinerario attraverso una varietà di testi letterari e di ricerca, in cui ero guidato più dal capriccio, dalla libera associazione e da suggerimenti casuali, che non da un preciso progetto. È ben vero che nel frattempo elaborai dei piccoli progetti, ma si trattava di sottoprodotti, non dello scopo esplicito delle mie letture. Una tale esplorazione intellettuale era la continuazione degli studi non strutturati che mi erano stati consentiti nei miei due ultimi anni ad Harvard e mi permise di crearmi una riserva di conoscenze e di esperienze su un vasto raggio di argomenti. Questo quinto ed estremamente libero anno "di college", mi permise di raccogliere materiali su cui avrei lavorato per vario tempo. Come risultato crebbe ancor più il mio entusiasmo nei riguardi dell'educazione "progressiva" in contrasto con quella "conservatrice" della mia gioventù, e la mia passione per il "modernismo" rispetto all'arte "tradizionale". Negli anni a venire avrei scoperto le difficoltà ma anche le possibilità insite nel voler fondere un orientamento teso a coltivare le "abilità di base" e un'atmosfera di scoperta creativa.

3. Resistenza alla professionalizzazione

Sei mesi dopo essermi iscritto ad Harvard al corso di specializzazione in psicologia evolutiva presi in considerazione l'idea di abbandonare tutto. Mi ero illuso che la *graduate school* mi avrebbe procurato altrettante emozioni e libertà del college. Dopo tutto molti degli insegnanti erano gli stessi con i quali avevo studiato negli anni precedenti, e anche gli argomenti e l'ambiente erano gli stessi. Non avevo però fatto i conti con lo scopo della *graduate school*, che è interamente diverso. Al college, il mondo della mente viene presentato ad intelletti avidi ma essenzialmente sgombri, con lo scopo di entusiasmare, stimolare, incoraggiare il potere dell'immaginazione, il gusto per la vita accademica, per le sintesi intellettuali personali. Alla *graduate school*, invece, lo scopo è quello di diventare, nel modo professionalmente migliore, uno specialista nel proprio campo. Gli insegnanti sono dediti alle loro ricerche e cercano di introdurre gli studenti in quel loro mondo nel modo più indolore e meno problematico possibile. Inoltre valutano gli studenti con gli stessi criteri che applicano agli insegnanti più giovani: quanta ricerca stanno svolgendo? È pubblicata, e dove? La loro attività d'insegnamento è svolta in modo competente? Ottengono buoni risultati nei loro corsi e superano gli esami generali? E, cosa più importante ancora, stanno lavorando a quella dannata tesi di laurea?

Può non esserci nulla di sbagliato in quest'orientamento dei docenti. Infatti, ora che anch'io sto insegnando per la prima volta in un programma *graduate*, mi trovo a riprodurre esattamente gli stessi comportamenti. Tuttavia, un tale cambiamento di schemi altera fortemente la natura delle interazioni fra studenti e docenti. Perfino professori come Erikson, Bruner e Riesman, con cui c'era stato un rapporto di amicizia mentre ero ancora a livello di college, iniziarono a trattarmi in modo diverso, né con ostilità né con distacco, ma come un collega più giovane da inserire nel gruppo, anziché come una mente innocente desiderosa di essere sedotta.

Mi sentivo egualmente spaesato anche rispetto i miei compagni di corso. Durante il periodo del college la maggior parte dei miei amici seguivano campi di studio diversi, invece ora ero circondato da una piccola squadra di compagni che seguivano più o meno i miei stessi corsi, con gli stessi professori, nello stesso momento. Passavamo il tempo negli stessi uffici e chiacchieravamo in continuazione del tale compito da svolgere o del tal altro problema scolastico. Inoltre, volenti o nolenti, eravamo in competizione fra di noi per borse di studio, lavoro, voti e, più che altro, per l'affetto e la stima dei professori da cui dipendevano totalmente le nostre attuali ricompense e future raccomandazioni. Una situazione, più che da paradiso, da Cina contemporanea.

Tutto ciò che fino ad allora era stato divertente e largamente volontario veniva ora trasformato in una difficile prova. Non mi si chiedeva di trascorrere una o due ore ad apprendere gli elementi della psicologia – statistica, teoria dell'apprendimento, progettazione sperimentale – ma piuttosto di dedicarmici a tempo pieno. Per dirla con Skinner, c'era poco "rinforzo positivo" verso gli impulsi creativi, la curiosità intellettuale, o il seguire un sentiero aperto da un problema; sgobbare per non ricevere un "rinforzo negativo" era tutto quello che passava il convento. Dopo dieci anni di crescita intellettuale abbastanza disordinata, mi trovavo di nuovo seduto sullo sgabello del pianoforte a suonare la musica di qualcun altro e seduti accanto a me c'erano studenti competitivi e professori pronti a dare giudizi, anziché una madre piena d'affetto.

Dopo un'attenta riflessione su questi miei sentimenti, mi resi conto che la causa non era che non mi piaceva il lavoro, il rigore, o il portare a termine dei progetti, ma piuttosto che non mi andava che fosse qualcun altro a decidere per me. Non era questione di cambiare la scena o il personaggio, ma l'atteggiamento. Decisi quindi di limitare al minimo il mio impegno nei corsi che non mi piacevano, accettando quei voti bassi che da studente di college *undergraduate*, sempre alla caccia di buoni giudizi, avrei invece disdegnato. Avrei frequentato i compagni di corso e i professori che mi piacevano, ignorando gli altri. Avrei svolto le ricerche che volevo, senza curarmi particolarmente se erano tradizionali, se e dove venivano pubblicate, o se mi mettevano a contatto con le "persone giuste". E avrei accettato le conseguenze.

Non parlai con nessuno dei miei progetti, ma da quel momento in poi la *graduate school* divenne più tollerabile. Onde evitare di dare l'impressione che il mio compito fosse divenuto più facile solo a causa di una "risoluzione mentale", devo dar credito a tre importanti fattori. Prima di tutto, vi era il personale del programma sullo sviluppo umano, studiosi che cercavano di rendere la vita della *graduate school* ragionevolmente conviviale. Mi incoraggiarono perfino a creare un corso fatto da studenti sulle teorie dello sviluppo, compito che mi piacque e che si rivelò più educativo della maggior parte dei corsi obbligatori.

In secondo luogo, vi fu la scelta del mio tutore. Ebbi la fortuna di poter lavorare con Roger Brown, un eminente psicologo sociale e psicolinguista che, oltre ai suoi alti risultati scientifici, era considerato il più eloquente conferenziere e il più dotato scrittore del Dipartimento. I miei incipienti interessi non coincidevano molto con quelli di Brown, ma egli era l'esempio vivente di come secondo me doveva essere uno psicologo. (Appropriatamente, la sua attuale cattedra è "In Memoria di William James".) Brown mi aiutò generosamente in tutti i modi in cui un tutore dovrebbe farlo, e mi incoraggiò anche a seguire la mia stella, aiutandomi perfino a fissarne il tracciato.

C'è una storia dietro al terzo fattore. Verso la fine del mio primo anno di *graduate school*, uno dei miei insegnanti menzionò per caso in classe che un filosofo della Brandeis University di nome Nelson Goodman stava cercando uno psicologo cognitivo da utilizzare come assistente per un progetto "che aveva qualcosa a che fare con l'arte". Le mie orecchie si drizzarono. Avevo riflettuto molto sull'arte e su come studiarla da un punto di vista scientifico. Per di più, avevo desiderato studiare i lavori di Goodman fin dall'epoca in cui Ken Freed me l'aveva fatto conoscere durante il college ed io avevo mentalmente associato il suo lavoro con quello di Susanne Langer sulla simbolizzazione umana. Fu così che, mentre i miei compagni ignorarono l'annuncio, io lo presi immediatamente in considerazione, recandomi alla Brandeis ad incontrare Goodman e a comunicargli il mio forte desiderio di lavorare con lui.

Alcuni mesi più tardi Nelson Goodman, che nel frattempo si era trasferito alla Graduate School of Education di Harvard, annunciò la formazione del Progetto Zero, a cui partecipavo anch'io insieme ad alcuni altri associati volontari (ovvero non retribuiti). Durante quell'epoca di riforma dei programmi scolastici – prima di scienze, poi di scienze sociali – la School of Education aveva ricevuto una sovvenzione da una fondazione che credeva nella necessità di fare qualcosa per lo stato deplorevole dell'educazione artistica nel nostro paese. Anziché rivolgersi ai suoi insegnanti o alla male organizzata e non nutrita serie di educatori d'arte del paese, il preside della scuola, Theodore Sizer, seguì (su consiglio del filosofo Israel Scheffler) una nuova idea: si mise in contatto con Goodman e gli chiese se avrebbe voluto dirigere un progetto su quell'argomento. Per Goodman, che tentava da alcuni anni di comprendere la natura della conoscenza artistica e stava cominciando a interessarsi di taluni problemi psicologici e pedagogici ad essa connessi, quel progetto ancora così amorfo costituì più che una tentazione. Ciononostante, la sua reazione fu rivelatrice: "Non sappiamo nulla sull'argomento, quindi chiamiamolo 'Progetto Zero'" fu la sua caratteristica risposta.

Per i seguenti quattro anni di studi di specializzazione e per i seguenti diciott'anni fino ad oggi, il Progetto Zero ha costituito il centro della mia vita intellettuale. La sequenza fu la seguente: fui dapprima utilizzato da David Perkins come assistente alla ricerca non retribuito, poi come *graduate student* di intelligenza artificiale al MIT, quindi come assistente retribuito, come giovane associato per la ricerca di laurea e, fin dall'inizio degli anni settanta, come condirettore del progetto insieme a David Perkins, posto che continuiamo a condividere felicemente.

Il Progetto Zero è molto più di un centro amministrativo con una serie di uffici: è stato per me un luogo dove le mie idee si sono sviluppate e una comunità intellettuale in cui mi sono sentito particolarmente a casa. Gran parte del merito va a Nelson Goodman, un formidabile studioso con una meritata reputazione per il suo rigore intellettuale e acume critico, e il suo corrosivo umorismo. Condivise con noi le sue idee e il suo modo di pensare, migliorando il nostro acume analitico e affinando i nostri gusti intellettuali, senza intimorirci o impedire il nostro sviluppo nel campo della ricerca.

Sebbene sapessi poco, in sostanza, del lavoro di Goodman quando entrai a far parte del Progetto Zero, in molti altri sensi ero la proverbiale "mente preparata". Conoscevo bene, ormai, il lavoro di Piaget, di Bruner, e di altri importanti psicologi evolutivi dell'epoca, e mi sembrava che quelle figure avessero in genere raggiunto degli accettabili paradigmi e concetti per studiare sia i molti aspetti della vita psicologica dei bambini, sia anche le questioni educative che ne conseguivano. Tuttavia avevo individuato una grossa carenza negli scritti e nelle teorie di quasi tutti gli studiosi dello sviluppo cognitivo umano.

In breve, per studiare lo sviluppo è necessario stabilire cosa significa "essere evoluti": si deve cioè fissare, come si dice in gergo, lo "stato di arrivo" cui tende lo sviluppo. A causa della loro formazione scientifica e della storia della loro disciplina, gli psicologi evolutivi hanno assunto, quasi riflessivamente, che *la persona evoluta è uno scienziato* – un esperto nel tipo di operazioni logiche che Piaget ha descritto per primo – e lì si sono fermati.

Dapprima ho accettato anch'io questa caratterizzazione della mente adulta, ma presto mi sono reso conto che non quadrava con la mia esperienza personale. La musica era rimasta per me, e continua ad esserlo, la più importante presenza non-vivente della mia vita cognitiva ed emotiva, e il mio interesse in altre forme d'arte era stato fortemente attivato nel corso del recente soggiorno a Londra. Improvvisamente mi veniva chiesto di assumere che tali capacità fossero "frivolezze" che nulla avevano da spartire con la mente, l'intelligenza, e lo sviluppo. In Inghilterra le mie svariate letture sulla creatività mi avevano convinto che tali aree di esperienza erano fondamentali, ma nei miei attuali studi socio-scientifici nessuno aveva pensato a costruire non dico una stanza, ma nemmeno una piccola alcova, per la conoscenza artistica.

Da una prospettiva diversa, più vicina a quella della filosofa Susanne Langer, Goodman si stava movendo in un'ottica parallela alla mia. Nella loro indagine sulla conoscenza, i filosofi avevano scoperto l'importanza dei veicoli simbolici. Però, per la maggior parte di loro, i veicoli simbolici equivalevano ai simboli logici (i numeri, le operazioni sui numeri, e i simboli astratti che rappresentano delle proposizioni). Sebbene alcuni includessero generosamente anche il linguaggio ordinario in questa categoria, questo loro punto di vista sul linguaggio era spesso attenuato, mettendone in evidenza la rassomiglianza con la matematica anziché, per esempio, le qualità poetiche o letterarie. Rifiutando questo modo di vedere, la Langer aveva parlato di simboli ostensivi (*presentational*), come i dipinti, e di simboli discorsivi, come i libri di testo. Goodman, profondamente convinto che ogni tipo di simboli ha una propria importanza, un proprio "genio", ha rivolto la propria attenzione all'intero spettro di simboli e di notazioni simboliche elaborati dagli esseri umani. Inoltre ha cercato di individuare le regole in base alle quali i vari sistemi di simboli operano, le limitazioni al loro uso e i modi in cui questi sistemi sono sfruttati nell'arte, nella scienza, e in altre sfere della conoscenza.

Pur non avendo una formazione filosofica formale, trovavo le idee di Goodman ragionevolmente accessibili e molto stimolanti. Stavo cercando una maniera non completamente soggettiva o intuitiva di studiare le forme di pensiero non scientifiche, e ora un eminente filosofo mi forniva un approccio rigoroso che contemplava l'analisi di sistemi di simboli quali il linguaggio, la rappresentazione pittorica, la gestualità, i sistemi di notazione della musica e della danza ed altri veicoli simbolici quali carte topografiche, mappe o codici. Rifacendosi a un insieme di criteri sintattici e semantici accuratamente descritti, Goodman era in grado di mostrare i modi in cui i vari sistemi di simboli scientifici ed artistici si assomigliavano o differivano tra loro. E i risultati di queste analisi non erano affatto ovvi. I sistemi di notazione della musica e della danza rivelarono di condividere potenzialità di rigore proprie dei sistemi simbolici della matematica, perché alcune caratteristiche centrali di queste forme artistiche possono essere ridotte a delle notazioni; per contro la pittura e la scultura mostrarono di violare tutti i requisiti semantici e sintattici che Goodman aveva stabilito per un "sistema di notazione".

Sebbene egli stesso non fosse uno psicologo, Goodman aveva elaborato un modo di vedere le arti come attività preminentemente cognitive – e, in questo senso, aveva pensato alle arti in modo molto simile a come avrebbe potuto farlo uno psicologo degli anni sessanta orientato verso l'estetica. Lo psicologo "potenziale" in Goodman era stato stimolato da un periodo di lavoro nell'esercito in qualità di psicologo e da un anno trascorso al Center for Cognitive Studies diretto da Bruner; egli stesso considerava la psicologia cognitiva come l'area più interessante dell'epistemologia contemporanea e, scherzando, definiva lo psicologo cognitivo "un filosofo con una sovvenzione per la ricerca".

Goodman ipotizzava che differenti tipi di sistemi simbolici potessero richiedere differenti forme di analisi psicologica e debbano essere insegnati in maniere differenti. Per esempio, poteva accadere che simboli "non annotabili" come delle opere di pittura o scultura venissero compresi per mezzo di meccanismi cognitivi diversi da quelli attivati nel comprendere simboli "annotabili" come le parole ed i numeri. Forse la comprensione delle parole comporta abilità "digitali", mentre quella delle immagini comporta abilità analogiche. Inoltre, se tali simboli si rifanno a processi mentali diversi, possono anche dover essere presentati agli studenti con metodi differenti. Per esempio, l'apprendimento artistico richiede forse l'assistenza diretta di un maestro anziché conferenze didattiche o apprendimento da libri di testo. Ma queste erano dichiaratamente delle speculazioni. Goodman guardava ai ricercatori empirici – i suoi volenterosi sebbene ancora ingenui ricercatori del Progetto Zero – come a coloro che avrebbero verificato o invalidato le sue ipotesi.

Poco dopo aver iniziato a lavorare con Goodman ed altri al Progetto Zero, mi venne un'intuizione. Piaget aveva sviluppato degli eccellenti metodi sperimentali per indagare il pensiero scientifico. Non sarebbe stato possibile adattare tali metodi in modo da poter esaminare lo sviluppo nei bambini di quelle abilità a base di simboli e che sono così importanti nelle arti? E, più in generale, non sarebbe stato legittimo concepire lo sviluppo come mirante alla competenza artistica, proprio come Piaget lo aveva visto finalizzato al pensiero scientifico?

Anche se manteneva un atteggiamento critico verso molto del lavoro sperimentale in atto (che riteneva non adeguatamente fondato concettualmente), e pur restando sanamente scettico verso la psicologia evolutiva, Goodman non vide "alcun pericolo" nel cercare di approfondire quest'ottica – e detto da lui, era un complimento! –, cosicché sia lui sia il mio tutore, Roger Brown, mi incoraggiarono a prendere in osservazione alcune abilità artistiche fondamentali attraverso una lente piagetiana. In qualità di "assistente *graduate*" per il Progetto Zero misi a punto e condussi una "prima generazione" di ricerche sulle abilità a base di simboli dei bambini, coprendo le aree delle arti visive, della musica e della letteratura. In particolare, mi interessai allo sviluppo in bambini normali di sensibilità stilistica, capacità metaforica, abilità ritmica, e arte del raccontare. Gli esercizi su cui ci basavamo erano molto semplici e i loro risultati molto complessi da decifrare, ma mi diedero – ci diedero – un senso preliminare del fatto che si potevano concepire i bambini non tanto come dei piccoli scienziati, quanto come artisti o *connoisseurs* in via di formazione.

In quei primi studi il mio approccio si configurava molto come quello di uno psicologo evolutivo piagetiano non intrusivo; vale a dire che non mi interessavo alle esperienze artistiche precedenti del bambino, o ai suoi sistemi di valori familiari, o a ciò che aveva appreso a scuola. Partivo invece dal presupposto che, nello stesso modo i cui i bambini di tutto il mondo fanno certe scoperte sul linguaggio o sul mondo fisico, per il semplice fatto di essere umani e di vivere in un ambiente sociale, essi avrebbero potuto anche dominare le intuizioni centrali che soggiaciono all'arte, semplicemente vivendo e assimilando il loro ambiente sociale.

Oggi non sarei più d'accordo con alcuni di questi presupposti, che tuttavia mi servirono per scoprire alcune cose sui bambini piccoli. In particolare, scoprii una interessante frattura fra i lavori artistici spontanei dei bambini – che spesso appaiono ricchi d'immaginazione – e la loro tutt'altro che entusiasmante riuscita in compiti strutturati a vari livelli di sofisticatezza artistica. Per esempio, le storie raccontate dai bambini di sei o sette anni, i modi di esprimersi usati da bambini in età prescolare e i disegni e dipinti dei bambini piccoli e nei primissimi anni di scuola avevano spesso fascino e originalità, e si potevano definire più "ricchi " o "espressivi" di lavori comparabili svolti da bambini con qualche anno in più.

Tuttavia i risultati di questi stessi bambini piccoli in esercizi di comprensione artistica offrono un quadro molto diverso. Ecco alcune tematiche strutturate che abbiamo esplorato: scoprimmo che fino all'età di nove o dieci anni i bambini non sono in grado di apprezzare lo stile di un'opera d'arte, ma sono attratti dal suo contenuto o soggetto e giudicano il valore di un lavoro e l'identità dell'artista in base ai materiali usati o ai soggetti ritratti. Hanno inoltre molta difficoltà a misurarsi con lavori astratti. I bambini di quell'età sono anche insensibili a certe forme di linguaggio figurato; non comprendono le metafore di cui sono spesso popolate le storie che leggono (e che qualche volta raccontano!), e sovente danno un'interpretazione errata dello humour, dell'ironia o di sottigliezze narrative che richiedono la capacità di assumere il punto di vista di un altro individuo. Inoltre, i bambini di questa età non comprendono alcuni aspetti fondamentali dell'opera d'arte: spesso assumono che i lavori siano stati fatti a macchina anziché a mano, fanno equivalere il valore estetico dell'opera al tempo impiegato per realizzarla o alla difficoltà delle tecniche usate, e non riescono ad apprezzare i molti fattori soggettivi richiesti nel completare o valutare un'opera.

Ora, come ho già detto, questi studi non erano l'ultima parola sull'argomento. In molti casi, infatti, sono stati riveduti o riformulati in base a ricerche successive, parte delle quali messe in atto direttamente dal nostro stesso laboratorio del Progetto Zero. Ma grazie a questi e ad altri studi iniziali, sentivo che stavo cominciando a stabilire un filone di ricerca in un'area che ritenevo importante, e che un giorno avrei forse potuto ricollegare questo lavoro a quello di colleghi che si muovevano su territori più battuti. Col sostegno dei miei compagni di corso, del mio tutore Roger Brown, che aveva una mente aperta ed era un amante dell'arte, e della crescente comunità di ricerca interdisciplinare del Progetto Zero, finii gradualmente col sentirmi sempre più coinvolto e a mio agio nel mio ruolo di *graduate student*. Allora iniziai ad avventurarmi in altre parti dell'università, come avevo fatto costantemente durante gli anni del college, nel tentativo di acquisire conoscenze più dirette sulle arti. Seguii prevalentemente corsi di applicazione artistica: due corsi di arti visive col famoso psicologo dell'arte Rudolf Arnheim, che da allora è divenuto uno dei miei più cari amici, e altri corsi con l'eminente compositore e direttore d'orchestra Leon Kirchner, che mi permise di assistere alle sue lezioni di analisi musicale; e uno anche con il grande poeta Robert Lowell, che mi permise di partecipare alle sue lezioni di scrittura creativa. Non divenni certo un compositore, un pittore o un poeta, ma acquisii una sensibilità per i processi percettivi e cognitivi – per i modi di pensare – dell'arte. Per dirla in gergo, stavo imparando qual era lo "stato di arrivo" dell'artista. Inoltre come membro del Progetto Zero, aiutai Nelson Goodman a organizzare una serie di conferenze-performance nelle quali artisti conosciuti vennero ad Harvard a raccontare e mostrare come progettavano e attuavano le loro opere. Anche quella fu un'occasione che mi permise di comprendere meglio i processi cognitivi di cui si serve un artista nel costruire, presentare, e criticare il proprio lavoro.

Sentivo anche la necessità di seguire da vicino dei bambini mentre si cimentavano con materiali e forme di pensiero artistici. Seguendo una vocazione iniziata ai tempi della scuola media superiore e del college, continuai a dare lezioni di pianoforte, ma stavolta più che per guadagnare qualche dollaro, lo facevo per rendermi conto di come i bambini acquisiscono abilità e comprensione artistiche. Poiché questa esperienza mi forniva più informazioni sui problemi di motivazione dei giovani a far pratica su uno strumento che sulla comprensione della musica (informazioni che si rivelarono importanti quando osservai la precocità musicale in Cina) feci un passo ancora più estremo ed accettai un posto di insegnante elementare.

Fin dall'estate del 1965 avevo mantenuto un contatto informale con il personale della Underwood School di Newton, nel Massachusetts, dove avevo svolto le mie prime ricerche sulle abilità artistiche dei bambini. Il direttore della scuola mi menzionò che aveva in mente di mettere alla prova un nuovo metodo di insegnamento, chiamato "classe aperta", ripreso da modelli realizzati in Inghilterra, nel Leicestershire, e che stava in effetti cercando tre insegnanti che fossero disposti a lavorare con cinquanta bambini fra i cinque e i sette anni in una classe relativamente non strutturata nella quale avrebbero avuto luogo simultaneamente molte attività diverse. Dopo un solo attimo di esitazione, accettai di essere uno dei due insegnanti del mattino in questa classe sperimentale.

Niente, nella mia formazione, mi aveva preparato né alle esigenze dell'insegnamento scolastico in generale, né alle necessità insite in un nuovo modo di insegnare in un illuminato distretto scolastico della periferia di Boston. Il lavoro era duro, e come insegnante non ero bravo come avrei voluto. Allo stesso tempo stavo imparando moltissimo sui bambini e su quel che ci vuole per essere un bravo insegnante per quella fascia di età. Scoprii di avere il necessario amore per i bambini e la capacità di progettare e modificare dei programmi interessanti; ma mi accorsi anche di non essere molto paziente e di riuscire con difficoltà a rispondere velocemente alle numerose richieste e ai bisogni contrastanti di un ampio gruppo di bambini. Non riuscivo a capire a quale punto si trovasse ogni singolo bambino nel suo percorso di crescita, e quale sarebbe stata la strategia più opportuna di intervento (o di non-intervento) per ciascuno. Alla fine di ogni giornata, spesso avrei voluto aver detto o fatto cose differenti, o aver desistito dall'intromettermi. Altre volte mi capitò di perdere il controllo, cosa che sembrava disturbare me molto più dei miei piccoli alunni.

Sopravvissi per un semestre, alla fine del quale ero felice di aver fatto quell'esperienza, ma convinto di dover trovare un tipo di lavoro che mi permettesse di essere più attivo e meno reattivo. In altre parole, proprio come era accaduto quando mi ero irritato all'idea di dover provare al pianoforte per tre ore al giorno, mi irritava anche il dover soddisfare le richieste di una dozzina di bambini, ciascuno dei quali era convinto di venire per primo. (Ora mi rendo conto che, se avessi avuto più esperienza pratica, avrei potuto imporre dei miei spazi attivi, maturando così una fiducia in me che mi avrebbe aiutato ad interagire con gli alunni e a costituire per loro un utile esempio.)

I miei colleghi insegnanti e io apprendemmo anche che ogni nuovo metodo di insegnamento trae origine da un insieme di premesse culturali. È semplicemente impossibile trapiantare su questi lidi un metodo che funziona in Inghilterra (per non parlare della Cina): lo si deve reinventare qui. Poiché quell'"approccio aperto" veniva applicato su una popolazione scolastica che non possedeva molto autocontrollo e non era preparata ad apprendere per conto proprio, come accadeva invece in classi simili di bambini inglesi, all'inizio dell'anno noi insegnanti dovevamo dedicare molte ore alla promozione di tali virtù. Quell'anno iniziammo un processo di adattamento della "classe aperta" ai requisiti americani; ma, come nel caso del MACOS, ci fu confermato che una classe aperta efficace avrebbe richiesto molti sforzi e grande flessiblità da parte di insegnanti impegnati e ben preparati (per non parlare di genitori e bambini) per un lungo periodo di tempo.

Alla fine del semestre di insegnamento, ebbi conferma di una intuizione cruciale. Mentre nelle discipline scientifiche lo sviluppo avviene gradualmente negli anni e i bambini più grandi, sono invariabilmente "più sviluppati" degli altri, la traiettoria di sviluppo nelle arti procede a zig-zag, fatta di balzi in avanti e di primi passi, e non è affatto lineare. Si può davvero affermare con conoscenza di causa che i bambini fra i cinque e i sette anni, nella nostra cultura, sono simili a degli artisti. Sono desiderosi e perfino ansiosi di stabilire legami, sperimentare idee e procedure nuove, mettere alla prova limiti, sbrigliare l'immaginazione. Non sono ostacolati dalle convenzioni, messi in imbarazzo dai propri sentimenti, intimiditi dai compagni, non hanno una gran cognizione di gusti e preferenze altrui. Il bambino ha un senso di base di ciò che significa inventare una canzone, raccontare una storia o fare un disegno predeterminato, e può sfruttare quel senso per creare opere d'arte interessanti e spesso originali.

Intorno al 1970 arrivai proprio alla conclusione che in molti sensi il bambino nei primi anni di scuola è più vicino alla mente (e alla sensibilità) dell'artista di quanto non lo sia qualche anno più tardi. Il bambino di nove o dieci anni, nella nostra cultura, vuole che tutto accada secondo le regole e disdegna qualsiasi linguaggio non letterale o deviazione dal realismo artistico. Per contrasto, i bambini più piccoli con cui lavoravo e giocavo si mostravano pronti ad essere coinvolti in metafore, ad eseguire connessioni sinestetiche e a sospendere le regole onde ottenere l'effetto desiderato. I bambini piccoli, inoltre, si appropriano quasi senza sforzo di linguaggio e pratiche artistiche, mentre altre fasce d'età di solito necessitano di una "mediazione" o di una "traduzione" di tali pratiche, prima di poterle incorporare. Cosa forse più importante, i bambini più piccoli sono disposti ad ignorare i modelli degli altri, a fare un gran numero di esperimenti su sagome e forme diverse, e a ricorrere a un linguaggio non proposizionale (o non discorsivo) per trasmettere significati per loro importanti. È forse per queste ragioni che artisti adulti della nostra società si sono interessati al lavoro dei bambini piccoli, e hanno spesso tratto ispirazione dai rudimentali disegni o versi creati da loro. Pablo Picasso ebbe un giorno modo di osservare: "Una volta anch'io disegnavo come Raffaello, ma mi ci è voluta tutta una vita per reimparare a disegnare come i bambini".[*]

Il mio lavoro scientifico iniziale, unito alle osservazioni che avevo svolto in classe, conduceva a un paradosso. Da un lato avevo avuto conferma che i bambini piccoli in molti sensi sono molto artistici. Dall'altro, i miei studi empirici avevano mostrato i numerosi modi in cui i bambini non sono in grado di apprezzare alcuni aspetti essenziali dell'attività artistica. Vi erano vari modi per risolvere questo paradosso. Uno era quello di sottolineare che, in qualità di creatore, il bambino è artistico, mentre come soggetto che percepisce e come critico, spesso non sa co-

[*] Cit. in F. de Meredieu, *Le dessein d'enfant*, Editions Universitaires de Large, Parigi 1974, p. 13.

gliere i punti essenziali di un'opera d'arte (per esempio, prendendo letteralmente una metafora o concentrandosi esclusivamente sul soggetto del dipinto). Tuttavia, era anche possibile che queste discrepanze riflettessero la situazione di osservazione. È ben diverso guardare bambini d'asilo che esplorano i propri materiali a modo loro – nel qual caso la rassomiglianza all'artista viene rafforzata – o esporli invece a dei compiti predisposti dagli psicologi, in un contesto diverso da quello cui sono abituati, e valutare i risultati. Questa seconda situazione può dirci di più su come i bambini rispondono a un'attività artificiale in contesti artificiali che non su quale sia la loro competenza artistica globale.

Eventi successivi avrebbero in parte risolto il paradosso. Scoprimmo infatti che, se le attività artistiche venivano presentate ai bambini piccoli in maniera più accessibile, essi spesso mostravano una comprensione che era stata loro negata sulla base dei test precedenti. Per esempio, quando una metafora appare all'interno di una storia o nella sequenza simbolica di un gioco, anche i bambini piccolissimi ne assorbono il significato. In tali casi il bambino appare simile non solo a un artista adulto, ma dotato anche di una sensibilità percettiva che ricorda quella di un critico d'arte. Molti hanno messo in discussione la mia asserzione che si può considerare il bambino piccolo come un giovane artista, e hanno giustamente sottolineato alcune ovvie differenze fra un bambino di sei anni e l'artista maturo di sessant'anni. Per esempio è chiaro che, contrariamente ai bambini, gli artisti maturi possono progettare un'opera con molto anticipo, anticipare le reazioni critiche dei loro osservatori, ed essere molto più consapevoli degli sviluppi della loro arte e della società in generale.

Oggi non insisterei troppo su un parallelismo assoluto tra giovani artisti e maestri adulti, ma all'epoca in cui fu formulata, quell'asserzione raggiungeva tre obiettivi. Prima di tutto, rendeva lo studio delle capacità artistiche dei bambini altrettanto legittimo quanto le ricerche molto più ampiamente accettate sulle abilità linguistiche, logiche e "proto-scientifiche". In secondo luogo, richiamava l'attenzione su alcuni poteri intellettuali e creativi dei bambini piccoli che erano stati spesso ignorati o erroneamente caratterizzati come tentativi "immaturi". In terzo luogo, e forse più importante, fu proprio lo sforzo di voler rintracciare differenze e similarità tra artisti bambini e adulti e le loro opere che ci aiutò a mettere a punto il concetto di attività artistica e a individuare con maggiore precisione le abilità che si sviluppano (o non si sviluppano) durante l'infanzia. Così, per esempio, si può stabilire che importanza riveste per un artista il conoscere le attività dei suoi contemporanei impegnati nello stesso campo: si può per davvero essere un artista "naïf" o un artista "bambino"?

Insegnare in una classe aperta mi permise di raccogliere dati iniziali su un approccio all'infanzia che io (e anche altri ricercatori) abbiamo preso poi in seria considerazione, vale a dire la possibilità che, nel campo dell'arte, lo sviluppo possa avere una progressione "a forma di U" anziché strettamente lineare. Forse per alcuni aspetti un qualsiasi bambino piccolo rassomiglia ad un artista molto più da vicino di quanto non possa farlo un suo compagno più grande. Avevo anche raccolto solide evidenze sul fatto che gli approcci educativi "aperti", se messi in atto nel modo giusto, possono dare ottimi risultati. Trovammo che anche bambini piccoli affetti da considerevoli problemi emotivi o di apprendimento danno ottimi risultati all'interno di una classe aperta ricca di stimoli e di flessibilità. Allo stesso tempo, però, ci impressionò la quantità di requisiti necessari a una tale struttura educativa: gli insegnanti devono essere ben preparati, il programma scolastico dev'essere attentamente strutturato e i genitori dovrebbero partecipare, o almeno essere informati di come opera la classe; inoltre, in un ambiente così "personalizzato" bisogna aver cura di ogni bambino, con pratiche di insegnamento tagliate su misura. Trattare tutti i bambini allo stesso modo, come prevede la scuola tradizionale, è molto più facile.

Durante gli anni di specializzazione post-laurea, appresi un'altra valida lezione da una fonte inattesa. Nell'estate del 1967 avevo bisogno di guadagnare qualche soldo, così risposi ad un annuncio trovato sulla bacheca della William James Hall. Si trattava di un posto di assistente per la stesura di un libro di testo di psicologia sociale. Sebbene non fossi un esperto nel campo avendo solo frequentato per un anno un eccellente seminario di psicologia sociale tenuto da vari esperti mondiali di quella disciplina, l'idea di scrivere mi piaceva e avevo bisogno di soldi perché stavo mettendo su famiglia.

Fu così che incontrai lo psicologo Martin Grossack. Passai l'estate facendogli da assistente lavorando assiduamente al manoscritto; scrissi gran parte della prima stesura, e poi fui promosso co-autore del testo, che si presentava innovatore, se non autorevole. Nel 1970 con grande gioia trovammo un editore disposto alla pubblicazione di *Man and Men: Social Psycology as Social Science*.* Quel lavoro giovanile diceva cose che meritavano di essere dette e, in effetti, raggiunse dei rispettabili livelli di vendita per i seguenti dieci anni. (Oggi sono imbarazzato sia dal titolo, sia dalla copertina del libro con i suoi profili di teste nere

---

* International Textbook, Scranton 1970.

e una testa bianca in primo piano, inaccettabili sia agli autori che ai lettori nella decade successiva.) Ma il contenuto di quel manoscritto messo insieme così in fretta mi soddisfa abbastanza.

Quell'estate così piena di parole mi dava la prova che ero in grado di scrivere e di essere pubblicato nel mio campo. Mi ero avvicinato a quel libro di testo con piacere e con ben poche esitazioni. Scrissi le linee generali di ogni capitolo, svolsi le necessarie ricerche bibliografiche e in uno o due giorni misi giù la prima stesura. Il testo era spigoloso, ma andava nella direzione giusta, così Grossack ed io lo sfrondammo in modo da renderlo pubblicabile. (Questo è il modo di procedere che seguo ancor oggi.) Avere un compito preciso da svolgere e sapere che era meglio attuarlo con una applicazione continua e giornaliera, era per me naturale – ma solo a causa del tipo di educazione che mi era stata impartita molti anni prima, e più precisamente perché avevo appreso a sedermi regolarmente al pianoforte ogni pomeriggio della mia infanzia. Ora, da adulto, mi sedevo per scelta alla mia "tastiera letteraria" e, come lo schiavo che ha imparato ad amare le proprie catene, quella era l'attività che mi piaceva di più. Anche se non vivo per scrivere, non potrei vivere felice senza la scrittura.

Durante l'ultima fase della mia carriera di *graduate student* avevo dunque trovato un confortevole spazio intellettuale al Progetto Zero e mi sentivo ragionevolmente fiducioso sulle possibilità di pubblicare. Tuttavia non vorrei si pensasse che ero perfettamente inserito nel mio ruolo di *graduate student*, e cioè che facessi pratica al pianoforte della psicologia esattamente come mi veniva richiesto. Infatti, all'epoca, ciò che ci si aspettava da un *graduate student* non era esattamente la produzione di libri di testo. I nostri mentori si aspettavano piuttosto che noi lavorassimo nei laboratori di uno o più professori, che ci unissimo ai loro sforzi di ricerca, e gradualmente ci costruissimo il nostro piccolo blocco di sperimentazioni, per forza derivative, per trasformare poi tutto questo in una tesi e in un predellino di lancio in una carriera.

Il modo in cui io procedevo era molto diverso. Nonostante le mie cordiali relazioni personali con Roger Brown, non potevo dire di avere un mentore di psicologia con cui lavorare. Nelson Goodman, dal canto suo, era un eminente filosofo, ma la maggior parte degli psicologi non ne avevano sentito parlare e quelli che lo conoscevano si domandavano cosa mai facessi al suo fianco. Seguivo anche corsi in altri dipartimenti – cosa non prudente – e non mi facevo veder più del necessario ai seminari del corso di specializzazione alla William James Hall.

Ricevevo tutta una serie di piccoli segnali di avvertimento.

Passai gli esami scritti con lode, ma fui quasi respinto agli orali imperniati sullo sviluppo artistico. Un professore dalle rigide vedute sostenne che quello non era un campo di studi e che nessuna delle cose che avevo detto in due ore d'esame giustificava che io avanzassi tale tesi. Me la cavai per un soffio e solo grazie all'impegno di due miei professori che riuscirono a convincere la commissione che bisognava "fidarsi di Howard".

Verso la fine del mio terzo anno di *graduate school* uno dei miei professori mi prese da parte e mi disse che il dipartimento era preoccupato per me. Mentre tutti i miei compagni di corso erano ormai occupati nella ricerca e lavoravano su temi "sicuri" come le capacità percettive dei bambini o le capacità mnemoniche dei bambini dell'asilo, in apparenza io non stavo facendo ricerca. Ora, ciò non era esattamente vero – avevo svolto ricerche sullo sviluppo artistico dei bambini per più di un anno – ma il punto cruciale era che quella non veniva considerata una vera ricerca e le mie proteste si persero nel vuoto. (In effetti, anche anni dopo che avevo pubblicato dozzine di studi empirici, sentivo ancora dire – e trovavo scritto – che: "Howard Gardner non è un ricercatore".) Sembra proprio che lo studio delle abilità artistiche non conti come ricerca scientifica, e che lo scrivere libri implichi che l'autore non possa fare contemporaneamente anche altre cose.

Ebbi un'altra amara prova del fatto che non ero adeguatamente professionalizzato quando scrissi un articolo sullo sviluppo della sensibiltà agli stili artistici nei bambini. L'articolo sembrava competente, e il risultato – il fatto che fino a una certa età i bambini riescono a classificare i dipinti solo sulla base del soggetto – pareva meritare di essere conosciuto. S.S., ovvero "Smitty" Stevens, famoso psicologo ed editore del prestigioso periodico *Perception and Psychophysics*, lavorava un paio di piani sotto il mio ufficio, così andai a trovarlo prima di inviare l'articolo al suo periodico. Egli non era disponibile per incontri con *graduate students*, ma sua moglie accettò di vedermi. Cominciò subito a scoraggiarmi dicendo: "Oh, prima che legga un articolo passano come minimo tre mesi." Poi, allungando l'occhio sul titolo aggiunse: "Per carità. Non pubblicherebbe mai niente sull'arte: quella non è psicologia." Versai una lacrima simbolica sul modo in cui la testata del giornale veniva tradita dalla visione ristretta di Stevens (o da quella di sua moglie).

Sentendomi ancora relativamente sicuro di me, mandai l'articolo a un altro periodico dall'eufonico nome di *Psychonomic Science*. Ricevetti un altro rifiuto a stretto giro di posta dall'editore, quel Clifford Morgan che aveva scritto il testo di psicologia che mio zio mi aveva regalato quando frequentavo la scuola media. Il messaggio di Morgan era diretto: non mi sono preoccupato di far leggere questo manoscritto, diceva, perché questo tipo di lavoro non è adatto alla nostra rivista; dovrebbe invece mandarlo a una rivista di psicologia dello sviluppo o di estetica.

A malincuore accettai questo verdetto e mi occupai d'altro. Immaginatevi il mio stupore quando, alcuni mesi più tardi, presi in mano un numero della rivista di Morgan e vi trovai il mio studio, eseguito e scritto da qualcun altro. Non si trattava di plagio: era solo una coincidenza d'idee, il cosiddetto doppione, che è abbastanza comune in molti campi della scienza. Nondimeno ero furioso, e spedii una lettera arrabbiata a Morgan, chiedendogli, in sostanza, cosa diavolo era successo. Morgan ancora una volta rispose velocemente e direttamente. È una questione di titoli, diceva; il suo articolo era sulla sensibilità allo stile artistico nei bambini, e noi non pubblichiamo lavori su quell'argomento. L'articolo che abbiamo pubblicato era sulla formazione concettuale – e su questo noi pubblichiamo. Il fatto che i due studi siano grosso modo uguali non è rilevante.

E qui Morgan mi comunicava qualcosa di importante: nella scienza, come nel commercio, l'imballaggio conta. Mi resi conto che, non avendo un mentore di psicologia, non c'era nessuno che mi aiutasse a trovare le scorciatoie professionali o ad evitare frustranti ostacoli. Avrei dovuto imparare tutto da solo, nel modo più brutale. A volte avrei desiderato essere un anonimo assistente anziché un convinto iconoclasta. Mi resi conto che avrei dovuto imparare a tenere in maggiore considerazione le regole invisibili della mia nuova professione e mi auto-insegnai come condurre delle ricerche e scrivere degli articoli pubblicabili nei periodici del mio settore. Come in altri campi, anche nella psicologia evolutiva esiste un'arte – un insieme di abilità di base che bisogna possedere.

Pur svolgendo studi empirici sui bambini e l'arte, non avevo abbandonato il mio precedente interesse per Piaget e Lévi-Strauss. Più ci riflettevo, più ero impressionato dalle somiglianze fra i loro modi di pensare – somiglianze che, per quanto ne sapevo, non erano state ancora messe in evidenza da nessuno, ma che diventavano abbastanza trasparenti se i loro lavori erano visti da un ottica americana. Entrambi gli studiosi erano stati fortemente influenzati da metodi strutturali di analisi in altre scienze (quali la linguistica); entrambi avevano adottato un approccio cartesiano ai processi mentali, vedendo "la mente" come area legittima e autonoma di studio empirico; entrambi si sentivano attratti da modelli formali (logici o matematici) dei processi mentali, ma non disdegnavano neppure il potere dell'osservazione; infine entrambi postulavano l'esistenza di limiti biologici o neurologici ai modi in cui la mente si sviluppa e può essere impiegata. Vi erano anche, fra loro, differenze significative: per esempio, Lévi-Strauss mostrava di avere una concezione molto più statica delle possibilità mentali, in confronto con l'approccio evolutivo di Piaget.

Scrissi un saggio che metteva in evidenza queste somiglianze. Comportandomi ancora, in molti sensi, come un esuberante studente di college, ne mandai copie a Piaget e Lévi-Strauss, non aspettandomi di certo una risposta. Con mia sorpresa, entro dieci giorni ricevetti due lettere per via aerea – una di Lévi-Struss da Parigi, la seconda di Piaget da Ginevra. Entrambi lodavano l'articolo – Lévi-Strauss in un inglese squisito e velatamente ironico, Piaget nel suo francese di tutti i giorni, perfettamente comprensibile. Ciascuno di loro diceva qualcosa sul proprio atteggiamento nei riguardi delle idee dell'altro studioso (si erano letti e recensiti reciprocamente) e rispondeva gentilmente ma direttamente alle critiche che avevo avanzato.

Incoraggiato (e reso orgoglioso) da queste risposte inattese da parte dei miei eroi, completai un articolo intitolato "Piaget and Lévi-Strauss: The Quest for Mind", che fu la mia prima pubblicazione professionale. Pensai anche che sarebbe stato interessante scrivere la tesi su quell'argomento, e lo proposi a Roger Brown. Con sorpresa mi sentii rispondere da Brown che tale progetto sarebbe stato un errore, e che non mi avrebbe potuto appoggiare in questa direzione. Disse in pratica che ero in quel programma per imparare come svolgere la ricerca empirica in psicologia e che avrei dovuto scrivere una tesi capace di dimostrare al mondo che ero in grado di svolgere tali esperimenti. Se vuoi essere un pianista, mi stava dicendo in pratica, devi semplicemente esercitarti al pianoforte e suonare in una sala da concerti davanti a un pubblico. Dopo di che Brown aggiunse la seguente riflessione: "Naturalmente, se a parte vuoi anche scrivere un libro su Piaget e Lévi-Strauss, nessuno te lo impedisce."

Oggi Roger Brown si prende gioco di me dicendo che il motivo per cui sono riuscito nella mia carriera è che gli ho sempre chiesto dei consigli che poi ho regolarmente ignorato. Almeno in quel caso, però, presi le sue parole molto sul serio. Decisi quindi di impostare il lavoro per la tesi sulla sensibilità allo stile nei bambini, e misi a punto un progetto di ricerca. Questa ricerca mise in luce che i bambini erano in grado di classificare le opere d'arte, rispetto allo stile, a un'età molto inferiore di quanto non si pensasse, a patto che venissero provvisti di molti esempi su come attuare la classificazione e premiati quando non si occupavano del soggetto dell'opera. Rivelando un pragmatismo di cui fino ad allora non mi credevo capace, svolsi l'intero esperimento in pochi mesi, lo condensai in tre brevi capitoli e riuscii a laurearmi in quello stesso anno accademico, perfino pubblicando questi capitoli in forma di articoli su tre diversi periodici.

Ma il mio cuore era altrove. In fondo ero un inguaribile scrittore di libri, non di articoli. Così mi buttai a lavorare su due testi di un certo calibro. Uno di essi era *The Quest for Mind*, un approfondito confronto dei lavori di Piaget e Lévi-Strauss e una introduzione ad un approccio ancora poco conosciuto nel campo delle scienze sociali: lo strutturalismo. Questo manoscritto fu accettato per la pubblicazione proprio mentre mi stavo laureando e uscì all'inizio del 1973 ricevendo un'amichevole accoglienza.* Una grande (anche se perversa) soddisfazione la ebbi durante la mia visita a Taiwan nel 1986, quando scoprii che del testo pubblicato da Knopf girava un'edizione "pirata" stampata in forma identica all'originale, con l'eccezione che il libro aveva un formato più grande e ogni pagina era decorata con caratteri cinesi.

L'altro progetto era molto più ambizioso. Da quando ero divenuto consapevole dei limiti dei lavori di Piaget e di altri psicologi evolutivi, volevo dimostrare che si può concepire lo sviluppo umano come qualcosa che porta ad uno stato di arrivo diverso dal modo di pensare scientifico: un saper "partecipare al processo artistico" in veste di creatore, esecutore, membro del pubblico, e/o critico. Anziché pensare al bambino come a uno scienziato in erba che potrà un giorno diventare un professionista della scienza, volevo provare a pensare al bambino come ad un artista in miniatura che un giorno avrebbe potuto partecipare pienamente al processo artistico. Volevo anche elaborare uno schema che descrivesse lo sviluppo artistico in generale, proprio tracciando una mappa di ciò che sappiamo sullo sviluppo delle abilità nelle maggiori forme artistiche; e volevo anche discutere alcune delle implicazioni epistemologiche ed educative di una simile prospettiva. In breve, volevo rispondere a Piaget da una posizione suggeritami dagli studi di Langer e Goodman.

Chiaramente, un tale lavoro poteva essere svolto solo sotto forma di libro – un grosso libro. E così, senza pensarci sopra due volte, mi misi a scrivere *The Arts and Human Development: A Psychological Study of the Artistic Process.*** La mattina presto e la sera tardi leggevo vecchi testi tedeschi insieme a testi francesi più recenti sulla filosofia e sulla psicologia dell'arte, e svariati

---

* *The Quest for Mind: Piaget, Lévi-Strauss, and the Structuralist Movement*, Alfred A. Knopf, New York 1973.
** John Wiley, New York 1973.

studi empirici sulle capacità artistiche di bambini e adulti. In tempi in cui non esistevano word processor, e senza poter usufruire di una buona macchina da scrivere, per non parlare di una segretaria, battei a macchina note su note, che divennero capitoli, che divennero una prima stesura di un testo lungo e inutilmente pesante. Se un tale libro capitasse oggi sulla mia scrivania, consiglierei al suo giovane autore di semplificarlo e di delineare le sue tesi e i suoi risultati in un inglese di tutti i giorni. La casa editrice, però, per fortuna non fu così critica: John Wiley accettò infatti di pubblicare il libro nel 1973.

Il destino di una monografia accademica è molto diverso da quello di un libro commerciale e passarono anni prima che *The Arts and Human Development* ricevesse qualche recensione, di solito positiva, nella stampa accademica. Il libro veniva visto – mi sembra giustamente – come un tentativo pionieristico di unire fra loro una vasta quantità di materiali rimasti finora scollegati e anche come un investimento in un nuovo possibile campo scientifico: il tipo di libro che un giovane ardente studioso un po' iconoclasta tende a produrre. Il libro non è molto conosciuto negli Stati Uniti, ma forse perché la posizione dell'arte è più centrale in altre culture, è stato letto e recensito in vari altri paesi. Non sono rimasto perciò del tutto sorpreso quando, durante il mio ultimo viaggio nella Repubblica popolare cinese, ho appreso che il primo dei miei libri ad essere tradotto in cinese è stato proprio quello, il meno venduto in Occidente. Mi ha anche stupito apprendere che la prima tiratura sarebbe stata di circa 300.000 copie. Negli Stati Uniti, il libro aveva venduto 5000 copie in tredici anni.

Ripensando a quei tempi con l'energia calante della mezza età, mi stupisco io stesso dei miei ritmi di lavoro, ritmi che tuttavia, sono felice di affermare, non impedirono a Judy e a me di crearci una famiglia. Nostra figlia Kerith nacque nel 1969 e il nostro primo figlio maschio Jay, nel 1971 (poco dopo che entrambi i suoi genitori avevano conseguito il dottorato in psicologia evolutiva); il nostro figlio più piccolo, Andrew, nacque alcuni anni più tardi, nel 1976. Questi miei tre figli, che hanno portato grande gioia a me e alla loro numerosa parentela, mi hanno anche insegnato molto più dei testi e delle riviste "ufficiali" sullo sviluppo e sui modi di apprendimento dei bambini. Molta della mia educazione di genitore è avvenuta spontaneamente e tramite improvvisazione come è sempre stato per generazioni di genitori. Ma, essendoci due psicologi evolutivi in famiglia, di cui almeno uno era uno scribacchino inveterato, è stato inevitabile che i piccoli ci ispirassero molte discussioni e riflessioni professionali. Dopo alcune settimane dalla sua nascita, ci accorgemmo che nostra figlia

Kerith, contrariamente a ciò che era scritto sull'argomento, sembrava imitare i nostri movimenti facciali. Mettemmo a punto un esperimento e, come avevamo previsto, fummo in grado di dimostrare con soddisfazone (nostra e dei direttori di periodici) che Kerith era in grado di imitare i nostri movimenti corporei e facciali già all'età di sei settimane. Fummo così fra i primi a stabilire ciò che ora è diventato un dato fondamentale sullo sviluppo infantile: la precocità e l'estensione delle capacità imitative del bambino.

Tenni dettagliati diari su ciascuno dei nostri figli, ma specialmente sulla primogenita. Registravo ogni cosa che osservavo e che riuscivo a dimostrare in numerosi piccoli esperimenti alla Piaget, messi in atto assieme a Judy. Naturalmente le mie osservazioni erano orientate in una certa direzione: gli aspetti cognitivi mi interessavano più dell'affettività; lo sviluppo artistico dei bambini mi affascinava più del modo in cui si sviluppa la loro identità in relazione ai ruoli e al sesso; infine mi occupavo di problemi educativi piuttosto che di igiene e salute. Ma la rete che avevo gettato era ampia. Inoltre, dopo poco tempo, incominciai a catalogare tutte le osservazioni e, se avessi avuto un computer, avrei senza dubbio sviluppato un complesso sistema di riferimenti incrociati.

Avevo accumulato un'incredibile quantità di informazioni descrittive sui miei figli, materiali che si riveleranno preziosissimi per due grandi progetti su cui avrei lavorato negli anni settanta: un testo sullo sviluppo del bambino, la cui prima stesura risale al 1974-75, pubblicato poi nel 1978;[*] e una ricerca sui disegni dei bambini intrapresa alla fine degli anni settanta e uscita, col titolo di *Artful Scribbles: The Significance of Children's Drawings*, nel 1980.[**] Parole, azioni e prodotti grafici dei miei figli sono sparsi liberamente in queste pubblicazioni – e, grazie alle citazioni fra studiosi, sono ora ben distribuiti anche negli scritti di altri. I dinamici disegni di Batman e di *Guerre Stellari* fatti da mio figlio Jay e le esperienze emotive di mia figlia Kerith col suo orsacchiotto, oggetto di transizione, sono fra i più popolari.

Devo molto al repertorio di abilità che i miei figli sono andati manifestando. È stato ascoltando le conversazioni e i monologhi notturni di Kerith e Jay che ho appreso per la prima volta del largo uso di giochi di parole e di metafore nei bambini e mi sono imbattuto per la prima volta nell'errata interpretazione delle metafore da parte dei bambini quando ho raccontato ai miei figli delle origini della Pasqua ebraica e di Faraone "il cui

[*] *Development Psycology: An Introduction*, Little Brown, Boston 1978, 1982^2.
[**] Basic Books, New York 1980.

cuore si indurì" e ho chiesto a ciascuno di loro di spiegarmi il significato di questa frase. Andrew mi ha permesso di studiare il sorgere delle prime manifestazioni di sarcasmo verbale e oggi Beniamino, alla matura età di tre anni, è già impegnato a prendere in giro i suoi coetanei. Ciascuno dei miei figli mi ha ulteriormente radicato nella convinzione che tutti i bambini normali sono degli artisti in erba, permettendomi di osservare il graduale (sebbene casuale) accumularsi dei loro disegni, oggetti di creta, canzoni e storie.

Si può essere dei buoni psicologi evolutivi senza avere bambini, anche se in tal caso sarebbe raccomandabile passare molto tempo in compagnia dei figli d'altri. Ma sulle questioni della creatività umana di cui mi occupo, non avrei potuto procedere senza quell'informazione qualitativa che si può ottenere solo passando moltissimo tempo con i propri figli. Vorrei poter dire che essere uno psicologo evolutivo rende genitori migliori, ma la mia esperienza personale e quella dei miei colleghi non mi forniscono prove che un tale "travaso di conoscenze" sia attendibile. L'essere un genitore competente sembra aver molto più a che fare con l'aver avuto dei buoni genitori, cioè col saper applicare bene le lezioni (positive e negative) apprese dall'osservazione dei propri e altrui genitori, che non con l'applicazione di conoscenze acquisite professionalmente. Allo stesso tempo credo che in quanto genitori "gli psicologi evolutivi si divertono di più", perché noi siamo preparati a cercare determinate cose ed è anche possibile che ci capiti il privilegio di fare nuove scoperte sui bambini. Non sarebbe facile contare il numero di volte in cui un'osservazione casuale sui miei figli ha stimolato delle ipotesi interessanti, e più di una volta quelle ipotesi si sono rivelate fondate.

Naturalmente, spesso mi viene chiesto (e anch'io me lo domando) come si ci sente ad essere figli di due psicologi evolutivi. La parola finale su questo possono dirla solo i miei figli. La mia impressione è che il tipo di professione del genitore non sia terribilmente importante; più che altro è importante il modo in cui un genitore tratta un figlio, quanto tempo trascorre insieme a lui e come reagisce ai suoi comportamenti e asserzioni. Quando l'essere genitori e la professione cominciano a confondersi e i genitori usano i figli o come cavie o per puntellare dei loro punti di vista, è chiaro che il problema diventa più delicato. Davanti a un simile sfruttamento, sarebbe preferibile avere per genitore un contadino o un pompiere.

Verso la fine degli anni sessanta, come molti altri lettori di pubblicazioni scientifiche popolari, anche Nelson Goodman ed io abbiamo incominciato a sentir parlare dei sorprendenti risultati delle ricerche sulla funzione dei due emisferi cerebrali. Grazie al pionieristico lavoro di Roger Sperry e di Michael Gazzaniga con pazienti dagli emisferi divisi, e alle osservazioni di Norman Geschwind e Edith Kaplan sulle sindromi da disgiunzione cerebrale, si accumulavano dati interessanti sul fatto che la metà sinistra del cervello controlla certe capacità linguistiche e concettuali, e quella destra le capacità spazio-visive, musicali ed emotive. Cosa ancor più eccezionale, in certe circostanze si può concepire l'individuo come avente due menti differenti che non possono comunicare l'una con l'altra. Benché tali nozioni di neuropsicologia siano oggi virtualmente conosciute da tutti in Occidente e stiano facendosi strada anche in Cina, l'impatto iniziale di quelle scoperte sbalordì perfino i più esperti osservatori scientifici. Goodman ed io eravamo particolarmente incuriositi dalla possibilità che quelle differenze tra emisferi potessero essere utilizzate nella distinzione che Goodman aveva proposto fra due tipi di simbolizzazione: quella che può essere trascritta (come il sistema dei numeri arabi, con simboli discreti e separati e referenzialmente non ambiguo); e quella che non può essere trascritta (come in pittura, dove per principio non è possibile astrarre in maniera non ambigua le componenti simboliche e i loro referenti). Quale meraviglia se l'emisfero sinistro fosse stato disegnato dalla natura per avere a che fare, specificamente o di preferenza, con i sistemi che ammettono la trascrizione simbolica e quello destro con quelli che non l'ammettono, o che l'ammettono di meno.

Per controllare la validità di tale intuizione invitammo Norman Geschwind, del City Hospital di Boston, a parlarci della ricerca sulla lateralità del cervello, sull'afasia e su altre conseguenze di lesioni cerebrali. Geschwind non aveva un'aria particolarmente distinta – una volta l'avevano descritto come un incrocio tra Sigmund Freud e Groucho Marx e, come Piaget, aveva l'aspetto e le maniere di un professore distratto. Ma appena iniziò a parlare ci affascinò. Non solo conosceva a menadito e in maniera unica il sistema nervoso, la medicina, la psicologia, il linguaggio, e le pratiche in culture differenti, ma era anche in grado di utilizzare la materia prontamente e senza sforzo e in un modo tale da intrattenere il pubblico e a volte farlo sganasciare dalle risate.

Prima della sua tragica morte, avvenuta nel 1984 a soli cinquantott'anni, Geschwind era divenuto un ricercatore e un conferenziere di notorietà internazionale. Ma quando lo incontrammo per la prima volta nel 1969 aveva solo di recente iniziato a pubblicare i risultati del suo lavoro ed era appena stato nominato professore ad Harvard. Tuttavia, il suo formidabile intelletto si impose con prepotenza alla nostra attenzione. Quel pomeriggio Geschwind parlò per alcune ore dei diversi disturbi che si osservano in clinica neurologica: pazienti che possono scrivere e nominare oggetti ma perdono l'abilità di leggere parole (sebbene possano ancora leggere i numeri); pazienti che non riescono a ricordarsi di aver visitato un certo luogo ma riescono a orientarvisi con facilità; pazienti con problemi di udito che non riescono a comprendere una parola di quello che viene detto loro ma possono parlare perfettamente e apprezzare il suono della musica. Geschwind descrisse esperimenti in cui una parte del cervello viene addormentata e l'altra metà è analizzata in isolamento; procedure chirurgiche mediante le quali, per impedire degli attacchi, le due metà del cervello vengono divise; operazioni in cui (sempre per ragioni mediche) una metà del cervello viene completamente rimossa; procedure sperimentali in cui l'informazione viene fornita ad un solo orecchio (e quindi in modo da raggiungere un solo emisfero cerebrale) o ad un solo campo visivo (e dunque anche in questo caso ad un solo emisfero). Ci descrisse poi notevoli scoperte sulla rappresentazione corticale di diverse abilità nei cervelli di persone normali, nei mancini, o in personalità che mostravano particolari forme di genialità o stravaganza. Quei suoi discorsi – una serie concentrata di conferenze che alla fine si estesero fino a dopo l'ora di cena – ci fornirono un bel po' di informazioni arricchite da dati collaterali quali la personalità di grandi scienziati, le pratiche di differenti comunità linguistiche e svariate storielle su medicina, giudaismo, vita accademica, bostoniani e newyorkesi. Geschwind menzionò anche alcuni artisti divenuti afasici: per esempio, il compositore Maurice Ravel, che perse la capacità di comporre ma rimase in grado di suonare alcuni suoi pezzi e anche di criticare le esecuzioni di altri musicisti. Parlò dell'artista francese André Derain la cui pittura era stata seriamente compromessa dalle lesioni cerebrali che aveva subito, e anche di altri artisti figurativi le cui opere erano rimaste professionali o erano perfino migliorate (o almeno così si diceva) in seguito alla perdita del linguaggio.

Come nel mio "primo incontro" con Goodman, andai all'incontro con Geschwind con una "mente preparata". Nello sforzo di capire più da vicino l'attività artistica degli adulti, avevo frequentato corsi artistici ma ero incorso in chiari ostacoli: per esempio, il fatto che artisti arrivati non amano molto essere studiati da giovani psicologi, o la grande difficoltà di districare la moltitudine di abilità che sono in atto in un artista completo (o in ogni altro "esperto"). Dopo alcuni giorni dal nostro incontro, decisi che sarei dovuto andare a lavorare con Norman

Geschwind. Il meno che poteva succedere era che sarei stato a contatto con una mente e una persona stupefacenti, e avrei imparato qualcosa sul cervello (il che sembrava essere un'ottima cosa per uno psicologo nell'era post-comportamentista). Mi auguravo almeno di ricevere un fresco insieme di rivelazioni sul fare arte attraverso l'osservazione di come le capacità artistiche si atrofizzano (o vengono risparmiate) in presenza di lesioni cerebrali. Alla maniera di Freud, che aveva appreso cose sulla personalità di individui normali studiando turbe mentali, speravo di apprendere cose sulle arti creative dallo studio dei cerebrolesi.

Geschwind era molto generoso. Sebbene ultimamente non avesse collaborato con ricercatori laureati in psicologia, egli stesso aveva una specializzazione in psicologia e amava lavorare con psicologi. Non aveva inclinazioni artistiche (cosa che appariva buffamente evidente quando cercava di cantare o disegnare) ma si interessava molto di questioni quali la natura della rappresentazione cerebrale della musica. Poiché il suo calendario d'impegni era molto fitto ("frammentato", diceva lui), non era certo di essere la persona migliore con cui avrei potuto lavorare, ma se fossi stato flessibile e avessi passato la maggior parte del tempo a contatto con i suoi assistenti al Veterans Administration Medical Center di Boston, sarebbe stato lieto di accettarmi come borsista alla Harvard Medical School.

Su due piedi decisi di far domanda per una borsa post-laurea in neuropsicologia, per poter lavorare con Norman Geschwind e i suoi colleghi del Centro Medico. Ero un po' apprensivo perché, mentre ormai mi sentivo a mio agio con sociologi e studiosi del comportamento, non sapevo nulla di medicina o delle scienze "dure". Ma Geschwind e i suoi colleghi si rivelarono guide piene di tatto, che non mi fecero pesare la mia ignoranza, ed oggi posso dire di aver passato al Centro Medico ben metà della mia vita di ricerca.

Avevo trascorso un'ottimo decennio a Cambridge, all'Università di Harvard, ma ora era tempo di guardare altrove. Roger Brown avrebbe voluto che accettassi un incarico accademico e mi invitò a partecipare a un concorso a Yale, ma né io né Yale eravamo entusiasti a quella prospettiva. Nel frattempo avevo fatto domanda di una borsa per laureati presso tre istituzioni, e nessuno fu più sorpreso di me quando tutte e tre le borse mi vennero assegnate. Le accettai con gratitudine e le coordinai cronologicamente, in modo da poterne usufruire per un periodo di tre anni, durante i quali avrei studiato neuropsicologia. Volevo continuare a essere studente – o forse sarebbe più appropriato dire "studente emerito". C'era sempre tempo, per iniziare un "vero lavoro".

Nel dire che ero sorpreso di aver ricevuto tutte e tre le borse, non sto facendo sfoggio di falsa modestia. È vero che ero stato produttivo come *graduate student*: avevo pubblicato un libro di testo e avevo due "veri" libri in corso di stampa; avevo anche pubblicato una mezza dozzina di articoli e altrettanti stavano per uscire; e potevo dire di avere delle raccomandazioni positive da parte di apprezzati studiosi in varie discipline, ma restavo chiaramente una pecora nera. I miei colleghi avevano lavorato con psicologi empirici e avevano ricevuto offerte di lavoro presso le maggiori università per insegnare "sviluppo linguistico", "sviluppo cognitivo" o argomenti analoghi. Io non rientravo in un campo preciso (come aveva sbraitato il professore di rigide vedute al mio esame orale, chiedendomi: "Che cos'è lo sviluppo artistico?"), le mie "abilità" erano appropriate solo per un campo che poteva anche non esistere; e ciò che scrivevo si poneva completamente al di fuori della norma. Non ero stato formato alla ricerca sperimentale da un preciso mentore, né avevo pubblicato cose di tipo scientifico con altri e a tutti (incluso me stesso) sembrava completamente impossibile determinare dove sarei approdato cinque anni più tardi. Non c'era bisogno di sprecare molte parole per dirlo, era chiaro a tutti che non sarebbe stato facile inserirmi da nessuna parte. O io avevo fallito con la *graduate school*, o la *graduate school* aveva fallito nei miei confronti e questo sotto un aspetto fondamentale: non ero stato completamente socializzato, ovvero, professionalizzato.

Che cosa mi era accaduto? In un certo senso, era stata la continuazione di una storia iniziata molti anni prima – la lotta fra la fedeltà ad un modello prestabilito da altri e la mia inclinazione a seguire i miei impulsi dovunque mi portassero. Apparentemente avevo dimostrato di possedere l'attitudine e la capacità di seguire il sentiero diritto e stretto della professionalizzazione-in-psicologia; dopo tutto, avevo avuto buoni risultati nei miei corsi ed ero riuscito a far pubblicare i miei articoli. Ma – essendo ancora il *protégé* di Bruner e di Erikson – le mie antenne accademiche continuavano a raccogliere problematiche che, sebbene interessassero a me e ad alcune altre persone sparse qua e là, deviavano dal punto di vista "della disciplina accademica". Mi ero sempre più convinto delle potenzialità di una "visione progressiva" dell'educazione, una visione in cui gli individui ricevono un ricco nutrimento da varie fonti senza dover percorrere una strada anziché un'altra. La mia crescente attrazione per il mondo dei bambini piccoli – alle soglie dell'iter scolastico – mi aveva reso consapevole che gli eventi più importanti dello sviluppo avvengono proprio durante i primi anni. Chi voleva studiare la creatività, nelle arti in particolar modo, avrebbe dovuto essere pronto a guardare in posti strani – come il gioco con le bambole del bambino piccolo e forse anche le difficoltà provate da un cerebroleso. Stringendo saldamente in mano la mia laurea e con una giovane famiglia in crescita sotto la mia ala, lasciai Cambridge per le lontane spiagge di Jamaica Plain, sede del Veteran Administration Medical Center di Boston.

4. Due "specie" di carriere: il Progetto Zero e il VA* Hospital

La vita di ricerca – specialmente se svolta a tempo pieno – non fa per tutti. Incute timore non avere altri obblighi se non quello di trovarsi ogni mattina davanti alla proverbiale pagina bianca, dover formulare ipotesi promettenti e cercare di reperire prove che le confermino. Quando le cose vanno a rilento, quando le idee non vengono, si deve per forza fare i conti con la propria inadeguatezza. (Avere un corso da tenere o relazioni da correggere può essere una diversione gradita!) Ciò che per me rende invece attraente questo lavoro – perfino squisitamente piacevole – è l'opportunità di lanciarmi in un nuovo progetto: elaborare una serie di idee promettenti; seguire una direzione che potrebbe darmi la chiave per illuminare un processo misterioso; sfidare una verità comunemente accettata e vedere se riesco a fornire una caratterizzazione più adeguata del problema, la quale ovviamente sarà più tardi contestata a sua volta da qualcun altro. Anche nei momenti più noiosi di una ricerca, io sono sempre lì che rifletto: ripasso un argomento o analizzo dati, sempre all'erta per individuare una chiave del rompicapo che può riuscire o a risolvere o a riorientare l'intera linea di svolgimento della ricerca.

Il procedimento di esecuzione di uno studio scientifico può servire come prototipo per portare a termine qualsiasi tipo di progetto significativo: scrivere una storia o una poesia; mettere in scena un dramma o un balletto; disegnare un'opera d'arte, un nuovo edificio, un nuovo prodotto; riunire e addestrare dei venditori; fare una predica o un discorso convincente; perseguire un

* Veterans Administration Hospital.

118

caso legale; portare a termine la cura di un paziente. Sono tutti progetti importanti che richiedono tempo, ma sono di per sé finiti, hanno cioè un inizio, un piano, un processo di svolgimento, vari tipi di controlli e valutazioni intermedie e, infine, un momento finale di chiusura.

Quando inizio un progetto di ricerca, cerco di predire il ritmo al quale dovrà procedere, che potrà coprire alcune settimane o vari anni. Le persone che vi vorranno lavorare con efficacia dovranno adeguarsi a questo ritmo, anche se i membri dell'équipe potranno anche contribuire a dar forma al progetto... e ai suoi stessi ritmi. Presto si capisce chi ha la capacità di reggere i tempi lunghi e chi invece non ha la pazienza, o il vigore, o il senso di responsabilità necessario per essere un valido partecipante al progetto.

Molta della mia vita – e anche quella di altre persone – dipende dalla capacità di pianificare, eseguire e completare progetti di vario raggio e misura. Tuttavia a scuola – dall'asilo fino al college – questa capacità viene alquanto trascurata. Le responsabilità e i compiti da svolgere sono concepiti come parti isolate; gli esercizi e i test consistono spesso in liste di termini o fatti, non sono integrati in un più ampio insieme; vi sono scarsi tentativi di mettere in relazione fra loro le varie materie, di collegare un anno (o anche solo un mese) di apprendimento col seguente.

Naturalmente c'è l'onnipresente "tesina di fine corso" da scrivere e, in alcune scuole, esistono anche occasionalmente dei progetti intermedi. Tuttavia anche questi compiti raramente vengono trattati con la serietà che meritano. Il compito viene dato per essere consegnato a una certa scadenza, dopodiché riceve un voto. Succede raramente che si espliciti e si segua lo sviluppo del compito – processo che richiede tempo ma che è essenziale: la discussione degli obiettivi iniziali e del piano di lavoro, la revisione dei tentativi o "stesure" intermedie, il processo di elaborazione di nuove proposte e di valutazione critica, la valutazione del prodotto finale da parte di un certo numero di persone e infine la formulazione di un nuovo progetto (che potrà venire svolto o meno).

Ho insistito in questa apparente digressione per introdurre un aspetto generale dell'educazione. La vita di ricerca, come l'ho vissuta negli ultimi vent'anni, consiste in una serie di progetti finiti che presi nel loro insieme dovrebbero poter costituire una rete articolata di imprese. Un tipico progetto di ricerca richiede importanti abilità di pianificazione e di esecuzione. Coloro che sono in grado di portare avanti tali progetti hanno una maggiore probabilità di avere successo in qualsiasi campo. E come ha dimostrato Howard Gruber, l'individuo creativo è caratterizzato proprio dalla sua capacità di perseguire un vasto insieme di imprese intricatamente connesse.* Tuttavia gran parte dell'educazione nel nostro Paese segue un ritmo e un insieme di priorità che vanno in direzione opposta alla effettiva realizzazione di progetti. Visitando, in seguito, molte scuole in Cina e negli Stati Uniti, vi ho cercato proprio comportamenti e pratiche capaci di generare "abilità di progettazione": abilità che fanno la differenza fra un programma di ricerca fattibile e uno non fattibile – e, forse, fra una vita produttiva e non. E vi ho cercato in particolare delle forme di tirocinio – un tipo intensivo di apprendimento in cui l'apprendista viene coinvolto il più presto possibile in significativi progetti portati avanti dal suo maestro.

Non sapevo proprio cosa aspettarmi quando, pur continuando le mie ricerche di psicologia evolutiva al Progetto Zero, incominciai a collaborare, grazie alla borsa di studio post-laurea, con Norman Geschwind al VA Hospital di Boston. Speravo di apprendervi qualcosa sul cervello e sul sistema nervoso, e mi aspettavo di imparare a conoscere la strana raggiera di sindromi derivanti da lesioni cerebrali; ma la mia motivazione primaria, nata dal mio precedente lavoro al Progetto Zero e dall'affascinante incontro con Geschwind alcuni anni prima, era la curiosità di apprendere cosa accade ad artisti che abbiano subito un collasso, che succede alla creatività in seguito al manifestarsi di distruttive lesioni cerebrali.

Durante le mie due prime settimane all'ospedale, un estraneo avrebbe detto che avevo scoperto una miniera d'oro. Ogni settimana c'erano dei giri di visite e sedute in cui un paziente con una particolare infermità veniva presentato dal personale a un clinico come Geschwind o il mio immediato superiore, Harold Goodglass, il quale lo intervistava per circa un'ora; poi il suo caso veniva dettagliatamente discusso dal gruppo di medici e "ricercatori". Infine questo consesso analizzava una radiografia del cervello o una Tac per vedere se il trauma compariva laddove si riteneva potesse essere, in base al comportamento del paziente. I giri di visite sono un modo efficacissimo di apprendere durante il tirocinio, poiché mettono il tirocinante direttamente a confronto con i problemi più attuali, a fianco di esperti professionisti. Durante la mia prima settimana al VA Hospital, nell'autunno del 1971, venne presentato a una visita un cantante; durante la seconda settimana fu la volta di un pittore. Che cosa avrebbe potuto desiderare di meglio un novello ricercatore di neuropsicologia dell'arte?

* H. Gruber, *Darwin on Man*, University of Chicago Press, Chicago 1981[2].

Purtroppo, però, quei casi avevano molto meno da offrire di quanto non sembrasse. Sebbene il primo paziente fosse stato descritto nel rapporto come un ex cantante, in realtà aveva cantato solamente nel coro di una scuola media. E sebbene risultasse che il secondo paziente esercitava realmente il mestiere di "pittore", si scoprì che con ciò si intendeva che faceva l'imbianchino e che in vita sua non aveva mai mostrato – per quello che si riuscì a sapere – alcuna inclinazione estetica.

Chiaramente, non potevo contare su una serie continua di ex artisti riuniti lì perché io li potessi studiare. Fortunatamente per le arti (ma sfortunatamente per questo cocciuto psicologo), non molti artisti professionisti e musicisti hanno dei colpi apoplettici; e quelli che li hanno di solito non finiscono al VA Hospital. Avevo due scelte: aspettare forse anni – finché un artista fosse ricoverato, o riformulare il mio protocollo di ricerca. Non essendo tipo da starmene con le mani in mano, iniziai a svolgere ricerche di tipo più usuale in neuropsicologia. In particolare, esaminai gli effetti di traumi all'emisfero sinistro sulla capacità di leggere un testo o di denominare oggetti comuni ed eventi.

Quella ricerca si rivelò interessante di per sé. Scoprii che i pazienti riuscivano più facilmente a denominare oggetti familiari facilmente afferrabili che non oggetti familiari non afferrabili; e ottenevo lo stesso risultato anche quando ai pazienti invece degli oggetti venivano mostrati dei disegni che li riproducevano. Si rivelò più facile denominare un dito che non un gomito, una lampada che non un pavimento. Scoprii anche che i pazienti potevano più facilmente leggere a voce alta una parola riferita ad un oggetto concreto che non una designante un termine astratto o una parte del discorso, anche se il nome dell'oggetto concreto era in effetti meno comune. Così, ad esempio, era più facile per molti afasici leggere a voce alta la parola *bee* (ape) che l'onnipresente parola *be* (essere). Scoprii anche che i pazienti riuscivano più facilmente a leggere una parola designante un oggetto manipolabile (come *matita, orologio, capelli*) di una designante un oggetto egualmente comune che non poteva essere manipolato (come *sole, muro, o spalla*). Questa fu una mia piccola scoperta scientifica, che divenne patrimonio comune e avrebbe potuto essere utilizzata o criticata da altri ricercatori.

Perché svolgere ricerche di questo tipo? L'ipotesi che soggiace alla ricerca sperimentale neuropsicologica è che è difficile comprendere dei processi umani complessi quando si dispiegano senza ostacoli nell'individuo sano. Se, però, questi processi possono essere studiati nel loro momento di decomposizione – cosa che la lesione cerebrale permette – è possibile capire quali siano le loro parti componenti e costruire un modello di come funzionano in persone normali (come riesce a leggere la maggior parte di noi, e come apprende a leggere la maggior parte dei bambini?); e, cosa più importante, è possibile contribuire a predisporre terapie o metodi di riabilitazione per le persone le cui capacità linguistiche sono state lese. In effetti, anche i modesti risultati che ho poc'anzi riassunto sono poi stati utilizzati in alcune cliniche per aiutare pazienti afasici a leggere e a denominare con più efficacia.

Alla fine ho avuto anche la possibilità di studiare alcuni artisti e verificare cosa potevano e non potevano fare. Un compositore aveva perso la capacità di leggere le parole e di nominare gli oggetti, ma poteva ancora leggere la musica ed era perfino in grado di comporre. Un altro artista che ho studiato aveva perduto la capacità di riconoscere oggetti (non poteva né dirne il nome né mostrare come si usano) ma era ancora capace di disegnare gli oggetti percepiti in maniera pedissequamente accurata.

Queste e altre scoperte si sono aggiunte alla nostra conoscenza dell'organizzazione dell'attività artistica in persone di talento. In via di principio, si sarebbe potuto ipotizzare che qualunque lesione cerebrale fosse sufficiente a compromettere l'abilità artistica – come se ci fosse bisogno di essere in gran forma e di avere un "cervello integro" per cimentarsi in un'opera d'arte. Ma quelle scoperte cliniche indicavano conclusioni opposte: si può continuare a creare artisticamente anche se il denominare, riconoscere o altre capacità "basilari" sono state fortemente compromesse. Così, la facoltà artistica non ha bisogno di appoggiarsi a capacità linguistiche o percettive. Si può creare rimanendo "unicamente" nell'ambito del particolare sistema di simboli che compete a una data forma d'arte. Nelle parole di Goodman, i linguaggi dell'arte sono diversi dai linguaggi della scienza o della vita d'ogni giorno, almeno per ciò che concerne il cervello.

La più grossa scoperta nella mia ricerca di neuropsicologia è però venuta da una serie imprevista di eventi. A un certo punto mi ero reso conto che, anche se non potevo ragionevolmente aspettarmi di lavorare direttamente con artisti, potevo studiare le abilità artistiche possedute da persone normali: la capacità di disegnare oggetti familiari, di raccontare storie, di riconoscere e cantare brani musicali, di inventare e capire barzellette, metafore e altre forme di linguaggio figurato. Così, prendendo spesso a prestito proprio le tecniche che usavamo al Progetto Zero lavorando con bambini normali, iniziai a indagare il destino di queste abilità basate sull'uso di simboli, in seguito a una lesione cerebrale.

Siccome il nostro reparto era adibito principalmente a pazienti afasici con lesioni all'emisfero sinistro o dominante, analizzai loro per primi, aspettandomi di trovare significative menomazioni della loro normale sensibilità artistica. Dopo tutto, una persona che trova difficile parlare dovrebbe essere scarsamente capace di disegnare o cantare, e ancor meno di raccontare barzellette o di capire una metafora. Per fare in modo che i risultati da me ottenuti non dipendessero dalle lesioni cerebrali in quanto tali, somministrai gli stessi test anche a pazienti di un secondo gruppo di controllo, che avevano subito lesioni all'emisfero destro, o non dominante. Avendo dimenticato alcune informazioni che Geschwind mi aveva in precedenza dato in forma aneddotica, mi aspettavo che questi ultimi individui, le cui capacità linguistiche e di ragionamento sembravano intatte, avrebbero avuto pochi problemi nel raccontare barzellette o storie o nell'apprezzare musica o disegni.

Con mia sorpresa, i lesionati all'emisfero destro mostrarono enormi difficoltà nei compiti di tipo artistico. E ancor più mi stupì il notare che i pazienti afasici – a dispetto dei loro evidenti problemi linguistici – spesso riuscivano nei test altrettanto bene o meglio dei pazienti le cui lesioni erano limitate all'emisfero minore o non dominante. Questi erano risultati per cui valeva la pena dedicarsi alla ricerca scientifica! L'emisfero destro sembra essere cruciale in attività artistiche e anche in quegli usi del linguaggio che sono preminenti nelle arti. Nelson Goodman era molto compiaciuto dai risultati, perché già anni prima aveva iniziato a sospettare che ci potesse essere un legame tra i processi ordinari dell'emisfero destro e i tipi di discriminazione e produzione importanti nelle arti.

Può sembrare che il mio lavoro all'ospedale stesse procedendo in una direzione e quello al Progetto Zero in un'altra. Dopo tutto, cosa avevano in comune "artisti" bambini, normali e di talento, con veterani inguaribili che avevano subito lesioni cerebrali? I semplici test linguistici e percettivi che somministravamo all'ospedale, potevano realmente avere dei collegamenti con lo sviluppo di abilità artistiche che indagavamo al Progetto Zero?

In realtà inizialmente molti ricercatori di un settore erano ben poco consapevoli delle investigazioni che venivano svolte nell'altro, e i due programmi di ricerca e "stili di scienza" parevano distinti. Ma, col passare del tempo, l'impollinazione incrociata divenne evidente. Per prima cosa, mentre preparavamo una batteria di test da una parte, ci rendevamo conto che erano utili anche dall'altra, e quindi molti dei nostri test sulle abilità linguistiche ed anche quelli sulle abilità musicali e grafiche, finivano per essere somministrati sia ai bambini sia ai cerebrolesi, permettendoci di comparare i risultati. Col tempo anche gli approcci di ricerca cominciarono a influenzarsi a vicenda: allo studio di "singoli casi" frequente sui cerebrolesi si affiancarono studi su piccoli gruppi di pazienti con lesioni simili; e i "gruppi sperimentali" del Progetto Zero vennero arricchiti da "singoli casi" di bambini.

Anche la discussione tra i ricercatori dei due enti diventava sempre più intensa, con ogni nuova serie di risultati che portava a formulare nuove serie di domande e con a volte i due gruppi che si ponevano a vicenda la stessa domanda (per esempio: "Qual è la relazione fra metafora linguistica e metafora pittorica"?). Alla fine ci trovammo nella posizione di poter parlare di come un'abilità si sviluppa in individui normali e di talento; di come si frantuma in presenza di lesioni cerebrali; e di come i passi compiuti nell'acquisizione delle abilità si dispiegano in ordine inverso nelle lesioni al sistema nervoso.

Poiché la storia della relazione fra sviluppo cognitivo e collasso cognitivo, sebbene di una certa importanza scientifica, non è rilevante rispetto alla creatività in Cina, non ne parlerò in dettaglio in questa sede. Come in molte aree della scienza, esistono paralleli (i bambini piccoli guardano ai dipinti in modo simile a dei pazienti con lesioni all'emisfero destro: entrambi non sembrano curarsi degli aspetti stilistici); ma vi sono anche molte cruciali differenze (gli errori di denominazione nei bambini sono molto diversi da quelli dei pazienti afasici o dei pazienti con lesioni all'emisfero destro). Come è stato ampiamente dimostrato in anni recenti, il cervello del bambino è molto diverso da quello dell'adulto. Ciò che però è rilevante è il quadro più generale dell'attività cognitiva che è emerso dal nostro lavoro di ricerca nei due settori – un resoconto che si allontanava dalle vedute comuni dell'epoca e che ha influenzato il pensiero attuale sulla creatività nelle arti e in altre sfere dell'esperienza umana.

Per fornire un contesto a questo quadro, devo dire qualcosa sui modi di concepire le attività cognitive all'epoca dei miei studi di specializzazione alla *graduate school*, alla fine degli anni sessanta. Due punti di vista si erano particolarmente affermati in psicologia ed uno di essi, di psicologia evolutiva, era principalmente attribuibile a Piaget. Secondo Piaget tutte le conoscenze a un certo stadio dello sviluppo sono connesse fra loro in un "insieme strutturato".

Si supponga ad esempio che un bambino esibisca una conoscenza "sensomotoria" del mondo, basata sulla coordinazione di informazioni provenienti da organi di senso e da esecuzione di movimenti corporei, ma senza alcun tipo di rappresentazione separata "mentale" o "simbolica" di tale conoscenza. Secondo la versione piagetiana standard, questa forma di conoscenza si manifesta in riferimento a *tutte* le dimensioni: spazio, tempo, causalità, numero, eccetera. Allo stesso modo, se si manda avanti di qualche anno l'orologio dello sviluppo, il bambino, ora a metà dell'infanzia, manifesta una comprensione "concreta" di tutti gli elementi – siano essi spaziali, temporali, sociali, o morali. Un filo unico collega assieme tutte le facoltà umane, e non c'è posto nell'impostazione piagetiana per la dispersione di capacità, con alcune allo stadio sensomotorio, altre a quello pre-operazionale o a quello concreto-operazionale.

Nonostante l'eleganza dell'impostazione di Piaget, i dati che andavamo ammassando mostravano in modo sempre più chiaro che era sbagliata. Non solo gli stadi evolutivi erano più elusivi di quanto egli avesse suggerito, ma, cosa ancor più ferale per la sua visione del mondo, era chiaro che un bambino può trovarsi a un certo stadio in un settore (per esempio la comprensione del mondo fisico) e ad uno stadio disparato in un altro settore (come la cognizione sociale o morale).

Il nostro stesso lavoro sullo sviluppo delle diverse abilità, basate sull'uso di simboli, metteva in questione la visione di Piaget. A priori si sarebbe potuto pensare che i livelli artistici dei bambini rimangano gli stessi nei vari campi: che un bambino che dimostra un certo livello di comprensione o competenza letteraria mostrerà una simile comprensione o capacità rispetto alla danza, al dramma o al disegno. Ma scoprimmo esattamente l'opposto: un bambino può essere molto bravo nella musica, nel disegno o nel raccontare storie, e questa inclinazione non avrà nessun potere di predizione sulle sue abilità in qualsiasi altra sfera estetica (o non estetica). Allo stesso modo, il nostro lavoro neuropsicologico mostrava quasi quotidianamente che un individuo può perdere quasi completamente l'una o l'altra capacità artistica facente uso di simboli, mentre le altre facoltà simboliche restano essenzialmente intatte. Il quadro che emergeva nei due nostri laboratori era quello di un insieme di abilità umane molto più variegato, in cui il livello di esecuzione in una sfera raramente era in grado di predire la competenza di una persona in un'altra sfera.

Riserve analoghe venivano sollevate anche rispetto a una seconda posizione dominante in psicologia: la credenza che il concetto di intelligenza fosse usabile in quanto tale e la parallela convinzione che l'intelligenza fosse riducibile essenzialmente a un singolo "fattore generale", adeguatamente determinabile per mezzo dei test standard sul quoziente di intelligenza (QI) preparati dagli psicometristi. Per quanto diverse fra loro, sia le posizioni piagetiane che quelle "psicometriche" puntavano tutte le loro carte sull'unità essenziale dell'intelletto. (Ciò è meno sorprendente se si pensa che Piaget si era formato nel laboratorio parigino di Alfred Binet, il fondatore dei test d'intelligenza.) Così gli stessi tipi di scoperte che mettevano in questione le convinzioni di Piaget sugli stadi di sviluppo e sugli "insiemi strutturati" della conoscenza gettavano dubbi anche su una visione unitaria dell'intelletto. Forse non esiste una singola facoltà chiamata intelligenza; forse i test del quoziente d'intelligenza non sono così validi quanto si crede; forse, infine (e più radicalmente), si può dire che lo stesso concetto di intelligenza (al singolare o al plurale) non sia così chiaro.

Alcuni ricercatori, anche se non la maggioranza, hanno per molto tempo sostenuto che l'intelligenza è composta da diversi fattori o "facoltà". Questo punto di vista risultava molto più compatibile con i risultati che emergevano dalle nostre ricerche negli asili e nel laboratorio di neuropsicologia. Il problema con le precedenti visioni sulla differenziazione dell'intelligenza non nasceva dalla concezione della pluralità, ma dai modi in cui i ricercatori si muovevano per identificare i fattori dell'intelligenza. In genere, gli scienziati si limitavano a somministrare un'ampia batteria di test a dei soggetti e a esaminare le correlazioni di punteggio fra test diversi cercando di verificare se il punteggio di un test a poteva predire i punteggi dei test b, c o z. Purtroppo, spesso i test di per sé non erano molto validi e di conseguenza i fattori emergenti non potevano essere molto più validi dei test (come dice il vecchio adagio psicometrico sulle "tecniche di analisi dei fattori": "quando spazzatura entra, spazzatura esce"). Alcuni di noi erano del parere che avrebbe dovuto esserci un modo migliore, scientificamente più legittimo, di identificare i fattori dell'intelligenza.

E così stava emergendo un nuovo *look* delle teorie cognitive: la convinzione che esiste una pluralità di facoltà o di "tipi di mente"; che potevamo rivolgerci ai bambini e ai cerebrolesi per raccogliere indizi che ci aiutassero a definire con precisione queste capacità mentali; che la forza o la debolezza individuale in una sfera non avevano il potere di predire forze o debolezze in altri domini intellettuali; e che le lesioni al cervello potevano distruggere una o più facoltà lasciandone altre integre. Inoltre, guardando da vicino i risultati su bambini e cerebrolesi, avremmo dovuto poterne sapere di più sulla sottile struttura dei processi mentali considerati: cosa significa essere capace di eseguire un disegno, comporre una canzone, creare una metafora, comporre una poesia, o raccontare una storia. E quella comprensione avrebbe potuto alla fine chiarire non solo il fare arte di tutti i giorni, ma perfino il fare arte ai più alti livelli, e non solo la creatività nell'arte, ma anche la creatività in altri campi.

Recentemente mi sono reso conto che fin dal 1976 avevo

buttato giù lo schema di un libro dal titolo "Kinds of Minds", nel quale mi riproponevo di mettere assieme i risultati ottenuti in base a questo modo pluralistico di guardare alle cose. Forse per fortuna, il progetto del libro non andò mai avanti, e sarebbero passati altri sette anni prima che pubblicassi la mia nuova concezione dell'intelligenza umana in *Frames of Mind.*[*] Nel 1983 i dati a sostegno di una molteplicità di capacità cognitive erano molto più solidi, rendendo così il libro più persuasivo di quanto non avrebbe potuto esserlo il suo mancato precedessore.

A metà degli anni settanta, però, ero già arrivato all'intuizione metodologica centrale che sta alla base della mia ricerca. La mia conclusione era che non esisteva alcun modo privilegiato per studiare la mente: né con l'introspezione, né facendo correre un topolino norvegese attraverso un aggrovigliato labirinto, né sottoponendo a test sulla memoria verbale matricole o professori universitari, per limitarmi alle fonti usuali di dati su cui si basavano i miei colleghi. Né si poteva arrivare a scoperte legittime semplicemente osservando bambini normali o di talento, o afasici, o cerebrolesi all'emisfero destro – per limitarmi alle mie fonti di dati. No, invece di percorrere una strada maestra di analisi delle facoltà cognitive, invece di una "ricerca della mente", era importante, e di fatto necessario, considerare la mente umana dal più gran numero possibile di punti di vista, indagarla attraverso il maggior numero possibile di lenti. Lavorando in parallelo con cerebrolesi adulti e bambini normali, avevo semplicemente raddoppiato il numero abituale di fonti. In *Formae mentis* ho passato al setaccio e riassunto un'altra mezza dozzina di fonti – una delle quali basata su informazioni inter-culturali, di cui mi sono occupato regolarmente da quando ho iniziato i miei viaggi in Oriente.

Mentre gli scienziati stavano elaborando una nuova concezione della mente, noi al Progetto Zero – restando fedeli al nostro incarico iniziale e alla originalità del nostro progetto – continuavamo a sviluppare i temi dello sviluppo e dell'educazione artistica. Le nostre concezioni si basavano in una certa misura sulle analisi filosofiche di Nelson Goodman, in misura modesta sulle nostre osservazioni casuali a casa e nelle scuole, in misura considerevole sui risultati del nostro lavoro empirico sul funzionamento simbolico di differenti mezzi espressivi artistici, e in misura indeterminabile – dobbiamo ammetterlo – sui nostri pregiudizi e giudizi di valore. A questo punto vorrei riassumere

---

[*] *Frames of Mind: The Theory of Multiple Intelligences*, Basic Books, New York 1983 (tr. it. *Formae mentis. Saggio sulla pluralità dell'intelligenza*, Feltrinelli, Milano 1987).

alcune delle conclusioni cui stavamo arrivando, perché è sulla loro base che, alcuni anni dopo, abbiamo iniziato a esaminare più sistematicamente le scuole in America e all'estero. Inoltre saranno proprio queste conclusioni ad essere messe in discussione dalle esperienze cinesi narrate in questo libro.

Noi siamo partiti dalla premessa che le arti sono fondamentalmente una attività cognitiva. Con ciò non si vuol negare che le arti coinvolgano l'affettività, ma questo vale anche per altre attività, dalla scienza allo sport. Né era nostra intenzione negare il ruolo giocato dal mistero, dall'ispirazone e dall'intuizione, tratti che caratterizzano anche la religione e l'amore. Secondo il nostro modo di pensare, ciò che è centrale nelle arti è che rappresentano certi *modi di conoscere*. In particolare, le arti comportano l'uso di certi tipi di simboli, come parole, disegni, gesti, forme musicali, eccetera. Tali elementi sono simboli perché possono rappresentare delle cose, cioè parole o disegni possono stare al posto (sebbene non necessariamente) di persone o oggetti; e perché possono esprimere certi stati d'animo o sentimenti, per cui una serie di suoni e di linee possono comunicare rabbia, disperazione o gioia, anche quando non rappresentano o denotano una "cosa" che può essere individuata in quanto tale nell'universo fisico.

Il punto di vista che l'arte è una attività cognitiva può sembrare ovvio, ma in effetti mentre da un lato evita alcuni gravi problemi, dall'altro conduce direttamente al cuore di una controversia. La controversia nasce dalla possibile accusa di voler "intellettualizzare l'arte", e di scardinare la sua sottile, intricata essenza. Come è stato detto da un critico particolarmente ostile a commento di una domanda di borsa di studio nella fase di avvio del Progetto Zero: "Se questa ricerca riceverà fondi le arti verranno distrutte." (Come se noi scienziati sociali avessimo il potere di giungere a tanto!) La nostra risposta è che non stiamo cercando di caratterizzare le arti in modo totale, né di negare le loro sfaccettature ineffabili, ma che sicuramente "il conoscere" gioca una parte importante nella partecipazione all'arte così come noi la concepiamo.

I problemi evitati da questa posizione sono considerevoli. Se si pensa alle arti come un'attività fondamentalmente emotiva e mistica, la prospettiva di darne una spiegazione si riduce di molto. Dopo tutto, per quanto si sappia poco sulla conoscenza, sappiamo ancor meno sulle emozioni o sul misticismo, per non parlare dei campi religioso, spirituale o dell'intuizione. E se si assume la prospettiva del valore o merito dell'arte, ecco emergere le domande, irrimediabilmente senza risposta, su quale opera o esecuzione o artista sia più grande, e perché. Assumendo una prospettiva cognitiva, dovremmo essere in grado di compiere progressi continui, anche se poco spettacolari, nel chiarire di che cosa è fatta l'arte – in altre parole, nel saperne di più di "zero".

Dove ci porta questa visione dell'arte come attività basata sull'impiego di certi tipi di simboli ? È chiaro che l'uso di simboli non si limita all'arte ma fa parte integrante di tutte le attività cognitive umane. Ciò che caratterizza e distingue l'arte da altri processi cognitivi è l'uso di *certi tipi di simboli, e sistemi di simboli, in certi tipi di modi.* Così, mentre molte istituzioni umane fanno uso del linguaggio, le arti lo sfruttano in maniere specifiche – per esprimere significati figurati, per intessere storie elaborate, per trasmettere sottili stati d'animo e sentimenti, per ricreare potenti esperienze, per richiamare l'attenzione sui suoni stessi del linguaggio. Allo stesso modo, il simbolismo grafico non è monopolio delle arti: si pensi alle carte topografiche, mappe o diagrammi o, prima di tutto, al linguaggio scritto. Vale a dire, è quando i mezzi grafici sono usati per certi scopi – quando le linee sono elaborate in determinati modi, quando i colori sono combinati per produrre specifici effetti, quando gli elementi del *design* sono accomodati in una disposizione formale – che questi materiali vengono indirizzati a fini estetici. Una cosa molto simile si può dire a proposito di gesti, movimenti corporei, forme costruite a tre dimensioni, e altri "mattoni elementari" della creatività artistica.

Come risultato delle nostre analisi al Progetto Zero, abbiamo identificato quattro forme di uso di simboli che hanno un valore particolarmente diagnostico o sono "sintomatiche" della simbolizzazione artistica: la trasmissione di stati d'animo (espressione); l'attenzione ai piccoli dettagli o alla struttura di un oggetto (stile); la disposizione di elementi tenendo conto dei loro effetti l'uno sull'altro e su un lavoro nel suo insieme (composizione); e la comunicazione di significati multipli (ambiguità o livelli di significato). Così poesie e pitture (a differenza di notizie giornalistiche e diagrammi della Borsa) incorporano sentimenti, mostrano precisi stili, esibiscono parti disposte in modo da raggiungere un effetto compositivo globale e sono suscettibili di numerose "letture". Sono queste le forme di uso di simboli che sembrano comparire in tutte le varie arti. Come ha sottolineato Nelson Goodman, quando esse sono tutte contemporaneamente presenti, ci troviamo di fronte alla piena evidenza di un lavoro artistico; se invece nessuna di queste è presente, sarà molto difficile riuscire a parlare di oggetto d'arte?[*]

---

[*] *Languages of Art*, Hackett Publishing, Indianapolis 1976.

A questo punto incominciamo a comprendere cosa significa diventare un abile partecipante al processo artistico. Un individuo può entrare nelle arti in maniera appropriata quando è *alfabetizzato ai simboli*: quando sa "leggere" simboli artistici in termini di composizione, stile, espressione, e significati multipli; e quando sa "scrivere" simboli in modo tale da metterne in evidenza le loro sfaccettature compositive, stilistiche, espressive e i loro livelli multipli di significato. Nel corso dello sviluppo artistico, se tutto va bene, il bambino acquisisce la capacità di "leggere" (percepire) e di "scrivere" (produrre) simboli artistici con vari mezzi espressivi. Nell'educazione artistica dei giovani la comunità – attraverso genitori, insegnanti, mentori, mezzi di comunicazione di massa e altre istituzioni – deve fare in modo che i giovani diventino il più possibile competenti, e perfino innovatori, nell'alfabetizzazione simbolica che ho menzionato.

Il quadro dell'attività artistica che ho presentato finora è basato principalmente sull'analisi, anziché sulla sperimentazione. Ma gran parte del lavoro svolto al Progetto Zero durante l'ultima decade è stato di natura empirica. I nostri sforzi di individuare gli "stadi naturali" dello sviluppo artistico e di determinare come l'intervento degli educatori possa potenziarlo, hanno condotto a determinate conclusioni. In un certo senso, presentare queste conclusioni a questo punto significa andare troppo avanti nel nostro racconto, poiché alcune di esse furono percepite soltanto negli anni settanta. Ma furono quelle vedute non ancora pienamente formulate che provocarono la curiosità verso la Cina, con le sue premesse e i suoi procedimenti apparentemente così divergenti; e fu attraverso il filtro delle lenti del Progetto Zero che cercai di dare un senso alle mie iniziali osservazioni in Cina. Quindi è appropriato, sebbene leggermente pedante, presentare a questo punto un sommario in pillole della "nostra posizione" su sviluppo ed educazione artistica. Similmente, mi è parso appropriato collocare una presentazione delle nostre embrionali vedute sulla creatività nel capitolo cinque.

In molti sensi, il bambino piccolo è ben equipaggiato dall'appartenenza alla sua specie per fare ingresso nel processo artistico. Le sue capacità sensoriali sono estremamente acute durante la prima infanzia, permettendogli di tracciare raffinate distinzioni di linee, colori, forme, toni e timbri. Non c'è bisogno di alcun tirocinio formale su questo terreno. Una istruzione prematura potrebbe anzi eliminare possibilità, impedire di vedere certe distinzioni e quindi risultare controproducente.

Fra i due e i sette anni, i bambini in tutto il mondo imparano a trattare simboli con scioltezza. Anche qui, non c'è bisogno di una speciale tutela. Nella misura in cui la bambina cresce in un ambiente dove incontra un ragionevole campionario di storie, canzoni e disegni, e le viene data l'opportunità di raccontare storie, di cantare e di disegnare, acquisisce ben presto una conoscenza "di prima mano" di tali campi di simbolizzazione artistica. Cioè, come ho potuto verificare nei giorni del mio insegnamento scolastico, ella avrà un realistico senso di come debba (e come non debba) essere una storia da lei inventata; di come comporre un disegno o una costruzione tridimensionale; di come procedono un motivo musicale o una canzone e di come accompagnarli con uno strumento a percussione. Per rimanere alla nostra metafora dell'alfabetizzazione: la bambina avrà così iniziato a "leggere" e "scrivere" artisticamente.

In effetti, i bambini già negli anni dell'asilo acquisiscono più di una semplice iniziale competenza estetica. Dal nostro punto di vista debbono essere considerati a pieno titolo partecipanti al processo artistico. A meno che non siano stati sviati da un ambiente punitivo, iperdirettivo o eccessivamente impoverito, i bambini di quell'età sono inclini a creare metafore e usare altre forme di linguaggio figurato; a comporre dipinti e disegni gustosi e pieni d'immaginazione; a inventare le proprie canzoni e danze, che spesso hanno un fascino speciale per i membri della loro comunità. In realtà, come ho detto nel capitolo precedente, qualche volta i loro lavori da debuttanti sono più attraenti di quelli dei bambini più grandi.

Questo quadro che può sembrare indiscutibile, in effetti va contro molti presupposti e pratiche sostenuti altrove, e specialmente in Cina (si veda la Parte seconda). Così, per esempio, l'idea della prima infanzia come un momento molto speciale della vita cozza contro la credenza dei comportamentisti che i bambini debbano essere fin dall'inizio attentamente guidati e formati nei loro comportamenti artistici, e mette anche in questione la concezione empirista secondo la quale i bambini piccoli sono una "tabula rasa" priva di qualsiasi forma intrinseca o di programmi innati per la comprensione del mondo.

Se, come pensiamo noi, quello che precede i sette anni è un periodo d'oro in cui la bambina dovrebbe essere arricchita e incoraggiata, ma fondamentalmente lasciata libera di creare ciò che vuole, allora gli anni della scuola segnano l'ingresso in un momento educativo diverso. All'età di circa otto anni, secondo nostre vaste ricerche, i bambini hanno sviluppato dei bisogni molto diversi: vogliono sapere le regole di comportamento in

---

* Qui e più avanti l'autore fa uso del "femminile generico", cioè il femminile usato a indicare sia maschi che femmine. [N.d.T.]

ogni campo, dai giochi alla politica all'uso del linguaggio. Essi sono favorevoli a tali regole e rifiutano esperimenti o deviazioni. Vogliono comporre canzoni che siano armoniche, poesie che facciano rima (e dal suono e tema piacevoli), storie che siano ben strutturate e plausibili.

Proprio perché sono desiderosi di acquisire delle abilità, i bambini di tale età sono disposti a sottoporsi a continui esercizi. Ripetono la stessa attività giorno dopo giorno, sperando di migliorare la propria resa e di acquistare esperienza. Dopo la fase di benigna negligenza della prima infanzia, in questa fase diviene educativamente appropriato sovrintendere alla formazione delle abilità: come disegnare usando la prospettiva, produrre versi strettamente metrici, possedere le regole dell'armonia o suonare bene uno strumento musicale. Ma, dal nostro punto di vista, bisogna ricordare agli studenti che in arte c'è raramente un solo modo giusto di fare le cose; e che ogni scelta ha virtualmente i suoi vantaggi e svantaggi. Allo stesso tempo, è desiderabile coinvolgere gli studenti in progetti artistici completi, come una serie di disegni, un film o un dramma creato in classe, in modo che non perdano di vista gli ampi obiettivi verso cui un giorno potranno venire orientate le loro emergenti abilità.

Quest'ultimo punto di vista va molto più d'accordo con atteggiamenti educativi di altre parti del mondo (inclusa la Cina), ma nella nostra versione persistono ancora delle differenze. Nella nostra analisi, la costruzione di tali abilità dovrebbe seguire un periodo di molti anni durante i quali l'apprendimento si è svolto principalmente secondo l'estro del bambino stesso. Inoltre il processo dovrebbe essere costantemente arricchito da esempi di modi alternativi di svolgere un certo compito e, come in un apprendistato, dovrebbe permettere la regolare partecipazione ai progetti ampi e complessi di artisti-maestri.

All'arrivo dell'adolescenza, lo sviluppo artistico cambia nuovamente strada, almeno nella nostra cultura. Ora gli studenti devono affrontare un diverso tipo di problemi. Cognitivamente, sono capaci di forme di pensiero più complesse e sempre più astratte. Emotivamente, è possibile che la loro vita personale sia agitata da forti burrasche. Infine, socialmente, hanno a che fare con un mondo molto più ampio, mentre stanno divenendo capaci di rapporti più intimi con i loro coetanei. Tali significativi cambiamenti hanno tutti un riflesso sul modo di rapportarsi alle arti. Gli adolescenti vogliono che l'arte sia espressione della loro personalità: che ciò che vedono e producono parli ai loro bisogni e li comunichi a degli "altri" importanti. Gli adolescenti sono anche più sensibili dei loro compagni più giovani a lavori artistici prodotti da altre persone in altre epoche e per altri scopi.

È importante che, a quest'età, gli studenti abbiano acquisito una ragionevole padronanza di una o più forme artistiche. Altrimenti, potrebbero trovare inadeguate le opere che producono e rifiutare di prendere parte del tutto alle arti, se non come spettatori. In effetti abbiamo spesso osservato casi in cui un giovane di un certo talento si lascia scoraggiare dalle proprie scarse abilità e lascia perdere. In questa fase, la sfida che l'educazione artistica deve affrontare è di permettere al giovane di mantenere e migliorare le abilità accumulate durante la prima parte dell'infanzia, riuscendo anche ad aiutare lo studente a piegarle ai propri fini, esprimendo le tematiche che riflettono la sua personalità e che gli permettono di comunicare sia con gli altri che con se stesso. Allo stesso tempo, è questo il momento giusto per integrare fra loro abilità emergenti quali il produrre, discriminare e riflettere sull'arte, onde impedire che si frammentino o non si sviluppino affatto.

Ancora una volta, nonostante questo quadro possa parere ragionevole agli osservatori occidentali, va contro le vedute prevalenti di molte altre regioni del mondo, inclusa la Cina. Mentre gli anni dopo la pubertà sono segnati dappertutto da qualche conflitto, le burrasche associate all'adolescenza sono meno visibili e meno tollerate nelle società tradizionali. Le arti restano impersonali e non sono viste come un veicolo per esprimere temi e proccupazioni di tipo personale. L'esistenza di standard ampiamente accettati limita anche il raggio di variazione della produzione artistica e forse anche l'esperienza delle opere d'arte.

All'epoca in cui queste idee venivano alla luce, la Cina era ancora lontana dalla mia mente. A metà degli anni settanta, lessi il bel testo *Childhood in China*, scritto da un'équipe di psicologi evolutivi che si erano recati in Cina nel 1973,[*] e ne discussi anche i risultati con un mio precedente insegnante, Jerome Kagan, che era stato uno dei membri di quella pionieristica delegazione. Ho anche assistito a varie proiezioni di diapositive sui bambini cinesi nei loro doposcuola, asili e scuole elementari, vestiti di colori sgargianti e allineati ordinatamente nell'atto di cantare, danzare o marciare. L'impressione dominante della delegazione di psicologi era che i cinesi avevano svolto un lavoro da maestri coi i loro bambini, i quali apparivano di gran lunga più competenti, educati, dotati ed esuberanti dei bambini osservati in qualunque parte dell'Occidente. Uno o due membri della delegazione espressero un certo disagio sui metodi adottati per raggiungere una tale uniformità, precocità e studiata gaiezza.

[*] W. Kessen (a cura di), *Childhood in China*, Yale University Press, New Haven 1975.

Perfino un viaggio in Oriente nel 1974, con soste in Giappone, Singapore, Tailandia e Hong Kong, non aveva destato in me molto più di una curiosità turistica. Non avevo la percezione che risposte a domande per me fondamentali potessero essere cercate in un altro angolo della terra, e che le mie osservazioni (e quelle di chi andava in Cina) potessero mettere in discussione le teorie del Progetto Zero di cui ho appena parlato. Durante gli anni settanta e parte degli ottanta, invece, ero molto impegnato a lavorare per costruirmi "una specie" di carriera.

Quando, nel 1971, avevo accettato per la prima volta una borsa post-laurea, mi prefiguravo un certo tipo di futuro e cioè, dopo un anno di studi sul cervello e la neuropsicologia al Veterans Administration Hospital da una parte e di proseguimento delle ricerche sullo sviluppo artistico nei bambini al Progetto Zero di Harvard dall'altra, avrei cercato il miglior posto disponibile di docente, e come i miei mentori, sarei divenuto professore. Era invece successo che quasi dieci anni erano passati ed io stavo sempre dividendo equamente il mio tempo fra i cerebrolesi e i bambini. Questo mi fu possibile perché fui in grado di reperire fondi di ricerca che continuarono a coprire il mio stipendio e quello dei miei assistenti. Non fu facile assicurarsi quei fondi, e ricevemmo più rifiuti che accettazioni, ma almeno era possibile sopravvivere grazie alla benevolenza di enti di sovvenzione pubblici o privati. Non sorprenderà, data la mia natura, che preferissi essere il padrone di me stesso e fare ricerca su ciò che volevo, nel modo in cui volevo.

All'ospedale continuai a lavorare in tandem con Edgar Zurif e più tardi con Hiram Brownell, concentrandomi sull'uso dei simboli ma orientandomi sempre più verso i pazienti con lesioni all'emisfero destro. Al Progetto Zero, mi ritrovai a mettere insieme una squadra di ricercatori sempre più numerosa e a divenire una sorta di "manager" oltre che un ricercatore che scavava quotidianamente la sua buca. D'accordo con il mio condirettore David Perkins, i miei colleghi Dennie Wolf, Ellen Winner, Laurie Meringoff, Joe Walters, Lyle Davidson e molti altri, invademmo campi di ricerca diversi, dalle abilità dei bambini nel linguaggio figurato, alla comprensione della televisione, allo sviluppo dell'abilità di disegnare nei bambini piccoli. Intraprendemmo anche il primo studio longitudinale estensivo sullo sviluppo di attività simboliche nei bambini piccoli – una specie di studio analogo a quello sulla "comprensione scientifica" che il grande Piaget aveva svolto sui suoi tre figli.

Pur senza pensare esplicitamente a modelli analoghi di organizzazione delle ricerche mie e dei miei collaboratori, per esempio, a quelli di Jerome Bruner sui programmi scolastici di scienze sociali o al Centro di studi cognitivi di Harvard, alla fine degli anni settanta avevo messo insieme una équipe di ricerca dello stesso tipo. Certamente la mia non era altrettanto grande e rinomata, ma si trattava di un gruppo che lavorava intensamente, composto di associati fidati e assistenti pieni di idee vivaci e affilate capacità critiche e in grado di svolgere le ricerche prestabilite; anche oggi mi affido a loro quasi completamente in molti casi. Quando uso la parola *noi* in questo libro mi riferisco a queste persone, con rispetto e affetto.

Molte delle mie energie furono spese per mantenere in funzione le mie due imprese di ricerca e per cercare di essere un buon padre e membro della famiglia. Ma egoisticamente mi sono sempre accaparrato del tempo per scrivere – soprattutto libri. In effetti, proprio come mi ero seduto tutti i pomeriggi al pianoforte durante gli anni della mia formazione giovanile, ho cercato di tenermi da parte un po' di tempo a casa ogni sera per stare alla macchina da scrivere e lavorare al progetto del momento.

Dopo la pubblicazione dei miei due libri da *graduate school* all'inizio degli anni settanta, decisi di scriverne un terzo su ciò che avevo osservato al Veterans Hospital. Trovavo affascinanti i casi di routine della corsia neurologica e sentivo che un libro sulle devastazioni causate dalle malattie cerebrali avrebbe interessato il lettore intelligente non esperto del campo. Così, nel 1973 e nel 1974, scrissi *The Shattered Mind: The Person after Brain Demage,*[*] un insieme di quadretti su pazienti che avevo visto, con una descrizione delle scoperte raggiunte su quelle infermità dalla comunità di ricercatori. Pubblicato da Knopf quello divenne il mio libro più conosciuto e venduto, almeno fino a quando non uscì *Formae mentis*, e anche il libro in cui ho espresso più liberamente le mie opinioni, prima del presente lavoro sulla creatività e sulla Cina. Trovai anche il tempo di scrivere un libro di testo nell'area della psicologia evolutiva, di girare con il mio ex insegnante Jerome Kagan alcuni film sullo sviluppo dei bambini, di curare l'edizione (insieme a Judy Gardner) di una serie di testi classici di psicologia e sviluppo del bambino, di scrivere articoli per riviste professionali e anche di tentare col giornalismo, rivolgendomi a pubblicazioni di larga diffusione come il *New York Times*.

A giudicare dalle apparenze, dunque, le cose stavano andando bene per me alla fine degli anni settanta. Senza averlo pianificato, mi ero inserito in una comoda dinamica profes-

---

[*] Alfred A. Knopf, New York 1975.

sionale: richiesta di fondi di ricerca, lancio dei progetti sovvenzionati, rielaborazione delle domande respinte, fatica di selezionare personale competente e di mantenere in moto le ricerche, poi ricerca di altri fondi per nuove iniziative e per garantire una certa sicurezza economica agli stipendiati e anche a me. Riuscivo anche a scrivere in maniera più diligente di quanto una volta avessi fatto esercizi al pianoforte, e le mie osservazioni attiravano l'attenzione sia di colleghi nel mio campo sia dell'ampio "pubblico intelligente di tutti i giorni". Sebbene molto probabilmente stessi emergendo più come un "sintetizzatore" che come scienziato o scrittore nel campo della creatività, sentivo in me una sana mescolanza tra le mie abilità scientifiche e letterarie ed i miei impulsi creativi.

Ogni tanto diventavo apprensivo riguardo a questo modo di operare così inusuale. Quasi tutti i miei compagni d'università erano ormai diventati professori universitari, o avevano lasciato l'accademia per cercar fortuna nei settori della legge, della medicina, o in altre professioni. Io invece rimanevo una sorta di "borsista a vita", campando esclusivamene su introiti "deboli", provenienti da sovvenzioni, senza una chiara idea di quando la mia vita avrebbe acquistato stabilità. Mi capitava di domandarmi se, invece di essere un adulto con un "vero" lavoro, non mi fossi in qualche modo "bloccato" a un periodo anteriore di vita – i miei spensierati anni di college o perfino i giochi non strutturati dei miei anni di asilo.

Preoccupato da queste riflessioni, consultai Tom James, presidente della Spencer Foundation, mio principale benefattore nella ricerca e (per quella e molte altre ragioni), uomo saggio. "Cosa devo fare se il Progetto Zero non sopravviverà?" fu la mia domanda. Tom non perse tempo a rispondermi: "Hai solo due scelte: entrare nel campo dell'amministrazione o in quello internazionale." Si dà il caso che non mi piaccia fare l'amministratore, quindi, se quella era la volontà degli dei, la mia prossima e maggiore opportunità di vita spingeva fortemente in direzione internazionale.

5. Una svolta internazionale e interdisciplinare

Nel marzo del 1979, Paul Ylvisaker, preside della Harvard Graduate School of Education, mi invitò insieme ad alcuni colleghi al Club dei docenti di Harvard per incontrare due dirigenti della Fondazione olandese Bernard Van Leer; si trattava di Willem Welling, direttore esecutivo, e di Oscar Van Leer, presidente del consiglio di amministrazione e figlio del fondatore. Creata nel 1949, questa era una fra le più grandi fondazioni filantropiche d'Europa. Era dedicata ad "aiutare i bambini a realizzare il loro potenziale innato". Come la Fondazione Ford, anche questa aveva finanziato negli anni sessanta dei programmi di intervento sull'educazione dei bambini piccoli e negli anni settanta si era spostato verso programmi di azione a livello di singole comunità. Ora la Fondazione Van Leer proponeva che un gruppo di studiosi di Harvard si impegnassero in uno studio in grande stile su cos'è in realtà il "potenziale umano". Alla fine di un lungo incontro, due cose mi erano chiare: quello sarebbe stato un progetto di dimensioni notevoli e su scala internazionale, molto diverso da qualsiasi altro su cui avevo lavorato in precedenza; inoltre Mr Ylvisaker voleva che Harry Lasker, giovane professore del dipartimento, ed io facessimo da "manager" al progetto.

Nonostante la descrizione piuttosto grandiosa degli scopi, non avevo riserve significative sulla partecipazione al progetto, né apparentemente ne avevano i miei colleghi, i quali pensavano che avremmo potuto impiegare queste risorse considerevoli per condurre una ricerca su obiettivi che consideravamo importanti. Stendemmo un progetto pluriennale di studio del potenziale umano visto da una varietà di angolazioni: analisi filosofica del concetto; una sintesi degli studi di biologia sul potenziale genetico; uno studio sulle conoscenze disponibili sullo sviluppo umano nei suoi aspetti cognitivi e sociali; un esame interculturale sulle differenti concezioni del "potenziale umano" che esistevano nel mondo. Naturalmente queste aree corrispondevano più o meno ai campi di specializzazione dei "Comandanti del progetto" (come ci chiamavamo per prenderci in giro), ma parevano anche un modo assennato di procedere su un progetto di tali incerte dimensioni.

Nel giugno del 1979 apprendemmo che il progetto aveva effettivamente ricevuto finanziamenti per quattro anni (che sarebbero poi diventati cinque). Quella manna inattesa, circa un milione e mezzo di dollari, non avrebbe potuto giungere più opportuna per quanto mi riguardava. Sebbene le mie attività di ricerca avessero fondi ancora per un anno, c'erano chiaramente dei problemi in vista. Alla vigilia dell'amministrazione Reagan, i fondi per la ricerca erano stati tagliati drasticamente, e quelli per lo studio di bambini, istruzione e arte erano essenzialmente inesistenti.

Era per me anche un momento di crisi personale in cui, all'età di trentacinque anni, avevo deciso che il mio matrimonio non poteva continuare, e stavo svolgendo le pratiche per il divorzio. Avevo voluto bene a mia moglie e ne volevo ancora molto ai miei figli; da bravo ragazzo ebreo tedesco (e in quanto essere umano) non volevo causare sofferenze né in famiglia, né ai parenti, invece con quella decisione presa nel 1979 proprio al momento in cui stava nascendo il Progetto Van Leer, ne causavo a tutti, anche a me stesso.

Gli esseri umani sembrano essere organismi capaci di operare simultaneamente in differenti spazi vitali e in disparate cornici temporali. Anche se personalmente sconvolto dagli eventi della mia vita familiare, sono stato in grado di lanciare un progetto nuovo e complesso come questo. E pur continuando a fare ricerca al Progetto Zero e al Veterans Hospital, sono anche riuscito in qualche modo a integrare questa nuova importante attività nel mio lavoro. Con relativamente pochi problemi, "Van Leer" – come avevamo soprannominato il Progetto sul Potenziale umano – divenne il mio campo di ricerca principale per molti anni. Il progetto mi prese molte energie e forse mi servì da fuga, una fuga di cui avevo disperatamente bisogno, dato che le altre parti della mia vita stavano andando a rotoli.

Poco dopo aver ricevuto i fondi mi imbattei in Kenneth Keniston, un collega che aveva appena completato un analogo studio, sebbene più ampio, sull'infanzia contemporanea per il Carnegie Council.* Mi diede un consiglio che si rivelò prezioso

---

* K. Keniston, in collaborazione con il Carnegie Council for Children, *All Our Children*, Harcourt Brace Jovanovich, New York 1977.

per il nostro progetto, anche se difficile da seguire. Dopo una breve riflessione, mi disse: "Durante i primi sei mesi decidi cosa vuoi dire, e passa i tre anni e mezzo successivi a raccogliere dati a sostegno di quella tesi, in modo da poterlo dire il più persuasivamente possibile."

Non mi fu difficile delineare la mia parte di contributo al Progetto Van Leer, perché in effetti avevo iniziato a lavorare sull'argomento qualche tempo prima. Avendo studiato la conoscenza dalla prospettiva sia dello sviluppo, che dell'organizzazione del cervello, decisi di approfondire ciò che si sapeva con certezza sui *potenziali cognitivi umani* in quei due campi. Misi insieme un piccolo gruppo di assistenti e consulenti molto capaci e cominciai a passare al setaccio una vastissima letteratura per scoprire capacità e potenziali umani che si prestassero al nostro obiettivo.

In effetti saccheggiammo una gran quantità di fonti e poi svolgemmo ciò che ironicamente chiamai un'analisi fattoriale "soggettiva", rivedendo le scoperte fatte sulle varie aree dello sviluppo umano e notando quali insiemi di abilità tendono a svilupparsi congiuntamente come fattori unici e quali no. Seguimmo lo sviluppo, l'organizzazione e la frammentazione di varie capacità cerebrali, documentando i diversi processi che si svolgono in settori diversi del sistema nervoso. Rivolgemmo la nostra attenzione verso gruppi di persone speciali, come i bambini prodigio, gli *idiots savants*, i bambini autistici e con disabilità nell'apprendimento. Ciascuno di questi gruppi si rivelò importante per il nostro studio, perché presentava profili cognitivi particolarmente "frastagliati". Per esempio, i bambini prodigio e gli autistici mostrano caratteristiche eccezionali in uno o due campi (come la musica o gli scacchi), ma possono essere del tutto normali o perfino inferiori alla media in altre aree (come il linguaggio, il disegno, o il comprendere le ragioni di altre persone).

Investigammo anche varie altre aree promettenti: lo sviluppo delle forme della conoscenza umana attraverso i secoli; le diverse forme di cognizione in specie differenti, dai primati agli uccelli; la conferma di correlazioni tra diversi test psicologici e infine i risultati di studi di casi in cui un'abilità sviluppata attraverso la pratica si era poi "trasferita" in altri campi (fenomeno chiamato appunto "transfer"). Particolarmente istruttiva ci apparve l'estrema difficoltà di ottenere dei "transfer" nei laboratori di psicologia. Questa ricorrente scoperta è difficile da far combaciare con la veduta comune secondo cui tutto l'intelletto è un solo blocco, ed è invece molto più compatibile con un concetto di mente intesa come insieme di meccanismi "per scopi speciali", ciascuno con i suoi processi e operazioni distinti che di solito non si influenzano significativamente fra loro.

Infine – cosa ancora più rilevante per i nostri fini – analizzammo studi sulla conoscenza in culture diverse. Volevamo sapere come le abilità mentali sono caratterizzate, amate e coltivate in culture molto diverse dalla nostra, e cioè in culture pre-letterate, in culture tradizionali e nelle grandi civiltà dell'Est come la Cina, il Giappone e l'India.

Forse a causa del mio speciale interesse per le arti, avevo fin dall'inizio la sensazione che noi occidentali diamo valore a un insieme troppo ristretto di capacità – una certa forma di pensiero logico-razionale, originatosi dall'eredità greco-romana (tracce del *Menone*!) e che ha dominato la nostra educazione scolastica e dettato le forme e i contenuti dei nostri test standardizzati. Altre culture danno invece valore a delle abilità molto differenti: per esempio, un'eccellente memoria verbale (nelle culture pre-letterate); la capacità di navigare accuratamente, senza mappa o compasso, fra dozzine di isole (nel Sud Pacifico); la capacità di percepire minuscoli indizi (tra i cacciatori, in culture tribali); l'abilità di trattare con altre persone (in culture che si basano moltissimo sul baratto o, per fare un esempio contrastante, sulla stregoneria o la magia). Tutte queste importanti capacità umane sono state essenzialmente ignorate nelle concezioni occidentali dell'intelletto e della mente. Lo stesso tipo di critica che avevo elaborato al Progetto Zero per richiamare l'attenzione verso le arti, valeva ancora di più per il Progetto Van Leer, che esaminava i processi cognitivi di altre culture.

L'esame di tutta questa letteratura durò alcuni anni e anche il mettere adeguatamente insieme i risultati richiese tempo e capacità di discernimento; però, seguendo il consiglio di Keniston, avevo da tempo preordinato il mio piano. Avevo deciso di chiamare le varie abilità umane "intelligenze" e di presentare la mia tesi come un attacco ai concetti unitari di intelletto (così popolari in Occidente) e ai test sul quoziente d'intelligenza, tanto limitati quanto apprezzati. Sapevo che i test d'intelligenza erano molto vulnerabili alle critiche: avevo visto pazienti con lesioni cerebrali ottenere un punteggio di 140, pur vivendo seduti tutto il giorno come dei vegetali. Sapevo di molte persone dal quoziente d'intelligenza non eccezionale e che non arrivavano oltre i 550 punti a un SAT,[*] ma avevano notevole successo nella vita (con buone probabilità Ronald Reagan è uno di loro). Ed ero sicuro che l'abitudine di stabilire il livello d'intelligenza con test a base di carta e matita, sa-

---

[*] Scholastic Aptitude Test: SAT, esame attitudinale in materie linguistiche e matematiche, obbligatorio per gli studenti della high school che desiderano iscriversi al college. [*N.d.T.*]

rebbe parsa ancora meno rilevante una volta abbandonato il contesto "scolarizzato" occidentale.

C'era una ragione anche alla base della mia apparente folle decisione di trattare "l'intelligenza" al plurale. Se avessi scritto di "abilità", "capacità", "doni" o "talenti", la gente avrebbe detto: "Ah sì, che bello!", e poi sarebbe tornata a occuparsi di Ciò Che È Veramente Importante: l'Intelligenza, i Test d'Intelligenza, i SAT e cose simili. Ma se mi fossi appropriato della parola intelligenza per i miei fini (anche a rischio di offendere la sensibilità di linguisti e psicometristi), allora avrei potuto coinvolgere in un dibattito i colleghi giusti, impegnati nella psicologia e nell'istruzione. Questo calcolo si rivelò molto esatto: ho un intero fascicolo di recensioni ostili che documentano i modi in cui ho pestato i piedi alla Mafia dell'Intelligenza. All'epoca sapevo anche che non sarebbe bastato "distruggere" i test d'intelligenza: bisognava trovare un'alternativa. Fu così che, a rischio di essere giudicato pretenzioso, decisi di mettermi a scrivere sulla "teoria delle intelligenze multiple".

Ci volle molto più del mezzo anno previsto da Keniston per decidere che cos'è un'intelligenza e come la si può meglio descrivere: dopo tre anni di studio riuscimmo finalmente a identificare "sette intelligenze" e a dare loro un nome: intelligenza linguistica, logico-matematica, spaziale, musicale, corporeo-cinestetica, interpersonale e intrapersonale. In questo processo, prendemmo in considerazione e poi respingemmo molte altre possibili intelligenze e compilammo la nostra lista provvisoria in modo molto diverso da quello alla fine adottato nel libro. Comunque *Formae mentis* fu pubblicato nell'autunno del 1983 e si diffuse rapidamente con un'accoglienza ampiamente positiva. Apparentemente, il mondo era pronto a rivedere i test di intelligenza e a prendere in considerazione modi alternativi di pensare alla mente umana.

Particolarmente gratificante fu la reazione della comunità educativa. A partire da insegnanti e amministratori delle scuole private, per arrivare a educatori di quasi ogni tipo, trovai moltissima simpatia per il mio tentativo di tratteggiare un quadro molto più ampio delle capacità intellettuali umane e di dare suggerimenti educativi su come i "potenziali" avrebbero potuto essere realizzati. In effetti, gran parte delle mie ricerche al Progetto Zero da allora in poi si sono concentrate sul tentativo di isolare le implicazioni educative della teoria e di metterla alla prova in varie situazioni. E le idee di *Formae mentis* hanno esercitato molto interesse perfino (o forse dovrei dire specialmente) in Cina, dove gli esami standardizzati (sebbene senza scelte multiple) risalgono a migliaia di anni fa. Sono già usciti vari articoli su questa teoria e si sta preparando una traduzione del libro.

Formae mentis ha sintetizzato i risultati di una decade di ricerche mie e di molti altri scienziati cognitivi finalizzate a stabilire come è organizzato l'intelletto umano. Non si è trattato di un tentativo esplicito di scrivere sulle arti o sulla creatività, i miei due interessi a lungo termine. Tuttavia, come ho suggerito nel capitolo precedente, la "teoria delle intelligenze multiple" ha delle chiare implicazioni per ciascuno di questi argomenti.

Nel caso dell'arte, non ho proposto che vi sia una intelligenza chiaramente artistica o non artistica di per sé. In realtà la nozione di un'intelligenza presume un'inclinazione biologica (o, se si preferisce una-metafora computazionale, un insieme di strumenti per la elaborazione delle informazioni) a trattare certi tipi di contenuti, come il linguaggio, l'informazione spaziale, o "gli altri". I fini particolari verso i quali dispiegare un'intelligenza sono invece una decisione completamente individuale o culturale. Così l'intelligenza linguistica può essere usata per scrivere poesia o per parlare con un vicino e l'intelligenza spaziale può essere usata da artisti, scultori, goemetri, marinai o chirurghi. Perfino l'intelligenza musicale può essere usata per fini non estetici, proprio come l'intelligenza matematica può essere attivata (anche se lo è raramente) in maniera estetica (come nei lavori geometrici di Josef Albers, Piet Mondrian o Sol LeWitt).

La teoria delle intelligenze multiple ha chiare implicazioni sul tema della creatività. Proprio come esistono molte forme di intelligenza umana, ciascuna focalizzata su di un'area di contenuti, così vi sono anche molte varietà di creatività, ciascuna confinata entro un particolare dominio. Così come non ha senso dire che una persona "è intelligente" in generale, non ha ugualmente senso affermare che è "creativa" in generale. Le persone sono creative o non creative in un campo specifico, proprio come possono essere intelligenti o non intelligenti in quel campo. Mozart era straordinariamente creativo nel campo musicale, proprio come Newton aveva dei doni stupefacenti nell'area logico-matematica. Tuttavia vi sono poche ragioni per credere che Mozart avrebbe potuto essere un grande fisico e Newton un musicista di classe mondiale, o che entrambi avrebbero potuto divenire statisti di primo piano. Perfino la più versatile delle figure, Leonardo da Vinci, probabilmente eccelleva nel pensiero spaziale e logico-matematico, ma non "in tutto l'arco delle intelligenze".

Per quanto non sia molto affezionato alle definizioni, questo è probabilmente il momento opportuno per fermarci un attimo sulla definizione di creatività che ho avanzato nel prologo del presente volume. Insieme ai miei colleghi David Feldman della Tufts University e Mihaly Csikszentmihalyi dell'Università di Chicago, definisco questo termine in modo analogo a come descrivo un'intelligenza. A mio modo di vedere, un'intelligenza comporta la capacità di risolvere problemi, o di progettare dei prodotti che hanno valore in una o più situazioni culturali. Di conseguenza, è creativa una persona che *in un certo campo* è in grado di risolvere regolarmente problemi e progettare dei prodotti che sono inizialmente considerati nuovi o inusuali, ma alla fine vengono accettati in uno o più ambiti culturali.

Per comprendere la significatività di questa definizione, è utile comprendere il modo in cui gli psicologi cognitivi hanno pensato tradizionalmente alla creatività. In parallelo con la concezione dell'intelligenza, la maggior parte degli psicologi ha considerato la creatività un tratto che gli individui possiedono in misura maggiore o minore, che può essere egualmente applicato a un qualsiasi contenuto e che può essere efficacemente misurato per mezzo di brevi test fatti con carta e matita. Una tipica domanda di questi test può richiedere ad una persona di fare una lista di tutti gli usi di un mattone che riesce a concepire, o di indicare tutti gli oggetti che una data configurazione geometrica può rappresentare. Gli individui che riescono a tirar fuori molte risposte, in particolare risposte che appaiono inusuali, sono considerati più creativi "in generale" di coloro che producono solo poche e più banali associazioni.

Una tale definizione – e la sua operativizzazione in un test – può servire a individuare persone con un'inventiva "da cocktail party" e mi pare chiaro che questa maniera tradizionale di pensare ha poco a che fare con le vette creative di un Mozart, un Einstein, un Leonardo, o anche con i più modesti risultati dei maggiori artisti o scienziati contemporanei. I risultati creativi a cui io mi riferisco con la mia definizione, si manifestano solo per mano (o per mente) di individui che hanno lavorato per anni in un certo dominio e sono capaci di dar forma, spesso per prolungati periodi di tempo, a prodotti o progetti che cambiano effettivamente i modi in cui altre persone si rapportano al mondo. Prontezza verbale e associazioni disparate hanno poco a che fare con ciò che distingue dagli altri questi titani della creatività.

Nella mia definizione ho cercato di catturare qualcosa di questa concezione. Infatti, mentre la nozione di "problems solving", risolvere problemi, è di routine per studi psicologici dell'intelligenza e della creatività, il requisito di "progettare dei prodotti" non lo è. Considero l'abilità di fare dei prodotti o sviluppare dei progetti dal principio alla fine,. come una parte indispensabile della produttività umana; a mio avviso la sola ragione per cui questi aspetti sono restati fuori dalla maggior parte delle definizioni degli psicologi, è perché sono difficili da esaminare o da simulare in laboratorio. L'espressione "in un certo campo" intende render conto del fatto che la maggior parte dei successi umani è specifica di un dominio e non ci si può attendere che valgano al di fuori di questo.

Nella mia definizione uso il termine "regolarmente" perché non riconosco il fenomeno della creatività *una tantum*; le persone creative mostrano un certo modo di pensare e di comportarsi che dovrebbe condurre verso una produzione abbastanza regolare di idee e di prodotti. Si può contare sul fatto che Darwin o Beethoven o Einstein e i loro simili fossero dei produttori di innovazioni; la possibilità che facessero una singola scoperta e poi si ritirassero a fare lavori usuali era semplicemente implausibile. Allo stesso modo, parlo di prodotto accettabile in almeno una situazione culturale perché la nozione di un prodotto creativo che non sia riconosciuto come tale, mi sembra una contraddizione di termini. Non imponendo limiti di tempo al giudizio finale sulla creatività, mi faccio carico del problema di prodotti che, al momento della loro formulazione originale, non sono riconosciuti come creativi.

Forse perché l'intelligenza è un grosso argomento da affrontare di per sé, non ho scritto molto direttamente sulla creatività in *Formae mentis*. Tuttavia ero impegnato in un certo numero di attività parallele direttamente connesse alla questione della creatività, alcune delle quali legate al mio lavoro con i bambini piccoli e l'arte, altre parti di una ricerca concettuale più generale nella quale ero immerso assieme ai miei collaboratori.

Come ho già detto, nel 1980 era uscito un lungo studio che avevo svolto sui lavori artistici dei miei figli, dal titolo *Artful Scribbles: The Significance of Children's Drawings*. Nel libro avevo meditato sulla relazione tra lavori prodotti da grandi artisti, particolarmente del ventesimo secolo e i lavori artistici dei bambini della nostra cultura, con attenzione a come erano stati prodotti. Nel 1982 uscì la mia prima raccolta di saggi, dal titolo: *Art, Mind, and Brain: A Cognitive Approach to Creativity*, in cui per la prima volta delineavo in un libro un approccio generale all'argomento.

Il mio approccio allo sviluppo della creatività si basa in egual misura su due componenti. Da un lato, credo fermamente che le radici della creatività siano individuabili nei primi prodotti simbolici dei bambini. Gli scarabocchi e le forme prodotte dai piccoli disegnatori, il linguaggio figurato e le storie raccontate da piccoli oratori, i brani musicali e le danze di giovani cantanti e ballerini contengono aspetti importanti della creatività adulta umana nelle arti: un generale, forse innato senso della forma o dell'armonia; una volontà di accettare dei rischi, di oltrepassare categorie e limiti convenzionali per raggiungere un effetto desiderato; un forte coinvolgimento e partecipazione emotiva; un coinvolgimento nei processi della creazione indipendentemente dalla forma del prodotto finale; e forse, cosa più importante, un senso che qualunque cosa voglia esser "detta" può essere meglio comunicata in quella forma simbolica. Come Isadora Duncan disse una volta: "Se lo potessi dire, non avrei bisogno di danzarlo."

Parte integrante della mia credenza nell'importanza e ricchezza immaginativa delle attività della prima infanzia, è la convinzione che la creatività degli adulti si nutre di questi sforzi iniziali. Se le canzoni, storie e disegni liberamente prodotti dal bambino piccolo andranno perduti (forse giustamente) durante gli anni della media infanzia in cui "tutto verrà preso alla lettera", essi tuttavia rimangono come una specie di capitale cognitivo-emotivo, un fondo di investimento sul quale il maturo creatore potrà contare più avanti.

Ma se il bambino piccolo fa mostra di una componente della creatività, gliene manca pur sempre una seconda, egualmente essenziale, che può essere sviluppata solo come risultato di vari anni di attento tirocinio durante i quali il bambino acquisisce le abilità di base e il repertorio del campo in cui alla fine potrà lavorare come creatore adulto. Secondo l'analisi che ho svolto intorno al 1980, è a metà dell'infanzia – il periodo che ho denominato di "costruzione delle abilità" – che i bambini acquisiscono, giustamente, le competenze necessarie. Esse saranno necessarie se il bambino dovrà produrre lavori dotati di un senso all'interno delle prevalenti tradizioni ed essere giudicato meritorio (e forse anche creativo) dalla cultura circostante.

È nell'adolescenza e dopo che i due canali, o componenti, della creatività dovrebbero confluire. Attrezzato a quel punto con le abilità di base, con strumenti tecnici ed espressivi, e dotato di crescente familiarità con le tradizioni e pratiche della sua cultura, il giovane si trova in una posizione favorevole per creare lavori che abbiano senso per gli altri e siano anche fedeli ai suoi bisogni e concezioni. Può allora ricorrere alle sedimentazioni emotive degli anni precedenti e allo spirito e libertà esplorativa della prima infanzia per dispiegare una voce personale.

A mio parere un tale "ritratto evolutivo" della creatività rappresentava un passo avanti rispetto all'idea di creatività come "un tratto" della personalità, prediletta dagli psicometristi. La creatività comporta atteggiamenti e processi che si evolvono durante l'infanzia, ed è connessa ad abilità e visioni particolari di specifici campi, anziché essere una capacità generale che presumibilmente era parte dell'eredità genetica di una persona e che poteva manifestarsi dappertutto e in ogni momento.

Avevo elaborato, con mia (provvisoria) soddisfazione, un quadro della creatività vista nel suo evolversi durante i primi anni di vita del bambino. Però, insieme a numerosi colleghi, particolarmente a Feldman e Csikszentmihalyi, ero ancora impegnato a elaborare un'analisi concettuale più generale del dominio della creatività. Mi risultava sempre più chiaro che è troppo semplice pensare, come probabilmente fanno il biologo e lo psicologo, che la creatività esiste completamente dentro la testa di un particolare individuo. Oltre all'individuo (con la sua intelligenza) che lavora su dei problemi o dà forma a dei prodotti, è necessario tener conto almeno di due altri fattori: la natura del particolare campo di conoscenza in cui i membri di una società possono scegliere di lavorare; e l'operare del particolare contesto sociale circostante, con il cui aiuto l'individuo sviluppa le abilità ed esprime giudizi sul merito di lavori o prodotti realizzati.

Devo al mio collega Mihaly Csikszentmihalyi un suggerimento su un ottimo modo di considerare i fenomeni creativi. Al posto della solita domanda "Cosa è la creatività?", Csikszentmihalyi suggerisce invece di chiedersi "Dov'è la creatività?". E risponde alla domanda proponendo che la creatività è inerente a un'interazione dinamica fra i tre nodi o forze che ho appena nominato. Con questa interessante formulazione ha molto senso localizzare la creatività nella congiunzione fra una mente individuale che ha talento, dei progetti in seno a un dato dominio intellettuale o artistico e i giudizi dati da un insieme di individui competenti.

Questa formulazione ha portato a un'altra scoperta. Ha poco senso cercare di studiare la creatività dalla prospettiva di una sola disciplina. È necessario piuttosto usare le informazioni della biologia e della psicologia per comprendere il livello dell'intelligenza individuale; impiegare analisi storiche e filosofiche allo scopo di comprendere la struttura dell'area o del campo in cui si realizza il risultato artistico; e le lenti di antropologia e sociologia per comprenderne il contesto sociale. Come altri argomenti di cui mi interessavo, anche la creatività aveva un disperato bisogno di interdisciplinarità; per fortuna avevo una conoscenza almeno supeficiale di un buon numero di discipline rilevanti a questo fine.

Agli inizi degli anni ottanta, quando queste idee erano in fase di elaborazione, non avevo ancora intrapreso degli studi empirici su individui creativi. Solo più recentemente ho cercato di applicare le mie teorie in studi di persone altamente creative come Sigmund Freud e Pablo Picasso, i cui metodi rivoluzionari ho cercato di illuminare da una prospettiva multidisciplinare.* In questi studi ho sostenuto che gli individui creativi sono caratterizzati da "asincronia fruttuosa": una disgiunzione o tensione che si manifesta ad un certo livello (per esempio, due intelligenze che si scontrano) o fra diversi livelli (per esempio un'intelligenza o personalità che si trova in disarmonia con il modo abituale di affrontare un certo tipo di problemi). Non sappiamo se questi individui altamente creativi siano caratterizzati per caso da asincronie più fruttuose o se invece essi siano dei veri e propri scovatori di tensioni, per una ragione o per l'altra.

Con il beneficio del senno di poi affinato dalla mia esperienza in Cina, oggi posso individuare tre tipi di pregiudizi o di limiti, nella posizione che contribuivo ad elaborare all'inizio degli anni ottanta. Prima di tutto, in quanto convinto modernista, avevo semplicemente assunto che il termine creatività dovesse essere applicato specialmente, se non esclusivamente, a quegli individui e prodotti che segnavano una marcata rottura con le concettualizzazioni precedenti. La mia impostazione non dava alcun credito ad alterazioni o a trasformazioni più modeste di pratiche o punti di vista esistenti.

Secondariamente credevo, acriticamente, che i lavori creativi dovessero possedere una dimensione personale, riflettere il potere di sintesi dell'individuo; e naturalmente mettevo questi lavori più in alto di quelli che, anche se ben eseguiti, erano "solo" manifestazioni, o leggere variazioni, di una tradizione stabilita e impersonale.

Infine, in accordo con il mio approccio evolutivo e "progressivo", davo per scontato che esistesse una sequenza ottimale per lo sviluppo delle capacità creative. Concretamente, credevo che la libera esplorazione e l'espressione emotiva fossero i primi passi desiderabili (se non inevitabili) nello sviluppo, e che l'acquisizione delle abilità di base fosse un secondo (o forse secondario) passaggio. Trascurando anche il poco che sapevo su altri paesi e sulle pratiche educative degli inizi in America, e perfino sul mio stesso tirocinio nell'infanzia, non presi mai in seria considerazione la possibilità che la sequenza avrebbe potuto essere ribaltata, con un risultato altrettanto o forse più eccezionale.

* "Freud in Three Frames: A Cognitive Scientific Approach to Creative Lives and Creative Products", *Dedalus*, estate 1986, pp. 105-34; H. Gardner, C. Wolf, "The Fruits of Asynchrony", *Adolescent Psychiatry*, 15, 1988, pp. 106-23.

Come ho già detto, stavo affrontando problemi di portata scientifica – connessi all'arte, all'educazione, allo sviluppo infantile o alla creatività – con la prospettiva tipica dell'occidentale. Tuttavia, grazie alla mia partecipazione al Progetto Van Leer sul Potenziale umano, potei entrare in contatto come mai prima con idee e dati provenienti da altre culture. Una parte importante del Progetto era il "Gruppo interculturale" diretto da Robert LeVine e da Merry White, la persona che avrebbe finito per diventare il direttore amministrativo del progetto. Il Gruppo interculturale affrontava dal mio punto di vista la parte più difficile ma anche più entusiasmante del progetto. Riflettendo l'afflato a livello mondiale della Fondazione Van Leer, lo scopo dichiarato di questo gruppo era di esaminare i diversi concetti di "sviluppo umano" e di "potenziale umano" elaborati nelle varie società del mondo.

Come antropologi, LeVine e i suoi colleghi pensavano che certe nozioni di sviluppo umano erano altrettanto diffuse, e perniciose, di certe idee fossilizzate sull'intelligenza, sulla creatività, e sulla "mente". Era disastroso proiettare acriticamente le nostre nozioni di educazione, progresso, tecnologia in contesti culturali diversi; era invece molto meglio comprendere tali alternative nei loro stessi termini, imparare da loro se possibile, e in generale rispettare le loro premesse e procedure anziché cercare di manometterle.

La componente interculturale del Progetto sul Potenziale umano aveva un'impostazione che andava molto d'accordo con quanto si andava facendo negli altri settori del progetto. Il nostro collega filosofo Israel Scheffler stava raccogliendo materiale e idee contro la nozione essenzialista di potenziale, secondo la quale il potenziale è già presente nell'uovo o nella ghianda; dal suo punto di vista, i potenziali sono sempre relativi al contesto e a chi li detiene e possono venire alterati da opinioni, circostanze e volontà.

Nel cosiddetto gruppo psicobiologico del Progetto, i miei colleghi e io discutevamo sul fatto che non c'è una cosa chiamata intelligenza che può essere misurata all'inizio della vita e che si può sviluppare allo stesso modo in culture diverse; esistono invece varie *formae mentis*, nessuna delle quali può essere compresa senza fare riferimento alla cultura che la sostiene o contrasta. Ci sembrava molto importante la scoperta che nelle prime fasi della vita il sistema nervoso umano è estremamente flessibile o "plastico", e che quello che sarebbe sembrato impossibile in un dato contesto culturale poteva essere invece realizzato quando si cambiavano radicalmente le premesse e l'ambiente circostanti. Un curioso esempio di questa affermazione è il metodo Suzuki per l'insegnamento del violino in Giappone, con il quale i bambini normali raggiungono straordinari risultati grazie a una intelligente offerta di modelli e strutturazione dell'ambiente da parte di insegnanti e genitori.

Infine, cosa forse più radicale, LeVine, White e i loro colleghi asserivano che ogni cultura, col passare del tempo, sviluppa una propria concezione della natura umana, della sua crescita, del suo potenziale e dei suoi limiti: tutte dimensioni che possono essere colte solo attraverso minuziose osservazioni svolte per lunghi periodi di tempo e che possono anche rivelarsi incommensurabili fra loro. Possono esistere tanti punti di vista e realizzazioni del potenziale umano quante sono le diverse società del mondo.

Ciò che rendeva queste sparse nozioni molto più di un esercizio da salotto, erano la nostra visione integrata e le considerevoli risorse su cui potevamo contare. Anziché raccogliere dati su quelle culture attraverso semplici letture, ci proponemmo di lavorare con studiosi di diverse parti del mondo, sia per arricchire i temi centrali del nostro progetto grazie alla comprensione di come loro (e la loro cultura) impostavano i problemi, sia per svolgere incontri di lavoro in ambiti culturali diversi. Si trattava di un'impresa entusiasmante – e, per quanto ne sapessimo, senza precedenti.

Ma a quali paesi dovevamo rivolgerci? E quali esperti stranieri consultare? Il Giappone non era un problema, perché Merry White era legato con questo paese da diecimila invisibili fili e su di esso si era accumulata ormai una mole considerevole di lavoro socio-scientifico; inoltre era (relativamente) facile comunicare e fare la spola tra Tokio e Cambridge.

L'Egitto, altra scelta, si rivelò molto più problematico. Individuammo un paio di studiosi ben disposti verso il nostro progetto i quali accettarono di aiutarci a vararlo in terra egiziana e ospitarono Ellen e me quando vi facemmo un viaggio esplorativo nell'estate del 1981. Però mettere in piedi un progetto al Cairo si rivelò estremamente difficile. Non si poteva parlarne senza pestare i piedi a qualcuno, in senso politico o religioso. Rappresentavamo interessi cristiani, copti, ebrei, o islamici? Eravamo americani, olandesi, o internazionali? Ricevevamo fondi dall'Unesco, dalla Cia, dall'Aid, da una multinazionale? Eravamo in grado di ungere le ruote che facevano al caso nostro? Le persone con cui parlavamo erano abbastanza simpatiche prese individualmente, ma quando le riunivamo incominciavano a litigare per la reciproca supremazia e si concludeva molto poco in termini di piani concreti. Pochi sembravano per davvero interessati alla sostanza del nostro progetto.

Il viaggio in Egitto segnò la mia introduzione a una cultura fortemente diversa dalla mia – una differenza che mi disturbava enormemente – in cui alla fine mi sentii incapace di funzionare. (Cosa interessante, Ellen ebbe in questo caso una reazione positiva; e invece più tardi, nell' esperienza cinese, le nostre valutazioni sarebbero state invertite.) Era come se il caos della "classe aperta" in cui avevo insegnato una volta fosse stato moltiplicato per mille. Al mio ritorno, lessi dei libri che mi aiutarono a capire le mie reazioni. Uno era un gustoso libro di viaggio scritto da un occidentale che aveva vissuto in Egitto per un anno, stabilendo molte buone amicizie e imparando ad affrontare con umorismo i differenti costumi locali; mi aiutò molto a capire che cosa mi aveva turbato e come una diversa disposizione mentale mi sarebbe stata preziosa, durante quel viaggio.[*]

L'altro libro, *Bargaining With Reality* di Lawrence Rosen, si occupava dei musulmani del Nord Africa, con analisi che mi illuminarono sul perché dei miei sentimenti di spaesamento in Egitto.[**] A quanto risulta, il mercanteggiare in cui mi ero imbattuto ad ogni angolo di quel paese non era, come sembrava, un'azione diretta, ispirata da considerazioni legali, di trovare un accordo su certi termini o prezzi. Era invece un tipo di conversazione allargata, in cui ogni persona cercava di conoscere meglio l'altra, di valutarla, di decidere se era opportuno o meno farci affari e portarla dentro "la famiglia". Una volta che questa "esplorazione" si è svolta, ed è un passo necessario che non può essere né ignorato né affrettato, si possono fare progressi anche sul programma da svolgere.

Però non si può mai essere certi di aver raggiunto uno stadio di sicurezza, perché la realtà è perpetuamente rinegoziata. Ma sto anticipando i tempi della mia storia. Non andai in Egitto fino alla calda estate del 1981, e le nostre incursioni interculturali in Africa occidentale, in America latina e nell'Estremo Oriente non avvennero che più tardi. Questa panoramica è comunque utile perché indica almeno tre modi in cui il Progetto Van Leer ebbe un grande effetto sul mio pensiero e su altri aspetti della mia vita.

Prima di tutto, ero entrato nell'arena internazionale. Andavo regolarmente in Europa, spesso rispondendo a crisi vere o immaginarie nei nostri rapporti con la Fondazione Van Leer.

Secondo, viaggiando in parti del mondo che non mi ero mai sognato di visitare e facendo la conoscenza di persone che non avrei mai pensato di incontrare, cominciavo a interessarmi dei

[*] Hans Koning, *A New Yorker in Egypt*, Harcourt Brace Jovanovich, New York 1976.
[**] University of Chicago Press, Chicago 1984.

problemi interculturali. Come la maggior parte degli scienziati sociali, specialmente quelli formatisi ad Harvard nel campo delle relazioni sociali, avevo delle conoscenze sufficienti per descrivere superficialmente realtà e fenomeni di altre terre. Ma ora leggevo seriamente gli scritti di antropologia e mi incontravo regolarmente, qualche volta anche troppo, con studiosi di altri paesi che passavano da Cambridge, i quali mi invitavano ad andarli a trovare per alcuni giorni o anche per dei semestri. In questo modo feci la conoscenza di un buon numero di studiosi fra cui Sudhir Kakar, a volte definito l'"Erik Erikson dell'India"; Carlos Vasco, un brillante matematico gesuita della Colombia; Lamin Sanneh, un valente storico della cristianità africana nel Gambia; Fei Xiaotong, il più importante antropologo cinese che era stato discepolo del famoso etnografo Bronislaw Malinowski negli anni trenta; e la cordiale coppia che ci ospitò in Egitto, Assad Nadim e Nawal El-Missari. I loro stessi nomi evocano vivide immagini nella mia mente; mangiando, bevendo, passeggiando insieme a questi studiosi ebbi l'opportunità di entrare in contatto con altri modi di pensare, grazie a persone cresciute in culture diverse che avevano il raro dono di sapersi far capire in inglese da uno psicologo americano curioso quanto ignorante. Imparai a comprendere come le asimmetrie di questo secolo sono quasi tutte andate a beneficio degli americani – e cioè che tanti hanno imparato a conoscerci bene, mentre noi continuiamo a sapere ben poco sul resto del mondo. (E mi accorsi anche che, d'altra parte, i tedeschi, gli inglesi e gli americani sono molto più simili fra loro di quanto avessi pensato.)

Terzo, a dispetto di me stesso, stavo acquisendo delle capacità diplomatiche. Nel momento in cui avevo incontrato i signori Welling e Van Leer, mi ero reso conto che mi sarei mosso in un mondo poco familiare dove mi si richiedevano nuove credenziali e abilità. Fino ad allora avevo frequentato solo tre cerchie relativamente ristrette: la mia famiglia ebreo-tedesca, la vita americana della classe media e gli accademici e ricercatori della Ivy League. Ora, però, entravo in contatto con amministrazioni statali internazionali, funzionari di fondazioni, studiosi espatriati e leader politici di livello intermedio. Tutte persone che sfrecciavano per il mondo con la stessa disinvoltura con cui i bostoniani vanno in macchina a Worcester o prendono l'aereo che fa la spola con New York. Notavo con sorpresa che erano sempre vestiti impeccabilmente e tirati a lucido e che non si riusciva mai a vederli con scarpe polverose, camicie macchiate o capelli spettinati, che erano l'uniforme in cui mi sentivo da sempre a mio agio nella maggior parte degli ambienti che avevo frequentato. (Un amico mi riferì che una delle persone da me incontrate nel contesto della Fondazione Van Leer aveva concluso che non potevo essere importante, visto che avevo una macchia sulla cravatta! Al che ho replicato: "Ma non possiedo nessuna cravatta senza macchie!") Viaggiavano con un calendario molto pieno e avevano sempre dei programmi battuti a macchina che indicavano esattamente ciò che doveva accadere, dove, e per quanto tempo. Devo ammettere che tali programmi gratificavano la mia anima tedesca, e che ho imparato a usarli anch'io in certe occasioni; ma sono molto più adatti al gruppo dei diplomatici internazionali che non agli ambienti informali dell'insegnamento e della ricerca nello stile di Cambridge.

Parlare con quelle persone non era difficile; dopo tutto, mi piace parlare e sono ragionevolmente spiritoso. Ma presto scoprii che, anche se i miei interlocutori ne sapevano poco su Piaget o sugli effetti delle lesioni cerebrali ne sapevano invece moltissimo su argomenti di cui avevo solo una vaga idea grazie all'aver sfogliato per anni la sezione internazionale della rivista *Time*. La prima sera che lo incontrai, Oscar Van Leer improvvisò una brillante analisi dell'attuale situazione in Sud Africa, che aveva visitato regolarmente per decine d'anni e dove era coinvolto sia in affari sia in opere filantropiche.

Anche se l'esperienza delle altre persone legate a Van Leer non era all'altezza del discorso di Oscar su "Il Sud Africa oggi", erano però tutte persone informate (o almeno, a me sembravano altamente informate) e capaci di discorrere dei problemi della bilancia dei pagamenti e del debito in America latina, dei particolari di ogni regime dell'Europa orientale, delle tensioni fra sette religiose nel subcontinente indiano, delle difficoltà di lavoro nell'Europa meridionale, dell'ascesa degli uomini d'affari cinesi d'oltremare e di migliaia di altri argomenti. Durante gli anni che ho passato sul progetto, ho migliorato lo stato deplorevole delle mie conoscenze di fatti internazionali, ed ora posso dire di saperne un po' di più sul mondo rispetto al 1979. Ma più di tutto ho imparato che non si arriva facilmente a comprendere altre culture e che è difficile disfare una vita, la propria, con tutto il suo bagaglio di pensiero e di valori.

Parte seconda
Esperienze cinesi

6. La prima visita in Cina

Nel 1980, meno di un anno dopo quella fatidica telefonata con la quale il preside Ylvisaker mi aveva coinvolto nell'imponente impresa del Progetto Van Leer, ricevetti da lui una seconda e ancor più inattesa telefonata in cui mi chiese di punto in bianco se io ed il mio associato, Harry Laske, eravamo disposti ad andare in Cina.

Fino a quel momento, come ho già detto, non mi ero preoccupato molto della Cina: certamente meno del Giappone, che avevo visitato nel 1974, o dell'India, che era stata la passione di mezza età del mio mentore (e idolo) Erik Erikson. Naturalmente ero al corrente di alcuni eventi avvenuti di recente: la morte di Mao Dzedong e Zhou Enlai (che per molti americani erano sinonimo di "Cina comunista"); i processi contro la famosa Banda dei Quattro, che aveva istigato i peggiori eccessi della Rivoluzione culturale; e i crescenti legami con gli Stati Uniti testimoniati dal "Comunicato di Shanghai" emesso da Nixon nel 1972 e dall'accordo fra Jimmy Carter e Deng Xiaoping, che aveva riconosciuto la Cina e posto fine alle relazioni privilegiate intercorse fino a quel momento fra il governo statunitense e Taiwan. Per quanto riguarda invece i miei contatti personali, anche remoti, con la Cina, dovevo risalire a un mio libro di testo della scuola media, a un corso di pittura cinese cui avevo assistito alcune volte come uditore al college, e al rapporto del gruppo di psicologi evolutivi che avevano svolto una visita pionieristica nella Repubblica popolare cinese nel 1973.

L'invito del preside Ylvisaker aveva le sue lontane origini invece ai tempi in cui era uno studente di amministrazione pubblica ad Harvard, verso la fine degli anni quaranta, quando aveva avuto come compagno di stanza uno studente cinese di nome Xia Shuzhang (il cognome per primo, allo stile cinese). Si erano tenuti in contatto per un po' ma poi, a causa degli sconvolgimenti politici degli anni cinquanta e sessanta, si erano persi di vista e Ylvisaker non sapeva nemmeno se l'altro fosse ancora vivo. Ylvisaker mi fece notare più tardi che forse l'aver perso i contatti era stato un bene, perché durante la Rivoluzione culturale alcune figure pubbliche cinesi erano state torturate e perfino uccise proprio per aver mantenuto rapporti con americani influenti.

Xia era riuscito in qualche modo a sopravvivere, ed era riapparso a Harvard nel 1979 (come facevano altri leader riabilitati in quei giorni) durante un giro di visite alle maggiori università americane. Era divenuto vicerettore di una grande università cinese, la Zhongsan (che prende il nome dal primo grande nazionalista cinese, Sun Yat-sen), situata a Canton che è il porto principale della Cina meridionale ed ora si chiama Guangzhou.

In seguito al loro caloroso reincontro, Xia aveva invitato Ylvisaker, per ricambiare la visita, a guidare un'équipe di educatori americani attraverso la Cina, e Xia stesso avrebbe scortato il gruppo nelle maggiori università. Era un'offerta che non si poteva rifiutare. A quei tempi la Cina stava sforzandosi di intavolare le migliori relazioni possibili tra istituzioni cinesi e le loro controparti americane. Secondo Xia, Ylvisaker, figura centrale nel campo dell'educazione in America, sarebbe stata la persona giusta per mettere insieme un gruppo di accademici di Harvard. Mi fu detto che di fatto eravamo la prima delegazione ufficiale di Harvard in Cina. Per fare sì che i legami si estendessero al di là del Dipartimento dell'Educazione, che era finanziariamente in difficoltà e abbastanza marginale, la delegazione sarebbe stata composta anche da un rappresentante della florida e potente Facoltà delle Arti e delle Scienze, il professor Philip Kuhn, uno dei maggiori sinologi di Harvard e successore di John King Fairbank, decano degli studi cinesi in America per quasi cinquant'anni.

Ylvisaker si era messo all'opera per creare l'équipe di Harvard. La Cina avrebbe coperto le spese di ciascun partecipante per un intero mese, ma Ylvisaker doveva trovare il modo di pagare le spese di viaggio, che sicuramente sarebbero state superiori a ventimila dollari. E qui entravamo in gioco Lasker e io. Se avessimo potuto giustificare il viaggio come una spesa che rientrava nella ricerca interculturale Van Leer, si sarebbero potuti usare i fondi di quel progetto. Poiché una tale giustificazione non provocò l'incredulità di nessuno, prima che ce ne rendessimo conto eravamo in lista per il viaggio in Cina, insieme a un piccolo gruppo di colleghi.

Attraversare il confine fra Hong Kong e la Cina, cosa né difficile né di per sé interessante, ci provocò una notevole emozione: molti di noi sentivano di passare dal "Mondo libero" al "Mondo comunista", che ancora non potevano fare a meno di chiamare "Cina rossa". (Mi ha fatto venire in mente, per analogia, il momento in cui, durante la mia prima visita in Israele nel 1977, ero stato invitato a baciare la terra nei pressi di Gerusalemme, il che non fu un gesto da poco per una persona della mia formazione e con il mio costante interesse per la simbologia umana.) Ancora più emozionante fu il nostro arrivo vero e proprio alla stazione di Canton, dove fummo calorosamente accolti da Xia (che nessuno di noi conosceva eccetto Paul), dopo che lui e Paul si furono scambiati un lungo commovente abbraccio. La nostra non era semplicemente una delegazione di americani in visita in Cina: erano due vecchi amici che infine si riunivano e, simbolicamente, due culture estraniate da molto tempo che cercavano di costruire una causa comune al crepuscolo del ventesimo secolo.

Il nostro hotel a Canton era incredibilmente incolore e mi ricordava certi hotel visti in Russia: una piatta facciata di pietra, stanze ampie e polverose, mobili scomodi e ingombranti nella sala di ingresso, imponenti samovar costantemente ricolmi di tè, e mancanza di tutti gli accessori cui si è abituati in Occidente: niente bar, discoteche, televisione, radio, pubblicità o vocìo di sottofondo. Situato di fronte alla zona della famosa Esposizione di Canton, l'albergo (e l'atmosfera in generale) pareva morto e vuoto.

Attraversando la città per recarci a cena all'università, però, vedemmo la Cina risvegliarsi. Non dimenticherò mai la prima volta in cui vidi un ampio viale cinese pieno di innumerevoli ciclisti che andavano tutti nella stessa direzione. Come scaglie di ferro che si muovono tutte intelligentemente verso il Nord, i ciclisti – vestiti di blu o di grigio, alcuni con mascherine anti-smog – scorrevano via silenziosamente a dozzine ogni minuto; si muovevano da o verso casa, trasportando borse della spesa, mobili o persino altre persone, di solito bambini. Quella era la Cina della leggenda – le orde di formiche comuniste, il pericolo giallo, le masse sofferenti e coraggiose, la speranza del futuro dell'Est, i soldati del mondo, il glorioso proletariato – a seconda dell'immagine che si voleva recuperare dalla storia, da Pearl Buck, o da macchine di propaganda rivali.

Arrivammo al campus dell'università Zhongshan nel nostro piccolo furgone verso l'ora di cena. Il campus era abbastanza piacevole, coperto di erba e punteggiato di graziosi alberi; con un misto di strutture semitropicali e di statue in stile realista-socialista. L'edificio verso cui ci dirigemmo era adorno di una grande insegna che ci dava il benvenuto (in cinese e in inglese). Ci recammo poi in un salone dove, accomodati ad alcune tavole, cenammo tentando di stabilire un contatto con i docenti dell'università, alcuni dei quali (come Xia) parlavano inglese.

Questo fu il primo di una dozzina di intensi momenti del nostro soggiorno in Cina. Era chiaro che i nostri ospiti volevano che ci sentissimo a nostro agio. Brindarono varie volte alla nostra salute, continuando a servirci portate sempre più sontuose ed esotiche, anche se non avevamo ancora consumato ciò che riempiva i nostri piatti: l'essenza di un banchetto cinese. Tuttavia, in profondo contrasto con cene simili in altre parti del mondo, si faceva poca conversazione, e quel poco che si diceva era decisamente forzato.

Parte di tale difficoltà era certamente dovuta al fatto che nessuno di noi (eccetto Kuhn) parlava il cinese, e solo pochissimi cinesi conoscevano bene l'inglese. Anche il fatto che eravamo ancora stanchi (e forse sotto l'effetto del *jet-lag*, il cambio di fuso orario) contribuiva al senso di imbarazzo. Ma in realtà stavamo già sperimentando un problema intrinseco alla Cina di oggi e forse anche alla sua storia, e cioè il fatto che, eccetto un numero ristretto di leader importanti ed estroversi, gli adulti in Cina si comportano stranamente con gli stranieri. È come se avessero bisogno di un ruolo da recitare e perciò, salvo brindare di tanto in tanto o colmare di cibo il piatto dell'ospite, il loro ruolo, in questo contesto, resta indefinito (o sottodefinito).

Vi è qui una drastica differenza fra i cinesi e quasi tutti gli americani. Non solo noi siamo spontaneamente (o culturalmente) amichevoli ed estroversi nei confronti degli stranieri (o perlomeno lo siamo in misura relativa), ma ci piace anche sviluppare la conversazione, ci sforziamo cioè di parlare, anche se questo vuol dire ripetere qualche vecchia banalità e cercare di comunicarla con quelle poche parole in lingua straniera che conosciamo. Invece i cinesi sono stati abituati da un'educazione secolare, esacerbata dai terribili avvenimenti della Rivoluzione culturale, a fare molta attenzione a ciò che dicono, specialmente agli stranieri, a rispondere a domande anziché farle e a tacere anziché dire troppo o, ancor peggio, dire una cosa sbagliata. Un avvenimento delicato come un incontro sino-americano probabilmente contribuiva a tenere alta la tensione. Notai ripetutamente che i miei ospiti non solo evitavano di intavolare una conversazione su un nuovo argomento, ma evitavano persino di fare domande banali come "Da dove viene?", "Che cosa insegna?", "Le piace la Cina?". Quando facevo domande simili o chiedevo loro dei figli, del coniuge, o del tempo che faceva, di solito i miei interlocutori mi rispondevano, ma con due parole e resistevano alla tentazione di rivolgermi a loro volta la stessa domanda.

Appena cercavo di affrontare un argomento più controverso, il silenzio diventava mortale (o per meglio dire "assordante"). Domande su cosa i miei commensali pensassero di Mao, Stalin o Nixon ricevevano di solito una risposta cortese e non impegnativa, del tipo "È una brava persona", o "Mi dispiace, non ne so niente". Una volta, credendo di fare una domanda molto scaltra, chiesi: "Sapete, non si sente parlare molto, in questi giorni, delle relazioni tra la Cina e l'India. Qual è l'attuale situazione politica?" Vi fu immediatamente una breve consultazione in cinese, dopodiché un economista mi rispose: "Stiamo cercando di studiare la loro posizione economica da una prospettiva marxista." Fine della conversazione.

Da questo triste "ritratto di gruppo" devo certamente escludere Xia, ospite delizioso con cui si parlava agevolmente e rappresentante di quegli anziani leader infinitamente gentili e dotti che fanno la gioia dei fortunati visitatori della Cina. (Persone simili mi facevano venire in mente Zhou Enlai, il premier cinese meglio conosciuto in America le cui maniere cosmopolite e la cui flessibilità diplomatica erano state leggendarie per decenni.) Xia era molto più disposto ad avventurarsi in aree delicate, particolarmente col suo amico Paul e, in misura sempre maggiore, anche con noi. Tuttavia avevo spesso la chiara sensazione di incappare in una specie di linea di confine al di là della quale la risposta non poteva essere spontanea – la famosa "linea di partito". Dopo aver trascorso qualche tempo in Cina, appresi che Stalin era definito "buono al 70 per cento e cattivo al 30 per cento"; che alle domande sulla politica degli Stati Uniti si rispondeva: "Non ci piace fare commenti su faccende politiche interne"; e che la "Rivoluzione culturale era cominciata per buoni motivi ma è poi andata fuori strada". Risposte ben poco personali alle mie domande.

Mi stavo rendendo conto che "il privato" ha una posizione molto diversa in Cina rispetto agli Stati Uniti. Nel nostro paese (e in misura minore in altre parti dell'Occidente) ci si aspetta che una persona abbia le sue opinioni, anche se idiosincratiche, su di un argomento come il tempo, un libro recente, una rock star, una figura politica o uno scandalo, e che non esiterà a farle conoscere ad altri (e a supporre, spesso erroneamente, che altri le condividano). Nella Cina socialista e, forse, nella Cina delle epoche precedenti, la situazione è esattamente opposta. Non ci si aspetta che l'individuo abbia delle vedute personali e se le ha, certamente non le deve esprimere spontaneamente in una conversazione casuale. Quando i cinesi rispondono "Noi crediamo" non lo fanno per sembrare educati o regali, bensì articolano un consenso di gruppo che, qualunque siano i modi in cui ci si è arrivati, da quel momento in poi sarà articolato da chiunque abbia il permesso di esprimere un punto di vista. I modi in cui viene raggiunto un tale consenso di gruppo credo che sfuggano non solo a me, ma anche alla maggior parte dei cinesi che non siano parte delle alte gerarchie del Partito comunista.

Molte delle mie opinioni sulla Cina, non tutte corrette, sono nate proprio nel corso di quella prima, malinconica cena. Nel mese seguente accumulai una girandola di impressioni più gaie e ottimistiche e probabilmente anche più veritiere. (Poiché sono un pessimista congenito, devo sempre stare in guardia contro le mie prime impressioni, inutilmente negative.) Il professor Xia aveva creato per noi un meraviglioso itinerario a cinque stelle, con cinque soste. Il nostro calendario e le procedure da seguire erano quelle tipiche di un primo viaggio di gruppo in Cina – e, a ben vedere, tipiche anche della maggior parte delle mie successive esperienze cinesi. In generale alloggiavamo nei migliori hotel della città – con una divertente eccezione (si veda p. 166). All'epoca questo tipo di alloggio aveva una vaga aria sovietica ma oggi, alcuni anni più tardi, nelle più grandi città ci sono alberghi di stile occidentale o internazionale. Consumavamo i pasti da soli, perché i cinesi in genere non tengono compagnia ai loro ospiti a meno che non sia previsto un banchetto ufficiale.

Una tale separazione durante i pasti, che spesso disturba gli occidentali, avviene apparentemente per varie ragioni. Prima di tutto, il cibo destinato agli occidentali è migliore (o almeno più costoso) di quello per i cinesi, i quali risparmiano consumando pasti più semplici in ambienti più modesti insieme ai loro connazionali. Tutti pensano al denaro in un paese molto povero che si sforza di fare troppo e vuole disperatamente non apparire come il cugino povero. L'altra ragione – e posso anche dirlo apertamente – è che, come gruppo, i cinesi tendono ad essere etnocentrici, xenofobi e razzisti. La maggior parte della gente preferisce stare con i propri simili – gli americani con gli americani, gli ebrei tedeschi con gli ebrei tedeschi, i giapponesi con altri giapponesi, ma pochi sono giunti a sentire così fortemente un bisogno di separatismo come gli Han (il gruppo etnico dominante in Cina). Se da un lato vi sono sicuramente eccezioni, che includono una quantità di persone che mi piacciono molto e leader orientati in senso internazionale come Xia, d'altro lato la maggior parte dei cinesi si sente in imbarazzo in presenza di non cinesi (e perfino delle varie minoranze non Han che vivono nella Cina contemporanea) e molti preferiscono non pranzare e mescolarsi a noi "grossi nasi" quando non ne hanno l'obbligo.

Quando non sono a pranzo in un hotel, le delegazioni in Cina hanno delle agende zeppe di visite – così zeppe, in effetti, che i visitatori spesso accusano stanchezza fisica o si ammalano e qualche volta seguono i consigli dei manuali turistici e chiedono ritmi più leggeri. Molte sono le ragioni di questa situazione, spesso esacerbata dallo stesso desiderio del visitatore di vedere tutto ciò che è elencato nella guida distribuita a tutti. Ma i cinesi hanno le loro ragioni per compilare agende fitte di impegni come acciughe in scatola. Per esempio, più l'itinerario di un gruppo è impegnativo, meno tempo le persone avranno per andarsene in giro per conto loro a mettere discordia. Inoltre siccome è prestigioso, per i cinesi di oggi, e lo era ancor più dieci anni fa, ospitare dignitari americani, tale prestigio (come pure i suoi costi) deve essere condiviso dal maggior numero possibile di istituzioni.

In ogni città che visitammo, svolgemmo tre tipi principali di attività. In primo luogo, siccome per tutti noi (eccetto Phil Kuhn) si trattava del primo viaggio in Cina, vi erano i giri turistici obbligatori, che in genere includevano gite in luoghi che volevamo effettivamente vedere – la Grande Muraglia, la Città Proibita, il Tempio del Cielo, La Residenza Estiva e le Tombe Ming a Pechino e luoghi simili in altre località. C'erano poi anche visite a tipi di luoghi che la maggior parte dei visitatori della Cina sono curiosi di vedere, come le comuni, le case modello e le fabbriche. Questi luoghi, lo si capisce ben presto, sono talmente artificiali che rassomigliano alla tipica vita cinese come Disneyland assomiglia alla vita a Roxbury o nel Bronx. Infine, le nostre gite ci conducevano spesso in un numero eccessivo di cosiddetti negozi dell'amicizia e di antiquariato, con il chiaro scopo di farci spendere soldi – e in particolare i certificati di valuta estera che gli onesti (o timorosi) americani comprano al prezzo ufficiale, ma che hanno un valore praticamente inestimabile per i cittadini cinesi.

Il fatto che non eravamo completamente liberi di fare acquisti dove volevamo ci fu chiaro a Pechino, quando un membro del gruppo espresse l'intenzione di prendere un taxi per recarsi nella strada dove si vendono articoli di antiquariato. Per la prima volta, accadde quello che doveva succedere sia secondo i nostri manuali turistici sia per sentito dire da esperti viaggiatori in Cina nelle loro storie di orrori: all'improvviso i cinesi ci annunciarono che non c'erano taxi. Quando indicammo i molti taxi in sosta vicino all'hotel, ci fu detto che non era possibile allontanarsi perché dovevamo svolgere altre attività. Le varie scuse si moltiplicarono, anche se noi le rifiutavamo pazientemente una dopo l'altra. Infine quella persona del nostro gruppo, grazie alla sua insistenza, ebbe il permesso di allontanarsi alcuni minuti in compagnia di una guida pcr recarsi al negozio che cercava, dopodiché fu riportata in gran fretta in albergo. I cinesi dovevano avere delle ottime ragioni per non volere che ci recassimo da quelle parti, ma a noi non fu dato di scoprirle. (Come dirò piu avanti, i nostri ospiti di Nanchino avevano delle eccellenti ragioni per non permetterci di viaggiare sui mezzi pubblici.)

In fondo, però, noi seri studiosi non eravamo venuti in Cina per fare spese e giri turistici (sebbene chiunque avesse visto i nostri bagagli stracolmi al ritorno in America avrebbe potuto pensare altrimenti). Il secondo scopo del nostro viaggio era quello di visitare università, in particolare le scuole addette alla formazione degli insegnanti (chiamate scuole e università normali), per incontrarvi colleghi e svolgervi conferenze sulle nostre attività. Visitammo infatti le maggiori scuole e conversammo amichevolmente con i nostri colleghi, in ciascuna città.

Quelle visite produssero in me sentimenti contrastanti. Da un lato, ero impressionato dal desiderio di conoscerci da parte di studenti e studiosi, e mi stupivo dell'accanimento con cui si riversavano nelle sale di conferenza e pendevano dalle nostre labbra. (Dicevo scherzando che, ogni volta che mi schiarivo la voce, sentivo cento penne che scorrevano all'unisono.) Vi era, e vi è tuttora in Cina, una fame insaziabile di contatto con l'esterno, specialmente con accademici presumibilmente dotti provenienti dalla mecca chiamata "America" (la translitterazione inglese della parola cinese è "bel paese").

Allo stesso tempo, devo ammettere che tali contatti erano deludenti. Con rare eccezioni, fra noi e i nostri ospiti non c'erano più contatti e genuine conversazioni di quanti ce ne fossero stati al primo banchetto all'Università Zhongshan. I nostri colleghi sapevano poco del nostro lavoro, e non avevano gli strumenti retorici (almeno così ci sembrava) per indagare, fare domande, o dirigere la discussione in direzioni utili per loro e stimolanti per noi. Ancora una volta, eravamo noi che dovevamo venire in aiuto con domande e con pretesti per mantenere viva la conversazione. Né si poteva criticare la qualità della traduzione, perché la maggior parte delle università ne forniva di buone e poi Xia e Kuhn erano sempre pronti ad aiutare quando si presentava un punto critico.

Devo però dire che a Shanghai, all'Università Normale della Cina dell'Est, come pure all'Università Normale di Pechino, mi capitò di incontrare colleghi che mi ricordavano quelli di altri paesi "sviluppati". Sembravano tutti, invariabilmente, ricavati dallo stesso stampo. Avevano dai cinquanta ai settant'anni e avevano studiato o all'estero prima del 1949, o in scuole religiose o missionarie occidentali nel periodo della pre-liberazione in Cina. Alcuni venivano dallo stampo di Zhou Enlai e di Xia Shuzhang. (Raramente avevano svolto studi in Russia, poiché un precedente contatto con l'Ovest costituiva di solito una macchia sufficiente a impedire a una persona di andare a studiarvi durante la fase di buone relazioni fra Mosca e Pechino negli anni cinquanta.)

In conseguenza di tali fatti apparentemente innocenti, quegli ammirevoli colleghi avevano sofferto tremendamente durante la Rivoluzione culturale ed erano fortunati ad esserne scampati, insieme ai loro cari, con facoltà fisiche e mentali più o meno intatte. Quasi tutti però avevano o mogli o figli che non ce l'avevano fatta. Per uno studioso, avere legami con l'Occidente durante la Rivoluzione culturale era stato fatale quasi come essere ebreo in una terra occupata da nazisti. (Trovavo continue rassomiglianze con l'Olocausto, cosa che ha continuato a perseguitarmi.) Questi sparuti "sopravvissuti" avevano alcune idee sugli sviluppi della psicologia dell'educazione, evolutiva o cognitiva degli ultimi quarant'anni; e anche se erano rimasti fermi intorno alla fine degli anni cinquanta o all'inizio degli anni settanta, almeno sapevano quali domande fare e che uso fare (o come aiutare i loro studenti a fare uso) delle risposte ottenute.

Fu grazie a questi isolati incontri, specialmente a Pechino e Shanghai, che potei farmi un'idea del livello dell'istruzione e della ricerca in Cina. In poche parole, era molto basso, quasi disperato. La Rivoluzione culturale aveva praticamente devastato ogni angolo della vita educativa, culturale e scientifica cinese. Virtualmente nessuno era sfuggito allo scempio. Spettava ora alle poche persone che avevano un vago senso di come le cose sarebbero potute essere – ed erano quelle, naturalmente, le persone che cercavamo – tentare di costruire, o ricostruire, i loro rispettivi campi di ricerca in Cina.

Fei Xiaotong, il famoso antropologo con il quale avevo fatto conoscenza durante i suoi viaggi negli Stati Uniti, mi aiutò a chiarirmi la situazione. Era un uomo con rare conoscenze, fascino e contatti – conosciuto da milioni di cinesi, incluso Mao – a cui non piaceva ma da cui era rispettato, e Deng Xiaoping, con cui apparentemente mantiene ancora buone relazioni. Fra tutti i cinesi più anziani che ho incontrato in quel periodo, Fei era il più biculturale, capace di inquadrare l'America e la Cina da una prospettiva sociologica e antropologica, di citare Dickens e Shakespeare, e di fare confronti fra le nostre catene di fast-food.

("Voi dite di avere libertà di scelta in America, ma potete scegliere solo tra McDonald e Burger King!") Come Fei ci spiegò, il suo compito era semplicemente quello di fare in modo che le discipline dell'antropologia e della sociologia esistessero in Cina. Già settantenne, si riproponeva di raggiungere l'obiettivo scegliendosi un immediato successore sessantenne, un decano dei professori all'altezza del compito sulla cinquantina e un assistente di talento sulla quarantina per quel professore; avrebbe poi mandato all'estero i migliori studenti tra i venti e i quarant'anni in modo che potessero apprendere a svolgere ricerca in modo accettabile per entrare nella comunità internazionale degli studiosi. I "sopravvissuti" nelle aree della psicologia, dell'educazione e in seguito della neuropsicologia e delle arti che mi capitò di incontrare, avevano a che fare con problemi analoghi.

La nostra terza missione in Cina era quella di incontrare leader nel campo dell'educazione, rettori universitari, funzionari municipali, provinciali e nazionali, di discutere su ampie questioni di filosofia e di politica. Come membro junior della delegazione, avevo pochi contributi da dare e molto da imparare, sia dai leader cinesi sia dagli anziani della nostra delegazione, in particolare, dal preside Ylvisaker, dalla vicepreside Blenda Wilson e da Francis Keppel, ex preside della scuola e addetto all'istruzione durante le presidenze Kennedy e Johnson. Compresi che il miglior modo di apprendere come la pensano i propri colleghi più anziani è di ascoltarli parlare con i loro rispettabili coetanei. Quegli studiosi avevano una posizione e delle responsabilità che permettevano loro di parlare di argomenti raramente discussi dai "comuni mortali" durante i banchetti – problemi come il sovraffollamento delle scuole, la ristrettezza dei programmi scolastici nazionali, la "fuga dei cervelli", la ricerca di insegnanti competenti, e i problemi finanziari. Non ne emerse mai nulla di eccezionale, ma avevo l'impressione che tali discussioni fossero dello stesso tipo di quelle fatte da Kissinger e Zhou Enlai o da Nixon e Mao nell'imponente salone della Grande Sala del Popolo, mentre le telecamere li riprendevano intenti a parlare dei destini del mondo.

La parte più piacevole del soggiorno fu per me quella in cui ci prendemmo alcuni giorni di libertà dall'agenda ufficiale di viaggio per recarci a Jinan, una città di cui la maggior parte di noi aveva sentito parlare e che si trovava nella provincia dello Shandong, nella Cina nordorientale. Vi era solo una ragione per andarci: il rettore dell'Università di Shandong era un valente studioso cinese di nome Wu Fuheng, uno dei principali esperti cinesi di letteratura americana; era anche un profondo conoscitore di Confucio. (Il grande saggio del quinto secolo avanti Cristo era stato bistrattato durante la Grande Rivoluzione Proletaria Culturale ma ora stava godendo di un "modesto revival".) Cosa ancor più rilevante, era il solo studioso di madre patria cinese che avesse mai conseguito una laurea alla Graduate School of Education di Harvard.

Il rettore Wu è una persona deliziosa, estroversa come Xia e molto più affermato come studioso e intellettuale. Aveva studiato insieme a William Empson e I.A. Richards negli anni quaranta e mantenuto contatti con quei brillanti studiosi di letteratura, ciascuno dei quali aveva in effetti visitato la Cina (Richards sarebbe poi morto novantenne l'anno dopo il suo ultimo viaggio in Cina nel 1982). Wu e sua moglie, anche lei americanista, discutevano con scioltezza di molti argomenti, incluso il mondo dell'accademia; la conversazione con loro si spostava facilmente da Mencio a Shakespeare al "black humour" degli scrittori ebrei americani! Il rettore Wu si conquistò il mio cuore quando esumò dai suoi ricordi degli anni quaranta un certo cameriere del ristorante Young e Yee, a un isolato dalla School of Education, di cui si rammentava ancora e che era rimasto al suo posto per decine di anni. Harvard aveva conferito una laurea *ad honorem* a Mr Wu, il primo riconoscimento del genere a essere assegnato a uno studioso cinese contemporaneo.

Xia ci confidò che, oltre a motivi di cortesia, la nostra visita a Shandong assumeva anche un significato politico. La Cina possiede solo un gruppetto di università che ricevono fondi direttamente dal governo centrale – le cosidette "università-chiave", che fungono da esempio per il resto della nazione. Sebbene l'Università di Shandong avesse al momento quello status, correva il pericolo di perderlo in favore di alcune "ultime arrivate". La nostra visita avrebbe dunque potuto rafforzare le quotazioni di Wu agli occhi del ministero dell'Istruzione, che consegna o toglie le tanto ambite "chiavi".

Il viaggio a Jinan fu abbastanza piacevole. Il vero e proprio evento speciale fu una gita con pernottamento a Qufu, dimora ancestrale di Confucio. Si trattava di una bella e antica città attrezzata anche di una stupenda casa per gli ospiti, dove ci sistemammo. Si ebbe così la possibilità di passeggiare nella zona dove Confucio aveva insegnato più di duemilacinquecento anni prima, dove erano seppelliti i suoi discendenti, e dove altri erano ancora in vita; ascoltammo con piacere il rettore Wu parlare dello studioso che venerava. Fu un'esperienza unica e indimenticabile – un po' come l'esser portati a passeggio per l'*agorà* da uno studioso di Socrate, alla presenza di discendenti di Platone e in un ambiente rimasto per molti aspetti invariato per millenni.

Passando del tempo insieme al professor Wu mi resi finalmente conto di cos'era che mi affascinava della Cina. In questo enorme paese esistevano un certo numero di persone profondamente amabili, mondane e sagge, che erano passate attraverso molti sconvolgimenti politico-culturali e che, anziché venire distrutte da tali esperienze – come sarebbe successo a molti di noi – erano sopravvissute e divenute più forti. Durante il mio viaggio in Cina incontrai almeno una mezza dozzina di superstiti come Zhou Enlai – persone come Xia Sunzhang, Wu Fuheng e Fei Xiaotong, che parevano impersonare il meglio della Cina del passato, pur essendosi adattate e profondamente impegnate nelle difficili circostanze della vita nella Cina d'oggi. Se quelle persone erano infelici, frustrate o sofferenti, semplicemente non lo davano a vedere agli altri. Si dimostravano educate, gentili, perfino spiritose, mettendo gli altri a proprio agio rispetto al mondo, alla Cina e a loro stessi.

Non vi furono punti di crisi durante il nostro viaggio, eccetto uno potenziale che a posteriori appare comico. Quasi tutto ciò che riguardava la nostra sistemazione durante il viaggio in Cina fu svolto in maniera eccellente – cosa non da poco per un paese sottosviluppato che cercava di venire incontro alle richieste di un esigente gruppo di studiosi-turisti di Harvard. Ma quando arrivammo a Pechino dopo un bellissimo viaggio notturno in treno da Shangai in cui tutti, presidi e compagnia, ridemmo per ore e dormimmo bene, quattro per scompartimento, in letti a castello – non c'era nessuno ad accoglierci. Rimanemmo alla stazione per quattro ore (dalle cinque alle nove del mattino), finché non si stabilì un contatto.

Si scoprì a questo punto che non c'era posto per noi all'Hotel Pechino, che era allora (ed è ancor'oggi) uno dei migliori indirizzi della capitale. Fummo quindi portati di corsa in un albergo di livello molto inferiore, il Bei Wei. Secondo gli standard cinesi, il Bei Wei è perfettamente adeguato – e in effetti le condizioni di vita lì sono sicuramente migliori che nel 98 per cento delle abitazioni urbane cinesi; ma essendo abituati a viaggiare in prima classe in Cina, se non in altre parti del mondo, per noi quello era chiaramente un passo indietro.

Il fatto che eravamo tutti accaldati e sudati e volevamo fare una doccia peggiorava le cose. Le nostre semplici stanze erano prive di asciugamani, ma dotate invece di un'ampia sputacchiera, un vaso da notte e materassi molto flosci. Erano anche sprovviste di doccia, cosicché ci si doveva recare alla doccia comune, in fondo al corridoio, proprio come in un campeggio o nei dormitori di un college. Niente di male, tranne per il fatto che sembrava che tutti gli ospiti dell'albergo avessero avuto la stessa idea e davanti al bagno c'era una enorme ressa di gente. La situazione non era migliorata dal fatto che la maggior parte degli ospiti dell'albergo non condividevano i nostri costumi e continuavano a sputare, scoreggiare e produrre altri sonori rumori e ad essere in poche parole, *nyet-kulturni*, come dicono i russi. Il mio compagno di viaggio Gerry Lesser dovette saltare a piedi scalzi da un angolo all'altro della doccia per evitare espettorazioni e rivoli di urina. Anche se cercavamo tutti di reprimere le nostre tendenze da *ugly americans*, esperienze di questo tipo non potevano non far risaltare preoccupanti differenze di costumi e valori.

Le nostre tre settimane e mezzo in Cina giunsero ben presto alla fine – troppo presto, per i miei gusti. Se da un lato desideravo tornare a casa dai miei figli e dal resto della mia famiglia, dall'altro lato, a differenza dei miei compagni di viaggio, avrei voluto rimanere più a lungo in Cina. Ero affascinato da quel paese. C'erano molte cose che non capivo, e volevo approfondire. In particolare, il comunismo e il Partito comunista costituivano un grande mistero per me: nessuno ne parlava, ma ovviamente c'erano e presumibilmente erano potenti. Come operava il partito e come influenzava ciò che stavo vedendo e sentendo? Come sarebbe stato il futuro della Cina? E ci sarebbe mai stato consentito di ritornarci?

La Cina mi aveva toccato profondamente. Aveva fatto ritornare a galla problemi del mio passato che avevo tenuto a lungo sepolti. C'era il senso di vicinanza fra i membri di una famiglia, che era stato una parte così importante della mia infanzia ed era così diffuso in tutta la Cina. C'era una cultura antica e ricca di continuità, che era riuscita a propagarsi per millenni, nonostante le interruzioni. In tal senso i cinesi mi ricordavano molto gli ebrei, passati attraverso innumerevoli traversie mantenendo intatto il senso a volte inquietante di essere degli eletti. Vi erano anche altre somiglianze con gli ebrei: la passione per lo studio, il rispetto per l'età, un gentile, irriverente senso dell'humour, un ben sviluppato senso di colpa sui propri misfatti, una disponibilità a prendere le distanze dalle cose e pensare su tempi lunghi, molte conflittualità interne ai gruppi, e la quasi assenza del bisogno o desiderio di "convertire" il resto del mondo a una cultura che istintivamente si considera superiore e un po' a parte.

Ho già osservato che, man mano che apprendevo nuovi orrori attuati nel corso della Rivoluzione culturale, in cui i figli avevano denunciato i genitori e i mariti le mogli o viceversa, in cui aveva dominato lo spirito di fazione e in cui un popolo si era rivolto contro se stesso, mi tornava inevitabilmente alla memoria l'Olocausto. Durante la Rivoluzione culturale la Banda dei Quattro ebbe un ruolo simile a quello dei nazisti a caccia dei loro nemici ("i destri", gli intellettuali, e tutti coloro che non si qualificavano come operai e contadini essendo in posizione analoga a quella degli ebrei). Ma in Cina la situazione aveva un'altra peculiarità: i cinesi perseguitavano altri cinesi, come se i nazisti si fossero fatti fuori tra loro, per portare a compimento la Soluzione Finale su se stessi.

Ero anche incantato dalla Cina in quanto tale: la bellezza dei giovani e dei vecchi, a dispetto dei loro evidenti tentativi di non sottolineare l'individualità; il forte contrasto di paesaggi in una terra ancora più grande degli Stati Uniti; la ventata di storia che mi colpiva nel passare accanto a contadini che camminavano a fianco di bufali indiani come facevano da migliaia di anni; ma anche i possenti progetti idroelettrici e i più avanzati strumenti di telecomunicazione provenienti dal Giappone. Volevo vedere più gente e più cose di quella terra.

Riflettevo sul paradosso di come quella civiltà antica e magnifica, che aveva raggiunto vasti traguardi artistici e scientifici e prodotto quelle persone anziane così affascinanti, poteva aver anche prodotto la società grigia e senza vita che si presentava ai miei occhi. Mi chiedevo perché, e come, i ragazzini dai vestiti sgargianti e dai gesti vivaci che vedevo per strada diventavano gli adulti introversi e spesso arcigni che incontravo negli alberghi o ai banchetti. Cercavo infine di riconciliare la straordinaria attrazione che provavo per alcuni educatori scelti e pubblici ufficiali cinesi, con il senso di estraniamento che mi comunicavano molti dei loro oppressi collaboratori.

Agognavo anche l'opportunità di immergermi io stesso nell'arte di questo paese, di verificare la bellezza incantevole dei suoi strumenti musicali tradizionali e di godere dei fini profili dei monti, e delle composizioni di nuvole, piante e animali che avevo scorto nel magnifico (e largamente deserto) museo di Shanghai, dove si pretendeva che le opere fossero esposte solo a motivo del loro significato storico, mentre in realtà erano state ovviamente scelte in virtù della loro prorompente bellezza. Inoltre, come studioso dell'arte infantile, mi chiedevo se la formazione ricevuta dai bambini cinesi di oggi permettesse loro di rapportarsi a quella squisita tradizione estetica.

Goethe aveva un'espressione per ciò che provavo: "affinità elettiva". Come Henry Adams era stato attratto dal Medioevo, Margaret Mead dai Mari del Sud, Erik Erikson dall'India, e Claude Lévi-Strauss dagli indiani del Brasile, io mi sentivo ora attratto dalla Cina come fonte di luce su questioni centrali per la mia professione e importanti per la mia vita.

7. Il primo Convegno sino-americano sull'Istruzione artistica

Le istituzioni pubbliche americane hanno dato in genere poca importanza all'educazione artistica. A differenza della Cina e di altri paesi asiatici ed europei, la nostra nazione non possiede un'antica tradizione che tenga in dovuto conto l'esecuzione artistica nei giovani. Né ci aspettiamo che i leader del nostro paese abbiano familiarità con le diverse forme d'arte: recherebbe loro certamente più danno essere ignoranti di football che non di balletto. Se l'interesse per l'arte e l'educazione artistica non è considerato "propriamente un peccato", è però considerato un mezzo problema, specie quando emerge a spese di altre materie che "hanno più peso". Inoltre, durante le periodiche fasi di auto-analisi in cui gli americani flagellano il proprio sistema di istruzione, è raro che si affronti anche la questione dell'istruzione artistica, né per esaltarla, né per condannarla.

Quindi fu un evento particolarmente insolito quando nel 1980 la Fondazione Rockefeller di New York annunciò un poderoso programma di finanziamento in favore dell'istruzione artistica. Le scuole pubbliche di tutto il paese vennero incoraggiate a compilare una richiesta di due pagine, a presentare materiali supplementari e a specificare perché credevano di possedere un ottimo programma d'istruzione artistica. Fu designata una commissione di esperti per esaminare le richieste e scegliere dieci "programmi esemplari" ogni anno. Le scuole vincenti avrebbero ricevuto un premio di diecimila dollari e la conseguente pubblicità. Il programma fu introdotto su base quinquennale, e fu stanziata una somma globale di mezzo milione di dollari. Tenendo conto delle spese generali, per il personale amministrativo e per due o tre riunioni annuali della commissione e spese concomitanti, probabilmente il programma costò alla Fondazione due o tre volte tanto. Forza motrice del programma e presidente della commissione di esperti era David Rockefeller Jr., avvocato quarantenne divenuto filantropo e ben presto considerato l'uomo di punta della filantropia della sua generazione. Se c'era qualcuno che avrebbe potuto portare al successo il programma, questi era proprio David Jr. Il suo interesse per le arti risaliva all'infanzia; egli stesso cantante di talento, si esibiva regolarmente in un coro di Boston chiamato "The Cantata Singers" ed era anche stato direttore di un quotidiano d'arte di Boston e vicedirettore della Boston Symphony Orchestra. L'istruzione artistica era per David Jr. un interesse radicato e forse, all'epoca, la sua passione principale. Aveva già fatto parte di varie organizzazioni e commissioni promotrici di questa causa e a metà degli anni settanta era stato a capo della più importante ricerca americana sull'istruzione artistica, culminata nel noto rapporto dal titolo *Coming to Our Senses*.[*]

Avevo incontrato David per la prima volta all'inizio degli anni settanta quando partecipò a una "valutazione indipendente" del Progetto Zero in seguito egli mi chiese di fare a mia volta da osservatore esterno quando la sua commissione sull'istruzione artistica iniziò i lavori nel 1975. Scoprimmo allora di avere entrambi una filosofia educativa "progressiva" rispetto alle arti. Vi erano anche altri legami comuni. Avendo entrambi studiato ad Harvard all'inizio degli anni sessanta ed essendo residenti nell'area di Boston a metà degli anni settanta, ci capitava di incontrarci di tanto in tanto. Poi, nel 1980, David mi invitò a unirmi alla costituenda commissione per l'assegnazione di fondi all'istruzione artistica.

Mi spiegò che lo scopo del progetto era quello di premiare programmi significativi, innovatori e duraturi in un momento in cui molti distretti scolastici stavano tagliando i fondi alle arti e molti altri sovrintendevano a programmi mediocri e privi d'immaginazione. Un altro fine importante era quello di divulgare i programmi vincenti in modo da farne dei prototipi che avrebbero poi potuto essere imitati da altri sistemi scolastici. (Un numero della rivista *Dedalus* è stato dedicato all'argomento[**] e altra documentazione è a disposizione presso la Fondazione.) Un'ultima finalità, particolarmente importante per noi ricercatori, era la possibilità di osservare di prima mano il campo

---

[*] Arts, Education, and Americans Panel, American Council for the Arts in Education (a cura di), *Coming to Our Senses: the Significance of the Arts for American Education*, McGraw-Hill, New York, 1977.

[**] S. Graubard (a cura di), "The Arts and Humanities in America's Schools", *Dedalus*, 112, estate 1983.

dell'istruzione artistica in America e di farci un'idea – e forse anche trovare qualche criterio – su ciò che era valido o meno.

Finché non entrai a far parte della commissione Rockefeller, le mie conoscenze sui programmi d'arte nelle scuole americane erano state frammentarie. Ora invece mi incontravo varie volte all'anno con colleghi molto ben informati assieme ai quali leggevo centinaia di domande di candidati e avevo la possibilità di analizzare direttamente tanti programmi vincenti e tanti perdenti. Nel corso di questa esperienza compresi che organizzare e mantenere un efficace programma d'istruzione artistica nel contesto americano era tutt'altro che facile, che tali programmi trovano ben poco sostegno e per di più sono estremamente vulnerabili quando arrivano i tagli di bilancio e che la loro sopravvivenza dipende moltissimo dall'impegno di uno o due instancabili insegnanti e da un'amministrazione che almeno eviti di opporsi ai loro sforzi. (Perfino il mantenimento in vita dei programmi vincenti si rivelò un compito non facile; vi era molta gelosia e alcuni di questi programmi furono chiusi poco dopo, se non a causa di, questo prestigioso riconoscimento.) Appresi, con mio stupore, che raramente le arti vengono viste come un'attività cognitiva, e che l'istruzione artistica si limita quasi esclusivamente all'esecuzione del prodotto: gli insegnanti americani raramente affrontano problemi storici o critici, e quando lo fanno non tengono conto di ciò che hanno prodotto i loro studenti. Al termine del programma avevo appreso parecchio sull'istruzione artistica nella grande provincia americana.

Ebbi modo di conoscere programmi artistici americani e di altri paesi. Da noi il panorama era squallido. (Squallore confermato dal fatto che quando la commissione dovette sciogliersi, quattro anni dopo, aveva conferito soltanto trentatré dei cinquanta premi previsti.) Molte sedi possedevano solo programmi scheletrici, curati da individui che poco sapevano e poco si interessavano alle arti. A causa del fatto che pochi insegnanti avevano capacità artistiche e quelli che le avevano erano riluttanti a mostrarle ai loro studenti, l'attività principale consisteva semplicemente nell'offrire ai bambini l'opportunità di dipingere, modellare la creta o danzare. Questo modo di operare poteva andare bene durante la prima infanzia, ma aveva poco senso a metà dell'infanzia e nella preadolescenza, quando i ragazzi hanno un forte desiderio di impossessarsi delle tecniche. I lavori che ne risultavano o erano imitazioni di prodotti dei mass media o mostravano qualche buona idea a cui mancavano i mezzi di espressione tecnica. Secondo una mia definizione: c'era la scintilla creativa ma mancavano le abilità di base.

La situazione nel campo delle arti dello spettacolo era di

poco migliore. Alcuni bambini avevano effettivamente appreso a cantare o a suonare uno strumento, ma la loro resa artistica era talmente eterogenea da suggerire che i bambini migliori prendessero lezioni extrascolastiche, anziché limitarsi a beneficiare dell'istruzione in classe. La tendenza era di rappresentare ciò che si era visto in televisione o al cinema: per ogni tentativo di mettere insieme un lavoro personale o presentare un classico di repertorio in maniera nuova vi erano una dozzina di imbarazzanti imitazioni del musical *Bye, Bye Birdies*.

Su uno sfondo così deprimente si stagliavano però alcune meravigliose eccezioni. In diverse città oggi esistono "scuole magnete" (*magnet high schools*) nelle arti, aperte a bambini di talento indipendentemente dalla loro residenza; scuole simili presentano a volte quella combinazione di educazione alle abilità di base e di espressione individuale che la nostra commissione cercava. Naturalmente sono scuole che attraggono studenti e insegnanti particolarmente dotati e quindi non possono servire da modello per tutto il resto dell'America. In altre scuole, talvolta situate in luoghi inattesi, trovavamo un solo insegnante o un piccolo gruppo di insegnanti totalmente dediti alla formazione e motivazione dei loro studenti. L'atmosfera delle lezioni, le esercitazioni regolari e i prodotti finali dei loro studenti erano meravigliosi – talvolta perfino memorabili. (Per anni, da allora, quei lavori hanno ravvivato le pareti della Fondazione Rockefeller.) Erano la dimostrazione che, con duro lavoro e insegnanti ricchi d'ispirazione, si possono sviluppare abilità e sensibilità artistiche nel bambino medio americano. In generale questi insegnanti avevano accumulato un sufficiente sostegno da parte della comunità e della scuola da considerarsi al riparo da tagli di bilancio, almeno fino al momento in cui il Fato non fosse intervenuto sotto forma di un premio della Fondazione.

Era molto raro trovare un intero distretto scolastico e non semplicemente uno o due insegnanti e le loro classi, che avesse preso l'impegno di promuovere l'istruzione artistica. Proprio questo era invece il modello che avevamo sperato di trovare più spesso, in quanto costituisce la più alta speranza per un miglioramento costante dell'istruzione artistica sulla scena americana. (È anche il modello che ho in mente quando parlo del potenziale di istruzione artistica di qualità al pubblico cinese o americano.) Sfortunatamente, gli esempi erano pochi e rari e quasi sempre avevano una loro storia particolare: poteva trattarsi di una lunga serie di fondi supplementari federali o privati, o di un gruppo di genitori che, ricchi o no, attribuivano un valore particolare alle arti, per motivi professionali o perché erano diventati maggiorenni nei "radicali" anni sessanta.

Prendendo in considerazione solo le scuole pubbliche, escludevamo però una parte importante del panorama educativo americano, e alcuni dei migliori programmi del paese. Ma la commissione Rockefeller aveva il compito di attenersi esclusivamente al settore scolastico pubblico. Anche se esistevano eccellenti programmi nelle scuole private, sarebbe stato difficile applicarli in sistemi scolastici che dovevano basarsi su un imponibile continuamente in ribasso* e soddisfare un numero crescente di requisiti statali nell'area delle "abilità di base".

Nel 1980, più o meno all'epoca in cui si formò la commissione, la Fondazione Rockefeller aveva sponsorizzato (ma io non lo sapevo) un gruppo di educatori musicali e di amministratori cinesi in un loro giro negli Stati Uniti. Dopo aver vissuto le conseguenze spiacevoli della Rivoluzione culturale, nel corso della quale quasi tutti i campi d'istruzione erano stati decimati, gli educatori cinesi erano rimasti impressionati da ciò che avevano visto e sentito negli Stati Uniti e in particolare dalla facilità con cui tutti gli alunni americani possono accedere a una educazione musicale di base. (È stata forse una fortuna, alla luce degli eventi successivi, che gli educatori cinesi non abbiano avuto modo di prendere visione dei molti programmi di basso livello da cui poi venne afflitta la nostra commissione.) I leader cinesi decisero quindi di avere molto da guadagnare da un rapporto continuativo con educatori musicali americani e forse, più in generale, con gli insegnanti d'arte nel nostro paese. Di conseguenza, un anno più tardi si rimisero in contatto con la Fondazione Rockefeller e con un gruppo di New York che essa sponsorizzava, il Center for U.S.-China Arts Exchange della Columbia University. La loro proposta di sponsorizzare un convegno su larga scala a Pechino e Shanghai sull'istruzione artistica divenne presto un programma concreto: il primo Convegno sino-americano sull'Istruzione artistica.

Come membro della commissione giudicatrice dei Premi per l'Istruzione artistica, ero in rapporti amichevoli con vari membri della Fondazione Rockefeller. Seppi in anticipo dei piani per il convegno ed ebbi la fortuna di essere chiamato fra i primi a far parte della delegazione. Il fatto che fossi già stato in Cina giocava decisamente a mio favore, poiché nessun'altra persona fra i possibili partecipanti ne aveva un'esperienza diretta. Per un po' sembrò che anche David Jr. sarebbe partito – anche lui non era mai stato in Cina. Alla fine la Fondazione costituì un'équipe che rap-

---

* Riferimento alla specifica tassa per la scuola pagata dai cittadini di ogni distretto scolastico al proprio Board of Education. Vedi *Introduzione* di M. Sclavi. [*N.d.T.*]

presentava, proprio come la commissione giudicatrice, un ampio raggio di interessi e non sovraccarica di membri dell'"establishment ufficiale". Forse vale la pena di sottolineare questo punto, non tanto per indulgere in pregiudizi contro l'establishment, ma per spiegare in parte una critica talvolta rivolta al nostro programma sull'istruzione artistica, di non arrecare sufficienti benefici alla "Professione degli Educatori Artistici". L'antiprofessionalismo (o assenza di inclinazioni verso l'establishment) che aveva caratterizzato la mia formazione stava iniziando a manifestarsi anche nella mia carriera.

Recarsi in Cina nel 1982 per un convegno di due settimane, nelle favolose città di Pechino e Shanghai, era un progetto entusiasmante e i partecipanti si riunirono a New York per preparare i discorsi e la presentazione di diapositive e per fare reciproca conoscenza. Eravamo un gruppo di persone sulla quarantina, in genere insegnanti di scuola media, artisti, amministratori e docenti universitari. Io venni spensieratamente soprannominato "il teorico". La persona che rappresentava l'istruzione artistica a livello nazionale e capo della nostra delegazione in Cina era Lonna Jones, per molti anni titolare di un portafoglio per l'istruzione artistica al Dipartimento dell'Educazione degli Stati Uniti* ed ora collaboratrice principale in tutte le questioni relative all'istruzione artistica presso la Fondazione Rockefeller.

Per quanto mi riguardava, mi preparavo a quell'evento con cuore leggero. Dopo tutto, ero già stato in Cina e in quanto "teorico", non dovevo né ingombrarmi la mente di dati sul numero d'insegnanti di musica nel New England né portare diapositive, videocassette o dimostrazioni varie di tecniche per l'insegnamento artistico. Avevo in progetto di viaggiare leggero (un vestito, una valigia) e divertirmi.

Tutti questi bei piani crollarono un'ora prima della mia partenza per New York, da dove avrei proseguito per Tokio la mattina seguente. Ricevetti una telefonata dalla Fondazione: "Ha sentito la notizia?" mi chiesero. Da bravo pessimista, pensai immediatamente che il viaggio fosse stato annullato. Immaginai che i visti fossero ritirati, che la delegazione cinese non avesse il permesso di riunirsi, o che si fosse verificato un colpo di stato al Comitato centrale del Partito comunista cinese.

Di fatto si trattava di una notizia di diverso ordine: Lonna Jones si era ammalata e non era in grado di affrontare il viaggio in Cina. Poiché ero la sola persona del gruppo che vi era già stata, mi fu chiesto gentilmente di guidare la delegazione.

---

* United States Office of Education. [*N.d.T.*]

Francamente questa richiesta non mi entusiasmò. Svaniva la speranza di potermene stare tranquillamente dietro le quinte e mi vedevo precipitato d'un tratto sotto le luci della ribalta. L'esperienza precedente in Cina m'insegnava che come capo della delegazione avrei dovuto spostarmi in un'auto separata, essere a stretto contatto con dignitari d'alto rango e fare e ricevere un gran numero di brindisi. Avrei anche dovuto occuparmi di numerosi dettagli organizzativi. Conoscevo a malapena i membri di quella che ora era divenuta la "mia" delegazione, e ci si aspettava da me che rappresentassi gli Stati Uniti, i Rockefeller, la Columbia University, il Progetto Zero di Harvard e i miei propri interessi. Il mio instancabile Super-io ebreo-tedesco era sotto pressione; se qualcosa non fosse andato per il verso giusto, sapevo bene di chi sarebbe stata la colpa!

Fu così che, invece di andare a teatro, passai la sera prima della partenza rinchiuso nella mia stanza d'hotel (nervoso come uno studentello prima di un esame) a leggermi vari e voluminosi testi informativi. Anziché fare colazione per conto mio o con un amico in un caffè dovetti incontrarmi nell'augusto club universitario con i leader delle varie organizzazioni "interessate" e ricevere una mole incredibile di istruzioni sul protocollo. Seduto a una tavola con tovaglia, scrissi affannosamente su di un quaderno giallo tutte le informazioni che mi venivano date, chiedendo con imbarazzo come si scrivevano i nomi delle persone, perché le mie orecchie da sole non erano in grado di fare differenza fra i vari Lu, Liu o Zhou, Zhao e Zhu.

Anche in aereo non ebbi modo né di leggere né di rilassarmi! Continuai a scorrere i materiali informativi, cercando di fare particolare attenzione alle fotografie dei nostri ospiti cinesi, a causa della mia difficoltà, già menzionata, a ricordare i volti delle persone. Dovetti anche andare in giro per l'aereo per conoscere tutti i delegati, stabilire con loro un minimo di contatto e cercare di creare un certo spirito cameratesco fra diversi gruppi di americani che, pur solitamente fiduciosi di sé, ora sembravano agitati e non poco apprensivi su ciò che li aspettava.

La nostra ansietà si ridusse di molto subito dopo il nostro arrivo a Tokio. Fu lì che incontrammo Michelle Vosper, un'interprete e guida turistica di Hong Kong che un tempo aveva lavorato con Chou Wen-chung al Centro sino-americano della Columbia e il cui compito era di accompagnarci in Cina. Entro più o meno un'ora ci fu chiaro che Michelle era una persona molto speciale: un vero fenomeno. Frequente visitatrice della Cina ed esperta guida di gruppi simili al nostro, Michelle conosceva già alcuni dei leader culturali cinesi che avremmo incontrato, parlava correntemente il mandarino e il cantonese e ci mise tutti immediatamente a nostro agio. Era una persona intelligente, divertente, pratica, cordiale e ci fornì il suo aiuto facendoci da madre, sorella maggiore e leader, vestita dei panni confortevoli di una residente del New Jersey suburbano, in cui era nata.

Aveva appena trascorso alcuni giorni a Pechino, per dare una mano a organizzare il convegno, ed era in grado di rispondere a molti dei miei interrogativi. Era chiaro che aveva organizzato le cose molto bene. Ci aiutò a suddividere i numerosi doni che noi, il Centro sino-americano e la Fondazione Rockefeller avremmo consegnato ai cinesi, e a venire a capo di molte questioni logistiche. Evidentemente, *lei* non pensava che il nostro convegno avrebbe incontrato problemi insormontabili. Al momento in cui salimmo sull'aereo per Pechino il giorno dopo, eravamo ancora più entusiasti dell'avventura che ci attendeva, e io ero molto meno preso dalle mie precedenti ossessioni e paure.

Giunti all'aeroporto di Pechino in un freddo giorno di ottobre, fummo accolti da una "falange" di funzionari, capi delegazione, assistenti e quadri di partito, come era avvenuto anche durante la mia precedente visita in Cina. Riuscii a identificare il capo della delegazione cinese e mia controparte, Wu Zuqiang (WZQ da ora in poi), famoso compositore, direttore del Conservatorio centrale di musica di Pechino, membro del Comitato centrale e figura culturale di primo piano in Cina. (Avrebbe presto declinato l'offerta di un posto come vice ministro alla cultura.)

Non fui altrettanto bravo a riconoscere le altre facce, perché "nella vita reale" si muovono troppo in fretta; più tardi avrei imparato dei trucchi per guadagnare tempo, come procedere lentamente lungo la fila, ripetendo i nomi e chiedendo all'interprete di indicarmi esattamente chi fosse ciascuno. Come avevo previsto, venni ben presto separato dal resto del gruppo e collocato in una limousine da solo con WZQ e l'inevitabile (e indispensabile) interprete. Sebbene non si fosse recato all'estero (eccetto per un viaggio-lampo in Inghilterra alcuni mesi prima) e conoscesse poco l'inglese, WZQ si trovava decisamente a suo agio con gli stranieri – un tipo più alla Zhou Enlai, che non sul "deprimente". La nostra conversazione iniziale andò bene e mi sentii al sicuro nelle mani di un professionista che, come me, voleva chiaramente un convegno senza intoppi e ben riuscito.

La nostra delegazione si installò confortevolmente all'Hotel Pechino. Alcune delle stanze erano così spaziose che avrebbero potuto ospitare tutte le nove persone del gruppo. Colsi al volo l'occasione, suggerendo che ci incontrassimo brevemente tutti almeno una volta al giorno. Mi pareva che fosse importante scambiarci le nostre impressioni, verificare che fossimo d'accordo, anche se superficialmente, su come le cose stavano procedendo, e confermare se i nostri vari obblighi e bisogni venivano soddisfatti. Dubito che quelle riunioni "a comando" fossero ben viste dai partecipanti, ma contribuivano a far sì che il gruppo si sentisse tale, che eventuali difficoltà e conflitti venissero spianati, e che potessimo iniziare a buttar giù i rapporti per la Fondazione.

La notte precedente l'inizio ufficiale del convegno, i nostri ospiti cinesi offrirono un lussuoso banchetto. Come mi era stato suggerito alla colazione di New York prima della partenza (era stato solo qualche giorno prima, ma pareva un secolo) avevo preparato con cura un discorso per il brindisi che toccava tutti i dovuti punti, e lo avevo dattiloscritto grazie alla macchina da scrivere provvidenzialmente portata da Michelle. Fummo salutati al banchetto da Lin Mohan, un anziano personaggio, ex vice ministro della Cultura il quale aveva avuto un ruolo di rilievo negli affari culturali cinesi sin dal 1930, ed era conosciuto da quasi tutti gli intellettuali cinesi (anche se non da tutti amato); era stato proprio lui il capo della delegazione che aveva svolto il viaggio in America nel 1980, e ora fungeva da padrino del convegno.

Mi sentivo un po' preoccupato su quale sarebbe stata la reazione cinese alla mancata partecipazione di Lonna Jones e di David Rockefeller Jr. Il condirettore di un non meglio definito Progetto Zero sarebbe stato difficilmente visto come un sostituto adeguato per quelle due auguste figure da loro ben conosciute. Il signor Lin mi fece l'impressione di un gentiluomo rigido e quasi fragile, una sensazione che inizialmente non mi fece sentire a mio agio. Ma dopo aver ascoltato per alcuni minuti i suoi brindisi stravaganti e vedendo la sua espressione di estrema preoccupazione per il nostro benessere, compresi che era determinato quanto WZQ e me a far sì che il convegno avesse un successo travolgente.

In effetti, anche se il convegno non era ancora iniziato, avevo ragioni per prevedere che i risultati sarebbero stati ottimi. Qualunque fosse stato l'investimento degli americani su tale incontro, quello dei cinesi era molto superiore. Per prima cosa, avevano una spesa enorme da sostenere – molto più degli otto biglietti aerei dagli Stati Uniti, e anche più della somma messa a disposizione dal ministero dell'Istruzione per il viaggio a Harvard del 1980. Nove americani dovevano essere ospitati e nutriti lussuosamente per più di due settimane insieme a una ventina di cinesi che ci accompagnavano in continuazione mentre visitavamo Pechino e Shanghai. Questa volta non si trattava dell'amicizia fra due vecchi compagni d'università, bensì di complesse relazioni interpersonali che vedevano in gioco la collaborazione fra i Rockefeller, la Columbia University, Harvard, il ministero dell'Istruzione americano e i ministeri dell'Istruzione e Cultura cinesi. Scoprii inoltre, con una certa sorpresa, che questo convegno veniva considerato un evento molto importante, più importante che se si fosse tenuto a New York, Washington, Tokio o Ginevra, dove iniziative simili sono quasi quotidiane.

Michelle ci raccontò un commovente episodio che faceva comprendere l'importanza di questo evento per i nostri ospiti. Il giorno prima della grande apertura si era recata nella sala delle conferenze, dove si stavano ultimando i preparativi. Il personale cinese stava mettendo insieme i materiali informativi nelle due lingue, regolando i microfoni e preparando delle piccole targhette con i nostri nomi in cinese e inglese. Michelle sentì dire da un burocrate cinese, che accennava alle targhette: "Vede? Proprio come fanno gli americani ai loro convegni." Era chiaro che i cinesi si sentivano messi alla prova; più tardi infatti appresi che tali convegni sono eventi rari e importanti nel panorama dell'istruzione e della cultura di questo paese.

Sarebbe esagerato dire che il convegno in sé fu una delusione; fu piuttosto un evento largamente privo di colpi di scena almeno in superficie, ma (come tante altre cose in Cina) significativo a molti altri livelli. Il primo giorno fu dedicato alle "presentazioni ufficiali": i quattro leader della delegazione cinese (inevitabilmente e a sproposito da noi soprannominati "La Banda dei Quattro") descrissero la struttura amministrativa e quella dell'istruzione artistica e musicale in Cina a livello elementare, preprofessionale e professionale. Come fanno quasi sempre in questo tipo di incontri, si limitarono a leggere delle dichiarazioni che avrebbero anche potuto limitarsi a distribuire in anticipo. Ciascuno degli otto delegati americani parlò poi, più brevemente e informalmente, dei nostri campi di specializzazione. Intorno al gigantesco tavolo del convegno, però, non ci fu alcun vero e proprio scambio di informazioni e di vedute.

Finite le presentazioni di apertura, procedemmo alla visita di giardini d'infanzia, scuole elementari, scuole professionali per bambini piccoli di talento e scuole professionali per artisti, musicisti, ballerini ed altri artisti in via di formazione. Visitammo anche un certo numero di "palazzi dei bambini". Questi ultimi, modellati sui "palazzi della cultura" sovietici, sono doposcuola relativamente lussuosi frequentati regolarmente da bambini di talento. In ogni visita fummo accompagnati da quasi tutti i membri della delegazione cinese e anche da altri osservatori i quali si mettevano a nostra disposizione per chiacchierare con noi durante il tragitto e nel corso delle visite sul posto. Queste visite, illuminanti e piacevoli, costituirono il fulcro della nostra permanenza. Molti di noi in effetti avrebbero preferito passare più tempo in visite "sul posto" e ricevere un pacchetto di materiale informativo riguardante fatti e dati sull'istruzione artistica cinese. Tuttavia, come avrei appreso in seguito, un tale modo di fare sarebbe stato inaccettabile per i cinesi, perché il momento delle "relazioni orali ufficiali" costituisce per loro un tratto essenziale di qualsiasi scambio.

Il convegno ci fornì un panorama positivo del sistema educativo cinese nel suo complesso, anche se fece emergere aree in cui gli Stati Uniti si distinguono. I cinesi forniscono un'eccellente istruzione nella prima infanzia almeno a un certo gruppo dei loro giovani; quelli fra loro che dimostrano più talento sono selezionati in tenera età per ricevere un tirocinio di altissima qualità nelle scuole elementari, nei palazzi dei bambini e nelle scuole speciali affiliate ad accademie professionali e conservatori. Secondo un modello di stile sovietico, gli aspiranti artisti vengono istruiti dagli insegnanti più dotati, che spesso sono o sono stati artisti di rilievo. (Alla scuola affiliata con l'Opera di Pechino, per esempio, assistemmo a un'indimenticabile lezione-dimostrazione di canto, recitazione e mimo data da uno dei maggiori attori della sua generazione a un bambino di talento di dieci anni.) Se l'intenzione era di lasciarci senza parole per la qualità dell'insegnamento e della rappresentazione, così fu – almeno per me.

Come avrei poi notato tante altre volte durante i successivi viaggi in Cina, la qualità dell'istruzione è migliore per i bambini piccoli che non per i ragazzi da avviare alle professioni. Intanto, i cinesi iniziano a formare i bambini ad un'età molto precoce e, poiché vi è un consenso virtualmente totale su come educare i bambini, il loro rendimento in età prescolare è stupefacente, specialmente se messo a confronto con le aspettative relativamente modeste che noi abbiamo nei riguardi dei *nostri* bambini di quattro o cinque anni. Inoltre, le attività dei bambini piccoli hanno un loro fascino particolare, e i minuscoli bimbi cinesi, vestiti e truccati alla perfezione, riescono a dare il massimo di sé.

Non è eccessivo dire che osservare i bambinetti cinesi al lavoro nelle scuole e nei palazzi dei bambini mi sconvolse. Era una sensazione reverenziale come quella che avevo provato due anni prima nell'osservare le lezioni di strumenti ad arco ai bambini del Centro Suzuki di Educazione del talento in Giappone. Tuttavia le dimostrazioni cui assistetti durante la visita in Cina furono ancora più impressionanti. Dopo tutto, lì non si trattava di un programma speciale creato da un educatore di grande immaginazione e che costava alle famiglie molto tempo e denaro; almeno per quello che ne sapevamo, andavamo in scuole cinesi normali (o, in ogni caso, buone) e osservavamo bambini che ricevevano un'istruzione gratuita. Né le loro squisite rappresentazioni erano limitate al violino e al violoncello: sia che si trattasse di danza, arti marziali o canto, di raccontare storie, di calligrafia con inchiostro e pennello, o di attività artigianali, notavamo dappertutto in questi piccoli cinesi la stessa notevole abilità tecnica, attenzione, concentrazione e gioia.

Quando passai ad osservare gli studenti cinesi più anziani, però, il mio entusiasmo si smorzò di molto. Non tanto perché l'insegnamento e l'esecuzione peggiorassero, quanto per il carattere meno entusiasmante di ciò che doveva essere appreso. Non più iniziati a nuove forme espressive, gli studenti più grandi vengono preparati a essere la generazione seguente di artisti o "creatori". Gran parte del tirocinio è costituito da esercizi semplicemente noiosi, e non vi è alcun margine per l'esplorazione di quelle possibilità od opportunità espressive personali, mai del tutto assenti nel contesto occidentale. In qualunque posto si vada in Cina, gli studenti d'arte dipingono le stesse nature morte e busti greco-romani che i loro colleghi europei copiavano cento anni fa nelle accademie e che *tutti* i loro coetanei di ogni accademia artistica cinese continuano a riprodurre ancora oggi. Lo stesso vale anche nel campo delle arti dello spettacolo: giovani musicisti e ballerini fanno esattamente la stessa cosa dappertutto, sono valutati secondo gli stessi standard e non hanno alcuna possibilità di coltivare una qualsiasi forma di stile o espressione personale.[*]

Il fatto che gli studenti cinesi più anziani siano molto meno interessanti da osservare aiuta a spiegare gli aspetti meno entusiasmanti del nostro convegno. In entrambi i casi, le persone stanno semplicemente provando ciò che è stato detto e fatto migliaia di volte in precedenza, in modo privo d'individualità o di spirito. È per questo che, quando i cinesi sono chiamati a presentare una relazione orale, essa appare mortalmente noiosa a un occidentale. Per cominciare, il discorso è costretto dentro un gergo marxista o quasi-marxista che fa diventare vitrei gli occhi degli occidentali; è difficile, per noi, credere che la lista degli obiettivi elevati – Cinque Bellezze, Quattro Amori o Tre Virtù – venga presa veramente sul serio da qualcuno. (Vorrei poter dire che questo è solo snobismo o pregiudizio occidentale, ma temo che il mio verdetto sia ormai condiviso da molti cinesi.) Inoltre i cinesi hanno un debole per elencare innumerevoli titoli, soffer-

---

[*] Un recente articolo del *New York Times* riferisce che, nell'autunno del 1987, gli studenti dell'Accademia delle Belle Arti di Pechino facevano quotidianamente esercizi di disegno di nudi dal vivo.

marsi sulla complessità dei diagrammi organizzativi, e accumulare numeri su numeri, il che rende difficile l'ascolto e impossibile l'assorbimento delle informazioni.

Infine, come avevo osservato due anni prima a Canton, i cinesi non si distinguono nel "botta e risposta". Sono a loro agio nel leggere un testo preparato, ma non amano fare domande spontaneamente e ancor meno sono felici di doversi barcamenare a rispondere a domande improvvise. Il fatto che ogni frase dovesse essere tradotta non aiutava molto la fluidità del convegno, e quindi in definitiva si può affermare che i punti alti nelle sessioni plenarie della nostra conferenza furono scarsi.

Naturalmente, una tale dipendenza dal testo e un così pesante modo di fare conferenze *potrebbe* coesistere con una cultura dinamica e con forme d'arte entusiasmanti almeno per una parte della popolazione. Questo è certamente quanto alcuni dei leader cinesi avrebbero voluto farci credere. Temo però che non ci sia stata offerta alcuna evidenza di ciò. In effetti, a mio modo di vedere, la cultura cinese è divenuta più dinamica, e le sue arti più interessanti in correlazione diretta all'allentarsi della rigidità delle norme di comportamento nelle accademie e nei convegni ufficiali come il nostro.

Di nuovo, questa mia accusa non vuole avere un valore generale. Cinesi come Wu Zuqiag e Lin Mohan, particolarmente quando si parla con loro in privato, sono bene informati, gradevoli e facili da comprendere. WZQ è un provetto oratore e possiede l'arte, cruciale in situazioni dove tutto deve essere tradotto, di creare immagini e metafore capaci di trasmettere significati con immediatezza ed efficacia.

Purtroppo, però, a dispetto del suo credo politico ufficialmente egualitario, la Cina è fra le società gerarchicamente più strutturate, e quarant'anni di comunismo sembrano aver fatto poco, se non niente, per contraddire questo aspetto. Finché un rappresentante dell'autorità è presente in una sala, nessuno dotato di minore autorità si sente a proprio agio nell'esprimere un proprio punto di vista; ognuno è consapevole dei rapporti gerarchici nella stanza e ciascuno mostra il massimo di deferenza per questa gerarchia. Di conseguenza, non c'è da aspettarsi osservazioni spontanee da coloro che sono "secondi" o "terzi" in ordine di comando; o più precisamente queste persone possono essere chiamate in causa quando viene toccata la loro area di specializzazione e in nessun'altra occasione. Gli americani possono pensare che un tale senso della gerarchia e precedenza nel parlare occorra pure nei nostri gruppi, ma in genere anche l'organizzazione americana più autoritaria non regge il paragone con la rigidità tipica della gerarchia sociale cinese.

Come altri americani, non mi sento a mio agio in una gerarchia così rigida e cerco di opporle resistenza o di farla saltare nei miei gruppi di lavoro. In Cina, non fui altrettanto polemico del governatore del Massachusetts, Michael Dukakis il quale, durante un viaggio nella provincia di Guangdong, si era rifiutato categoricamente di viaggiare in un'auto speciale ed era salito sull'autobus come tutti gli altri membri della sua delegazione. Tuttavia, a mio modo, ho cercato di mostrare ai cinesi che vi sono anche altri modi di agire. A Shanghai, quando ci si accorse che non vi erano stanze singole sufficienti, mi scelsi deliberatamente un compagno di camera e lasciai le singole agli altri membri della delegazione. Quando venivano rivolte domande al nostro gruppo, chiedevo a varie persone di essere loro a dare le risposte e incoraggiavo i membri della delegazione a manifestare apertamente e pubblicamente i loro disaccordi, in forte contrasto con la prassi dei cinesi, che all'inizio degli anni ottanta non si sarebbero mostrati in disaccordo neppure su argomenti quali la preferenza per l'aranciata o la birra.

Mi piace pensare che queste dimostrazioni di democrazia applicata abbiano sortito qualche effetto. WZQ mi disse, alla fine della nostra visita, di essere colpito dal modo in cui avevo condotto la delegazione e di sperare che lui stesso e altri cinesi avrebbero potuto imparare qualcosa dal nostro modo di operare più informale e interattivo. (Il fatto che mi abbia invitato a tornare in Cina sembra dare qualche sostanza all'impressione di non essere stato percepito soltanto come un "controrivoluzionario".) Sono felice di affermare che, particolarmente a livello di rapporti professionali, ho notato un maggior interscambio e una minore gerarchizzazione in Cina alla metà degli anni ottanta rispetto all'inizio; e quando nel 1988 un gruppo di educatori artistici cinesi e americani ha organizzato una nuova conferenza, l'atmosfera era ormai molto meno ampollosa. Ciononostante, un incontro formale sino-americano ha ancora molta strada da fare prima di poter essere confuso con una sessione della Camera dei Deputati, o per un consiglio dei docenti universitari o una riunione al Rotary Club!

Con il convegno che volgeva al termine, avendo noi visitato un numero sempre più ampio di località, iniziarono a emergere alcuni temi nelle nostre discussioni notturne e negli scambi d'opinione privati coi cinesi. Pur essendo fortemente impressionati da ciò che vedevamo, il rendimento artistico dei bambini piccoli e le esibizioni di quelli più grandi provocavano nei membri del gruppo forti e contrastanti reazioni. In particolare, Jon Murray e Ann Slavit, esperti nelle arti figurative e visive, non amavano affatto tutto quel copiare che si faceva nelle classi d'arte cinesi e cercavano di comunicare i vantaggi del perseguimento di fini estetici o creativi personali senza direzione dall'alto.

Come per esemplificare il proprio punto di vista, questo duo artistico trasmetteva il proprio messaggio in modi contrastanti. Murray mostrava una quantità di diapositive sulle sue lezioni d'arte alla scuola media superiore, dove egli non fa mai dimostrazioni e non presenta le proprie opere, ma si limita a proporre ai propri studenti dei problemi stimolanti, incoraggiandoli a trovare da soli le loro soluzioni e perfino i loro problemi. Questo approccio era estraneo alla mentalità cinese, ma la forza di convinzione di Murray e la forza dei lavori dei suoi studenti, erano meglio di una intera biblioteca. Invece Ann Slavit, proprio prima di partire, aveva costruito un grosso acrobata rosso gonfiabile che, una volta gonfio e messo a testa in giù, dominava l'ambiente circostante. Dopo una laboriosa negoziazione con i cinesi e non poche difficoltà tecniche, le riuscì di esibire il lavoro nel campo di giochi di una scuola elementare. Come ho avuto spesso modo di osservare in Cina, mentre insegnanti e amministratori reagirono con disagio, come se si sentissero addirittura minacciati da questo lavoro artistico estraneo e insolito, i bambini invece ne furono entusiasti senza eccezioni.

Diapositive e oggetti d'arte parlavano ai cinesi direttamente e anche quando l'insegnante di musica Jim Byars prendeva in mano l'oboe si faceva capire immediatamente; non così coloro che erano costretti a usare il tramite della lingua inglese. Nel 1980 le traduzioni erano di solito adeguate, ma le idee erano spesso difficili da far passare. Le nozioni principali che noi americani cercavamo di comunicare non erano note ai cinesi: l'importanza di promuovere la creatività e incoraggiare l'immaginazione nei bambini piccoli; i procedimenti per mettere a punto problemi aperti capaci di stimolare un pensiero divergente; il rischio di dare troppo valore alla riproduzione e al rendimento; la natura e le ragioni di un approccio cognitivo alle arti; la flessibilità e la mancanza di uniformità dei programmi scolastici e delle strutture amministrative negli Stati Uniti. Più che parole e numeri, noi cercavamo di trasmettere idee e concetti, che però spesso non erano completamente recepiti nemmeno da un'americana sofisticata come Michelle Vosper che tuttavia non era un'insegnante artistica professionista. Forse i cinesi avevano ragione a sommergerci di numeri: almeno potevano essere facilmente tradotti e (apparentemente) assimilati. Ma noi volevamo comunicare nuovi concetti, non inserirci in una competizione numerica.

Ad un certo momento il problema della traduzione si fece

acuto. Fred Erikson, il nostro etnografo, aveva gettato là, disinvoltamente, a mo' di battuta, il noto proverbio: "Il pesce è l'ultimo a scoprire di stare nell'acqua". L'idea, sebbene abbastanza semplice – se si è troppo vicini a qualcosa si finisce per non vedere l'ovvio – pareva invece resistere alla traduzione, al punto che ci rinunciammo. Si immagini il mio stupore quando, sei mesi più tardi, nel leggere un saggio in un libro inglese, trovai la frase: "C'è un vecchio detto cinese, secondo il quale 'Il pesce è l'ultimo a scoprire l'acqua'". Il cerchio si chiudeva. Mi piacerebbe molto vedere quel libro, o almeno quella frase, tradotta nuovamente in cinese (e poi ritradotta per chi non parla cinese).

Il nostro convegno fu un grosso avvenimento, in Cina. Se ne fecero lunghi rapporti alla Xinhua, l'Agenzia Stampa Nuova Cina, il che significava che articoli e fotografie sarebbero apparsi su molte pubblicazioni cinesi. Vi furono anche articoli di prima pagina sul *China Daily*, unico quotidiano in lingua inglese in Cina, diffuso in tutto il mondo. Fotografi e operatori televisivi si facevano vedere spesso. Seguendo l'esempio delle abilità oratorie della mia controparte, WZQ, appresi l'importanza di rilasciare vivide dichiarazioni durante le interviste: ai cinesi piaceva sentirmi dire che quell'iniziativa di scambio era come un "ping-pong intellettuale", perché entrambe le parti erano "l'una all'altezza dell'altra" e avevano tanto da apprendere l'una dall'altra, e che la nostra impresa comune era stata lanciata "come un razzo sulla luna".

Ci trattavano come dei Vip. Inevitabilmente, quando visitavamo delle istituzioni, venivamo accolti da rettori, presidi o direttori. Ci offrivano raffinati banchetti durante i quali ascoltavamo brindisi senza fine all'amicizia dei nostri due popoli, al successo del nostro convegno e ai futuri scambi di ogni tipo nel campo dell'arte e dell'istruzione. Perfino l'ambasciata americana entrò a far parte del convegno, quando la sua sezione culturale si rese conto che il nostro gruppo stava incontrando dignitari e visitando luoghi inaccessibili all'ambasciata stessa fino a quel momento. Sebbene ci sentissimo importanti, eravamo coscienti del fatto che non avremmo mai ricevuto un'attenzione del genere negli Stati Uniti. Per ragioni che non ci furono chiare – e che ancora non capisco del tutto – un programma di cooperazione sino-americana nel campo dell'istruzione artistica rimane ancor oggi una notizia da prima pagina in Cina.

Il nostro convegno si svolse in due parti: una lunga settimana di lavoro a Pechino e una breve a Shanghai. L'organizzazione di base era simile in entrambi i luoghi, ma molto meno formale a Shanghai. Lì fummo alloggiati al bellissimo Hotel Jinjiang (dove soggiorna anche Nixon) e alla sera potevamo starcene fuori fino a tardi, per riposarci e bere un bicchiere al Jinjiang Club, un edificio *art déco* rimasto (in ogni senso) ai giorni delle Concessioni straniere (quando i cittadini di altri paesi usavano vivere in aree specifiche di Shanghai); come spesso accade, questi luoghi pieni di attrattiva erano proibiti ai cinesi. Scoprimmo che c'era un'intensa e non del tutto amichevole rivalità fra Shanghai e Pechino. Gli abitanti di Shanghai pensano di essere più cosmopoliti, commercialmente più affermati e superiori nelle arti e nella cultura, ma di aver ricevuto la fetta di torta più piccola in tutto (incluso quel convegno) perché il potere politico risiede a Pechino. Gli abitanti di Pechino credono invece di essere più seri, più lavoratori e responsabili degli abitanti di Shanghai, che non pensano che a divertirsi, guardano eccessivamente all'Occidente e sono decisamente inattendibili in materia politica. Cercammo di prendere la cosa alla leggera (dopo tutto, ci sono tensioni anche fra Harvard e la Columbia University), ma scoprimmo ben presto che sui problemi fra Shanghai e Pechino non c'era da ridere.

Nel predisporre il nostro itinerario insieme ai nostri ospiti, Russell Phillips della Fondazione Rockefeller aveva insistito su un solo punto: alla nostra delegazione avrebbe dovuto essere permesso di visitare per una giornata Suzhou, l'antica città-giardino a due ore da Shanghai. Fu così che una piovigginosa mattina gli otto delegati americani e i loro interpreti salirono in treno per un piacevole viaggio a Suzhou. Una deviazione a tre stelle che non avrebbe potuto essere più appropriata e ben accetta. Avevamo visitato le grandi metropoli della Cina d'oggi, ma ancora nulla degli attraenti paesaggi e profili rocciosi dei tempi antichi, né avevamo avuto modo di osservare i meravigliosi edifici e gli idilliaci scenari naturali in cui gli studiosi e i letterati della dinastia Ming (1368-1644) avevano vissuto e creato le loro opere. Questo era (parzialmente) ciò che la Cina era stata durante le dinastie passate, e ciò che aveva attratto in Cina molti spiriti occidentali; ma luoghi come quello erano stati persi di vista quasi del tutto (eccetto per scopi turistici) dopo la Liberazione, e durante la Rivoluzione cinese si era "insorti" contro di essi, distruggendone molti. Mentre camminavamo accanto a pietre dalla forma strana, arbusti e fiori lussureggianti, eleganti stagni, caverne scintillanti, dolci colline ed eleganti strutture rettangolari dalle decorazioni e dal mobilio quasi fiorentini, compresi nuovamente con cristallina chiarezza perché ero attratto dalle cose cinesi. Quella era una civiltà che in molti sensi non era mai stata superata e con la quale bisogna confrontarsi, se si è interessati all'arte, all'istruzione e alla creatività.

Il nostro convegno, proprio come un romanzo sperimentale contemporaneo, ebbe quattro chiusure. La prima ebbe luogo a Pechino con la fine delle sessioni plenarie. Ciascuna parte aveva posto domande all'altra e si era cercato, da parte nostra, di rispondere il meglio possibile. Com'era prevedibile, i nostri stili furono diversi: ogni membro della delegazione americana aveva curato alcune risposte individualmente, lavorando fino a tarda notte per articolarle il più attentamente possibile. I cinesi avevano raggruppato le nostre domande in ampie categorie e avevano presentato le risposte, "ufficiali" e generalmente caute, per mezzo di un portavoce.

Gli scambi più interessanti si erano svolti sull'argomento della creatività. Per molta parte del convegno, gli "educatori progressivi" delle nostre file avevano cercato di spiegare ciò che intendiamo quando parliamo dell'importanza di promuovere la creatività: rifiutare modelli e istruzioni dirette e spronare i bambini piccoli a pensare con la propria testa, dando loro modo di trovare molte soluzioni a un singolo problema, aiutandoli a stabilire un contatto fra le arti, l'istruzione e i loro interessi personali, incoraggiando risposte inattese che potrebbero anche sembrare brutte (o "gialle", come dicevano i cinesi). Queste nostre osservazioni venivano regolarmente ignorate oppure accolte con educati cenni del capo, o con commenti come: "Crediamo che le abilità di base siano più importanti. Bisogna saper camminare prima di poter correre."

All'improvviso, però, la signora Ji Junshi, un alto ufficiale del ministero dell'Istruzione e uno dei membri più agguerriti del quartetto cinese, si lanciò in un contrattacco. Insisté sul fatto che la creatività era importante anche in Cina, infatti era incoraggiata in classe in molti modi e in tutto il paese. Questa risposta ci sorprese, perché avevamo visto ben pochi esempi di creatività, almeno come la intendiamo noi, nelle dozzine di istituzioni che avevamo visitato. Eravamo anche sorpresi, però, perché raramente un argomento potenzialmente controverso era stato affrontato così direttamente. Fino ad allora avevamo espresso il nostro reciproco accordo, parlato senza comunicare, o al massimo discusso nella maniera più educata. In quel caso, invece, i cinesi erano veramente in disaccordo con qualcosa che avevamo suggerito – la mancanza di interesse verso la creatività in Cina – e affermavano che avevamo trascurato qualcosa d'importante. Non mi sembra che la signora Ji avesse dei buoni argomenti e forse la sua era più una difesa di riflesso dell'istruzione in Cina che non un'accurata descrizione di obiettivi e metodi attuali, ma fui molto colpito dal fatto che finalmente ci eravamo assicurati una genuina reazione per iniziare un dialogo valido.

La seconda chiusura ufficiale del convegno avvenne a Shanghai, quando salutammo i nostri ospiti e i leader del convegno di Pechino. Si trattò di un momento molto commovente. Eravamo stati insieme quasi senza sosta per due movimentate settimane, avevamo appreso a conoscerci bene e molti di noi provavano una genuina simpatia l'uno per l'altro. Ero divenuto un grande ammiratore di Wu Zuqiang, che avevo ormai aggiunto alla mia corta lista di ammirevoli figure cinesi, ed ero anche diventato amico di molti delegati americani e cinesi. Sentivamo che una grande avventura stava terminando. WZQ mi prese da parte e mi invitò a ritornare in Cina, ed avevo la sensazione che il suo non fosse semplicemente un invito formale "ritualmente corretto".

Vi era stata anche una conquista di altro tipo. Durante il nostro ultimo giorno in Cina, avevamo pranzato al famoso ristorante vegetariano, il Giardino del Tempio del Budda di Giada, che serviva cibo raro e delizioso in un'atmosfera vivace ed esotica. Lì ci eravamo lanciati in un'ultima discussione su alcuni degli argomenti che avevamo cercato di trattare durante il convegno. E fu allora che per la prima volta ebbi la sensazione che alcuni dei cinesi stessero iniziando a comprendere i concetti principali che avevo in mente.

Avevo cercato di spiegare che agli educatori artistici americani non importa molto se i bambini divengono eccellenti esecutori delle arti o imitatori della grande arte del passato. Ci interessa invece che essi siano in grado di capire cos'è l'arte, di "pensare" in termini di linguaggi artistici, di riflettere sul merito e il significato delle loro opere, e di mettere la produzione artistica – inclusa la loro – in relazione con problematiche storiche, culturali, ed estetiche: tanta carne al fuoco, anche se in un ristorante vegetariano. Ora, per la prima volta, ascoltando alcune delle domande dei cinesi, mi rendevo conto che mostravano interesse per quegli argomenti. Mi chiesero come si potevano utilizzare l'estetica e la storia dell'arte nell'insegnamento ai bambini piccoli; si interrogavano su come sarebbe stato possibile introdurre i loro insegnanti a un approccio cognitivo alle arti; infine si chiedevano come sarebbe stato possibile valutare la produzione creativa dei bambini in mancanza di risposte giuste "concordate". Naturalmente, questi sono i problemi su cui i miei colleghi e io avevamo lavorato per qualche tempo e, come dissi ai miei ospiti cinesi, l'aiuto non basta mai!

Quello scambio mi insegnò due cose. Prima di tutto, quando si cerca di presentare nuovi argomenti, non ci si può aspettare che vengano compresi immediatamente. (Se lo sono, infatti, la comprensione era già presente da prima.) Bisogna avvicinarsi al soggetto in molti modi differenti e per un periodo di tempo prolungato, per poterne sperare un'assimilazione. La seconda lezione concerneva l'importanza delle domande. Fino a che i cinesi erano semplicemente d'accordo – o, nel caso della signora Ji, in disaccordo – era difficile sapere se avevano capito. Ma quando ponevano una serie di domande, era molto più facile verificare che cosa era stato compreso. (Forse, ahimè, questa è una delle ragioni per cui ai cinesi non piace fare domande: esse possono rivelare ignoranza o presupposizioni non esplicitate.) In genere, migliori sono le domande, più sono le possibilità che il tra-duttore abbia fatto un buon lavoro e che chi ascolta abbia capito bene ciò che si è detto. Dovrei naturalmente aggiungere che una tale intuizione vale nei due sensi: senza dubbio vi sono molti aspetti del "messaggio" cinese che io non ho completamente afferrato.

La terza chiusura avvenne a Tokio, la sera dopo che eravamo partiti da Shanghai. Finito il viaggio in Cina, la tensione si allentò visibilmente. Non ci eravamo resi del tutto conto di quanto fos-simo stati trattati bene fino a quando non toccammo il suolo giapponese. (Lì le caratteristiche della vita erano quelle del "mondo libero": potevamo cioè dire e leggere ciò che volevamo, ma nessuno ci aiutava alla dogana o per i bagagli, e il prezzo del cibo e della merce era varie volte più elevato che in Cina.)

Poiché c'era ancora un po' di lavoro da svolgere, ci riu-nimmo per dividerci i nostri ultimi compiti: bisognava decidere chi avrebbe fornito altre risposte alle domande poste dai cinesi, chi avrebbe approntato i materiali visivi che erano stati richiesti o promessi e come avremmo preparato i resoconti finali per la Fondazione Rockefeller. Ero grato ai miei colleghi per la loro di-sponibilità, anche dopo due faticose settimane in Cina, a parte-cipare a riunioni e a offrirsi di svolgere compiti. Mi commossero anche facendomi un regalo. A mia insaputa a Shanghai mi ave-vano comprato una maglia: un souvenir, ma anche un arguto modo per ricordarmi che avevo viaggiato per tutta la Cina con un'unica giacca e una maglia, quest'ultima con in mezzo un buco sfilacciato e grosso come una moneta! Ci scambiammo altri pe-gni e rivolgemmo anche un ben meritato ringraziamento a Michelle.

Due mesi dopo, vi fu la chiusura finale del nostro viaggio – una riunione a New York durante la quale riferimmo i risultati a Chou Wen-chung e al gruppo della Columbia, ai membri della fondazione Rockefeller, e al consigliere culturale cinese, che alle-stì per noi un banchetto. Era una scena molto americana: otto personaggi, ciascuno (eccetto me, unico lavativo) con le sue dia-positive dei lavori artistici cinesi e la sua storia da raccontare. Mentre i cinesi non avrebbero potuto nemmeno pensare di

stendere dei resoconti separati, noi non avevamo potuto concepire l'idea di scriverne uno in comune. Quindi preparammo per
i cinesi (e anche per noi) un documento di centinaia di pagine.
In quel quaderno blu, rilegato dalla Fondazione, ciascuno di noi
non solo forniva risposte più complete alle domande sollevate
dalle nostre controparti cinesi, ma esponeva anche candida-
mente le proprie riflessioni su cosa aveva visto e come l'aveva
assimilato. L'intero rapporto, in inglese, fu spedito in Cina e so
che almeno in parte è stato tradotto, perché la mia relazione era
stata letta da molti quando più tardi tornai in quel paese.

Nella misura in cui ho dedicato metà di questo libro a para-
gonare l'istruzione artistica in Cina e in America, la mia
relazione del 1983 dal titolo "Alcune differenze fra l'educazione
artistica in Cina e in America" ha solo un interesse storico (se di
interesse si può parlare!). In quello studio, ho confrontato i
nostri due paesi da sette punti di vista:

1. Organizzazione (con l'istruzione in America completamente decentra-
   lizzata, mentre la politica dell'istruzione cinese è tutta promulgata da
   Pechino);
2. Obiettivi (personali ed espressivi in America, nazionalisti e moraleg-
   gianti in Cina);
3. Metodi (esplorazione libera durante la prima infanzia in America, imitazione e copia in Cina);
4. Contenuti (relativamente non prestabiliti in America, rigidamente predisposti in Cina);
5. Appropriatezza di "professionalizzare" i bambini piccoli (i cinesi si ri-
   velano molto meno ambivalenti degli americani su questo punto);
6. Valutazione degli oggetti artistici (i cinesi tentano il più possibile di
   raggiungere un consenso mentre gli americani indulgono nelle differenze di opinione);
7. Lo stato delle arti e dell'istruzione artistica nei nostri due paesi
   (apparentemente molto più elevato in Cina che negli Stati Uniti).

Questo resoconto del 1983 sul viaggio in Cina del 1982 si concludeva appropriatamente con l'osservazione che queste impressioni, basate su un breve viaggio, erano senza dubbio incomplete
in molti sensi e con la speranza che altri le avrebbero approfon-
dite e, quando necessario, corrette. Anche se quelle problematiche continuavano a interessarmi – in particolare la relazione fra
creatività e abilità di base – non mi aspettavo davvero, all'epoca,
di doverle riprendere di nuovo in un contesto interculturale.

In effetti, all'inizio del 1983 stavo rivolgendo la mia attenzione
ad altre cose. Poco dopo il mio ritorno dalla Cina, mi ero spo-
sato con la donna che era stata mia collega per molto tempo al

Progetto Zero, Ellen Winner, iniziando una nuova vita e forse una nuova famiglia. Il mio progetto di ricerca al Veteran Administration Hospital e al Progetto Zero erano andati avanti di buon passo durante il mio coinvolgimento con la Cina e volevo riprenderli in mano. Avevo appena pubblicato la raccolta di saggi *Art, Mind and Brain: A Cognitive Approach to Creativity* e stavo dando gli ultimi tocchi a *Formae mentis*. Il progetto Van Leer stava avanzando a pieno regime e vi furono altri viaggi in Europa, in Gambia (per un seminario in Africa occidentale) e in Messico (per uno latinoamericano).

Però non era facile lasciarsi dietro la Cina. Avevo pubblicato un articolo su *Psychology Today*[*] riguardo alla mia prima visita in Cina ed ora tenevo conferenze sulla mia più recente permanenza in quel paese. Con due viaggi in Cina al mio attivo, ricevevo richieste d'informazione da parte di visitatori americani in Cina e anche da educatori, artisti e psicologi cinesi in visita negli Stati Uniti. Avevo anche già cominciato a ricevere diverse lettere al mese da cinesi che avevano letto del convegno sulla stampa cinese e chiedevano il mio aiuto per recarsi negli Stati Uniti. Erano le risposte più difficili da dare, perché non ero mai in grado di offrire aiuto a quelle anime spesso disperate.

Una sera a Guadalajara, in Messico, dopo la conclusione del nostro seminario sul potenziale umano, stavo camminando per la strada col mio collega, l'antropologo Robert LeVine e discutendo con lui su cosa ci sarebbe da guadagnare o meno da una ricerca e da una collaborazione interculturali. Bob, che aveva passato molti anni facendo ricerca in Africa orientale e stava per lanciare uno studio su larga scala in Messico, mi chiese se avevo mai desiderato vivere per qualche tempo in un'altra cultura. Risposi che mi era piaciuto l'anno passato in Inghilterra dopo il college, che ero stato felice di viaggiare come membro dell'équipe Van Leer, ma che a causa dei gravosi impegni che avevo come ricercatore, marito e padre di tre figli, non mi pareva realistico poter lasciare Boston per più di qualche settimana. Poi aggiunsi, come soprappensiero, che se avessi potuto passare all'estero un periodo più lungo di tempo, sarebbe stato senza dubbio in Cina. Per qualche motivo, quel paese più di ogni altro esercitava su di me un forte richiamo e prometteva risposte a una quantità di interrogativi sia professionali sia personali che mi travagliavano. A quell'epoca, la discussione parve solo accademica. Continuammo a parlare d'altro, ma nei mesi seguenti il mio pensiero sarebbe spesso tornato a quella conversazione.

[*] "China's Born again Psychology", *Psychology Today*, settembre 1980.

8. Progetto Cina

Come aveva previsto Tom James, della Fondazione Spencer, ero passato da attività di ricerca "pura" universitaria a mansioni sempre più ibride che comportavano responsabilità anche amministrative e un ruolo sempre più pubblico. Gli studi interculturali sul potenziale umano mi avevano profondamente assorbito e mi avevano condotto per due volte in uno dei paesi più lontani ed entusiasmanti del mondo, la seconda volta a capo di una delegazione. Ora dovevo chiedermi fino a che punto questo nuovo campo mi piaceva o se preferivo restare alla macchina da scrivere o nel mio laboratorio. Quando mi si presentò l'opportunità di intraprendere un altro importante progetto dello stesso genere, mi accorsi di essere pronto a dire di sì.

Ancora una volta l'iniziativa venne dalla Fondazione Rockefeller. In seguito al mio colloquio con Wu Zuqiang, al termine del mio soggiorno a Shanghai, il vicepresidente esecutivo, Russell Phillips, mi rinnovò l'invito dei cinesi di ritornare in Cina per un periodo più lungo, per svolgervi conferenze e acquisire una visione più approfondita del loro panorama educativo.

Era una occasione rara e lo sapevo: inviti in Cina per periodi prolungati non erano comuni, avrei avuto la giusta sponsorizzazione e, come tutti sapevano, l'accesso in Cina avrebbe potuto venir chiuso da un momento all'altro. Dopo qualche riflessione e dopo averne discusso con Ellen, mi resi conto di due cose: desideravo tornare in Cina per un periodo più lungo, ma non volevo semplicemente fare le valigie e partire. Al contrario, volevo avere il tempo per prepararmi adeguatamente, andarci con una missione ben precisa, partecipare a uno scambio bilaterale e, se possibile, partire con mia moglie.

Avevo già imparato una cosa fondamentale sui progetti cooperativi: più numerose sono le parti interessate, più sono i bisogni da soddisfare. Era fondamentale riuscire a mettere assieme un programma che soddisfacesse tutti. Nei mesi che seguirono lavorai in stretto contatto con colleghi di Harvard, della Fondazione Rockefeller, del Centro sino-americano della Columbia University e tramite loro, con le nostre controparti cinesi presso i ministeri dell'Istruzione e della Cultura. Insieme riuscimmo a realizzare un piccolo miracolo: un progetto di dimensioni e obiettivi maneggevoli, corrispondente ai bisogni di tutte le parti interessate.

Il progetto era questo: durante i tre anni seguenti, due gruppi di insegnanti d'arte cinesi e americani avrebbero effettuato visite reciproche risiedendo nel paese ospite fino a un massimo di sei mesi (poi ridotti a due-tre mesi per équipe). Nella fase iniziale dello scambio i leader del progetto, tre o quattro persone al massimo, avrebbero visitato per un mese l'altro paese con il compito di farsi un'idea generale sullo stato dell'istruzione artistica e di individuare luoghi ed esperienze da esplorare più a fondo nel corso della residenza vera e propria nel paese ospite. Nei due anni successivi, tre paia di équipe composte da esperti diversi fra loro sia per campo artistico che per età e interessi educativi, avrebbero abitato in tre città per un mese ciascuna. Fin dall'inizio una speciale équipe di ricerca a Cambridge doveva raccogliere una vasta documentazione sull'istruzione artistica in Cina basata su letture sistematiche e su interviste a visitatori ed emigrati cinesi. I risultati di questa ricerca sarebbero stati trasmessi a tutti i partecipanti al progetto e resi disponibili anche separatamente, un lavoro indipendente rispetto alla riuscita o al fallimento degli scambi veri e propri e un'importante componente di risultato "sicuro" rispetto alle incertezze di un progetto così complesso. Infine, alla conclusione dei tre anni di ricerche e scambi, vi sarebbe stato un secondo convegno a complemento di quello di Pechino e Shanghai del 1982, per presentare i risultati complessivi dello scambio e proporre possibili sviluppi.

Ero molto soddisfatto di questo programma. Mi avrebbe permesso di realizzare il mio sogno di trascorrere un lungo periodo in Cina, nel modo in cui lo desideravo. Avrei avuto la possibilità di capire bene come, e a quale costo, i cinesi riescono a far raggiungere un livello così alto di esecuzione e produzione artistica ai loro piccoli. Ellen si unì a me come coricercatrice e fu chiaro fin dall'inizio che ci saremmo recati in Cina insieme. Ellen prima di cadere nel laccio della psicologia, aveva studiato pittura e avrebbe analizzato la produzione dei bambini piccoli nelle arti visive, mentre io mi sarei concentrato sull'educazione musicale nella stessa fascia d'età.

Appena ci venne comunicato che i fondi erano stati assegnati, entrammo in azione. Poiché né Ellen né io parlavamo il cinese ed eravamo ancora dei dilettanti in fatto di sinologia, era importante che mettessimo insieme un'équipe di consulenti e assistenti bene informati. Riuscimmo a ottenere collaboratori di prim'ordine i quali non solo riuscirono a lavorare nel nostro ufficio spesso caotico, ma intervistarono anche un centinaio circa di artisti e musicisti cinesi in visita negli Usa.

Grazie all'attività di scambi degli ultimi dieci anni, il Centro della Columbia University aveva ottimi collegamenti in Cina, sia a Hong Kong che sul continente; inoltre David Rockefeller Jr., la Fondazione Rockefeller e l'Università di Harvard avevano ciascuno propri canali privilegiati. Fummo così in grado di intervistare alcuni personaggi chiave nel campo delle arti, dell'istruzione e della politica cinese. Uno degli incontri più memorabili fu con Yin Ruocheng, il principale attore cinese in lingua inglese, divenuto famoso a Pechino come star del dramma *Morte di un commesso viaggiatore*. Anche se Yin stava per diventare vice ministro degli affari culturali, aveva trovato ancora il tempo di recitare una parte importante nel film premiato nel 1987, *L'ultimo imperatore*. Yin si lanciò in una travolgente panoramica dei principali eventi artistici in Cina dagli anni venti in poi e, con un fare che ricordava quello di un vecchio funzionario del British Briefing Office, ci tracciò anche un quadro delle principali questioni politico-sociali della Cina contemporanea.

Il progetto però non era privo di ostacoli. Comunicare con la Cina era difficile; non parlavamo la stessa lingua e anche quando ciò accadeva era frustrante e difficile riuscire a capire cosa stava accadendo e se un accordo importante era stato per davvero concluso o meno. Scoprimmo anche che l'ambiente degli studiosi e artisti cinesi era un vero e proprio campo minato. I maggiori studiosi di cose cinesi residenti in America erano stati costretti per anni a sopravvivere sfruttando piccoli spazi di ricerca ed ora che finalmente potevano accedere alla Cina si contendevano i posti migliori per poter raccogliere informazioni. Vi era molta competitività e la maldicenza dilagava. Per quanto riguardava le varie centinaia di artisti cinesi residenti negli Stati Uniti, molti di loro disponevano di magre risorse e lottavano per un minimo riconoscimento o per i pochi dollari che avrebbero loro permesso di respirare. Sapevamo, dalle nostre letture sulla Rivoluzione culturale, delle intense lotte di fazione, ma non eravamo preparati all'entità del fenomeno, alla sua asprezza e persistenza nello spazio e nel tempo. Più di una volta mi venne in mente il clima di certe diatribe tra intellettuali americani, di cui sono buon esempio le lettere all'editore sul periodico del Comitato ebrei americani, il *Commentary*.

Tali fermenti a volte si riflettevano anche nelle nostre relazioni con il Centro della Columbia University, il cui personale e in particolare il cui brillante direttore, Chou Wen-chung, attivamente impegnato fin dagli inizi negli scambi culturali, aveva opinioni ben radicate su molti argomenti. La maggior parte di tali sentimenti non toccavano il nostro progetto, ma talvolta ci veniva detto chiaramente di chi potevamo fidarci, chi dovevamo contattare e chi no e chi ascoltare con molte riserve.

Trovai molto istruttivo lavorare con Chou Wen-chung. Discendente di una grande famiglia di Shanghai, era venuto in America da giovane, dopo la seconda guerra mondiale, come studente di musica. Senza soldi né protettori, era emerso lentamente nel mondo accademico e musicale americano. Il suo curriculum è impressionante; nonostante la sterminata quantità di impegni, riesce a sapere praticamente tutto ciò che succede e ad avere precise opinioni sulla maggior parte degli argomenti. È un negoziatore duro, ma un diplomatico estremamente flessibile e affascinante. Soprattutto è profondamente dedito al progetto da lui stesso elaborato di cementare l'amicizia fra i due paesi attraverso le arti. Più di una volta, frustrato, ho desiderato un collaboratore più trasparente e più accessibile di lui (di stile più americano). Alla fine, però, la nostra collaborazione si è dimostrata utilissima. Nonostante la sua determinazione ed elusività, Chou è completamente affidabile. L'aver avuto a che fare con lui, mi ha molto facilitato nei successivi contatti con persone cinesi sia in America che in Cina.

All'epoca in cui stavo lanciando il programma cinese, ero ancora impegnato in altre attività della Fondazione Rockefeller, fra le quali un lungo fine settimana di incontro e di scambio di idee fra una trentina di insegnanti vincitori dei premi per l'istruzione artistica. Pensavo che mi sarebbe stato utile conoscere personalmente questi insegnanti, ma soprattutto mi interessava vedere cosa sarebbe successo mettendo insieme per cinque giorni trenta educatori artistici di talento, impegnati a valutarsi a vicenda.

Ellen ed io fummo invitati a questo seminario a Dedham, nel Massachusetts, per esporre le nostre linee di lavoro. Parlammo della nostra ricerca sullo sviluppo artistico nei bambini e della teoria delle intelligenze multiple (tutte cose cui ho già accennato nei capitoli precedenti). E parlai anche delle mie esperienze in Cina mettendo a confronto la concezione dell'arte e dell'istruzione nei due paesi. Infine ho invitato i partecipanti ad aiutarmi in due compiti: primo, indicarmi quali esperienze americane avrebbero potuto essere più illuminanti per i visitatori cinesi, secondo, indicarmi le problematiche e le pratiche che gli educatori d'arte americani avrebbero voluto approfondire se avessero avuto la possibilità di visitare la Cina.

Mi furono offerte idee eccellenti su cosa mostrare dell'America – per esempio, alcune "scuole magnete", programmi artistici interdisciplinari, attività di cooperazione con musei e sedi dove viene fatto uso di compùter nell'educazione musicale. Mi vennero anche indicate quali istituzioni fra quelle vincitrici dei premi avrebbero potuto essere contattate per ospitare le varie équipe di leader e insegnanti cinesi. E in effetti, quando venne il momento, tutti i visitatori cinesi ebbero l'opportunità di visitare alcune di queste scuole e quindi di osservare alcuni fra i migliori esempi di educazione artistica in America. Ma a Dedham la vera attrazione non era la Cina, erano gli insegnanti stessi. Si trattava di un gruppo eccezionale, ciò che vi era di meglio sulla scena americana. Erano totalmente presi dalla loro professione; gli interventi accademici furono accolti con cortese interesse, ma, come del resto le loro controparti cinesi, si entusiasmarono solo quando venne il momento di tirar fuori la loro documentazione. Si erano portati dietro centinaia di diapositive, di registrazioni video e audio e di artefatti vari, materiali sui quali rimasero a discutere ogni giorno, fino a tarda notte.

Erano persone che avevano un intrinseco bisogno di sentirsi parte di una comunità. Nelle loro scuole spiccavano a causa della loro maggiore motivazione ed energia, ma la materia che insegnavano era considerata poco prestigiosa negli ambienti educativi ed era guardata dall'alto in basso dalla società in generale – specialmente se insegnata da uomini. Invece che reagire accontentandosi di proporre un modesto programma di educazione artistica, essi erano riusciti a creare un proprio soddisfacente programma di lavoro. Avevano vinto un premio prestigioso il quale, sfortunatamente, era destinato a scatenare più invidia che rispetto da parte dei loro colleghi. Un'inchiesta su di loro, tramite interviste, aveva rivelato che gli atteggiamenti e il concetto di sé che trapelavano dalle loro risposte, se paragonati a quelli di altri professionisti, li rendeva simili alla categoria dei giudici. Secondo me ciò dipende dal fatto che dei bravi insegnanti devono avere un alto grado di autonomia, dare regolarmente giudizi di valore, conoscere intimamente la vita personale e le aspirazioni dei loro studenti e riuscire in tutto questo a mantenere una certa distanza o obiettività. Quando questi insegnanti ebbero la possibilità di riunirsi, fu come se avessero ritrovato dei parenti (o confratelli) perduti.

Negli anni successivi ho avuto modo di conoscere molti eccellenti insegnanti di arte e musica cinesi sia in America che in Cina. Sono diversi dal nostro gruppo di Dedham, come lo sono i cinesi dagli americani in genere. Tuttavia tutti questi ottimi insegnanti hanno alcuni caratteri comuni: l'amore per la loro materia, la disponibilità a rimanere a scuola tutto il giorno e anche fino a notte se necessario, un profondo interesse per i loro studenti e la capacità di lavorare da soli, lontano dalla massa di insegnanti delle materie più tradizionali, un istintivo "opportunismo" che permette loro di trarre il meglio da ogni evento e occasione e, se necessario, di eludere il programma obbligatorio; e infine la capacità di creare sequenze di lezioni che fanno emergere le capacità d'immaginazione dei loro studenti. Ho l'impressione che queste siano qualità possedute in generale da ogni bravo insegnante, ma emergono specialmente nelle arti per la natura particolare della materia e per le circostanze spesso difficili nelle quali proprio gli insegnanti d'arte di tutto il mondo devono operare.

Il tempo trascorso in compagnia di questi eccezionali colleghi mi ha offerto molti elementi di riflessione. È chiaro che pur nell'assenza di ogni significativo sostegno vi sono in America situazioni dove il livello dell'istruzione artistica è eccellente. Viene tuttavia da domandarsi se sia necessario, a questo fine, avere insegnanti così speciali oppure se livelli simili possano essere raggiunti anche da insegnanti "normali" che lavorano con studenti "normali" in scuole "normali". Di recente noi del Progetto Zero abbiamo messo a punto dei programmi che ci auguriamo possano favorire un elevato livello di istruzione artistica su un intero territorio urbano. Penso che il nostro successo dipenderà in gran parte dalla nostra capacità di favorire il manifestarsi, negli insegnanti con cui lavoriamo, del tipo di indipendenza di giudizio e amore per l'arte sopra descritti.

Arrivò il momento del primo scambio vero e proprio. L'ultimo giorno di ottobre del 1984 i leader cinesi giunsero al Summit Hotel di New York. La loro delegazione guidata da Wu Zuqiang, del Conservatorio centrale di musica, era composta dalla signora Ji Junshi, nostra inflessibile amica del ministero dell'Istruzione e paladina della creatività cinese e da Lu Zhengwu e Wang Baihua, entrambi del ministero della Cultura. Nel mese seguente la delegazione si recò in ben sette città: New York, Boston, Washington, Minneapolis, Memphis (e Germantown nel Tennessee), New Orleans e San Francisco. Imperturbabile, WZQ riuscì anche a recarsi per conto proprio a Kansas City, Dallas, Ann Arbor nel Michigan e Bloomington nell'Indiana. Scopo del viaggio era quello di avere una visione generale dell'istruzione artistica americana in modo da poter riferire ai futuri partecipanti i temi principali da affrontare e poter prendere delle decisioni oculate su chi mandare in seguito negli Stati Uniti e dove.

In ogni città naturalmente la delegazione visitò i luoghi, i programmi e le scuole migliori e che più corrispondevano ai loro interessi. A Boston, per esempio, il gruppo visitò Harvard, il Mit, il New England Conservatory, il Massachusetts College of Art e l'Università di Boston, incontrandosi con i responsabili di queste istituzioni. Videro in opera le ultime novità nei laboratori musicali computerizzati del Mit e furono in grado di esplorare il mondo dei più piccoli nel corso di un pomeriggio al famoso Children's Museum di Boston; infine il mondo della tradizione fu loro offerto sotto forma di una cena di Ringraziamento organizzata appositamente per loro con tre giorni di anticipo da Francis, l'albergatore del Wayside Inn, dove furono accolti da Joan Kennedy, attiva sostenitrice dell'istruzione artistica e frequentatrice della Cina.

A Cambridge David Rockefeller Jr. offrì loro una sontuosa cena, proprio la sera delle elezioni presidenziali del 1984, in cui vedemmo Walter Mondale subire un'umiliante sconfitta a opera di Ronald Reagan. I cinesi non furono più sorpresi di me nello scoprire che praticamente tutti gli ospiti presenti a casa di David Jr. (una ventina) erano sostenitori di Mondale, a riprova che il liberalismo di Cambridge è più forte delle lealtà politiche di famiglia. Anche noi Gardner organizzammo un intrattenimento, molto meno formale, per i nostri ospiti. Da tempo io avevo appreso che con i cinesi vanno evitate le discussioni politiche, ma mia figlia Kerith, allora quindicenne, non conosceva questa regola e continuò a insistere perché i cinesi le dicessero cosa pensavano di Reagan. Alla fine o per farla tacere o perché se li era conquistati, uno dei cinesi rispose: "Beh, in effetti pensiamo che sia una specie di cowboy."

Lo scontro latente fra i nostri due sistemi di valori venne a galla in un paio di occasioni. Alla Milton Accademy, una bella scuola privata a sud di Boston, che possiede un programma di arte e uno di lingua cinese, ci venne offerta una lezione "progressiva" di design, che avrebbe reso felice Jon Murray, l'insegnante che aveva fatto parte della nostra delegazione in Cina nel 1982, ma che rese molto nervosi tre dei nostri ospiti cinesi. Agli studenti (e a noi) fu assegnato un solo compito: "Usate vecchi giornali per costruire una struttura il più alta possibile che sia in grado di sostenersi da sola. Avete tutta l'ora per farlo." Il leader cinese WZQ, imperturbabile, unì di buon grado le sue forze alle mie e insieme costruimmo un albero di eucalipto. Era molto alto, e stava quasi in piedi! Come c'era da aspettarsi ciascuna coppia di studenti mostrò un approccio differente al problema e molti dei loro risultati erano decisamente superiori al nostro. Questo esercizio, svolto in gruppo insieme a una delegazione internazionale, divenne una felice dimostrazione dei metodi didattici americani: soluzione creativa di problemi, in un ambiente non gerarchico.

Al Massachusetts College of Art furono esaminate le cartelle dei disegni degli studenti. I loro lavori erano molto astratti, spesso disordinati e caotici, distanti anni luce dagli accurati dipinti di uccelli e fiori così prevedibilmente dominanti nelle scuole cinesi. I nostri ospiti erano confusi: era chiaro sia che ciò che vedevano non piaceva loro, sia che non possedevano alcuno strumento per mettersi in relazione con ciò che vedevano. Fu così che mi resi conto che non basta semplicemente mostrare l'arte astratta ai cinesi e dire loro di abituarcisi; bisogna aiutarli a comprendere l'ambiente estetico, culturale e storico da cui essa trae origine e i bisogni personali ed estetici che soddisfa. Lo stesso vale per la musica occidentale contemporanea, inclusa quella composta dall'esigente Chou Wen-chung. Ma queste nozioni non potevano essere comunicate nel breve arco di un tardo pomeriggio d'autunno.

Alcuni mesi più tardi, all'inizio di marzo del 1985, Chou Wen-chung, Lonna Jones (felicemente guarita), Michelle Vosper (la nostra guida di fiducia del 1982) ed io, arrivammo a Canton, per svolgervi la parte americana del primo scambio. Allo stesso ritmo sostenuto dell'autunno precedente, in poco più di tre settimane visitammo sette città cinesi, sparse in tutto il sub-continente.

Il mio viaggio durò un po' più a lungo perché ero arrivato a Hong Kong con qualche giorno di anticipo. Volevo, a scopo di paragone, apprendere qualcosa sull'istruzione artistica al di là del confine. Con una certa sorpresa scoprii che a Hong Kong l'istruzione artistica non è tenuta in grande considerazione. Il desiderio principale dei genitori è che i loro figli facciano carriera e, dato l'accesso limitato all'università, gli studi vengono imperniati sulla matematica, le scienze e la tecnica (ciò ricorda gli Stati Uniti degli anni ottanta). Sono invece gli studenti "stranieri", provenienti dal continente cinese, che spesso dimostrano una maggiore dimestichezza con l'arte, probabilmente perché l'istruzione artistica è parte integrante dei programmi scolastici della Repubblica popolare cinese. È anche possibile che solo i migliori studenti cinesi riescano ad andare a Hong Kong; è sempre difficile dire cosa accade fra i "cinesi normali". In ogni caso la mia incursione a Hong Kong mi fece capire che essere un cinese d'oltremare non significa avere accesso ad esperienze estetiche. Le arti sono dominio esclusivo della classe benestante di Hong Kong, come tendono ad esserlo anche in altre parti meno cinesi del mondo. Mi sono domandato cosa sarebbe accaduto all'istruzione artistica se la Cina si fosse messa a competere con i luoghi tecnologicamente più avanzati del mondo.

Trascorremmo circa tre giorni in ciascuna delle sette città cinesi. Cominciando da Canton, dove fummo accolti da due dei nostri ospiti cinesi, prendemmo un aereo per Xiamen (Amoy) sulla costa sudorientale a un tiro di schioppo da Taiwan. Poi ci recammo a Guilin, considerata da molti uno dei luoghi più belli della Cina, dove durante una piacevole crociera sul fiume Li, vedemmo delle catene di montagne che parevano scivolate giù da una serigrafia cinese. Passammo una mezza giornata a Liuzhou, a sud di Guilin, conosciuta in Cina come "la capitale della bara" e famoso centro di istruzione nelle arti figurative. (Poiché oggi i cittadini cinesi vengono tutti cremati, la sua fama di "capitale della bara" ci parve un po' anacronistica.) Da Guilin proseguimmo per Chengdu (Chengtu) nel cuore della provincia del Sichuan (Szechuan), granaio della Cina, una zona ampia, diversificata, imponente e popolosa al punto che questa sola provincia è considerata il settimo paese del mondo per ordine di grandezza. Proseguimmo poi per la città di Xian (Sian), antica capitale della Cina circondata da mura. Nascosta nelle colline vicine vi è forse la più meravigliosa veduta della Cina: migliaia di figure di terracotta raffiguranti soldati a grandezza naturale montano la guardia da più di duemila anni alla tomba dell'imperatore Qin Shi Huangdi, unificatore della Cina. Il nostro viaggio terminò con un weekend a Pechino, dove ci sedemmo insieme ai nostri organizzatori in un'anonima stanza d'albergo (proprio come si fa nei convegni in America) per definire piani e obiettivi per il prosieguo dello scambio.

Fra questo viaggio del 1985 e quello precedente del 1982 ho notato un impressionante cambiamento d'atmosfera, il più notevole riscontrato nei miei quattro soggiorni in Cina. Parlare di "uno spartiacque" sarebbe esagerato, ma era chiaro che massicce tendenze erano all'opera. All'inizio degli anni ottanta, viaggiare in Cina era ancora poco comune e specialmente fuori delle grandi città gli stranieri attiravano ancora notevole attenzione. Invece nel 1985 nelle grandi città eravamo virtualmente invisibili e non eravamo più una novità nemmeno nelle regioni più esterne. Il nostro regime di vita era meno formale; meno banchetti e meno conversazioni e brindisi puramente cerimoniali. Vi era molta più varietà nel vestire, con le casacche alla Mao spesso messe in minoranza nelle scuole o in altri edifici e ritrovi pubblici. La gente si sentiva più libera di esprimere le proprie idee personali su molte cose. Tutti cambiamenti relativi, naturalmente: non c'era pericolo di scambiare dei giovani o dei professionisti cinesi per degli occidentali.

Nel 1980 era comune vedere poster di Mao e del suo successore, Hua Guofeng; nel 1985 i ritratti politici erano rari. Invece vi erano molte pubblicità di prodotti occidentali, dal dentifricio alla Coca-Cola. Molti hotel occidentali o di stile internazionale erano stati già costruiti o in via di completamento – sia costruiti dai cinesi, che da *joint-ventures* fra la Cina e Hong Kong, il Giappone, l'Europa o l'America. Orville Schell nel suo libro leggermente venato di nostalgia dal titolo: *To get rich is glorious*[*] avrebbe parlato a questo proposito di "massimizzazione della Cina"; e Simon Leys, commentatore cinico ma spesso accurato, avendo predetto decine di anni prima che la Cina si sarebbe adeguata ai costumi degli uomini d'affari e dei turisti occidentali, poteva ora affermare: "Ve l'avevo detto".[**]

Anche l'educazione scolastica stava subendo dei cambiamenti. Il ministero dell'Istruzione era in procinto di essere trasformato in Commissione di stato per l'istruzione, il che significava maggiore potere (se non più fondi). Alle scuole si sarebbe dovuta garantire più libertà di raccolta e uso dei fondi e il Partito comunista avrebbe dovuto ridurre il proprio ruolo nel funzionamento scolastico. (Uso il condizionale perché, in seguito alle inattese e note proteste studentesche della fine del 1986, questi piani di riduzione di controllo sulle scuole sono stati sospesi; e io credo che le scuole abbiano meno autonomia politica oggi di quanta ne avessero nel 1984.)

Invece il cambiamento avvenuto nel vocabolario dell'istruzione artistica potrebbe avere più futuro. Mentre nel 1982 la creatività veniva solo occasionalmente menzionata parlando della scuola, ora essa veniva sbandierata in ogni dove. Era evidente che essere creativi era importante almeno quanto essere ricchi. Si facevano anche riferimenti espliciti all'educazione artistica: perseguire la bellezza e le arti erano adesso degli obiettivi ufficiali dell'istruzione. I cinesi hanno un modo tutto loro di suggerire all'esperto straniero di essere responsabile dei cambiamenti nella loro linea d'azione. Sono ben cosciente di questo nell'esprimere l'opinione che il nostro convegno del 1982 può aver avuto qualche influenza sul modo in cui le arti e la creatività sono oggi considerate in Cina. Come minimo si può dire che noi fummo "usati" per promuovere dei valori che certi influenti leader come Lin Mohan o Wu Zuqiang consideravano importanti o desiderabili. Un tipo di appropriazione politica che si può riscontrare anche altrove e in altri ambienti educativi.

I nostri ospiti cinesi ci sorpresero, all'inizio della nostra per-

[*] Pantheon, New York 1984.
[**] *China Shadows*, Viking, New York 1977.

manenza, scusandosi con noi per il programma di viaggio. "In Cina," ci dissero, "l'organizzazione non sarà altrettanto buona ed efficace quanto lo è stata negli Stati Uniti. È molto più facile prendere accordi in America di quanto lo sia in Cina. Inoltre da voi è anche più facile ottenere la cooperazione di varie unità di lavoro [*danwei*] di quanto non lo sia qui. Ci dispiace di dovervi dire questo." Una tale confessione mi ha lasciato inizialmente stupefatto e incredulo. Sapevo bene quanto sia difficile realizzare accordi di cooperazione negli Stati Uniti, dove persone della nostra posizione praticamente non hanno alcun potere su nessuno; e ricordavo anche i buoni itinerari offertici dai cinesi nel 1980-82. Pensai che la loro fosse solo una forma di cortesia, una cortese frottola. Invece quel mettere le mani avanti si rivelò fondato. In teoria poiché l'istruzione e le arti in Cina sono centralizzate, le autorità costituite di Pechino dovrebbero poter garantire tutta la collaborazione necessaria sull'intero territorio nazionale. In pratica, però, vi è una forma di decentralizzazione per cui è molto difficile far funzionare una cooperazione a lunga distanza, e a volte perfino all'interno di uno stesso edificio. I cinesi sono anche meno abituati a far lavorare in tandem diverse unità di lavoro, fra le quali c'è molta rivalità. Contrariamente a quanto si potrebbe pensare, è più facile mettere in funzione coordinamenti e accordi in America che non nella Repubblica popolare.

Anche se sarei tentato, so che questa non è la sede adatta per fornire un completo giornale di viaggio della nostra visita. Se non sono ancora riuscito a convincervi ad andare in Cina, probabilmente non ci riuscirò mai. Vorrei invece proporre un giornale di viaggio concettuale, che indichi quali sono le scoperte che ho fatto sull'educazione artistica, nell'ordine in cui le ho fatte visitando Canton, Xiamen, Guilin, Liuzhou, Chengdu, Xian e Pechino.

Canton

Durante il nostro primo pomeriggio a Canton visitammo un giardino d'infanzia veramente speciale, forse il più spettacolare che io abbia visto in Cina. Osservammo bambini fra i tre e i sei anni impegnati in giochi "imitativi" altamente immaginativi. Erano seduti a delle piccole tavole, dove facevano finta di trovarsi in una casa, di servire dei pasti, tagliare capelli, giocare al dottore e all'infermiera, o svolgere altri semplici ruoli osservabili a casa o al lavoro. Ho osservato con attenzione per vedere se i bambini erano capaci di assumere più di un ruolo. Inoltre mi sono inserito anch'io nel gioco, per controllare se sapevano reagire a un comportamento specifico e non previsto. Con mia soddisfazione, i bambini si dimostrarono molto adattabili. Non si limitavano a riprodurre gli stessi movimenti pedissequamente.

Più tardi chiedemmo di parlare con alcuni bambini, i quali si sedettero con noi per una mezz'ora e risposero alle nostre domande. Le loro risposte erano vivaci e appropriate. Quei bambini reggevano bene il confronto, in termini di sofisticatezza e vitalità, con quelli che avremmo potuto incontrare in confortevoli giardini d'infanzia negli Stati Uniti o nell'Europa occidentale. Non mi sorprese sapere che la direttrice era stata recentemente negli Stati Uniti ed era al corrente di molte idee contemporanee sulla prima infanzia. Ma quella classe era comunque molto più "progressiva" di tutte quelle che avevo visto in precedenza nel 1982 e anche di molte altre che avrei visitato nel 1985 e nel 1987.

Fu nel giardino d'infanzia "L'Est è Rosso" che per la prima volta mi imbattei in una peculiare istituzione cinese: i giardini d'infanzia residenziali. La loro costituzione risale agli anni cinquanta, sotto l'influenza russa, ma sono coerenti con idee sull'educazione dei figli che risalgono molto più indietro nella storia cinese. I bambini vivono nella scuola sei giorni alla settimana e tornano a casa solo dal sabato sera alla domenica sera o al lunedì mattina. Dormono in stanze con molti lettini a castello e ricevono a scuola anche le cure mediche.

L'idea dei giardini di infanzia residenziali inizialmente non entusiasma la maggior parte degli occidentali esperti nello sviluppo del bambino (e, avrei poi appreso, anche non pochi cinesi). Ma molti leader cinesi li difendono e perfino li esaltano. Sicuramente per potervi accedere vi è una concorrenza accanita, nonostante la tassa di iscrizione richiesta da queste scuole. La loro popolarità pare dovuta al loro alto livello e al fatto che costituiscono una buon predellino di lancio nel sistema scolastico cinese, altamente competitivo. Inoltre consentono a dei genitori che lavorano entrambi e che spesso desiderano colmare i vuoti di istruzione dovuti alla rivoluzione culturale, di usufruire di tempo extra da dedicare al lavoro ed allo studio. Inoltre, come ho già accennato, in Cina per molte ragioni vi è una lunga tradizione in fatto di separazione dei figli dai genitori; quindi l'apparente scissione dei legami familiari non è considerata un vero trauma.

Quella sera a cena scoprii che la maggior parte dei quadri dirigenti con cui stavamo intrattenendoci aveva figli che frequentavano quel giardino di infanzia o altri simili. Al mio ritorno in Cina nel 1987 appresi che molti tra gli studenti migliori e tra i docenti più giovani avevano anch'essi frequentato i giardini di infanzia residenziali sebbene non fossero tutti inclini a mandarvi i propri figli. Ne concludo che quelle scuole costituiscono un sentiero privilegiato nella Cina d'oggi. Ma, a causa dei miei profondi dubbi sull'accettabilità di un tale sistema, mi viene da chiedere se i ragazzi che si ribellarono violentemente ai più anziani durante la Rivoluzione culturale non siano stati tra quelli che avevano frequentato tali scuole.

La visita a questo giardino d'infanzia fu forse la prima esperienza che mise in questione il mio stereotipo dell'istruzione precoce in Cina. Ero preparato a vedere scuole che favorivano al massimo lo sviluppo di abilità di base, ma non lo ero altrettanto a trovare scuole che sembravano "progressive" in termini americani. Che i cinesi fossero riusciti a prendere due piccioni con una fava, e cioè a favorire lo sviluppo di abilità artistiche superlative in età precoce e al tempo stesso a promuovere il gioco libero e l'immaginazione?

Ma le altre esperienze offerteci a Canton furono meno ispiratrici. I nostri ospiti ci mostrarono con orgoglio una fabbrica di ceramica nella vicina città di Foshan. Rimanemmo sgomenti di fronte al cattivo gusto degli oggetti vistosi che vi erano prodotti, largamente per la vendita sui mercati esteri. Mi riesce difficile conciliare la magnifica tradizione estetica cinese con alcuni degli oggetti che passano per arte nelle strade o nel mercato d'esportazione. Ma dubito che quei prodotti abbiano un qualsiasi significato per il lavoratore della fabbrica. In generale mi chiedo se "l'arte ufficiale" – sia essa realista-socialista o artigianato turistico – abbia o meno rilevanza nell'esperienza e nel senso estetico della maggior parte dei cinesi.

Anche le opere d'arte che vedemmo all'Accademia di belle arti di Canton erano tutt'altro che ammirevoli. L'Accademia (da non confondersi con istituzioni dallo stesso nome dove si attua l'apprendistato) è un'organizzazione cui sono invitati a iscriversi un piccolo numero di pittori cinesi di talento. L'iscrizione ammonta a una sinecura: gli artisti non devono insegnare, ma semplicemente produrre su richiesta un certo numero di lavori, e hanno il permesso di recarsi in altre parti della Cina per ritrarre la flora, la fauna e il folclore locale. Il risultato è che le opere esposte all'Accademia sono di livello alquanto scadente; hanno l'aspetto di antichi dipinti, tristi, sebbene rimessi a nuovo, o di imitazioni di un impressionismo di seconda o terza mano. Gli artisti spesso tengono i loro lavori più arditi nei loro studi privati, senza alcuna possibilità né di esporli al pubblico né di ricevere dei giudizi franchi e costruttivi. Questi artisti hanno stretto un patto con la propria cultura: dipingi in un certo modo, non deviare, e sarai magnificamente (secondo gli standard cinesi) remunerato. Quando dissi ad uno dei giovani membri dell'Accademia che molti artisti cinesi sono venuti a stabilirsi a New York, mi rispose: "Sì, e molti altri ancora ne arriveranno!"

Queste due ultime esperienze ebbero un effetto deprimente su di me. Picasso una volta ha detto che la pittura e l'arte della calligrafia cinesi sono le arti visive più belle del mondo (con l'arte europea al quarto posto dietro il Giappone e l'arte tribale africana). Sono propenso ad essere d'accordo. Tuttavia, qui all'Accademia d'arte di una grande città cinese, mi toccava vedere esposti con orgoglio dipinti di seconda mano e un'accozzaglia di oggetti di cattivo gusto (almeno secondo me), destinati ai mercati esteri. Come riconciliare questi due estremi, e qual è oggi il ruolo dell'educazione artistica in questo tipo di cultura?

Xiamen

Questa regione costiera del Sud si è rivelata una scoperta inattesa nel nostro itinerario. Dubito che qualcuno ne sapesse qualcosa, eccetto Chou Wen-chung, e neppure lui vi era mai stato di persona. Xiamen si distingue per l'audacia della sua organizzazione economica: è una delle zone a economia speciale, dove cinesi e uomini d'affari stranieri che vi impiantino *joint-ventures* ricevono benefici economici. La zona ha una lunga storia di relazioni con l'Occidente poiché, come Shanghai, aveva ospitato concessioni straniere. Ci vivono molti cristiani e molti missionari vi hanno svolto opera di proselitismo. La sua deliziosa isola, Gulangu, è particolarmente famosa per aver dato i natali a dei musicisti e questa era infatti la ragione principale per cui la città era stata inclusa nel nostro itinerario.

La stessa capacità di iniziativa esibita da Xiamen nel mondo degli affari era visibile anche in campo artistico, specie nell'educazione musicale. Le classi della scuola elementare erano di altissimo livello. Vi incontrai i migliori maestri di musica della Cina, incluso un particolare maestro le cui lodi canterò nel capitolo decimo. In questa città molti possiedono un pianoforte e quasi tutti i bambini suonano qualche strumento e, camminando per strada, si sente uscire musica classica occidentale dalle finestre. Le famiglie sono molto unite e i loro membri tendono, più che in altre parti della Cina, a vivere nella stessa area.

A paragone con le altre città che avremmo visitato, Xiamen si distingueva in termini di leadership municipale e di cooperazione tra i ministeri dell'Istruzione e della Cultura. Altrove, quasi ovunque, sono emerse tensioni, occasioni perdute, scontri parziali, pasticci con i calendari e con il personale. A Xiamen invece, difficoltà o disaccordi ci vennero tenuti accuratamente nascosti. Quella fu la ragione principale per cui Ellen ed io chiedemmo di trascorrere un mese a Xiamen nel 1987: volevamo stare nel luogo dove gli organizzatori del nostro scambio avevano dimostrato di saper cooperare, per essere sicuri di poter osservare l'istruzione e la cultura cinesi al loro meglio.

Come accadde anche altrove durante quel viaggio, a Xiamen venni in contatto con aspetti dell'istruzione artistica che qualsiasi cinese dà per scontati, ma che a me erano ancora sconosciuti. A una lezione di pittura in una scuola secondaria professionale apprendemmo per esempio che un insegnante che dipingesse bene era considerato un ottimo maestro; il fatto che per l'intera ora leggesse a voce alta gli appunti di vecchie conferenze mentre tutti erano mezzi addormentati, apparentemente non giocava contro di lui come pedagogo. Sentimmo parlare di grossi progetti per l'istituzione di un Ufficio centrale di ricerca artistica presso l'Università di Xiamen, ma alla fine del mese apprendemmo da Wu Zuqiang che non stava succedendo niente, come avemmo modo di constatare anche al nostro ritorno, due anni più tardi. In Cina è spesso importante parlare di qualcosa come se fosse accaduto o stesse per accadere, anche se le cose sono assolutamente ad un punto morto, una pratica naturalmente non del tutto sconosciuta anche altrove.

In un "palazzo dei bambini", dove avevamo assistito a meravigliose esecuzioni nei campi delle belle arti e delle arti marziali, ci impuntammo per ottenere delle risposte alle nostre domande. Fu un'esperienza frustrante. Prima di tutto scoprimmo che gli educatori cinesi hanno molta difficoltà a rispondere a domande astratte o ipotetiche. Non mi è chiaro a tutt'oggi quanto ciò fosse dovuto a problemi di traduzione, ma chiaramente non si trattava solo di questo. Quando sentimmo dire che quel palazzo era considerato molto speciale, cercammo in molti modi di scoprire *in che cosa* consisteva la diversità dalle altre istituzioni educative. Era chiaro che o la gente non lo sapeva, o non ce lo voleva dire, perché non riuscimmo a strappare una risposta precisa a nessuno. Allo stesso modo cozzammo contro un muro quando chiedemmo informazioni sulle classi in cui si diceva che veniva promossa e incoraggiata la creatività.

Riuscimmo comunque ad assicurarci un'informazione importante: l'ammissione che se uno studente era molto bravo in un campo artistico o in uno sport, si faceva di tutto per migliorare i sui voti, perfino falsificandoli se necessario. Questo passo radicale veniva intrapreso per permettere al bambino di prender parte alle onnipresenti competizioni che dominano tutti gli aspetti dell'istruzione nella Cina d'oggi. In definitiva ci parve chiaro che non sarebbe stato facile scoprire i perché e i percome dell'istruzione artistica cinese e che avremmo dovuto arrivarci per conto nostro.

Guilin

Se Xiamen fu l'inattesa nota alta del nostro giro, Guilin si rivelò – se si esclude il paesaggio incantevole – il suo nadir. I nostri ospiti non sembravano comprendere perché ci trovassimo lì e fecero ben pochi sforzi per saperlo. Fummo trattati da turisti, portati a vedere panorami e consegnati nelle mani di persone che sapevano molto poco sul tipo di istruzione che si attuava a casa loro. Forse "i responsabili" pensavano che la bellezza di Guilin fosse sufficiente per mantenere inebriato o tranquillo quel nostro particolare gruppo di studiosi dell'arte.

Riuscimmo ciononostante a fare delle esperienze molto interessanti. Nella sala di ingresso del nostro albergo vedemmo un uomo che eseguiva esercizi di calligrafia con la mano destra e con la sinistra. Iniziammo a parlare con lui ed egli ci raccontò la storia affascinante della sua vita. Da giovane studente di medicina aveva appreso che ciascuna metà del cervello controlla l'altra parte del corpo. (Non avendo sentito discorsi di neuropsicologia da molti giorni, mi fece piacere scoprire che queste conoscenze erano confermate anche in Cina.) Entrambi i suoi genitori erano morti da giovani, mi pare per disturbi al cuore, e il nostro amico era deciso a far sì che quel destino prematuro non gli capitasse.

Trovò allora una soluzione formidabile. La maggior parte degli individui privilegiano un solo arto e quindi una sola metà del cervello. Lui, invece, avrebbe allenato entrambe le braccia, stimolando così le due metà del cervello; in questo modo pensava di poter vivere due volte tanto. Si trattava chiaramente di uno spirito indipendente, che su quelle linee di pensiero si era costruito una vita e una professione. Per questo, e senza dubbio per nessun'altra ragione, era stato accusato di essere un "uomo di destra" e si era dovuto nascondere per vent'anni, vivendo spesso alla giornata, nei boschi.

Solo dopo la caduta della Banda dei Quattro, ormai quasi settantenne, era tornato alla civiltà. Il suo talento piacque a una galleria d'arte di Pechino, che lo aveva assunto per dare dimostrazioni speciali di calligrafia nella sala di ingresso dell'hotel Lijiang, dove faceva molti affari attirando i turisti, specialmente i giapponesi. Si era fatto una reputazione internazionale, era andato a Hong Kong, era stato ospite di un programma televisivo e sperava di poter venire negli Stati Uniti, se la sua salute e quella di sua moglie glielo avessero permesso. Ci indicò orgogliosamente il proprio volto ancora relativamente liscio e disse: "Vedete, ho settantasette anni. Il mio approccio a due mani deve funzionare davvero."

Anche se non eravamo certi di ciò che c'era di vero nella autobiografia piuttosto particolare del signor Ma, la sua storia e il suo lavoro ci piacquero molto. Decidemmo di acquistare una intera serie, una cinquantina, di suoi poster "a caratteri grandi", per offrirli come ricordo a ciascuno degli insegnanti premiati dalla Fondazione Rockefeller.

Poiché sapevamo più o meno quali erano gli interessi di ciascun insegnante, chiedemmo al signor Ma di disegnare dei caratteri specifici per ogni vincitore: dramma, poesia, danza, e così via. Ed egli, in segno di ringraziamento, donò un poster a ognuno di noi fatto usando entrambe le mani, oppure solo la sua favorita, la destra.

Il signor Ma era certamente un personaggio curioso, ma le reazioni dei nostri ospiti cinesi nei suoi riguardi lo furono ancora di più. A loro il nostro progetto non interessava, ma gli affari che avrebbero potuto fare con noi, sì. (Mi ritornò in mente il viaggio a Pechino del 1980, quando a un professore di Harvard fu vietato di recarsi in una strada di negozi di antiquariato.) Dapprima i nostri ospiti cercarono di dissuaderci dal comprare dal signor Ma, dicendo che non era un calligrafo serio. Poi organizzarono per noi una serata per farci incontrare i calligrafi "seri" di Guilin, membri dell'associazione calligrafica cittadina e provinciale e insegnanti scelti delle scuole locali e del centro culturale per gli adulti. Il signor Ma, che avremmo voluto invitare, fu categoricamente escluso.

Fu istruttivo per noi apprendere qualcosa in merito all'arte della calligrafia. Questa elaborazione estetica del sistema di scrittura cinese, durante la Rivoluzione culturale era stata considerata un retaggio "feudale" e, sebbene ora non fosse più fuorilegge, era stata raramente menzionata durante i miei precedenti viaggi in Cina. Nel 1985, al pari del termine *creatività*, anche la pratica calligrafica era divenuta molto popolare. Bambini, adulti, artisti professionisti e dilettanti erano tutti intenti a praticare la calligrafia. Gli insegnanti ci esposero i passi necessari per divenire un maestro calligrafo. Sebbene fossero divisi fra loro sulle tecniche da seguire, quasi tutti concordavano sul fatto che non ci sono scorciatoie: è necessario ripetere tutti gli antichi passi prescritti e apprendere ognuno dei cinque principali stili calligrafici. Ci vogliono quindi anni, se non decenni, prima che venga consentito un qualsiasi tipo di deviazione o di espressione personale.

Ancora una volta sentimmo ripetere la massima: "Non si può correre prima di aver imparato a camminare." Non c'era da stupirsi che i metodi del signor Ma li costernassero.

Come ci fece notare Chou Wen-chung in varie occasioni, la calligrafia in Cina è molto di più di un'antica forma d'arte. È la radice e la chiave di tutta l'arte cinese. La pittura è emersa dalla calligrafia. La poesia, la danza, perfino gli strumenti musicali tradiscono le loro radici e connessioni con la calligrafia. Le pennellate, gli effetti visivi, i movimenti e i significati si mescolano tutti assieme in un'esperienza artistica totale, l'equivalente cinese del *Gesamtkunstwerk* di Wagner (questo paragone è mio, non di Chou Wen-chung).

Proprio come la calligrafia incorpora in sé le fonti dell'arte e dell'estetica cinesi, l'apprendimento della calligrafia contiene le chiavi della formazione artistica in generale. Per secoli sono stati messi a punto i rigidi procedimenti per produrre i vari caratteri cinesi: come applicare l'inchiostro, come reggere e muovere il pennello a mo' di danza sulla carta; come completare i segni, inchiostrare di nuovo il pennello, applicare il sigillo; come raggiungere una struttura compositiva armoniosa, eccetera. Si tratta di un rituale preciso come quello giapponese della cerimonia del tè, e come nella cerimonia del tè, solo i più esperti professionisti possono introdurre delle innovazioni. Tutti i cinesi conoscono i procedimenti calligrafici di routine e li rispettano, anche se non li hanno ben appresi. Inoltre – e questo è il punto chiave – questo metodo generale non viene applicato solo alla calligrafia e alle arti grafiche: esso è considerato il procedimento pedagogico per eccellenza che sottende ogni arte e disciplina, dalla danza, alle arti marziali, alla matematica.

Scoprii che l'arte della calligrafia cinese mi attraeva. Forse era l'alta qualità del lavoro, il vederlo eseguire nel suo ambiente "naturale", l'osservare le pennellate eseguite dal vivo dai maestri, che mi piaceva; o forse era l'apprendere le sue origini e tecniche, lo studiare le sue forme misteriose e il cercare di comprendere i suoi significati letterali ed espressivi.

Mi colpivano particolarmente gli aspetti musicali della calligrafia; il ritmo, la tessitura, il movimento, evocavano in me le stesse "forme di sentimento" che Susanne Langer individua nella musica. L'arte occidentale, benché io l'ami molto, mi è sempre parsa un po' remota perché sono daltonico e non ho la percezione della profondità. In Cina, forse per la prima volta nella mia vita, incontravo una forma di arte visuale che esibiva molte delle virtù dell'arte occidentale, incorporando in più la musicalità che le manca. Era un'arte che potevo apprezzare pienamente nonostante le mie carenze visive. Il poter osservare i calligrafi all'opera e imparare di più in fatto di calligrafia divenne per me un'ulteriore attrattiva della Cina.

Era un piacere sentir parlare Chou Wen-chung della calligrafia, della resa musicale di strumenti tradizionali cinesi quali la "pipa" (o liuto), e di tante altre cose cinesi. Educato inizialmente in Cina alla maniera tradizionale, studioso della cultura cinese, Chou Wen-chung fu per noi un'inesauribile fonte di informazioni durante le nostre esperienze di viaggio. I cinesi gli si facevano intorno per ascoltarlo almeno quanto noi. In Cina, lontano dal suo telefono e dai suoi molti ruoli e responsabilità, era anche molto più rilassato, per cui era più facile conversare con lui. Notai che amava la popolarità e che, come un politico americano, provava un piacere particolare nell'evidenziare i suoi legami personali con ogni città che visitavamo. A un certo punto gli feci notare che quella era la quinta città cinese in cui sosteneva di essere nato. Ne ridemmo insieme.

Liuzhou

Probabilmente in questa comunità, a due ore di treno in direzione sud, vi era la migliore scuola di arte della regione di Guilin. Qui visitammo una scuola gestita dal ministero delle Ferrovie, dove un insegnante di arti visive pieno di talento formava eccellenti giovani calligrafi, disegnatori tecnici e pittori. Non era del tutto chiaro perché in quest'angolo relativamente oscuro della Cina esistesse una scuola famosa. Apprendemmo che diversi ministeri hanno le loro scuole e che il ministero delle Ferrovie è molto florido e aveva scelto di privilegiare l'istruzione artistica. Ma, come alcune delle scuole vincitrici dei premi della Fondazione Rockefeller, anche questa sembrava una situazione venuta a crearsi per caso, grazie a un bravo insegnante e a un direttore disponibile. I prodotti grafici di Liuzhou erano ben conosciuti in tutta la Cina: molti leader cinesi, tra cui il primo ministro Zhao Ziyang, il presidente Li Xiannian e la vedova del premier Zhou Enlai, erano venuti in questa scuola per congratularsi personalmente con i giovani artisti. Non riuscivo a immaginare dei leader americani dello stesso calibro che andassero a premiare identici risultati artistici a Scranton o a Tuskgee.

Osservando i bambini al lavoro, ci stupivamo della facilità con cui procedevano. Bambini di cinque o sei anni dipingevano fiori, pesci e animali con la destrezza e la sicurezza di un adulto. Calligrafi di nove o dieci anni producevano lavori che, anche secondo l'occhio esperto di Chou Wen-chung, avrebbero potuto trovar posto in un museo. Durante la visita a casa di due giovani artisti, apprendemmo dai loro genitori che essi facevano pratica per varie ore al giorno. Tuttavia, a differenza di ciò che accade per i giovani musicisti, non vi era alcuna garanzia che sarebbero divenuti degli artisti: si può essere maestri calligrafi e seguire al tempo stesso un'altra carriera. Mi trovai a ripensare con malinconia alla mia fatidica decisione di abbandonare lo studio del pianoforte, presa trent'anni prima in un angolo altrettanto oscuro del mondo.

Affascinato com'ero dalla scioltezza con cui questi giovani artisti lavoravano, mi domandavo se fossero in grado di dipingere qualsiasi oggetto o solo quelli che avevano appreso a riprodurre; dopotutto, nella pratica della calligrafia il metodo normale consiste nel ricopiare pazientemente gli stessi caratteri. E così ebbi una piccola ispirazione. Decisi di chiedere a tre bambini di dieci anni di riprodurre un soggetto che sapevo non avevano mai disegnato prima: il mio viso. Dapprima il compito lasciò perplesse le mie tre "cavie", ma ben presto cominciarono a svolgerlo con divertimento. Tutti e tre i bambini fecero un serio tentativo di ritrarre il loro esotico soggetto e ciascuno produsse un risultato credibile. A dire il vero, in un ritratto somigliavo a uno dei Beatles, in un altro a un alunno di scuola e nel terzo a una mia vecchia zia, ma in tutti c'era almeno una certa rassomiglianza col soggetto. Avevo scoperto ciò che volevo: i bambini cinesi non sono semplicemente legati a degli schemi, su richiesta possono allontanarsi in certa misura dalle formule tradizionali.

Chengdu

L'esperienza forse più rivelatrice della nostra missione si verificò in un'importante scuola nella città di Chengdu. Qui fummo in grado di osservare, praticamente l'uno accanto all'altro, due insegnanti che erano in assoluta antitesi fra loro e che rappresentavano i due estremi del ventaglio di opzioni possibili nella Cina d'oggi.

L'insegnante di musica era tutto ciò che si potrebbe desiderare. I suoi alunni suonavano strumenti occidentali e cinesi con abilità e sentimento. Aveva imparato da solo a suonare una ventina di strumenti e incoraggiava i suoi studenti a fare altrettanto. Tutti gli alunni suonavano almeno uno strumento e venivano incoraggiati alla danza, inclusi, per chi volesse, il rock and roll, la disco music, l'improvvisazione.

Oltre a concentrarsi sull'esecuzione artistica, cosa tipica della Cina, gli alunni erano anche incoraggiati a comporre musica,

Una classe elementare di arti figurative a Chengdu: (1) disposizione della classe; (2) procedura passo-passo di come disegnare un pesce, secondo le indicazioni dell'insegnante; (3-5) gli allievi procedono nel compito loro assegnato di completare le figure, sotto la direzione dell'insegnante.

cosa estremamente inusuale. Non vi era alcun testo di composizione e nemmeno un elenco di passi da compiere, né un'indicazione di quando veniva fatto un "errore". L'insegnante non contestava apertamente il programma ministeriale (se l'avesse fatto avrebbe potuto venire rimproverato), ma offriva agli alunni molte opzioni di tipo auto-espressivo. Una tale ampiezza di vedute si rifletteva nelle maniere degli studenti, che apparivano rilassati, ridevano e scherzavano molto, e davvero non temevano di fare errori, di dover ricominciare o di esprimere critiche su ciò che facevano i loro compagni. Se la Fondazione Rockefeller istituisse un programma di premiazioni in Cina, questo insegnante dovrebbe essere alla testa della lista.

Anche l'insegnante di arti figurative della porta accanto era stato in quella scuola per più di vent'anni e aveva prodotto studenti competenti, ma il suo approccio pedagogico era diametralmente opposto; tanto che egli divenne il mio prototipo della "maniera tradizionale" di insegnare l'arte in Cina. Nella lezione che osservammo, stava mostrando a cinquanta bambini di prima elementare come disegnare un pesce (che chiamerò un ciprino dorato). Era una lezione di calligrafia portata agli estremi. L'insegnante dapprima, in piedi davanti alla classe, mostrò per dieci minuti come esattamente doveva essere tenuto in mano il pennello e in che ordine bisognava dare le pennellate prescritte. Alla lavagna c'erano dei modelli numerati delle varie pennellate e un disegno del ciprino dorato finito. (C'era, nell'aula, anche un ciprino dorato vero, ma come succede inevitabilmente in questi casi, nessuno lo degnò di uno sguardo.)

Terminata la dimostrazione di apertura, gli alunni trascorsero circa venti minuti a dipingere e tutti dipinsero il pesce allo stesso modo. Inoltre ciascuno aveva un libro di testo (prescritto dal programma nazionale) aperto sul banco alla stessa pagina, nella quale era riportata esattamente la stessa lezione che avevano appena ricevuto "dal vivo", compreso l'ordine delle pennellate e tutto il resto. L'insegnante girava per la classe osservando ciascun tentativo, aiutando i bambini a tenere in mano il pennello nel modo giusto e ad attuare la pennellata con la giusta pressione e angolazione, quando l'impostazione del bambino non era perfetta.

Alla fine della lezione, ogni studente aveva disegnato almeno un ciprino dorato. Il loro pesce era proprio come il modello completo dell'insegnante e in questo senso la lezione era stata un successo eccezionale. Però era stata anche una sintesi di tutti i problemi relativi all'istruzione artistica cinese, sollevati da numerosi osservatori: come andare al di là di un lavoro artistico pedissequo con dei procedimenti prescritti e un prodotto finale "giusto", per tentare di fare qualcosa di nuovo, modificare gli schemi, combinarli in modi nuovi e provocatori? Mettendo a confronto questa lezione con quelle insegnate alla Milton Academy del Massachusetts o alla scuola elementare progressiva da me visitata a Bolinas in California, è difficile credere che si stia trattando lo stesso argomento.

Cercammo di sollecitare una discussione fra i due insegnanti, ma non fu possibile e forse sarebbe stato perfino crudele farlo. L'insegnante di musica era ansioso di parlare, di sentire cosa pensavamo, di provare nuove idee. L'insegnante di arti figurative era relativamente taciturno e sulla difensiva. Quando gli chiedemmo se avrebbe fatto cose diverse in classe avendone la possibilità, rispose di no. (Non riuscimmo a capire se c'era un problema di traduzione, un problema concettuale, o se quella era un'onesta risposta.) Ci comunicò però spontaneamente che il programma era molto impegnativo e che avrebbe voluto avere più tempo per svolgerlo meglio. Queste sue parole esprimono una convinzione condivisa da molti altri insegnanti delle scuole elementari cinesi.

A Chengdu ci imbattemmo nella più strabiliante statistica del nostro viaggio. Secondo calcoli a livello provinciale, la Provincia di Sichuan avrà bisogno di diecimila nuovi insegnanti di musica nei prossimi dieci anni, però secondo i nostri calcoli il conservatorio produce solo trenta insegnanti l'anno. Nessuno pareva troppo preoccupato da questa discrepanza: lo ripeto, la retorica in Cina corre entro canali molto diversi da quelli dei fatti.

Xian

Quando arrivammo al sesto luogo del nostro corso intensivo d'introduzione all'istruzione artistica cinese, avevamo già visto molti tipi differenti di scuole e palazzi dei bambini, quindi non ci aspettavamo altre scoperte. Tuttavia, anche questo soggiorno fu molto istruttivo. Visitammo un'altra buona scuola delle ferrovie, che aveva un pluripremiato insegnante con il quale i bambini imparavano a intagliare il legno. Questo materiale era divenuto popolare in Cina negli anni trenta, quando il noto scrittore e critico sociale Lu Xun l'aveva proposto come mezzo per sviluppare le coscienze politiche. Quell'insegnante d'arte si muoveva dunque nel solco di una tradizione rivoluzionaria, ma i lavori dei suoi allievi possedevano più espressività individuale, coprivano un campo di esperienze più vario e uno spettro di sentimenti più ampio di ogni altro analogo laboratorio visto in Cina. Le opere finite, esposte in tutta la scuola, mi ricordavano la produzione di una scuola di belle arti occidentale. Ecco dunque un serio motivo per andare a lavorare nelle ferrovie. Inoltre ciò era una ulteriore dimostrazione che il perseguire un'arte non deve necessariamente andare a spese dell'espressione individuale, specie se si lavora in una scuola con un eccellente insegnante e con un materiale che è stato usato nella tradizione comunista fin dagli anni trenta, per trasmettere potenti emozioni ed esperienze.

Visitammo anche il conservatorio di musica di Xian, dove apprendemmo che una certa percentuale di studenti sono obbligati a diventare educatori musicali, anche se preferirebbero diventare musicisti. Sfortunatamente, anche se non sorprendentemente, gli studenti meno bravi di ogni classe vengono assegnati a fare gli insegnanti, confermando così la famosa battuta di Bernard Shaw: "Quelli che possono, lo fanno, gli altri diventano insegnanti."

In una scuola elementare apprendemmo con entusiasmo che potevamo presenziare a una lezione dove veniva promossa la creatività. Tuttavia la lezione di musica cui assistemmo era completamente normale: cinquanta studenti seduti dinnanzi a un insegnante che li dirigeva mentre cantavano accompagnandosi occasionalmente con strumenti a percussione. Dove era la creatività, mi chiedevo? All'improvviso, a cinque minuti dalla fine della lezione, l'insegnante si rivolse alla classe e disse: "Ora farò un po' di musica, e voi potrete alzarvi e fare ciò che volete." Gli studenti si alzarono e con indolenza si spostarono per l'aula circolarmente, nel poco spazio disponibile, fino al termine della lezione. Poi uscirono marciando a tempo di musica. Quella caricatura dei precetti che avevamo proposto nel convegno del 1982, rimasti incompresi, mostrava quanto sia difficile tradurre le pratiche di una cultura in quelle di un'altra profondamente diversa dalla prima.

Il pomeriggio, trascorso alla scuola speciale dell'Accademia dell'Opera, fu più stimolante. Gli studenti, tutti tirocinanti per ruoli operistici, erano vivaci e impegnati e dimostrarono stupefacenti abilità vocali, drammatiche e acrobatiche. Nell'insieme però siamo rimasti perplessi per due motivi. Prima di tutto, per il fatto che gli studenti, assegnati alla scuola fin da piccolissimi, non hanno scelte di carriera e rimangono legati a quel gruppo di artisti per tutta la vita o come esecutori o con altro ruolo. Secondo, al fine di eccellere in difficili esercizi quali mangiare il fuoco e ingoiare oggetti, i preadolescenti devono riempirsi la bocca di enormi quantità di resina. Non è possibile stabilire se questo materiale tossico causi il cancro, ma è certo che una tale dieta quotidiana non è congeniale alla salute. In molti sensi, gli artisti cinesi seguono ancor oggi le orme di costumi medioevali (o feudali), quando i giovani si univano fin da piccoli alla compagnia dei loro genitori, trattati come apprendisti a contratto e senza alternative di vita. Una società che si impegna a produrre degli eccellenti esecutori in giovane età può imporre loro grossi pesi.

Pechino

Passammo le ultime ore del nostro viaggio scambiando con i nostri ospiti molte impressioni sulle tre settimane appena trascorse e predisponendo la fase seguente dello scambio. Secondo il piano prestabilito, alcune équipe di persone avrebbero viaggiato fra i nostri due paesi per tre semestri: primavera e autunno del 1986 e primavera del 1987. Ogni paese avrebbe inviato le persone più qualificate allo scopo e avrebbe indicato i tipi di esperienze che tali gruppi speravano di acquisire nel paese straniero. I cinesi erano interessati più alla musica e alla formazione professionale, che non alle arti figurative e istruzione in generale. Gli americani si sarebbero divisi equamente la musica, curata da un primo gruppo e le arti figurative, curate da un secondo; un terzo gruppo (formato da Ellen e me), si sarebbe occupato degli aspetti estetici di entrambi i campi. La prima équipe americana si sarebbe concentrata sulla formazione professionale e pre-professionale, la seconda sull'istruzione post-elementare, e la terza sui giardini d'infanzia e l'istruzione elementare.

Infine noi quattro visitatori americani comunicammo le nostre principali impressioni. Nel mio intervento accennai a tre parametri universalmente presenti nel campo dell'istruzione artistica: *dove, come, quando*. Il *dove* riguarda quanto può essere svolto a scuola e quanto a casa. Ero rimasto colpito dalla quantità di educazione artistica fornita nelle scuole e comunità, ma allo stesso tempo era chiaro che la maggior parte dei bambini di talento ricevevano un fortissimo appoggio a casa e che molti erano stati iniziati alla forma d'arte che avevano prescelto proprio dai loro genitori. Notai anche che, come anche negli Stati Uniti, era difficile predire dove trovare un tipo di istruzione artistica innovatrice di ottimo livello, poiché essa sembra spesso dipendere da fattori accidentali e non facilmente riproducibili, come particolari ministeri, direttori didattici, presidi o insegnanti. Non è facile imporre l'eccellenza per decreto, nel campo dell'educazione artistica.

Parlando del *come*, misi a confronto l'enfasi cinese sull'imitazione e la ricerca di modelli con quella posta dagli americani sulla creatività, l'individuazione dei problemi, l'autoespressione e autoesplorazione. Entrambe le società hanno il problema di raggiungere un equilibrio ottimale fra queste due enfasi, e durante il mio viaggio avevo visto degli interessanti esperimenti in questo senso. Allo stesso tempo, ricordandomi la classe di musica di Xian, ammisi con un certo rincrescimento che spesso la creatività veniva invocata in maniera incantatoria da insegnanti che non avevano la minima idea di cosa essa significhi e tantomeno di come incoraggiarla. Per favorire la creatività, un'insegnante deve egli stesso esibire ed esemplificare un certo approccio ai problemi e ai mezzi espressivi; e non può farlo lasciando cinque minuti di libertà alla fine di una lezione che è stata il perfetto contrario di una pratica creativa.

Infine parlai del *perché*. Sviluppando un'osservazione di Orville Schell, notai che in passato, incluso quello recente, le arti in Cina erano state strettamente connesse a obiettivi politici, sociali e morali predominanti nel contesto culturale. Una tale affermazione valeva anche per l'America del passato, ma certamente è molto meno vera oggi, come i nostri ospiti cinesi avevano avuto ampia opportunità di verificare alcuni mesi prima. Ora appariva chiaro che la Cina stava depoliticizzando vari rami di attività, incluse forse anche le arti. Tale depoliticizzazione schiudeva entusiasmanti nuove possibilità artistiche, ma anche nuove tensioni su ciò che era o non era permesso e una considerevole confusione sulle ragioni stesse dell'attività artistica nel quadro del "Grande Balzo in Avanti".

Queste mie impressioni rispondevano a un tentativo di essere onesto e di dare un aiuto ai cinesi, ma al tempo stesso stavo anche delineando un programma per i nostri viaggi in Cina nei due anni successivi. Ero rimasto profondamente impressionato da molte cose, ma anche colpito da vari paradossi: il contrasto tra una scuola d'infanzia "flessibile" come quella di Canton e l'arte scadente prodotta da molti adulti; o l'abilità e fascino del calligrafo ambidestro di Guilin e le reazioni alquanto ostili dei nostri ospiti in quella città; la sorprendente isola di eccellenza, scoperta a Liuzhou, in contrasto con molte scuole ordinarie e inadeguate in città più rinomate; la giustapposizione, a pochi metri l'uno dall'altro nella scuola elementare di Chengdu, di un insegnante di musica eccellente innovatore e un insegnante di pittura completamente ripetitivo. Naturalmente simili condizioni paradossali esistono anche negli Stati Uniti e altrove, ma in una società che si fa vanto di procedere tramite la pianificazione centralizzata e l'unità di intenti, risaltano più che altrove.

Stavo anche formulando le questioni che ci avrebbero occupato di più in Cina. Volevo sapere col massimo possibile di precisione come i cinesi riescono ad ottenere delle esecuzioni artistiche così superlative da parte di bambini piccoli, e a quale costo. Ero curioso di sapere se da altre parti della società cinese vengono messaggi capaci di toccare la creatività e l'abilità artistica dei giovani. Infine, cominciavo a rendermi conto che la Cina poteva fornirci delle indicazionii utili su problematiche che stavamo affrontando negli Stati Uniti: come realizzare un sistema educativo generalmente efficace, come armonizzare l'arte con la scienza, le conoscenze obbligatorie con i programmi facoltativi, le abilità di base con la creatività. Forse la Cina di per sé non ci avrebbe fornito delle risposte, ma avrebbe potuto aiutarci a riformulare i problemi e le scelte disponibili.

Sfortunatamente ma forse utilmente, la mia visita in Cina finì con una nota amara. In Cina, se non si parla il cinese, è impossibile prendere accordi per conto proprio; inoltre siccome quasi nessuno possiede un telefono, i contatti devono essere presi o di persona o per lettera. Avevo con me il nome e l'indirizzo di uno psicologo che desideravo molto incontrare e avevo chiesto al ministero della Cultura di darmi un aiuto. Avevo ripetuto questa richiesta un buon numero di volte e poiché di rado ci si sente dire schiettamente di no, avevo la chiara impressione che stessero menando il can per l'aia.

Alla fine, uno dei nostri ospiti mi chiese di trovarmi in albergo alle 21.30 dell'ultima sera, per un incontro. Non mi venne fornita nessun'altra informazione. Rientrai con molto anticipo e attesi, attesi a lungo, cercando al tempo stesso di capire che cosa era successo, ma senza riuscirci. Dovevo partire per gli Stati Uniti il giorno dopo e immaginavo che non avrei mai saputo che cosa era accaduto.

Al mio ritorno negli Stati Uniti, scrissi una lettera dispiaciuta al mio collega psicologo, spiegandogli che cosa era successo (più precisamente che cosa non era successo) ed esprimendo il mio disappunto. Ricevetti quasi immediatamente una sua lettera, dove mi spiegava dettagliatamente di avermi atteso insieme a vari suoi colleghi per tutta la sera, e suggeriva l'idea che il nostro incontro fosse stato deliberatamente sabotato dal ministero della Cultura, il quale aveva irragionevolmente perso tempo nel rispondere alla mia iniziale richiesta e aveva chiaramente cercato di controllare i miei contatti. Era un esempio classico di una *danwei* (unità di lavoro) che cozzava contro l'altra e le vittime inconsapevoli erano state due psicologi. Non potevo avere la certezza che questa fosse la versione giusta, poiché sono possibili sicuramente anche altre interpretazioni più benevole dell'incidente. Ma eventi successivi tenderebbero a confermarc la versione del mio frustrato collega sui non-eventi di quella sera.

A quel punto mi resi conto che i nostri futuri scambi con la Cina avrebbero potuto essere non facili, particolarmente se non fossimo stati affiancati da Chou Wen-chung o Michelle Vosper, a facilitare le cose. Allo stesso tempo, decisi che mai più avrei messo il mio destino, in Cina, nelle mani di persone o enti che avrebbero potuto ostacolare i miei piani. Presa questa decisione iniziai a preparare me stesso ed Ellen per il viaggio che avremmo intrapreso in Cina due anni dopo.

9. Tre esperimenti educativi, con un viaggio non previsto a Taiwan

Nel gennaio del 1986, a metà del periodo di attesa per il nostro viaggio in Cina, Ellen ed io facemmo un viaggio non previsto in Estremo Oriente. L'anno precedente avevamo deciso di adottare un bambino, e dopo molte discussioni avevamo concluso che sarebbe stato un bambino cinese. Avevamo pensato inizialmente alla Repubblica popolare, e ne avevamo parlato con alcuni colleghi del luogo. Ma risultò che a quell'epoca era burocraticamente impossibile adottare un bambino della Repubblica popolare. Invece, fortunatamente a Taiwan trovammo un'agenzia con cui fu facile entrare in contatto: fedeli alla parola data, ci trovarono un bambino nel giro di nove mesi.

Ero preparato a non trovare piacevole Taiwan. La "Cina rossa" era stata trattata male dalla stampa americana degli anni cinquanta e sessanta, ma la reputazione di Taiwan nei circoli "liberal" era tutt'altro che buona. Inoltre, fin dai tempi delle aperture alla Cina di Nixon e Carter, le opinioni americane sul continente cinese erano considerevolmente cambiate e l'idea stessa di Taiwan pareva sempre più anacronistica. Non era altro che uno dei tanti piccoli stati totalitari dell'Estremo Oriente.

Ma Taiwan si rivelò molto più moderna, occidentalizzata, civilizzata e civile di quanto non avessi pensato; ricordava molto più Tokio o Singapore, che non una qualsiasi città continentale cinese. E allo stesso tempo pareva aver mantenuto anche i rinomati tratti cinesi dell'ospitalità personale e della gentilezza di cui avevo sentito la mancanza nella Cina continentale. Il personale dell'orfanotrofio dove il nostro futuro figlio viveva era cordiale e servizievole, anche se non sapevamo comunicare direttamente a causa delle barriere linguistiche. Le persone dell'ufficio cittadino in cui gli americani svolgevano le pratiche (non esistevano più né un consolato né un'ambasciata ufficiale) erano decisamente non burocratiche e fecero di tutto per aiutarci. Ricevemmo da taiwanesi che non conoscevamo quel trattamento che mi sarei aspettato dai cinesi continentali con cui avevo rapporti ufficiali.

Oltre al buon trattamento ricevuto dai taiwanesi con cui venimmo casualmente a contatto, fummo impressionati anche dalla diffusa pulizia del paese, dai bellissimi edifici pubblici e, soprattutto, dal vasto museo nazionale, dove sono esposte migliaia di magnifici artefatti di tutte le epoche della storia cinese. Non si tratta di una mostra permanente, perché solo una piccola parte dell'enorme collezione può essere esposta di volta in volta. Sebbene fossi cosciente del fatto che quegli oggetti furono presi con la forza nel continente cinese da Chiang Kai-shek durante gli ultimi giorni del governo nazionalista, e che lui e i suoi seguaci erano vandali, non potei fare a meno di essere colpito dall'accuratezza con cui gli oggetti venivano trattati a Taiwan, in contrasto con le condizioni in genere poco lusinghiere e di abbandono dei musei in Cina. In generale, a Taiwan percepii un legame molto più profondo, in termini di atteggiamenti e sensibilità, con la Cina di cinquanta o cinquecento anni fa, che non con la Cina continentale. E questo a dispetto del fatto che Taiwan è a tutti gli effetti un'isola del ventesimo secolo, mentre la Cina sembra rimanere incatenata a qualche luogo (o diversi luoghi) del passato. A Taiwan non vidi mai il comportamento riottoso, sgradevole e ostile che incontrammo nel corso della nostra esperienza nel continente nel viaggio del 1987. Naturalmente amo ancora la Cina per molte ragioni, e so che Taiwan prima o poi scomparirà dalla scena, almeno come entità geopolitica distinta. Inoltre Taiwan ha ricevuto un enorme aiuto dall'America, mentre la Cina ha sofferto di guerre e sfruttamento secolari. So anche che è Taipei e non Pechino, a rendere difficili in questo momento gli sforzi di riconciliazione. Tuttavia, alcuni dei molti aspetti attraenti che osservammo a Taiwan dovrebbero essere emulati dalla Repubblica popolare.

Al terzo piano di un polveroso edificio di Taipei, ci consegnarono nostro figlio. Ci affezionammo immediatamente al piccolo, che aveva quattro mesi e mezzo e che chiamammo Beniamino Yi-Wei Winner Gardner. Il personale dell'orfanotrofio e le persone coinvolte negli aspetti legali dell'adozione ci furono ancora una volta di aiuto. Molto prima di quanto pensassimo, eravamo tutti a casa uniti come una famiglia, negli Stati Uniti. Beniamino iniziò immediatamente la sua veloce trasformazione in un bambino americano in piena regola: attivo, possessivo, esigente, peripatetico, divertente, proprio il tipo di bambino che insiste nel voler essere lui a infilare la chiave nel portachiavi dell'albergo.

Al mio ritorno a casa, i miei colleghi ed io ci occupammo di altri aspetti del progetto Cina. Ci toccò affrontare il difficile compito di selezionare i membri delle altre due équipe fra più di cento candidati. Cercammo di bilanciare conoscenza della lingua e cultura cinesi, età, tipo di esperienza educativa nelle arti, e compatibilità personale, cercando anche di fare in modo che l'insieme dei viaggiatori costituisse un'equipe integrata. Dovevamo anche far approvare i candidati dalla Fondazione Rockefeller e dal Centro sino-americano della Columbia University, le cui preferenze non sempre coincidevano con le nostre.

Alla fine riuscimmo a mettere assieme due gruppi che incontrarono una generale approvazione. Il primo era composto da Lyle Davidson, un compositore e teorico musicale al New England Conservatory e vecchio consulente del Progetto Zero di Harvard, da Bennet Reimer, ottimo insegnante di musica alla Northwestern University, che avevo conosciuto negli anni settanta come membro di numerosi gruppi di lavoro e nei primi anni ottanta come vivace e ingegnoso membro della commissione giudicatrice della Fondazione Rockefeller. Queste persone, che visitarono la Cina nella primavera del 1986, si concentrarono sull'educazione musicale a livello professionale e pre-professionale.

La seconda équipe era formata da Barbara Carlisle, una storica dell'arte originaria del Michigan che per molti anni aveva ricoperto incarichi statali nel campo dell'educazione artistica ed aveva diretto piccole compagnie teatrali a livello locale; anche lei era stata un membro di valore della commissione giudicatrice della Fondazione ed era ora rettore della Miami University nell'Ohio. Barbara era accompagnata da Carma Hinton, anch'essa con una formazione di storica dell'arte e pittrice, nata da genitori americani ma cresciuta ed educata a Pechino. Era completamente bilingue, ed ora, poiché aveva risieduto per molto tempo negli Stati Uniti, anche biculturale; aveva ricevuto molti giudizi positivi per una serie di suoi film (con Richard Gordon) sulla vita nella Cina contemporanea. A questa équipe fu chiesto di farsi un'idea generale sull'educazione nelle arti visive dei bambini in età scolare, con una certa enfasi su un tipo di istruzione più all'antica e più orientata professionalmente.

Incontrammo varie volte i due gruppi per trasmettere loro le nostre conoscenze sulla Cina e precisare ciò che avrebbero dovuto scoprire. Ellen ed io aspettammo ansiosamente di conoscere il destino di questi gruppi, che si configuravano come i migliori anticipatori delle nostre future esperienze in Cina.

Fu difficile comunicare con il primo gruppo, e quando finalmente arrivarono dei messaggi, ci presentarono una situazione molto problematica. Come durante la nostra visita precedente a Kweilin, anche in quel caso alcuni degli ospiti cinesi non avevano compreso la natura dello scambio e avevano trattato i viaggiatori da turisti-ospiti d'onore anziché da ricercatori professionisti. A peggiorare le cose, l'alloggio, il vitto e il servizio di traduzione erano ad un livello appena adeguato o insufficiente. Di conseguenza, la prima équipe dello scambio si trovò decisamente spiazzata durante il suo soggiorno, e le previsioni sulle visite future divennero caute.

Il Centro della Columbia espresse pesanti lamentele ai nostri ospiti cinesi, che per fortuna le accolsero. Il secondo gruppo di studio sulle arti visive ebbe un'esperienza molto più positiva, e riuscì a ricavare un penetrante panorama delle arti figurative nella Cina contemporanea. Purtroppo la nostra euforia dopo quel "recupero" fu di breve durata, perché ricevemmo quasi subito delle notizie di carattere personale che ci lasciarono senza parole: due messaggi dalla Cina ci chiedevano di non portare Beniamino con noi. Eravamo increduli anche perché questa richiesta arrivava così tardi rispetto alla pianificazione del nostro viaggio; inoltre, non ci sembrava possibile visitare la Cina senza Beniamino. Eravamo però ugualmente incerti sul da farsi, perché tutti e quattro i membri dei gruppi di scambio avevano sottolineato le difficoltà di vivere e viaggiare in Cina, e ci avevano essi stessi espresso dubbi sul nostro voler portare con noi un bambino piccolo.

Poi arrivò un altro colpo. Mentre stavamo discutendo se portare o meno Beniamino con noi, gli eventi cominciarono a precipitare in Cina. Era un'epoca di dimostrazioni studentesche senza precedenti. Nel dicembre del 1986 e ai primi di gennaio del 1987, migliaia di studenti delle più importanti università di tutto il paese manifestavano contro le loro inadeguate condizioni di vita e professionali e in favore di procedure e istituzioni più democratiche. Dapprima queste manifestazioni furono soffocate, poi, quando le notizie trapelarono nel resto del mondo, esse imbarazzarono e fecero infuriare i leader cinesi. Caddero teste di primo piano nelle comunità letterarie, artistiche e politiche. Fatto estremamente drammatico, nel giro di un mese, Hu Yaobang, segretario generale del partito e uomo che tutti prevedevano sarebbe succeduto a Deng Xiaoping come leader politico in Cina, fu rimosso dal suo posto e le sue molte colpe – ora denunciate come flagranti – furono sbandierate al mondo intero.

I crucci personali miei e di Ellen venivano ora minimizzati da avvenimenti ben più radicali nel più popoloso paese del mondo.

Non solo non era chiaro se saremmo andati in Cina e sotto quali auspici, ma diventava difficile anche riuscire a capire cosa stava succedendo in Cina e se ci sarebbe stata una Cina da visitare.

Mentre stavamo in attesa di vedere se avremmo potuto realizzare veramente i nostri piani, il progetto Cina progrediva bene su altri fronti. Due équipe di educatori artistici cinesi erano venute negli Stati Uniti e tornate a casa e, a giudicare dai loro resoconti (e dalle nostre osservazioni), avevano avuto esperienze entusiasmanti. Le interviste ad artisti e musicisti cinesi in visita negli Usa, condotte principalmente dalle nostre assistenti Connie Wolf e Kathy Lowry, avevano fornito molte informazioni. Venimmo a conoscenza dei percorsi di carriera sorprendentemente diversi di alcuni fra i massimi artisti cinesi, del ruolo cruciale giocato dall'aiuto fornito dalle loro famiglie, specialmente nel tirocinio dei giovani musicisti, della forte disciplina imposta ai giovani artisti, che includeva sicuramente anche punizioni inflitte dai genitori quando il regime giornaliero non veniva rispettato, della tendenza di artisti figurativi (rispetto ai musicisti) a provenire da famiglie intellettuali, della feroce competizione per frequentare le accademie e i principali conservatori, e infine delle enormi pressioni volte ad evitare ogni forma di sperimentazione o deviazione.

Naturalmente ci rendevamo conto che il nostro campione era in un certo senso viziato. Prima di tutto, avevamo a che fare con artisti di prima grandezza: persone che erano riuscite, spesso con l'appoggio del governo, a uscire dalla Cina. Ci poteva essere anche un vizio politico, dato che risultò che molti degli intervistati non intendevano tornare nella loro madrepatria. Tuttavia (come direbbe uno statistico) non avevamo alcuna ragione di credere che le loro storie deviassero sistematicamente da quelle che avremmo raccolto da artisti di talento rimasti in Cina. In ogni caso, le mie colleghe ed io riunimmo i nostri risultati in un piccolo libro, *Arts Education in China*, la cui prima stesura fu completata proprio alla vigilia della nostra partenza per la Cina![*]

Anche un insieme di eventi avvenuti "a casa nostra" ebbero un impatto significativo sul nostro futuro viaggio. Nel 1983, come ho detto nel prologo, la Commissione presidenziale per l'eccellenza nell'istruzione aveva pubblicato un rapporto altamente critico sull'istruzione in America, intitolato *Una nazione a rischio,* che sollecitava la società americana a un rinnovato impegno sull'istruzione, a tutti i livelli. Questo rapporto si diffe-

[*] K. Lowry, C. Wolf e H. Gardner, *Arts Education in China*, Harvard Project Zero Technical Report, 1988.

renziava dalla maggior parte dei documenti analoghi: era ben scritto, arrivava a conclusioni concrete in maniera efficace, e provocò considerevoli controversie. Dopo uno o due anni, cinquanta stati e numerosi distretti scolastici avevano varato un insieme di iniziative volte a dare più peso all'istruzione di base, e a renderla più efficace. Nello stesso anno uscì anche il mio volume, *Formae mentis*, che sollevò la sua parte di controversie nel mondo dell'istruzione. Per la prima volta, mi si chiamava regolarmente a partecipare a discussioni sull'istruzione, chiedendomi di entrare a far parte di una serie di progetti educativi ispirati dalla teoria delle intelligenze multiple. Tre di queste iniziative non solo ebbero un'influenza sulle nostre osservazioni in Cina, ma subirono a loro volta l'influenza delle mie esperienze cinesi, divenendo campi di sperimentazione di alcune delle raccomandazioni con cui concluderò questo libro.

Il Progetto Spectrum

L'iniziativa più lontana nel tempo è il Progetto Spectrum, un tentativo intrapreso, assieme al collega David Feldman della Tufts University, di mettere a punto dei nuovi modi per valutare la competenza di bambini in età prescolare. Sulla base delle nostre precedenti ricerche, Feldman ed io eravamo convinti che i bambini anche di tre o quattro anni differiscono profondamente tra loro in quanto a capacità intellettuali. Per vedere se saremmo riusciti a documentare questa convinzione, decidemmo di mettere a punto strumenti di valutazione che indicassero quale "profilo di intelligenze" veniva manifestato da ciascuno dei bambini di una classe prescolare.

Poco dopo aver cominciato, però, facemmo un'importante scoperta. Se in via di principio sarebbe desiderabile poter valutare le "intelligenze" o le "potenziali intelligenze" a partire da zero, di fatto tale situazione non è studiabile. Se un individuo non ha avuto una qualche forma di esperienza diretta di lavoro con dei materiali che stimolano l'espressione di un'intelligenza, non è possibile determinare quanta abilità egli possieda nella specifica intelligenza sotto esame. Più concretamente, né l'abilità musicale in generale, né le potenzialità per il canto in particolare possono venire valutate, a meno che un bambino abbia avuto una certa pratica di canto o di ascolto di vari tipi di musica. Una

* U. Malkus, D. Feldman e H. Gardner, "Dimension of mind in early childhood", in A.D. Pelligrini (a cura di), *The psicological Bases Of Early Education*, pp. 25-38, John Wiley, Chichester (G.B.) 1988.

volta stabilito questo, ci rendemmo conto che era necessario creare strumenti nuovi (o prenderne in prestito di già esistenti) in grado di stimolare ampiamente le varie intelligenze. Così quasi subito il progetto si focalizzò sulla contemporanea creazione di curricoli e di strumenti per la loro valutazione, e poi più gradualmente arrivammo alla elaborazione di un nuovo approccio all'istruzione prescolare.

In una classe Spectrum, ai bambini vengono consegnati fin dall'inizio dei materiali molto immaginativi e invitanti, pensati per stimolare un ampio arco di intelligenze. Un cartellone che racconta una storia con grandi figure colorate, stimola un linguaggio immaginativo; un gioco su un cartellone a forma di dinosauro stimola la comprensione numerica; un modellino della classe e dei suoi membri in miniatura permette di arrivare alla comprensione spaziale e alla conoscenza degli altri. Gli insegnanti ed altri osservatori prendono nota dei materiali che più attraggono ogni bambino e dei progressi che fa durante il corso dell'anno nel controllo e uso degli stessi. I materiali vengono usati sia per il gioco libero in classe, sia come stimolo ad attività, rompicapo e altri giochi più quantificabili, durante i quali degli osservatori qualificati possono misurare con precisione le "intelligenze" di un bambino in campi specifici.

Alla fine dell'anno scolastico, si è in possesso di una mappa dettagliata sulla configurazione dei punti forti e deboli di ogni bambino. Sebbene questo procedimento sia stato messo in atto solo in alcune classi, i risultati sono sufficienti per far considerare corrette le nostre ipotesi iniziali: i profili intellettuali di bambini così piccoli sono chiaramente distinti gli uni dagli altri, e i nostri strumenti documentano tipi di talento trascurati dalle misurazioni standard dell'intelligenza.

Pur avendo un interesse scientifico, questo tipo di documentazione non è ormai più il nostro obiettivo principale. Siamo diventati molto più pragmatici. Alla fine di ogni anno scolastico, ogni genitore riceve una relazione che descrive in modo chiaro e diretto la particolare configurazione della mente della bambina.[*] Vi sono descritti i punti forti e deboli, specificando quali sono le aree in cui è più dotata o carente e anche le aree in cui è decisamente dotata o carente a paragone con la popolazione generale dei bambini in età prescolare. Questa descrizione include semplici, specifici suggerimenti su cosa si dovrebbbe fare a casa, a scuola o nella comunità, se si vuole potenziare una inclinazione o rafforzare aree deboli. Offrendo ai genitori questi suggerimenti

[*] Femminile generico nel testo. [N.d.T.]

pratici, cerchiamo di porre riparo a uno squilibrio che ho spesso notato: che molti psicologi passano troppo tempo a classificare individui, e non abbastanza ad aiutarli.

Qualche volta mi viene chiesto perché abbiamo intrapreso un programma di valutazione così ambizioso con dei bambini così piccoli. Secondo il mio modo di vedere, che è basato su molte ricerche precedenti, il bambino di età prescolare possiede una mente di forza e potenziale ineguagliabili. Questo è il periodo della vita durante il quale i bambini possono acquisire senza sforzo – e senza alcun bisogno di assistenza ufficiale – una grande destrezza nell'uso di un sistema di simboli o di un'area culturale. Inoltre, sulla base di molta ricerca neurologica, è ormai evidente che il sistema nervoso del bambino piccolo è particolarmente sensibile o "plastico"; a questa tenera età è molto più facile lavorare sulle aree deboli, o intervenire sul profilo cognitivo di un bambino. È a causa del prodigioso potenziale di apprendimento del bambino piccolo che, con l'intento di riorganizzare i nostri modelli dell'apprendimento, mi è sembrato opportuno focalizzare risorse educative e criteri di valutazione sui bambini di questa età.

Tali modelli alternativi di educazione possono giocare un ruolo importante nell'America contemporanea date le fortissime pressioni a favore di una istruzione prescolare universale e l'ampio dibattito su quali forme essa dovrebbe assumere. Alcune autorità sono del parere che il programma scolastico normale dovrebbe essere "anticipato" alla pre-scuola; altre pensano che aspetti importanti dei legami familiari e sociali che si sviluppano a casa dovrebbero essere "spinti dentro" l'ambiente prescolastico. Rispecchiando senza sfumature una filosofia progressiva, l'approccio di Spectrum tenta di fondarsi sulle capacità d'apprendimento e sulle inclinazioni dei bambini piccoli, e anche di catturare ciò che vi è di unico in ogni bambino. Noi ci auguriamo che una scuola che cerca di nutrire l'intero spettro di intelligenze del bambino piccolo sia vista come un modello da scegliere almeno in alcune delle pre-scuole che saranno istituite negli anni a venire.

La scuola chiave

La seconda iniziativa è stata realizzata in una scuola di Indianapolis espressamente organizzata sulla base delle mie idee.[*]

[*] L. Olson, "Children Flourish Here: eight teachers and a theory changed a school world", *Education Week*, 7, 1988, pp. 1, 18-20.

Questa *scuola chiave* (il nome è un adattamento dell'espressione cinese) fu pianificata a metà degli anni ottanta da un impegnato ed energico gruppo di insegnanti elementari convinti che i vari potenziali cognitivi dei loro studenti non fossero sufficientemente sfruttati nelle scuole convenzionali dove avevano insegnato. Dopo aver impiegato considerevoli energie alla ricerca di fondi e a far pressioni politiche o semplicemente a un duro lavoro, infine hanno ricevuto il permesso di "prendere in mano" una scuola alternativa di Indianapolis. Il merito di aver lanciato questo progetto è tutto di questi insegnanti, con i quali mi sono incontrato regolarmente per assisterli a riflettere su alcune delle implicazioni educative della mia teoria.

I piani per la scuola erano già completi al momento in cui sono partito per la Cina, e la scuola è stata aperta nel settembre del 1987, poco dopo il mio ritorno. In contrasto con la maggior parte delle scuole americane, essa espone deliberatamente i bambini, dall'asilo alla prima media, a esperienze concepite per stimolare ed educare l'intero spettro delle intelligenze. Così, oltre alle aree di studio più familiari e accademiche, gli studenti frequentano corsi regolari anche in aree quali la musica, l'espressione corporeo-cinestetica, il computer e lo spagnolo.

Accanto alle classi dedicate alle specifiche intelligenze, il personale della scuola ha organizzato un certo numero di esperimenti educativi. Vi sono "vivai" – gruppi con interessi speciali che offrono la possibilità di cimentarsi in aree abitualmente non ricoperte dal programma scolastico, quali l'architettura o la costruzione di aquiloni; c'è un "centro di passaggio" dove i bambini sono liberi di svolgere ogni giorno un loro lavoro personale e i giochi che preferiscono. Vi sono inoltre temi generali che vengono cambiati ogni nove settimane e applicati a tutte le materie, con lo scopo di integrare gli elementi disparati del curriculum. Alcune fra le prime tematiche adottate sono state idee come "connessione", "struttura" e "armonia nella natura". A mio parere, tali esperimenti educativi sono interessanti almeno quanto i tentativi di fornire nutrimento alle intelligenze multiple.

Sono rimasto particolarmente colpito dalla cartella-video realizzata per ogni bambino. Quando un alunno ha finito di sviluppare un progetto legato a un tema, descrive il progetto individualmente ai compagni di classe. Questo intervento viene interamente registrato su video e diviene parte di un portfolio permanente sulla crescita di ogni bambino. Alla fine la cartella-video raccoglierà non solo la descrizione e la registrazione di circa una ventina di progetti, ma anche un ritratto dinamico del modo in cui il bambino ha pensato a un progetto, della sua capacità di rispondere alle domande e di riflettere sul progetto, e di ogni altra caratteristica che rende questo bambino diverso dagli altri del suo gruppo.

Naturalmente è troppo presto per sapere quali delle procedure della scuola chiave sono particolarmente efficaci e quali si riveleranno mal congegnate o inadeguatamente eseguite. Né possiamo sapere a questo punto se le sue caratteristiche saranno emulate da altre scuole. Il minimo che si può affermare è che la scuola chiave costituisce una significativa conferma di come un gruppo di insegnanti decisi può creare una scuola che riflette la loro personale filosofia educativa. Un tipo di "scuola chiave" che, sia per la sua specifica filosofia sia per il modo in cui è nata, è drasticamente diversa dalle scuole chiave che avremmo visitato in Cina.

Arts PROPEL

Il terzo progetto al quale mi sono interessato nel periodo "post-*Formae mentis*" era strettamente collegato all'istruzione artistica.[*] Con mia sorpresa (dato il precedente stato di abbandono) l'istruzione artistica verso la metà degli anni ottanta era diventata una specie di interesse nazionale. Posso indicare almeno tre ragioni. Prima di tutto l'ondata di nuovo interesse nei riguardi dell'istruzione americana aveva favorito un esame approfondito di quasi tutti gli aspetti dell'educazione. Secondo, l'interessamento per questo campo dimostrato dalle varie iniziative dei Rockefeller negli anni settanta e inizi degli anni ottanta stava dando dei risultati. Terzo e più importante, un'associazione filantropica recentemente costituita, il J. Paul Getty Trust, aveva assunto come proprio tratto distintivo il sostegno ad un nuovo approccio, che aveva chiamato "Istruzione artistica basata sulla disciplina". Come indica il nome, l'obiettivo è di inserire l'istruzione artistica nei curricoli a livello nazionale e di andare "oltre il creare", facendo in modo che i bambini americani imparino non solo a "far pasticci con pennelli e creta", ma anche a conoscere la storia dell'arte, la critica dell'arte e l'estetica.

Stimolati da questo nuovo interesse e ansiosi di fornire un'alternativa ad alcune delle idee di Getty che ci parevano un po' fuori segno, con i miei colleghi del Progetto Zero, l'Agenzia Nazionale dei Test (Educational Testing Service) e l'intero sistema delle scuole pubbliche di Pittsburg, elaborammo un nuovo

---

[*] H. Gardner, "Zero-based Arts Education", *Studies in Art Education*, 30, 1989, pp. 71-83.

approccio all'istruzione artistica, che denominammo Arts PROPEL, sigla che indica i tre aspetti la cui integrazione consideriamo centrale per l'apprendimento artistico scolastico: produzione, percezione e riflessione. Anche in questo caso iniziammo con lo scopo di produrre migliori strumenti per valutare l'apprendimento artistico, ma presto ci trovammo ad affrontare direttamente i programmi scolastici. Come avevamo appreso col Progetto Spectrum, è semplicemente impossibile fare una seria valutazione se una persona non ha avuto una significativa esperienza in quel campo, e il miglior modo di offrire ad una persona esperienze di rilievo è sottoporla a un programma ricco di stimoli.

Diversamente da quanto sostenevano alcuni seguaci della posizione di Getty, la nostra filosofia dell'istruzione artistica presuppone che la produzione artistica abbia un ruolo centrale, specialmente per i bambini piccoli. E, a differenza dell'approccio di Getty, noi passiamo deliberatamente da una forma d'arte all'altra. Vogliamo che gli studenti abbiano l'opportunità di lavorare con differenti mezzi artistici – di imparare direttamente il sistema di simboli della musica, il disegno, la scrittura immaginativa e altre forme d'arte. Anche noi crediamo nell'importanza di essere in grado di tracciare sottili distinzioni, e di riflettere sulle attività artistiche, ma queste abilità dovrebbero emergere direttamente dalle attività di produzione artistica di ciascuno. Così, anziché proporre lezioni separate di storia dell'arte o estetica (come forse vorrebbe l'approccio di Getty), noi cerchiamo di introdurre dimensioni storiche o estetiche che sono rilevanti per la produzione artistica nella quale il bambino o il giovane sono impegnati. Quindi, per esempio, un adolescente studia dei trittici medioevali solo dopo aver tentato di svolgere un lavoro tripartito per conto proprio; oppure un allievo della scuola media inferiore è introdotto alle variazioni mozartiane su una canzoncina per bambini dopo aver tentato di creare alcune variazioni sul tema per conto proprio.

Nel cercare di elaborare un nuovo approccio all'istruzione artistica, ci siamo trovati di fronte a un compito enorme. Come avevo appreso durante gli anni in cui ero membro della commissione giudicatrice della Fondazione Rockefeller, per la maggior parte gli insegnanti di arte statunitensi hanno una certa competenza nella produzione artistica, ma un'esperienza minima o nulla nel connettere questa produzione ad attività di percezione e riflessione. Inoltre gli insegnanti sono spesso messi in imbarazzo (e spesso con ragione!) da strumenti che danno solo l'impressione di valutare l'apprendimento artistico. Concludemmo che il solo modo per affrontare questi problemi era di lavorare direttamente e per lunghi periodi di tempo con insegnanti e supervisori di Pittsburgh per creare, insieme, materiali che avessero un senso per loro e che li facessero sentire a loro agio nell'usarli e nella valutazione.

Due tipi di materiali che abbiamo messo a punto riflettono l'approccio curriculum-valutazione che vorrei veder attuato in una scuola. Il primo si chiama Progetto Area (Domain Project). Un po' come un'attività di tipo Spectrum, un Progetto Area è costituito da un ricco insieme di esercizi che trasmettono un concetto centrale di una forma artistica – come il ruolo dello stile nelle arti visive o della notazione nelle arti musicali. Si tratta di esercizi compatibili con il curriculum e che non pretendono di costituire da soli un curriculum a parte; possono essere introdotti in un normale curriculum in poche sessioni e nel momento che l'insegnante considera più appropriato. I moduli del Progetto Area sono talmente autosufficienti da permettere la valutazione sia da parte dello studente che dell'insegnante, e i risultati di tale valutazione possono essere resi disponibili a chiunque sia interessato alla documentazione sull'apprendimento di uno studente.

Cosa forse ancora più importante, le valutazioni si verificano come parte integrante dell'esercizio e richiedono solo che lo studente "pensi bene" entro un particolare sistema di simboli artistici. La resa artistica del bambino nel comporre una variazione, nel rivederla e nel paragonarla a quella di un altro compositore è il materiale che valutiamo. In ciò il nostro metodo differisce dalla maggior parte delle valutazioni artistiche: nel nostro non c'è alcun bisogno che lo studente sia competente nel linguaggio (abilità linguistica) o nella soluzione scientifica di problemi (intelligenza logico-matematica). Poiché guardiamo direttamente all'espressione di una o più intelligenze, vi è una maggiore possibilità che tali progetti suddivisi per area di appartenenza riescano a far emergere studenti che hanno abilità artistiche speciali, a dare loro la possibilità di "far vedere le loro cose", e anche a dare ai college e ad altre istituzioni chiave la possibilità di prestare attenzione all'intero spettro di aree di forza intellettuali.

I dossier di Arts PROPEL hanno lo stesso spirito. Di solito si concepisce un portfolio come un luogo per raccogliere prodotti finiti – i migliori lavori di uno studente messi insieme per crearsi un'"immagine" per l'ammissione a un college o per ricevere un riconoscimento. I nostri portfolii, invece, sono un esempio relativamente completo di "registrazione del processo" col quale uno studente impara una forma d'arte. Sono una "mappa cognitiva" del suo coinvolgimento nei progetti e della sua produzione artistica. Quindi un tipico portfolio dello studente contiene alcune indicazioni degli obiettivi iniziali di un progetto, varie prove e schizzi, note delle prime reazioni a tali tentativi, raccolte di prodotti altrui che piacciono o no allo studente, prove intermedie, versione finale del progetto o prodotto e reazioni critiche e suggerimenti per lavori futuri da parte di insegnanti, mentori, esperti e compagni e anche da parte dello studente stesso.

Valutare un portfolio non è un compito semplice, ma attraverso un suo accurato esame dovrebbe essere possibile registrare varie modalità di crescita nella produzione, percezione e riflessione. Crediamo anche che questa forma di intenso coinvolgimento dello studente nel proprio sviluppo artistico sarà di per sé educativa, e gli fornirà un'eccellente senso di cosa significa lavorare produttivamente per un lungo periodo di tempo in campo artistico.

Anche in questo caso, è drastico il contrasto con l'istruzione artistica in Cina, dove tutta l'attenzione è concentrata quasi esclusivamente sulla produzione e i progetti degli studenti sono quasi sempre riproduzioni di lavori fatti da adulti ormai affermati e raramente includono loro piani e riflessioni personali. Non sarebbe facile spiegare Arts PROPEL ai nostri colleghi cinesi e, in effetti, essi hanno dimostrato molto più interesse alla filosofia di Getty. L'idea di curricoli sequenziali, dall'asilo alla fine della scuola media superiore, incentrati su quattro diversi e separati aspetti dell'arte è estremamente invitante per un paese che sta cercando dei modi per inserire "le arti in seno all'istruzione generale".

Dovrebbe essere chiaro che le attività di Spectrum, della scuola chiave e di Arts PROPEL hanno rappresentato per me un grosso cambiamento rispetto agli studi di laboratorio sulle produzioni metaforiche dei bambini o sulle capacità di designazione nei cerebrolesi, che mi avevano impegnato nei dieci anni precedenti. Da un interesse primario in questioni scientifiche sullo sviluppo e la frammentazione dei processi mentali, i miei colleghi e io c'eravamo spostati verso interessi molto più pragmatici: lo sforzo di capire alcune delle implicazioni educative di una nuova teoria dell'intelligenza e di costruire progetti-pilota dimostrativi che mettessero alla prova alcune delle nostre idee.

Sebbene ogni progetto fosse, naturalmente, costruito tenendo a mente le necessità di un particolare "cliente", tutti possedevano alcune proprietà generali. Per cominciare, si prestava una particolare attenzione ad abilità, capacità o "intelligenze" spesso trascurate nei curricoli normali, come quelle che si manifestano nelle arti. Secondo, si puntava sulla elaborazione di esercizi stimolanti, tali da provocare l'interesse e mettere in moto i talenti potenziali di bambini di diverse fasce d'età. La presenza, in ciascun caso, di una componente valutativa basata, anziché su test standardizzati, su strumenti "fedeli alla forma specifica di intelligenza", capaci di valutare direttamente l'abilità di uno studente nell'utilizzare un mezzo artistico o un sistema di simboli, senza richiedere una speciale competenza nelle aree del linguaggio e della logica, cui abitualmente si fa ricorso.

Senza averlo programmato, mi trovavo ora coinvolto in esperimenti educativi che toccavano tutte le fasce d'età, dalla prescuola alla ammissione al college. Esperimenti che naturalmente avevo ben presenti nell'osservare i procedimenti normali e sperimentali in Cina. E di cui parlavo anche nelle nostre discussioni con i cinesi, generando in loro molta curiosità.

Anche se ero molto occupato, stavo già riordinando la mia scrivania per andare in Cina. Nel 1985 avevo pubblicato uno studio sulle scienze cognitive dal titolo *La nuova scienza della mente* e avevo deciso di non impegnarmi più in altri libri né di rivedere il mio libro di testo di psicologia evolutiva, in modo da non avere grossi progetti di scrittura mentre mi stavo preparando per la Cina. In effetti il presente libro è il primo a cui abbia lavorato da quattro anni a questa parte, una lunga astinenza intellettuale per un inveterato scrittore come me.

La mia ricerca ad Harvard e al Veterans Administration Hospital stava continuando ad andare bene e i miei associati e io ci eravamo procurati dei fondi almeno per l'immediato futuro. Ma c'era un grosso e imminente cambiamento nella mia situazione finanziaria. Durante gli ultimi cinque anni ero stato il fortunato destinatario di una borsa MacArthur, un fondo speciale "senza obbligo" che può essere usato per coprire lo stipendio e/o certe spese di ricerca. La borsa mi aveva dato il tipo di sicurezza che prima di allora mi ero solo limitato a sognare, e mi aveva anche permesso di compiere i vari viaggi in Cina. Ora purtroppo, "la mia MacArthur" stava inesorabilmete volgendo alla fine e non desideravo dover dare la caccia a fondi di ricerca e stipendio per il resto della mia vita attiva.

Fin da quando avevo iniziato a lavorare con Erik Erikson, e certamente dal momento in cui avevo deciso di rimanere all'università (anziché diventare un pianista da piano-bar), avevo sempre pensato che un giorno sarei divenuto docente universitario. Quel pensiero era regredito nella mia mente mentre mi ero creato una carriera di ricerca a tempo pieno in psicologia evolutiva e neuropsicologia ed ero rimasto coinvolto in complessi progetti

* Feltrinelli, Milano 1988 (ed. orig. *The Mind's New Science*, Basic Books, New York 1985).

come il Van Leer e la Cina, con la temporanea tregua finanziaria dovuta alla larghezza della Fondazione MacArthur. Avevo potuto crescere con calma. Quando la metà degli anni ottanta e la metà della mia esperienza di vita fecero capolino, esaminai le opportunità che mi si presentavano: non c'era dubbio che divenire docente era la scelta migliore.

Ancora una volta, il destino mi venne in aiuto. Per caso la Graduate School of Education di Harvard, che non creava nuovi posti da dieci anni, aveva riconsiderato la sua linea d'azione e si stava preparando ad assumere dieci nuovi docenti nell'arco di vari anni. Ansiosamente, entrai in lizza in quella che stava diventando un'arena molto affollata, ma alla fine le cose andarono come avevo sperato: questo spirito indipendente, questa "specie di" professionista ricevette quella cattedra all'università sulla quale aveva posato il suo sguardo avido e innocente per la prima volta un quarto di secolo prima.

Sapendo ormai come sarebbe stata la mia vita dopo la Cina, e con mia figlia Kerith appena ammessa al college, la prospettiva di tre mesi in Cina era in un certo senso meno spaventosa. Dopo un nostro serrato numero di proteste, i nostri ospiti cinesi finalmente si arresero e dissero di sì: avremmo potuto portare con noi Beniamino, anche se naturalmente avremmo dovuto coprire tutti i costi relativi e ci saremmo presi la responsabilità della salute del bambino. I caotici eventi di gennaio scomparvero dalle prime pagine e sembrava che la Cina sarebbe sopravvissuta (come nei precedenti cinquemila anni) anche durante la primavera del 1987. Facemmo le necessarie vaccinazioni e accumulammo quattordici colli da portare in Cina, incluso un passeggino, una culla, due carrelli porta-bagagli, una valigia piena di regali e i nostri effetti personali. Risolvemmo infine il problema più grosso, la mancanza in Cina di pannolini di carta, comprando una dozzina di pannolini di stoffa e mettendoci d'accordo di lavarli a turno nel lavandino della nostra camera d'albergo.

10. Finalmente: missione cinese compiuta

Nonostante i recenti sconvolgimenti sociali in Cina e le nostre preoccupazioni sul funzionamento degli accordi presi, ci fu offerta una buona sistemazione e tutto il necessario sia per Beniamino che per le nostre ricerche. Arrivati all'inizio di marzo del 1987, passammo un proficuo mese a Pechino, centro burocratico dell'istruzione e della cultura in Cina, un mese piacevole a Nanchino, metropoli un po' più piccola con uno speciale interesse per l'istruzione nella prima infanzia e poi, dopo il ritorno a casa di Ellen e Beniamino, io da solo trascorsi l'ultimo mese a Xiamen, il cui funzionamento amministrativo mi aveva così favorevolmente colpito due anni prima. A nostra richiesta, ci veniva quasi sempre fornito un mezzo di trasporto, un'auto privata o un taxi. Inoltre disponevamo di una guida-interprete praticamente ventiquattr'ore su ventiquattro. Funzionari influenti avevano il compito di far sì che i nostri bisogni venissero soddisfatti e, con una o due eccezioni di cui parlerò in seguito, capitò raramente che una nostra richiesta non fosse accolta.

Cosa più positiva di tutte, fummo in grado di compiere la nostra missione. Avevamo chiesto di restare nelle stesse scuole per lunghi periodi di tempo e di assistere alle lezioni normali, e fummo largamente accontentati. La nostra principale preoccupazione fu di poter assistere non solo alle "messe in scena", ma anche andare "dietro il sipario". Quando infine partimmo, avevamo la sensazione che i cinesi avessero fatto tutto il possibile per venire incontro a questa inabituale, se non assurda, richiesta da parte di visitatori stranieri. Eravamo venuti a cercare una risposta a certe domande, e quando ce ne andammo sapevamo di essere arrivati tanto vicini alle risposte quanto era ragionevolmente possibile per degli stranieri in quel dato lasso di tempo.

Tuttavia entrambi, specialmente Ellen, lasciammo il paese con sentimenti chiaramente ambivalenti sull'istruzione artistica in Cina e sulla società cinese nel suo insieme. Per cominciare, le nostre condizioni di vita erano state molto diverse da quelle dei cinesi. Una differenza profonda quanto quella rilevabile a Manhattan tra i superricchi e i senzatetto. Noi vivevamo nel comfort, in stanze riscaldate e relativamente spaziose, e ci era permesso entrare in ogni tipo di hotel e ristorante, di usare auto speciali e altri spazi pubblici. Il cinese medio, e anche i privilegiati che frequentavamo, vivevano in condizioni molto più umili. Cosa ancora peggiore, spesso essi non avevano il permesso di entrare nei luoghi dove andavamo noi, oppure dovevano ottenere un permesso speciale grazie al fatto che ci conoscevano. Provavamo un estremo imbarazzo per quelle distinzioni di status, che ci turbavano profondamente.

Eravamo sconvolti sia dall'ambiente fisico, sia dalle condizioni sociali. La maggior parte della Cina è così sporca che c'è da preoccuparsi continuamente per la propria salute; anche se noi non ci ammalammo, tre persone degli altri gruppi di scambio tornarono a casa in condizioni debilitate. Inoltre, anche se i nostri ospiti erano solitamente gentili e volenterosi quanto si possa desiderare, riscontravamo mancanza di aiuto e perfino ostilità quando ci avventuravamo per strada o nei negozi. I cinesi (se è possibile fare generalizzazioni su una popolazione di un miliardo e duecento milioni di persone) sembrano volenterosi con le persone con cui hanno legami precisi, ma non sembrano aver alcun desiderio di aiutare degli sconosciuti.

Quando cercavamo aiuto senza avere al nostro fianco una persona influente del partito, venivamo regolarmente ignorati; Ellen veniva spesso spinta qua e là rudemente, anche quando portava in braccio il bambino. Era inevitabile fare sfavorevoli paragoni con la nostra breve visita non ufficiale a Taiwan.

Anche se in genere avevamo una posizione privilegiata rispetto a quella dei nostri ospiti cinesi, vi erano luoghi in cui non ci era permesso entrare: ad esempio le librerie speciali, contenenti libri tradotti senza licenza che a noi stranieri non era permesso vedere. Anche alcuni ristoranti, anche di alberghi, erano chiusi agli stranieri. Fummo fortemente scoraggiati a servirci di mezzi di trasporto pubblici quali la metropolitana di Pechino e gli autobus di altre città. In effetti, una volta a Nanchino accadde che non riuscendo a trovare un taxi durante un temporale, convincemmo la nostra guida-interprete a lasciarci prendere un autobus. L'esperienza fu buona (e piacque enormemente a Beniamino), ma il giorno seguente la guida fu ammonita dal suo superiore per aver permesso a dei distinti ospiti stranieri di viaggiare con un mezzo di trasporto così "poco consono".

Sebbene avessi giudicato, all'epoca, questi divieti come delle bizzarrie burocratiche, in seguito mi resi conto che vi erano eccellenti ragioni per proibirci quel tipo di spostamenti. Detto brutalmente, lo straniero non-iniziato rischia la vita avventurandosi nei mezzi di trasporto pubblici. Sto per contravvenire a una mia regola nello scrivere questo libro: "Non citare direttamente i tuoi diari cinesi", per fornire un fedele resoconto di quello che accadde a due stranieri in quello che fu decisamente l'episodio più drammatico del nostro viaggio, e anche uno dei "brutti momenti" della mia vita fino ad oggi:

La giornata è iniziata abbastanza normalmente, perfino gradevolmente. È il primo maggio, giorno di non poca importanza nel più grande Paese socialista del mondo. Beniamino ed io abbiamo deciso di fare una passeggiata per permettere ad Ellen di svolgere un po' di lavoro. Abbiamo percorso una bella strada a circa tre isolati dall'hotel. Era come se fosse domenica. Molta folla, gente che faceva spuntini con pane fritto o fettuccine comprati nei chioschi lungo la strada e che mangiava gelati. Molti negozi erano aperti, con mia sorpresa, visto che tutti possono fare vacanza oggi, ma accade lo stesso anche di domenica. Dopo una mezz'ora circa di passeggio, abbiamo cominciato a tornare verso l'hotel camminando dall'altra parte della strada. A circa un isolato dall'hotel ho notato una folla abbastanza numerosa che aspettava l'autobus, circa centoventi-centocinquanta persone. Un primo autobus è sfrecciato via senza fermarsi; poi è arrivato un secondo autobus, poi un terzo, ed entrambi si sono fermati uno dietro l'altro, come per far salire tutte quelle persone. Le persone che stavamo osservando e che si trovavano vicino al primo autobus hanno cominciato a spingere per salire, alcune cercando perfino di farlo dalle porte centrali, che erano chiuse. Ma l'autista e il bigliettaio si sono limitati a ridere e scherzare. L'atmosfera non era pesante. Poi ho notato che tutti si spostavano un po' più in là restando dietro a una corda messa circa a un metro e mezzo dall'autobus. E a quel punto ho capito cosa stava succedendo. Si stava formando una specie di coda rudimentale, e la gente sarebbe affluita, nell'ordine in cui si trovava, nel primo autobus della fila. Una persona che portava l'uniforme della polizia stava accanto alla porta anteriore dell'autobus e osservava la gente salire. Mi sono detto: "È interessante osservare la gente che sale sull'autobus. Rimango a guardare." Il primo autobus era pieno, molto pieno, molto più pieno di qualsiasi autobus io abbia mai visto. Era come quei treni giapponesi di cui si sente parlare. Le persone venivano letteralmente premute dentro l'autobus una volta che si era riempito, e ho visto un'uomo mezzo dentro e mezzo fuori mentre le porte si stavano chiudendo per la partenza. Ho pensato che sarebbe rimasto schiacciato (e lo fu), ma la pressione della porta non era molta, così non si fece male.

Poi ho preso due decisioni sagge ed una molto stupida. Ho deciso di entrare in un negozio per osservare il resto della scena e per farla osservare anche a Beniamino. L'ho fatto sedere sulle mie spalle. Abbiamo osservato il primo autobus allontanarsi, e mi aspettavo che il secondo venisse avanti. Dopo alcuni momenti in cui non succedeva niente, ho deciso di uscire dal negozio e rientrare in mezzo alla gente. Quello è stato un errore fatale.

Dopo circa dieci secondi, le persone che avevano aspettato di salire sul primo autobus e non ci erano riuscite hanno cominciato a spingere, come aspettandosi che il secondo autobus sarebbe venuto avanti. Mi sono guardato intorno e ho visto che non erano più centocinquanta persone, ma almeno duecentocinquanta o forse più. Beniamino ed io siamo stati avvolti da una calca terribile. Per circa tre minuti – che sono sembrati un'eternità – siamo stati spinti insieme con altre venticinque persone in direzioni opposte dai passeggeri che non erano riusciti a salire sul primo autobus e da quelli che aspettavano il secondo. Un'esperienza orribile, dura, senza pietà. Ho notato delle donne anziane che venivano sballottate. Poi sono stato spinto al punto che ho perso il controllo e ho cominciato (con Beniamino ancora sulle spalle) ad essere schiacciato dalla folla. Ho gridato: "Basta! Fermatevi!" Ho cercato aiuto dalle persone accanto a me e dall'uomo in uniforme. Poi sono stato invaso da un panico che non avevo mai provato prima: nessuno faceva la minima attenzione, a nessuno importava della nostra situazione disperata, il fatto che ero uno straniero con un bambino al collo non faceva la minima differenza. Non era come in una sommossa in un campo di calcio o di rugby: nessuno era particolarmente arrabbiato, stavano solo pensando a se stessi, non importava loro di nessuno, e dopo un po' spingevano e gridavano perché non avevano più controllo sui loro corpi.

Quali sono stati i miei pensieri? Come faccio a uscire di qui? Nessuno mi aiuta. Anche Beniamino si farà prendere dal panico? Sto per svenire? Qualcuno mi aiuterà in quel caso o mi calpesteranno? Beniamino ha cominciato a piangere. È stato un bene, perché, anche se non importava a nessuno, io ho cominciato a consolarlo. Ero felice di essere abbastanza forte da mantenere un minimo di movimento. Poi, un miracolo. Alcuni di noi sono riusciti a spingersi, come un cuneo volante, in testa alla folla restata a terra del primo autobus, la quale stava premendo all'indietro. All'improvviso, veloce come era iniziato, tutto è finito. In dieci secondi eravamo di nuovo sulle strade normali e affollate di Nanchino, e stavamo tornando all'hotel. Dovevo dirlo a Ellen, così siamo saliti in camera. Lei si è fatta prendere dal panico e non voleva che tornassimo in strada. Ma io sapevo che non vi era niente di pericoloso per strada, si doveva solo evitare quella folla. Dieci minuti dopo, Beniamino ed io eravamo di nuovo per strada. Ci siamo diretti in un'altra direzione. Le cose sono andate bene, anche se per lo stato mentale in cui mi trovavo, ho evitato di entrare in una libreria che aveva troppi clienti. Poi, quando eravamo a circa tre isolati dall'albergo, un uomo che non avevo mai visto, in abiti civili, è spuntato fuori dal nulla e ha detto: "Ah, Beniamino." Era un inserviente dell'albergo che si era preso la giornata libera. Il suo era un segno di amicizia. Eravamo tornati nell'altra Cina, dove gli individui sanno essere tanto gentili.

All'inizio pensavo che questa disavventura fosse un evento raro, ma altri visitatori della Cina mi hanno spiegato che non è così. Se non sai cosa stai facendo, quando ti trovi in un luogo pubblico in Cina rischi il disastro. Forse ingiustamente, ero seccato con i nostri ospiti per non averci messi in guardia contro cose del genere ma evidentemente pensavano che se lo avessero fatto avrebbero "perso la faccia". (Per la stessa ragione, a Xiamen nessuno mi disse di due omicidi commessi recentemente vicino al mio albergo, e anche in quel caso andai in collera perché quel rischio potenzialmente fatale mi era stato tenuto nascosto.) Al mio ritorno in America, lessi con orrore sul giornale che all'attesa di un traghetto, su un molo di Shanghai, si era verificato un tumulto con settantasei feriti e undici morti.[*] Chiaramente quel paese non fa per chi è debole fisicamente e spiritualmente.

Quando si sparse la voce della presenza di due stranieri esperti nel campo dell'arte, dell'istruzione e della psicologia, molti cinesi vollero parlare con noi del nostro lavoro. E io, avendo imparato la lezione durante il mio ultimo viaggio in Cina, in cui il mio tentativo di incontrare un collega psicologo era stato ostacolato, mi abituai a prendere personalmente gli accordi per vedere i miei colleghi durante le ore libere, nella nostra stanza d'albergo. Spesso vedevamo varie persone nella stessa serata, e verso il termine del soggiorno a Pechino e a Nanchino avevamo sovente tre o quattro appuntamenti diversi, uno dopo l'altro, nella stessa sera.

Alla conclusione della nostra permanenza a Pechino, chiesi al mio ospite, alla buona maniera cinese, se desiderava esprimere qualche critica sul mio comportamento durante il mese appena trascorso. "Sì," mi rispose, "lei ha visto troppe persone nella sua stanza." Mi ero accorto, naturalmente, che era facile tenere d'occhio le mie attività, dato che tutte le entrate dell'hotel sono controllate e tutti i visitatori devono annunciare la loro presenza e specificare lo scopo della visita. Però ero sorpreso che mi si criticasse apertamente, specialmente perché tutti i contatti erano stati "al mio livello", principalmente con colleghi di psicologia, filosofia, istruzione e arte.

Ma avevo violato ancora un altro tabù della società con-

[*] "Killed on Shanghai Ferry", *New York Times*, 11 dicembre 1987, p. 13.

temporanea cinese. Quando sei in una città, ospite di una *danwei*, devi adeguarti ai suoi desideri e non avere contatti con altri gruppi di lavoro, altrimenti il credito della tua presenza deve essere condiviso con un'altra unità meno meritevole (e non pagante). È stato senza dubbio per questa ragione che i miei precedenti tentativi di contattare altri psicologi erano falliti.

Volendo render conto al mio ospite del nostro comportamento notturno, gli dissi: "Lo sa che molti cinesi hanno parenti negli Stati Uniti?" Mi fece segno di sì. "Beh," dissi io, "se un cinese visita gli Stati Uniti ci si aspetta da lui che incontri i membri della sua famiglia, se questo è possibile. Entrambi sarebbero scontenti se non li incontrasse." Ancora una volta ebbi l'assenso del mio interlocutore. "Ecco, in America noi consideriamo i nostri colleghi come membri della nostra famiglia," aggiunsi. "Ogniqualvolta visitiamo una città, cerchiamo di vedere i nostri colleghi, o almeno di telefonare. E così anche quando visitiamo un altro paese, come la Cina, è importante per noi cercare di stabilire questi contatti. Questa è la ragione per cui abbiamo ricevuto persone nella nostra stanza d'albergo. Spero che lei capisca." Non ho modo di sapere se il mio ospite avesse compreso la mia analogia, e nemmeno se l'avesse accettata. In effetti, non so neanche se stesse semplicemente dicendo ciò che i suoi superiori gli avevano chiesto di comunicarmi, o se dicesse ciò che deve essere detto in simili circostanze.

Questa osservazione, a sua volta, mi rimanda a quello che per me è stato l'aspetto più spiacevole del nostro viaggio in Cina: la percezione sempre più netta che è raro poter avere un franco scambio di idee con un cinese, particolarmente con qualcuno che ricopre una funzione ufficiale come l'essere un dirigente del partito. Sebbene i cinesi siano dei buoni ospiti e desiderino ardentemente dirti (e fornirti) ciò che ti fa sentire bene, essi sono sottoposti a forti pressioni per seguire la linea di partito – per dare la risposta "giusta" in ogni situazione, anziché dire cosa pensano veramente (quando hanno un'opinione personale sull'argomento).

Questo è l'aspetto più difficile da accettare da parte di persone provenienti da una società diversa e chiaramente più democratica. Gli americani in particolar modo amano poter stabilire un contatto personale – parlare direttamente da uomo a uomo. Se a volte in questo si fallisce, non è certo perché non si è provato. Anche i cinesi la pensano allo stesso modo, quando si impara a conoscerli e si stabiliscono con loro rapporti di fiducia. Però nel corso di uno scambio ufficiale come era il nostro, l'esigenza di dare risposte "canoniche" anziché personali è così grande che sacrifica la genuinità dei contatti umani.

È impossibile dire con certezza se, arrivando in Cina in un momento di instabilità politica, abbiamo incontrato più difficoltà nello stabilire contatti e ottenere risposte franche, di quanto non sarebbe stato possibile un anno prima (o un anno dopo). Però tendo a credere che questi comportamenti siano rimasti gli stessi nel corso di tutti gli anni ottanta, e cioè: le persone erano in guardia, ma non più in guardia di quanto lo potessero essere ai tempi di Deng e, come allora, i cinesi che ci conobbero meglio spesso ci facevano capire che non sottoscrivevano la linea del partito. Di fatto, come dirò nel capitolo dodici, questa franchezza fu il solo mezzo che mi aiutò a verificare che alcuni dei modi di fare che avevo incontrato nelle scuole non erano spontanei come avrebbero voluto sembrare, ma predisposti in occasione della visita dei "dignitari".

Le reazioni di Ellen a tali caratteristiche fisiche e personali della Cina furono più negative delle mie, anche se nella sua qualità di teorica del socialismo era stata predisposta ad accettare il sistema cinese più di me, che ero solo un democratico liberale nello stile di Cambridge. Forse il fatto di essere già stato in Cina e di aver letto molto su di essa mi aveva immunizzato da sentimenti negativi – anche se, naturalmente, non mi piaceva essere criticato per la mia comunicativa o schiacciato per la mia curiosità.

Anche le nostre reazioni all'educazione artistica cinese furono in un certo senso contrastanti. Ellen ha scritto in un suo saggio che non trovava alcun merito nelle attività di riproduzione di modelli dati, alle quali io mi ero invece abituato durante le visite precedenti.* Pensava che tali pratiche non potessero che soffocare qualunque potenziale creativo nei ragazzi cinesi, senza offrire in cambio nulla di valido. (Questa era stata anche la reazione degli altri artisti visivi americani nel corso del convegno del 1982; è rilevante in questo senso, che Ellen abbia una formazione nelle arti visive.) D'altra parte io, anche se mi sentivo ambivalente sulla costrizione del copiare e sull'esercitazione puramente esecutiva nelle varie arti, ero in grado di cogliere un valore in quelle pratiche di insegnamento, e divenni sempre meno certo che sacrificassero qualcosa di indispensabile.

Infatti, essendo stato da piccolo un musicista io stesso e del tipo che si accostava all'apprendimento con una metodicità tipicamente tedesca, trovavo nel regime educativo cinese molte cose che mi erano congeniali. Condivido profondamente il bisogno e l'appropriatezza di un tirocinio che fornisca almeno qualche abi-

* E. Winner, "How Can Chinese Children Draw so Well?", *Journal of Aesthetic Education*, 1989.

lità di base fin da un'età relativamente precoce e penso che una tale disciplina sia oggi spesso carente sulla scena dell'istruzione e dell'educazione dei figli in America. La formazione di Ellen si è svolta nel campo delle arti visive, in cui tale pratica in età precoce è meno comune, anche se possibile, come si può constatare perfino in Cina. Nata da genitori educati ad Harvard e avendo frequentato Putney, una delle scuole più progressive d'America (fra parentesi: la scuola fondata dalla famiglia di Carma Hinton), Ellen è molto più orientata verso un'educazione "aperta" e molto più preoccupata sugli effetti possibilmente deleteri di un orientamento di puro tirocinio delle abilità. In conclusione si potrebbe affermare che il suo liberalismo educativo era stato rafforzato dalla visita in Cina, mentre il suo liberalismo politico era stato messo a dura prova, avendo ella abbandonato il socialismo – come le dicevo scherzosamente – dieci minuti dopo essere atterrata a Pechino. Le mie vedute politiche, non incline al socialismo ma fataliste a proposito dei sistemi che altri paesi si scelgono (o che "vengono scelti" per loro) non ne furono modificate, al contrario, la persistente nota conservatrice nella mia filosofia educativa fondamentalmente progressiva, fu rafforzata dall'esperienza cinese.

Le nostre diverse reazioni alla visita in Cina mi fecero sorgere la domanda se sia mai possibile per una persona affrontare i problemi della creatività mantenendoli completamente separati dal proprio sistema di valori. Mi sembrava che si dovessero inserire nel quadro almeno altri due elementi: quali opere d'arte in un certo campo una persona considera meritorie e quali sono gli aspetti del tirocinio con cui si sente a proprio agio. Una parte significativa della differenza fra gli atteggiamenti americani e quelli cinesi ha a che fare con quali opere sono giudicate ammirevoli: i cinesi apprezzano opere che riproducono certe forme classiche e da esse deviano solo moderatamente; invece noi occidentali tendiamo ad apprezzare opere e stili che si allontanano in modo significativo dalle pratiche tradizionali. Parimenti, il divario fra le reazioni di Ellen e le mie è in parte dovuto alle nostre vedute contrastanti sul ruolo del rigore e della disciplina nell'acquisizione delle abilità: io apprezzo lo stile di apprendimento artistico cinese per le sue caratteristiche di rigoroso tirocinio, perdonandone perfino gli eccessi; invece Ellen pensa che quei procedimenti siano fuorvianti e destinati a produrre opere inferiori e prive di scopo.

Per dirla in gergo, si accavallano qui problemi di *prodotto* e di *processo*. Io tendevo ad accettare i processi di formazione delle abilità in parte perché ero molto colpito dai prodotti artistici dei bambini. Ellen aveva pesanti obiezioni sui processi –

trovandoli soffocanti – ed era perciò molto più ambivalente anche sui meriti dei prodotti artistici dei bambini.

Chiudo qui con le differenze di opinioni in casa Gardner-Winner, che rappresentano il tipo di divergenze che è facile trovare tra due attenti osservatori occidentali. Il resto di questo libro presenta, con rare eccezioni, il mio resoconto della ricerca svolta in Cina e le mie conclusioni, anche se non ho esitato a servirmi di dati emersi dalla ricerca di Ellen e dalle osservazioni degli altri partecipanti allo scambio.

Il nostro soggiorno in Cina prevedeva sei giorni pieni di lavoro alla settimana, eccetto le domeniche, che erano dedicate agli acquisti, alle visite turistiche e ad occasionali conferenze. Ciò non è raro in Cina, che ha una settimana lavorativa di sei giorni e pochi giorni di festa.

Come avevamo chiesto, passammo la maggior parte del tempo in giardini d'infanzia e scuole elementari. In parecchi casi ci recammo in una stessa istituzione per un'intera settimana. Visitammo anche una varietà di altre istituzioni educative, che includevano "palazzi dei bambini", università per la formazione di insegnanti, scuole professionali speciali per insegnanti d'asilo ed elementari e specialisti d'arte e anche varie scuole specialistiche che immettono ragazzi di talento direttamente in carriere artistiche in giovane età. La pratica cinese di inserire in determinate carriere bambini ancora a metà infanzia (nel caso delle forme d'arte) o nella prima adolescenza (nel caso dell'insegnamento) ci turbava e a questo incanalamento prematuro della vita tendevamo ad attribuire una parte della diffusa alienazione osservata negli adulti. Tuttavia questi precoci inserimenti professionali hanno una lunga storia in Cina e siamo noi dell'Occidente industrializzato, che permettiamo molte scelte e considerevoli cambiamenti di carriera, ad essere anomali sulla scena mondiale.

Nelle scuole dove passavamo vari giorni, chiedevamo di poter osservare ripetutamente gli stessi insegnanti e studenti. Pensavamo che quello sarebbe stato il modo migliore per evitare di osservare un comportamento "deviante" dall'usuale e per stabilire che cosa è essenziale e inviolabile nell'insegnamento e cosa invece può cambiare di volta in volta. I nostri instancabili sforzi per evitare una serie di "rappresentazioni per gli ospiti" mi pare abbiano avuto successo – ma non dimenticherò mai le parole di un nostro cinico amico cinese in America al quale avevamo confidato il nostro intento di andare "al di là della rappresentazione" e di osservare "cosa succede realmente": "Se presenzierete a un mese di lezioni in una classe, otterrete un mese di rappresentazioni."

In generale, abbiamo assistito alle lezioni di insegnanti specializzati in arte e di altri specializzati in musica. Anche negli asili, dove gli insegnanti devono trattare tutti gli argomenti, vi erano chiaramente insegnanti considerati particolarmente dotati in un campo, e noi li osservammo regolarmente (era piacevole vedere la teoria delle intelligenze multiple ricevere quella forma di sostegno non richiesto). Negli asili, che accolgono bambini dai tre ai sei anni, osservammo regolarmente sia le lezioni normali che il "gioco libero", che occupa la maggior parte del tempo nei primi anni di scuola. Alla scuola elementare vi erano lezioni più formali e meno tempo libero, anche se i pomeriggi tendevano ad essere dedicati ad attività relativamente meno strutturate, che includevano varie arti manuali e lezioni di musica.

In alcune scuole le attività artistico-manuali sono obbligatorie; i bambini vengono assegnati a queste lezioni del doposcuola fin da molto piccoli e le continuano durante gli anni di scuola. Alla fine della loro educazione sono diventati molto bravi nella particolare arte o attività manuale che hanno studiato.

In generale, il tempo trascorso a studiare arti figurative e musica in Cina e negli Stati Uniti, in buone scuole (le sole che ci fu dato visitare), è più o meno lo stesso. All'asilo e nelle prime classi elementari vi sono spesso due lezioni alla settimana; nelle classi elementari successive una lezione alla settimana e nella scuola media può non esserci più nessun corso d'arte obbligatorio. Inoltre, come negli Stati Uniti, le lezioni d'arte sono impartite da assistenti del doposcuola nel caso dei bambini piccoli e più spesso da specialisti negli ultimi anni delle elementari.

Se le linee organizzative sono simili, l'atmosfera dell'istruzione artistica in Cina è completamente diversa da quella del nostro paese. Prima di tutto in Cina c'è un vasto consenso sull'importanza dell'istruzione artistica e sull'appropriatezza dell'insegnare tutte le principali forme d'arte con lo stesso metodo e cioè un passo alla volta, a tutti i bambini. L'importanza attribuita alle arti in Cina ricorda l'accento messo sugli sport negli Stati Uniti. Vi è anche un vasto accordo sul fatto che l'istruzione artistica aiuterà i bambini a diventare dei buoni cittadini e forse anche a competere con successo per ricompense educative e professionali. Forse è per questa ragione che gli adulti vogliono che i bambini facciano progressi nelle arti il più rapidamente possibile e che acquisiscano abilità quali il leggere la scrittura musicale o dipingere panda e fiori di loto allo stile cinese mentre sono ancora alla prescuola. Questi bambini cinesi sono spinti dai loro genitori come lo sono i figli degli "yuppie" americani.

Quindi, in poche parole, l'istruzione artistica è molto importante, dovrebbe essere insegnata precocemente, c'è consenso sul come insegnarla e lo scopo è quello di far diventare i bambini dei piccoli maestri il più presto possibile. C'è da dire che questa ricetta in Cina vale per qualsiasi altra materia insegnata. Forse dal punto di vista cinese, non c'è nulla di speciale nel modo in cui sono insegnate le arti, ma le mie conversazioni coi genitori suggeriscono che di fatto le arti occupano un posto speciale, anche se non del tutto ben definito, nella vita spirituale del cinese medio.

Abbiamo passato intere settimane osservando lezioni in cui potevamo vedere incorporati questi valori. Descriverò due di queste lezioni, una di musica e una di arte nel prossimo capitolo. Alla fine di ogni settimana, incontravamo insegnanti, supervisori ed altre parti interessate (genitori inclusi) per discutere i punti che erano emersi. Ellen ed io davamo un resoconto della nostra impostazione generale sull'istruzione artistica e arricchivamo i nostri commenti con osservazioni specifiche su ciò che avevamo visto alle lezioni.

Finiti i nostri discorsi, offrivamo ai presenti dei piccoli souvenir di Harvard e Boston e dicevamo arrivederci ai nostri ospiti; ma spesso poi li ritrovavamo ai nostri discorsi pubblici o ai banchetti di addio. Questo ci diede la sensazione di far parte, in ciascun luogo, di una più ampia comunità educativa e, come ho constatato anche in America, qualche volta il semplice fatto che ci siano dei visitatori fa riunire persone che di solito non si vedono (o non si conoscono) e che hanno molto da dirsi.

Generalmente le nostre esperienze in ognuna delle città visitate si rassomigliavano: Pechino, Nanchino, Wuxi (per una settimana) e (nel mio caso) Xiamen e Gulangyu per due settimane ciascuna. Di solito visitavamo scuole molto buone, ma con variazioni abbastanza marginali da poter fare illazioni su come fosse la "popolazione più ampia". Per quanto i nostri soggiorni fossero stati tutti egualmente piacevoli, quello a Nanchino fu probabilmente il migliore.

La nostra esperienza particolarmente positiva a Nanchino è attribuibile a vari fattori. Per cominciare, è una grande e bella città dalla storia significativa, ma non è la capitale; in quanto tale (un po' come Boston o San Francisco) è ragionevolmente cosmopolita senza avere alcuni dei pesi burocratici e delle tensioni politiche di Pechino. Secondo, avemmo la fortuna di alloggiare in centro, in un hotel di classe internazionale – luogo dell'episodio di Beniamino e la chiave.

Ma i benefici più rilevanti furono attinenti allo scopo della nostra missione e ai rapporti con nostri colleghi. Solo a Nanchino, più precisamente all'Università Normale, incontrammo un gruppo di colleghi specialisti dell'istruzione della prima infanzia, con i quali fummo in grado di conversare da pari a pari sui nostri interessi professionali. Vi fu anche la felice coincidenza di ritrovarvi quattro colleghi che avevano studiato in Occidente, parlavano un po' di inglese e condividevano con noi alcune idee di psicologia e scienza dell'educazione; per di più, tre di loro erano venuti a Boston da noi tre anni prima.

Con piacere (e senza rimproveri) fummo in grado di incontrarci di pomeriggio e di sera per discutere di Jean Piaget, Lëv Vygotskij, Jerome Bruner ed altri teorici evolutivi; discutemmo dei prodotti artistici e musicali dei bambini, ripassammo criticamente lezioni e curricoli e facemmo perfino dei piani di ricerca in comune, che realizzeremo quando uno dei nostri colleghi cinesi verrà negli Stati Uniti o qualcuno dell'équipe del Progetto Zero si recherà in Cina. Quelli furono virtualmente i soli colleghi che sollevarono seri dubbi sulla bontà degli asili residenziali, sull'assenza di gioco nelle scuole cinesi, sull'eccesso di enfasi sulle abilità di base e il bisogno di un'atmosfera più rilassata e creativa nell'educazione della prima infanzia.

Non vorrei suggerire l'idea che ci trovassimo d'accordo su ogni particolare o che un tale accordo sia necessario per potersi intendere con Ellen e me. In effetti, la maggior parte delle nostre discussioni più accalorate ebbe luogo proprio con i membri dell'Università Normale di Nanchino, i quali sostenevano (con ragione) che tendevo a enfatizzare troppo le mie idee. Ma il fatto che potessimo sia essere d'accordo che dissentire, illustra il mio punto: a Nanchino abbiamo incontrato un gruppo di studiosi che, cosa che non avevamo trovato da nessun'altra parte in Cina, facevano davvero parte della più ampia comunità degli psicologi evolutivi.

A Nanchino ebbi occasione di osservare un corso di creatività, della cui esistenza mi aveva parlato uno studente di grande talento che si stava specializzando in America. La domenica pomeriggio, circa una sessantina di piccoli si riunivano nel locale palazzo dei bambini per imparare "ad essere creativi". Dal punto di vista di uno che ha già osservato molte di queste lezioni intese a migliorare il pensiero critico o creativo, lo sforzo messo in atto a Nanchino non era notevole. Il programma andava da "soluzioni originali di problemi" (del tipo: "come puoi recuperare nel modo migliore un volano che si è incastrato su un albero?") ad esercizi fisici, che mi stupirono perché erano quelli abituali.

Tuttavia l'impresa era degna di nota per un insieme di ragioni. Prima di tutto, ai bambini veniva dato molto più tempo per rispondere alle domande e per pensare di quanto non ne fosse disponibile nelle lezioni normali. Ricevevano anche dei compiti da riportare a scuola dopo averci pensato a casa durante la settimana. L'atmosfera era rilassata e gli alunni chiaramente apprezzavano la possibilità di affrontare un problema per conto loro. Sfortunatamente, non c'era nessun tentativo di far valere una "motivazione intrinseca". Invece, in questo ambiente domenicale, sopravviveva l'atmosfera competitiva che domina l'istruzione cinese, con premi alle migliori risposte; però, almeno in quel caso, i premi erano scelti dagli altri bambini e, a quanto vedevo, l'insegnante non interferiva nel processo. Alla fine, mi venne voglia di parafrasare la famosa battuta del dottor Johnson così: "Una lezione di creatività in Cina è come un cane che cammina sulle zampe posteriori. Non è cosa fatta bene, ma sorprende semplicemente il vederla fare."

Una giornalista cinese presente a questa lezione, mi chiese una valutazione. Dopo la mia breve, educata risposta, esclamò: "Non è meraviglioso? Tutto questo viene fatto volontariamente". E aggiunse: "Si fanno mai cose volontariamente in America?" con l'inequivocabile implicazione che noi non faremmo mai niente se non obbligati o riccamente ricompensati. Ho rimbeccato: "In effetti, in America una tale domanda sarebbe impensabile." E le spiegai che in America molte iniziative se non tutte avevano dovuto incominciare su base volontaria, quindi tali modalità di azione sono comuni e date per scontate. Le dissi anche che l'America è il Paese più giovane, dove avevamo dovuto inventare tutto daccapo; invece in Cina, il Paese più vecchio, l'iniziativa poteva anche apparire non necessaria. Le suggerii che i rapporti privilegiati di potere sono collocati in posti differenti nei nostri due Paesi. In America le associazioni volontarie a livello locale hanno grande importanza e peso nel nostro sistema politico, invece in Cina, almeno tradizionalmente, le istituzioni cruciali sono la famiglia e lo Stato e si fa poca attenzione a ciò che sta in mezzo.

In retrospettiva mi rendo conto che questa mia forte reazione non era dovuta alle parole della giornalista. Piuttosto, provavo un senso generale di frustrazione a causa dell'incomprensione nei confronti degli Stati Uniti, anche da parte di cinesi istruiti. Al tempo stesso, so bene che noi americani siamo almeno altrettanto ignoranti sulla Cina e che ogni visitatore cinese in America avrebbe ampio modo di sentirsi egualmente frustrato.

Dopo questo sfogo, pensai che sarebbe stato utile sedermi tranquillamente a un tavolo con alcuni colleghi cinesi interessati al problema e cercare di raccontare loro alcune delle mie idee sui problemi della creatività (si vedano le pp. 142-147). Usando come punto di partenza la lezione cui avevo appena assistito, manifestai il mio scetticismo sull'esistenza di una cosa chiamata "creatività generale": la creatività è sempre specifica e la lezione appena vista era un esempio di creatività nel dominio dell'inventiva tecnica. I rompicapo e i problemi presentati erano piacevoli, ma avrebbe avuto più senso coinvolgere gli alunni in progetti più a lungo termine, del tipo di quelli proposti in America negli esperimenti sulle intelligenze multiple.

Dopo aver messo in dubbio l'utilità di presentare agli studenti dei problemi predeterminati e di dare dei premi ai "più creativi", proposi che la creatività dovrebbe invece valorizzare atteggiamenti e approcci. Un'atmosfera soffusa di giocose esplorazioni, il pensare ad alta voce, la revisione e critica dei propri tentativi iniziali in un certo campo, sono probabilmente più importanti del fatto che un dato problema venga risolto nel modo giusto. Nella misura in cui genitori, insegnanti e mentori sanno rafforzare un tale approccio con costanti domande, sfide e riflessioni di stile socratico, ci si può attendere che anche gli studenti riescano ad adottare gli stessi abiti mentali "creativi".

A questo punto temo che i miei ospiti si stessero pentendo di avermi lasciato assistere a quella lezione di creatività così come sono certo che la giornalista avrebbe voluto essersi attenuta alla pratica cinese di evitare argomenti potenzialmente controversi. Ma mi pareva importante comunicare ai colleghi cinesi che sentivo più vicini la mia crescente convinzione che le problematiche educative in cui siamo impegnati non sono né puramente metodologiche, né puramente scientifiche. Esse investono invece profonde questioni di valore su quali tipi di modelli proponiamo ai nostri bambini e a quali tipi di criteri ci appelliamo nel giudicare i loro prodotti e processi. Un confronto a lungo termine con i nostri colleghi cinesi sulla natura e i contesti della creatività non poteva non includere anche questi temi.

Ed ecco che avevo parlato troppo. Era il momento (e lo è anche in questo libro) di osservare più da vicino alcune classi cinesi tipiche, cercando di comprendere le cose serie e spesso meravigliose che vi accadono.

11. Visione d'insieme su alcune lezioni di educazione artistica in Cina

Mentre l'insegnante seduta a un decrepito e male accordato pianoforte suona un vivace motivo popolare, quarantotto bambini di prima elementare entrano in classe a uno a uno, ordinati e aggraziati, dondolandosi a ritmo di musica. Uno degli studenti, in piedi di fronte alla classe, "dirige" la musica e mostra le movenze appropriate. I bambini, solerti, si dirigono ai propri banchi dove si siedono a due a due. Non appena tutti sono sistemati, l'insegnante smette di suonare e fa un segnale. Gli studenti, come un sol uomo, si levano in piedi, fanno un inchino e urlano "Laoshi, Hao!" ovvero "Buon giorno, [onorevole] insegnante!" Quindi si risiedono e ha inizio la lezione di musica del mattino.

Ho assistito a dozzine, forse ormai centinaia di lezioni simili a questa; lezioni in cui si insegnano canto, pittura cinese, calligrafia, arti e mestieri, matematica, conversazione inglese, o cinese. Ovunque si vada in Cina, i programmi insegnati ai membri di un medesimo gruppo di età sono gli stessi: tutti i bambini di prima elementare, sia che vivano a nord nello Xian o a sud nello Xiamen, imparano a cantare le stesse canzoni, a danzare le stesse danze, a disegnare gli stessi animali, a raccontare le stesse storie, a recitare le stesse commedie, ad addizionare le stesse somme. Questo modo di procedere assicura l'esistenza di un retroterra culturale comune attraverso l'intera Cina (per lo meno fin là dove esiste qualcuno in grado di fare l'insegnante) e agevola enormemente gli spostamenti di personale da una località all'altra, anche se tali spostamenti sono molto meno frequenti in Cina di quanto non lo siano nei molto più mobili Stati Uniti. Anche l'osservazione delle lezioni e della vita di classe ne risulta notevolmente facilitata perché dopo averne viste alcune è come averle viste quasi tutte. Ciononostante, prima di arrivare a riconoscere con sufficiente sicurezza quali sono le costanti e quali le variabili, è necessario aver osservato attentamente un grande numero di casi ed è questa la ragione per cui siamo stati lieti di non limitarci a tre o quattro diverse classi, ma di collezionarne intere dozzine.

Sebbene la materia insegnata eserciti ovviamente una certa influenza sul modo di condurre la lezione, l'impostazione generale nelle diverse aree disciplinari rimane sostanzialmente la stessa. Per esempio, gli inchini e saluti iniziali e quello finale "Zaijian, laoshi" (Arrivederci [onorevole] insegnante!) si verificano con uguale carica energetica e precisione tanto in una classe di musica di prima elementare quanto in una lezione di pedagogia a livello universitario. Ugualmente nel corso della lezione gli studenti (di solito una cinquantina) se ne stanno per l'intero periodo seduti al loro banco, con le mani incrociate dietro la schiena. Per rispondere alle domande, gli studenti alzano la mano e quando invitati a parlare si alzano in piedi, rispondono con sollecitudine e si risiedono. Di solito le domande sono facili, perfino ovvie e non creano alcun problema di ricerca delle risposte giuste. Quasi mai, a nessun livello, gli studenti fanno spontaneamente delle domande. Quando ho cercato di capire le ragioni di questa povertà di domande, mi è stato risposto: "Dipende solo dalla mancanza di tempo." Ma anche quando il tempo c'era, come al termine delle nostre conferenze, le domande non arrivavano e il motivo è semplice: gli studenti non sanno da che parte si incomincia a fare delle domande. Questo clima che mi ricordava vagamente la mia esperienza alle elementari, in una scuola che incoraggiava obbedienza e passività, ma ancor più sono rimasto colpito dalle profonde differenze fra la vita di classe in Cina e anche la meno libera fra le classi americane degli anni cinquanta.

Di solito le lezioni che richiedono qualche attività esecutiva da parte degli allievi – come quelle d'arte – ruotano interamente intorno all'adempimento di un unico compito centrale. Il compito viene assegnato (di solito con particolareggiate spiegazioni su come eseguirlo) e subito gli studenti si siedono quietamente ai loro banchi e lo eseguono, mentre l'insegnante cammina avanti e indietro fra i banchi per controllare come procede il lavoro. Se la forma finale del lavoro è tale da poter essere messa in mostra, alcuni esempi saranno sollevati in aria o appesi di fronte alla classe. Se si sta imparando una canzone, gli studenti di solito la eseguono tutti assieme, anche se a volte a uno di loro viene chiesto di eseguire un assolo. Si cerca di portare a termine un compito per ogni lezione, lasciando pochissimo spazio a esercizi da completare in ore successive, anche se, ovviamente, le abilità così apprese vengono poi messe in pratica negli esercizi successivi.

Tali sorprendenti somiglianze fra lezioni diverse hanno ispirato a Ellen la battuta, contraria a quella di Marshall McLuhan, "il mezzo di comunicazione non è il messaggio". L'impostazione cui si ricorre per insegnare qualcosa a uno studente è virtualmente identica, con identico e assolutamente modesto grado di libertà concesso allo studente, sia che si tratti di disegnare un pesce rosso, dipingere un panda, padroneggiare dei caratteri cinesi, intrecciare un cesto, scolpire una scimmia con della creta o fare un collage figurativo a partire da forme geometriche.

Adesso descriverò in dettaglio una tipica lezione di musica e una tipica lezione d'arte figurativa, entrambe rappresentative di altre dozzine da noi osservate. Non che non esistano affatto delle variazioni a una "lezione tipica": come dirò più avanti, abbiamo avuto modo di assistere anche ad alcune lezioni veramente originali e innovative; tuttavia le due lezioni che mi appresto a descrivere rappresentano, diciamo, dall'80 al 90 per cento di ciò che abbiamo visto.

Una lezione di musica in Cina

Dopo i saluti di apertura ai propri allievi di prima elementare, il signor Hu (così lo chiamerò) mostra un disegno eseguito da lui stesso col gesso, di un sorridente imbianchino in piedi in cima a una scala col pennello in mano. Il signor Hu chiede ai bambini cosa vedono e i bambini rispondono in coro. Quindi chiede a uno studente di esplicitare in quale stagione dell'anno si svolge la scena e lo stato d'animo dell'imbianchino.

Sulla lavagna, di fianco al disegno, c'è una notazione musicale convenzionale, su rigo musicale, con le note di una canzone popolare polacca riguardante un imbianchino. Il primo compito della classe è imparare a cantare ad alta voce in solfeggio (do-re-mi). L'insegnante guida i propri pargoli nel canto, rigo per rigo. Ovviamente i bambini hanno già appreso un po' di solfeggio perché sono in grado di articolare la maggior parte delle sillabe correttamente (sol-mi-sol-mi-sol-mi-do). Al tempo stesso è evidente che non sono ancora totalmente sicuri nel solfeggio: intonano la seconda cadenza esattamente come la prima, nonostante abbia un andamento diverso, la seconda finendo in una tonica e la prima in una dominante; e alcuni studenti scambiano la dominante (sol) per un fa.

Probabilmente a causa di questi errori, l'insegnante si scusa per la prestazione della classe e dichiara che oggi gli studenti non hanno fatto un buon lavoro. Dal mio punto di vista sono stati bravissimi: si sono impegnati nel solfeggio, impresa difficile; hanno attribuito cantando i nomi giusti alla maggior parte delle note e si sono corretti con rapidità impressionante ogniqualvolta l'insegnante ha segnalato degli errori. Ma in Cina un'accuratezza all'ottanta per cento non è ritenuta sufficiente; gli insegnanti pretendono e spesso riescono a ottenere un'accuratezza totale.

Fra l'altro sebbene il solfeggio sia da tempo insegnato in Cina, al tempo della nostra visita l'uso della notazione occidentale convenzionale era relativamente recente nelle lezioni normali. Precedentemente gli studenti in tutta la nazione imparavano una semplice notazione numerica, presa dai giapponesi (contrariamente alla pratica usuale per cui sono i giapponesi che adottano invenzioni cinesi). Ora la notazione numerica è considerata sorpassata, cambiamento questo che alcuni osservatori americani hanno ritenuto infelice, perché la notazione numerica, per quanto molto meno efficace, è molto più facile da imparare di quella basata sul rigo musicale.

Dopo aver fatto cantare l'aria in solfeggio alcune volte, l'insegnante fa ascoltare la registrazione di una versione musicale completa della canzone, presumo al fine di far sentire agli studenti come dovrebbe suonare l'esecuzione finale. La mia impressione generale è che i bambini abbiano già una certa familiarità con questa canzone, che io stesso ho ascoltato frequentemente in Cina. Ad ogni modo l'edizione registrata non sembra avere una grande influenza sul modo in cui subito dopo essi intonano la canzone (peraltro benissimo, sia prima che dopo, mi affretto ad aggiungere).

Adesso si passa a imparare le parole della canzone. (In Cina una canzone viene avvicinata sempre prima tramite il solfeggio e poi attraverso la parte lirica.) Anche le parole sono già scritte sulla lavagna perché, mi viene detto, i bambini sanno già leggere quegli specifici caratteri; ma di nuovo non sono in grado di giudicare fino a che punto si trovino di fronte a una canzone veramente nuova o fino a che punto l'abbiano già appresa o almeno sentita in precedenza. Comunque sia, dopo alcuni tentativi, la canzone si dispiega nell'aria.

Alla classe viene chiesto di ripeterla tutta daccapo, questa volta facendo ben attenzione alla giusta enfasi espressiva. L'insegnante sottolinea che si tratta di una canzone vivace e felice e incoraggia gli studenti a imprimere questo stato d'animo nello stile e nell'energia con cui cantano. Dato che "felice" in opposizione a "triste" è una delle più importanti dicotomie ormai acquisite a questa età, questo compito non pone alcun problema.

Adesso una "parentesi", dedicata ad alcuni esercizi di ritmo. L'insegnante ha chiesto agli studenti di sottolineare, battendo le mani, l'andamento ritmico della canzone. Dato che si tratta di un motivo ritmicamente molto semplice, il compito viene eseguito in un clima di rilassato divertimento. Subito dopo, con un procedimento che ricorda quello ideato in Germania da Carl Orff, gli studenti vengono divisi in due gruppi; mentre un lato della classe ritma i battiti accentati di un insieme di note, l'altra parte sottolinea i battiti più deboli della stessa figura musicale. Pur senza arrivare a padroneggiare alla perfezione una tale più complicata esecuzione, la classe nel suo complesso se la cava abbastanza bene.

Alla fine della lezione insegnante e studenti ammettono (a nostro beneficio?) che rimane ancora del lavoro da fare su questa canzone. E, per finire in bellezza, tutti cantano alcune vecchie canzoni apprese in precedenza e ben conosciute, inclusa un'aria di Stephen Foster (*Sewanee River*) in cinese. Dopo il canto all'unisono, alcuni bambini ripetono individualmente le stesse canzoni, accompagnandole con quei movimenti delle mani e del viso che piacciono tanto agli americani (a piccole dosi). Infine tutti gli studenti escono dall'aula marciando al suono di una melodiosa canzone popolare incisa su disco, di nuovo accompagnandola con i gesti appropriati e si dirigono verso il cortile dove trascorreranno i loro dieci minuti di intervallo.

Questo è quanto succede in una tipica lezione di musica di prima elementare in Cina; sebbene quella qui descritta si sia protratta un po' oltre i prescritti trenta minuti, presumibilmente per darci modo di assistere a una lezione di musica "completa". In altre due scuole mi è capitato di assistere a lezioni in cui veniva insegnata esattamente questa stessa canzone, per cui al momento della partenza dalla Cina l'arietta banale dell'imbianchino si era indelebilmente impressa nella mia memoria musicale.

Non sto sostenendo che ovunque tutti i passaggi nell'articolazione di una lezione siano esattamente identici. Questi passaggi, ne ho contati da venti a venticinque nel corso di numerose lezioni, tendono a variare da un insegnante all'altro. Durante la fase iniziale, "per scaldarsi", si possono fare esercizi musicali "do,do,do,do,do,mi,mi,mi,mi", eccetera. Oppure l'insegnante può far ripassare la differenza fra battute a due tempi e a tre tempi o eseguire un disegno assieme ai bambini oppure guidarli in un esercizio per il controllo della respirazione.

Dopo alcuni minuti di rottura del ghiaccio, viene presentata la canzone di quella lezione. Occasionalmente il pezzo forte della lezione sarà una danza, o uno strumento musicale o qualche esercizio di comprensione musicale o una esecuzione congiunta di canto e ballo, ma di solito alle elementari il fulcro dell'educazione musicale è costituito dall'apprendimento di una certa quantità di canzoni canoniche.

Una volta presentata la canzone, tutti gli sforzi si accentrano nell'imparare a padroneggiarla in trenta minuti. La sequenza usuale procede dal solfeggio, ai versi, all'espressività, ma ci possono essere delle variazioni. A volte gli studenti possono suonare uno strumento o accompagnare la canzone con strumenti a percussione o, in classi per bambini più grandi, con armoniche o pianoforti elettrici. A volte al canto può accompagnarsi una danza o una sequenza di gesti. Le parti ritmicamente più difficili vengono affrontate separatamente, battendo le mani o suonando semplici strumenti. Per i più grandicelli non è raro lo studio dell'armonia e molto tempo è dedicato al canto dei canoni.

Nella lezione particolare appena descritta, non si faceva ricorso ad alcun libro di testo, ma questa era una eccezione; tipicamente gli studenti hanno di fronte un libro di testo. Nel libro di testo compare sia la canzone che, spesso, esattamente la stessa figura che l'insegnante ha disegnato alla lavagna. Mi è stato riferito che di solito, al termine della lezione, c'è abbastanza tempo per eseguire altre canzoni e "pezzi forti" della classe. Quando sono presenti degli spettatori questa probabilità diviene una certezza.

Questa prevedibilità delle lezioni è probabilmente confortante per tutti gli interessati e i continui esercizi virtualmente assicurano che i bambini cinesi diventeranno competenti nel cantare ed eseguire centinaia di composizioni. Ciononostante è probabile che dopo un po' una tale monotona impostazione divenga tediosa sia agli studenti sia agli insegnanti. Le mie osservazioni mi porterebbero a concludere che, a eccezione di coloro che fanno parte dei cori, in generale gli studenti più anziani si divertono decisamente meno delle loro più giovani controparti. Dopotutto, per loro sono "cose vecchie", prive di sfide capaci di disattivare le loro reazioni automatiche.

Ho descritto una classe tipica dei primi anni delle elementari. Anche all'asilo, con gli scolari che vanno dai tre ai sei anni, si fa un gran cantare e danzare, ma gran parte dell'energia è dedicata all'apprendimento del solfeggio e delle notazioni convenzionali, in modo che i bambini siano in grado di leggere la musica al momento del loro ingresso a scuola. A mio parere questo non è un uso ottimale del tempo di lezione perché non è facile per dei bambini d'asilo impadronirsi di questi procedimenti simbolici e molti di loro si limitano a fingere di aver compreso dal principio alla fine.

Ma siccome negli ambienti educativi cinesi questo tipo di conoscenze viene considerato molto importante, c'è un enorme interesse a trovare i modi più efficienti per insegnare "do, re, mi," o "A, B, C", la differenza fra note dimezzate e note intere, fra battuta binaria e ternaria. A questo fine viene utilizzato quasi ogni espediente che potete immaginare e molti altri che non siete in grado di immaginare. I bambini indossano costumi da animali (ogni animale rappresentando una diversa nota della scala), le note vengono associate a dei colori, i bicchieri sono riempiti d'acqua fino a diverse altezze, i bambini trasportano fisicamente in giro delle note, eccetera, eccetera. Tutto, per far diventare la notazione musicale qualcosa di familiare, amichevole. Ciononostante, quest'enfasi unilaterale sui processi di decodifica a mio modo di vedere non è quello che dei bambini piccoli dovrebbero fare nelle lezioni di musica.

Negli scambi di opinioni con gli insegnanti cinesi, ho descritto loro degli esercizi di ascolto e di suono che trovo più appropriati per dei bambini in età d'asilo o nei primi anni delle elementari; tutte idee sviluppate nel corso di Progetto Zero o prese in prestito da Jeanne Bamberger, una collega del Mit. Ho riferito loro come, suonando con delle campane Montessori o anche solo esplorando una scala musicale, i bambini, senza guida, arrivano a scoprire da soli vari tipi di distinzioni e di regolarità. Ho suggerito vari modi per aiutare i bambini a inventare delle loro canzoni e danze e creare delle loro modalità di notazione. Queste notazioni inventate dai bambini spesso catturano ciò che i giovani ascoltatori effettivamente sentono quando non sono influenzati da qualche guida (gli inizi/i finali; una orchestrazione ricca contro una povera), al posto dell'analisi relativamente astratta, artificiale, nota per nota, convogliata dalla notazione convenzionale. Ho spiegato che le conoscenze derivabili dal tipo di notazione non possono rimanere separate dall'ascolto intuitivo: il musicista competente deve essere in grado di riconciliare le distinzioni rilevate dalle sue orecchie con quelle dettate dal tipo di notazione in uso nella sua cultura. Dal mio punto di vista, la prima educazione dovrebbe incoraggiare il più possibile l'ascolto intuitivo e non imporre prematuramente delle notazioni convenzionali.

Questo mio messaggio è stato accolto con profonda delusione da alcuni dei miei ospiti. Essi avevano sentito parlare del Progetto Zero e avevano sperato che avrei portato loro nuove idee su come insegnare il solfeggio e su come accelerare al massimo la lettura delle note. E invece eccomi lì, a sostenere idee opposte a quelle su cui si fonda l'esperienza cinese. Gli educatori di musica cinesi erano interessati alla qualità delle esecuzioni, ma io cercavo di persuaderli a interessarsi della comprensione musicale, a incoraggiare quella che chiamo "l'intelligenza musicale". Non sono queste nozioni che si possono trasmettere in una conversazioni di pochi minuti.

Anche per i bambini più grandicelli il canto continua a occupare un posto centrale nelle lezioni musicali, ma gran parte delle energie qui vengono dirette a padroneggiare l'armonia, spesso di tipo complesso. Sono rimasto molto colpito dalla bravura con cui i bambini cinesi di quinta o sesta elementare riescono a cantare in armonia. Una piccola parte del tempo è dedicata all'analisi musicale e all'apprezzamento della musica, ma si tratta di lezioni molto rudimentali.

Credo che le lezioni non tese all'esecuzione sono a un livello inferiore per due ragioni. Prima di tutto perché la maggior parte degli insegnanti ha ricevuto un'educazione musicale complessivamente alquanto rudimentale eccetto che per gli aspetti di esecuzione e quindi non sa che cosa e come si insegna quando si insegna analisi musicale. Secondo, il pensiero cinese sulla musica è molto legato ai contenuti e c'è estrema riluttanza, se non deciso rifiuto, a discutere problemi di forma. Questo può andar bene finché si discute di un gioioso imbianchino e del suo amore per il lavoro, ma è fortemente limitativo quando si cerchi di spiegare la sinfonia in sol minore di Mozart. Invero, eccezion fatta per il *Carnevale degli Animali* di Saint-Saëns e la *Sinfonia Pastorale* di Beethoven, poche altre opere del repertorio classico occidentale si prestano a un'analisi "figurativa" dei contenuti musicali. Non a caso proprio questi due pezzi sono i capisaldi delle classi di ascolto musicale in Cina.

Gli insegnanti di musica che abbiamo visto all'opera in Cina variavano da appena adeguati a eccellenti. (Assumo che ci siano in Cina molti insegnanti di scarso livello che noi non abbiamo incontrato, ma è naturale che non ci portassero ad assistere a lezioni scadenti, così come anche noi non ci affanniamo a condurre i nostri ospiti cinesi a lezioni di second'ordine.) La maggior parte degli insegnanti eccellenti semplicemente faceva le stesse cose degli altri insegnanti, ma molto meglio: cioè aveva più energia, correggeva gli studenti più efficacemente, cantava e suonava meglio, aveva idee migliori per comunicare la differenza fra una quartina e una ottava, fra *piano* e *forte,* che non gli altri insegnanti della stessa comunità. In generale accettava il curriculum come dato ed era semplicemente più brava nel trasmetterlo ai propri studenti. Essi – o i loro studenti – avevano ottenuto molte onorificenze.

Ma nel corso dei miei tre viaggi in Cina ho anche visto insegnanti di musica che sarebbero parsi eccellenti ovunque. Il mio favorito era un giovane insegnante di violino a Xiamen, il quale la prima volta che l'ho incontrato nel 1985 si era appena diplomato; insegna violino a circa un terzo dei bambini della sua scuola, che ha selezionato egli stesso sulla base del loro talento. Ha anche una esperienza di "educazione musicale" a bambini delle elementari.

Questo insegnante, che chiamerò Mr Lu, crede che agli studenti debbano essere date ampie opportunità di manipolare i materiali della musica e di comporre essi stessi musica per conto proprio. Cosicché, fin dall'inizio, egli non si limita a insegnare loro a suonare delle arie conosciute, ma permette loro di inventare dei loro motivi, di suonarli l'uno all'altro, insegnarseli a vicenda, per poi suonarli tutti assieme per divertimento. Le sue lezioni sono caratterizzate dal far musica, piuttosto che dal semplice eseguirla.

Ecco qui alcuni tratti salienti da due sue lezioni. Nella prima lezione egli ha messo in mostra davanti alla classe un quadro bucolico di bambini immersi in giochi chiassosi e ha chiesto agli studenti di comporre un pezzo a loro piacimento. Il quadro serve come punto di partenza, come stimolo, non come fattore limitante. Gli studenti per un po' suonano il violino ognuno per conto proprio; poi a parecchi di loro viene chiesto di far ascoltare agli altri la propria composizione e di spiegare che cosa vuol significare.

Un singolo dipinto va bene, ma due in contrasto l'uno con l'altro possono essere anche meglio. Quindi l'insegnante appende al muro un altro quadro molto più astratto e allusivo – che fa venire in mente una quieta scena della natura – e incoraggia gli studenti a creare un secondo pezzo appropriato. Di nuovo ognuno prova per conto proprio e poi esegue e commenta di fronte agli altri.

L'insegnante appoggia quindi sul portagessi tre dipinti che illustrano la storia di un porcellino fanfarone, il quale si addormenta sotto un albero e quando si sveglia vuole arrampicarsi, ma non ci riesce e cade. Una favola che esige un effetto "capitombolo" che gli studenti cercano di comunicare tramite i loro piccoli strumenti.

Infine, durante l'ultima parte della lezione, sono gli studenti stessi a scegliere dei dipinti in base ai quali creare la composizione che vogliono. Oppure possono comporre un loro pezzo senza alcuno stimolo visivo. (Il che non è facile a otto anni... e neppure a diciotto.) Una studentessa mi chiede di raccontarle una storia e poi compone un pezzo di accompagnamento. Quando ha finito, l'insegnante chiede a tutti gli altri studenti di ascoltare questo pezzo che subito dopo, con mia grande sorpresa, suonano tutti assieme. A soli otto anni e avendo studiato violino per solo un anno o due!!!

Vi chiederete come è possibile che dei bambini siano in grado di fare questo. La mia spiegazione è che essi hanno iniziato a comporre fin dall'inizio, fin dal primo momento in cui hanno preso in mano il violino. Per loro comporre è parte intrinseca del suonare lo strumento, una routine come lo è il copiare le frasi dell'insegnante per la maggior parte dei bambini cinesi, una attività forse ovvia come, per un neonato, l'apprendere il linguaggio degli adulti. Naturalmente all'inizio i suoni da loro messi assieme divergeranno solo di poco dai suoni appresi, ma più saranno i motivi appresi, maggiore l'abitudine a sperimentare, e più ampie saranno le possibilità di poter arrivare a comporre qualcosa di nuovo. E alcuni di questi bambini fanno proprio questo: "compongono".

In un'altra lezione, sempre con bambini della stessa età, il signor Lu ha dichiarato che l'intera ora sarebbe stata dedicata all'invenzione e notazione di nuovi pezzi musicali e per incoraggiare gli studenti li ha invitati ad avvalersi di una serie di stimoli. Ha consegnato a ogni studente una misura del tempo di apertura, una nota di chiusura e una scatola piena di ritagli: note ritagliate su cartoncino, varie altre figure, anelli, punti, triangoli, strisce, e così via. Tutto questo accompagnato dal suggerimento-constatazione che probabilmente questi pezzi di cartoncino non basteranno e quindi i bambini dovranno arrangiarsi inventando nuovi modi più sintetici di notazione che permettano loro di ricordare la propria composizione fino in fondo. Tale notazione non deve necessariamente essere congruente con quella convenzionale, deve solo essere leggibile da chi la scrive.

L'insegnante fornisce tre diversi inizi tutti molto semplici fra i quali scegliere e suggerisce che, per risparmiare i simboli, i bambini potrebbero usare uno dei segni di cartoncino per indicare l'intero inizio. Suggerimento che non andrà perduto.

La classe si mette al lavoro e ogni suo membro passa quasi l'intera ora immerso nella creazione della propria composizione e del proprio sistema di notazione. Gli studenti si dedicano a questo compito con tale entusiasmo che l'insegnante non ha nulla da fare e può tranquillamente chiacchierare con me. Durante questo periodo di calma, mi racconta che questo è un esercizio che ha ideato l'anno precedente e che assegna agli studenti una volta al mese. Mi spiega che molti dei suoi colleghi insegnanti non sopportano la rumorosità e la confusione che accompagna questo tipo di esercizi, ma che egli invece ritiene che questo "lasciar andare" sia una parte essenziale della creatività musicale, che egli cerca di coltivare. Se gli studenti non interiorizzano un'atmosfera in cui c'è libertà di esplorare, di provare a fare cose nuove, di sbagliare, saranno troppo conservatori... Il resto della Cina ha bisogno di sentire questo messaggio che viene da un insegnante di ventisette anni!!!

Non c'è un bambino, in tutta la classe, che non faccia almeno un tentativo di composizione e alcuni compongono diversi pezzi alternativi. Lavorano su ampi fogli di carta con già disegnati chiave di violino e rigo musicale e vi attaccano sopra delle note o altri simboli di cartoncino. Alcuni usano un simbolo per indicare intere misure, altri per singole note. Fra le imprese forse più notevoli, quella di uno studente che inventa un sistema di super-notazione. Egli, ogni volta che vuole ripetere il tema iniziale si limita ad appiccicare un unico simbolo, un'alfa, mostrando di aver compreso benissimo il suggerimento del maestro che un singolo segno può rappresentare un intero motivo. Quindi lui stesso crea un altro motivo, lo scrive completamente e gli mette sotto un secondo simbolo – per esempio un beta. Da questo momento in poi il nuovo simbolo beta rappresenta sempre l'intero secondo tema. E lo spartito finale è composto unicamente di tali simboli riassuntivi, senza note singole.

Negli ultimi dieci minuti della lezione, numerosi studenti si fanno avanti offrendosi di suonare le proprie composizioni. Segue una specie di votazione informale per individuare qual è il pezzo migliore. Un paio di studenti suonano uno stesso pezzo, uno fornendo la melodia e l'altro l'armonia appropriata. L'esecuzione che ne risulta è molto piacevole. Infine uno dei pezzi emerge come il favorito. Gli studenti lo ascoltano, suonato dal suo creatore, per alcune volte di seguito e poi tutti si mettono a eseguirlo all'unisono, con il signor Lu che lo canticchia mentre lo dirige. Quando la lezione finisce, tutti usciamo canticchiando questo motivo appena creato ed elegantemente annotato.

Sono rimasto profondamente impressionato da questo insegnante. Le sue lezioni rappresentano un equilibrato dosaggio di abilità di base, fra cui saper suonare il violino e saper usare la notazione musicale convenzionale, e di promozione di immaginazione e inventività. Questo insegnante ha saputo far perno sui punti di forza dell'educazione cinese – suonare il violino molto presto – per dirigerla lungo sentieri di innovazione più spesso associati con un'educazione occidentale progressiva di prima classe. In aggiunta, la seconda lezione è riuscita a trasmettere delle nozioni importanti sulle operazioni di notazione in generale, anche se il signor Lu ha sostenuto che questo non era lo scopo principale dell'esercizio.

Le eccezionali abilità del signor Lu sono state riconosciute a livello di comunità e i genitori fanno a gara per riuscire a mettere i propri figli nelle sue classi, anche se ci sono coloro che sono disturbati da questi metodi poco ortodossi. Ma io 'mi chiedo come è stato possibile che un insegnante solitario abbia potuto passarla liscia e mettere in pratica procedimenti di insegnamento così diversi da quelli normalmente in vigore in Cina.

. Dubito vi sia una sola risposta a questo interrogativo. Innanzitutto il signor Lu insegna in una scuola ampiamente riconosciuta come una delle migliori del paese e in cui preside e insegnanti godono di maggiori libertà. (In questo senso richiama alla mente un insegnante americano che insegni in una ottima scuola privata.) Inoltre, poiché le sue lezioni non fanno parte della quota di nozioni musicali richiesta a tutti gli studenti, non devono neppure conformarsi a un curriculum prestabilito.

Tuttavia credo che la ragione più profonda vada cercata nel fatto che il signor Lu è un originale che in qualche modo ha saputo sopravvivere in un sistema che di solito distrugge gli originali. Il signor Lu mi ha comunicato che, pur avendo ricevuto un'eccellente preparazione al suo Istituto per insegnanti, egli di fatto ha inventato i propri metodi e tecniche di insegnamento. I quali in effetti sembrano genuinamente innovativi. Egli, da solo, ha rielaborato – come uno dei "giudici" di Dedham (vedi pp. 195-196) – il significato di insegnare musica a dei bambini piccoli. Quindi ha congegnato dei piccoli esperimenti, ha conservato quelli che funzionavano e riaggiustato quelli che non funzionavano. Naturalmente è ancora lì che sta sperimentando e prevede di continuare a farlo per lungo tempo.

Una lezione di arti figurative in Cina

La storia dell'educazione nelle arti figurative in Cina può essere raccontata più rapidamente. In effetti è stata già raccontata da un paio di punti di vista. In primo luogo, l'esercizio del pesce rosso a Chengdu (vedi pp. 210-215) può essere assunto come prototipo, nella sua deprimente limitatezza, di come le arti figurative vengono insegnate in tutta la Cina. In secondo luogo, va sottolineato che nella terra in cui il mezzo di comunicazione non è il messaggio, le arti figurative si insegnano praticamente negli stessi modi con cui viene insegnata ogni altra cosa.

Le arti figurative hanno metodi particolarmente ben definiti perché nascono direttamente dall'arte della calligrafia, la quale non solo ha dato luogo alla più antica forma di insegnamento in Cina, ma è integralmente parte del dominio delle forme di espressione visiva. Sarebbe particolarmente difficile cambiare radicalmente in Cina le modalità di apprendimento nelle arti figurative, dato che i loro metodi si sono assestati in tempi così lontani.

Tuttavia, le arti figurative possono anche essere insegnate in modi molto meno rigidi di quanto non appaia dall'esempio del pesce rosso. Per un esempio di una lezione molto meno rigida, sebbene sempre rappresentativa, prendiamo una classe di seconda elementare, da noi osservata a Pechino. Il compito qui, come in una lezione occidentale di disegno, era dipingere delle scimmie usando pastelli a olio. L'insegnante, che chiamerò signor Wang, ha iniziato tratteggiando un parziale scheletro di scimmia, che i bambini dovevano copiare, completare e rimpolpare. Subito dopo il signor Wang ha disegnato altri tre scheletri sempre incompleti di scimmia, chiedendo ad alcuni studenti di andare alla lavagna a completarli. Ogni scheletro rappresentava una scimmia in una posizione un po' diversa, rendendo impossibile una pura e semplice copiatura di una singola soluzione. Nel portare a termine il loro compito i bambini non toccavano le teste delle scimmie, ma raddoppiavano le linee del corpo e completavano le parti mancanti.

Il signor Wang elogiava gli interventi iniziali dei bambini (come gli insegnanti cinesi fanno invariabilmente) ma indicava anche le parti mancanti: in un caso un orecchio, in un altro una coda e chiedeva volontari per aggiungere queste parti. In un caso la coda aggiunta non aveva una forma accettabile. L'insegnante ha chiesto alla classe cosa non andava e numerosi studenti hanno risposto che la coda era troppo corta e troppo dritta. Uno studente ha suggerito di aggiungere una farfalla al disegno, e tutta la classe ha applaudito. Non siamo stati in grado di giudicare se questo suggerimento fosse già stato "provato" in precedenza, o parte di un rituale, o una proposta genuinamente originale. L'intuizione mi suggerisce che non fosse originale (altrimenti, come mai un applauso così unanime?), ma non ho altri elementi per corroborare il mio scetticismo.

Subito dopo il signor Wang ha preso un ampio, incompleto dipinto di uno zoo e ha offerto suggerimenti su dove, nel dipinto, si sarebbero potute aggiungere delle scimmie. Poi ha disegnato alla lavagna un abbozzo rudimentale della scena dello zoo e vi ha aggiunto delle scimmie, mostrando ai bambini come tratteggiarle: prima poche linee che evidenziano la posizione di base della scimmia; poi altre linee come quelle aggiunte dai bambini in precedenza, per dare corpo agli scheletri. Il signor Wang ha anche indicato agli studenti come modificare un poco le cose: per esempio, come dare al muso diverse espressioni.

Mentre il signor Wang parlava gli studenti lo guardavano e al tempo stesso sbirciavano il loro libro. In una pagina di questo

In una classe di seconda elementare di Pechino, L'insegnante fornisce un parziale "schema di scimmia" (in alto) che i giovani allievi devono completare (sotto). (Figura in alto)

Disegno di scimmia di una bambina prodigio, Yani, eseguito a quattro anni. I caratteri cinesi dicono: "Odora di vino". Da: Yani's Monkeys, Foreign Languages Press, Pechino 1984. (Figura in basso) sottile volume aperto su tutti i banchi, c'era lo stesso disegno che l'insegnante stava tracciando alla lavagna e anche tutti gli esempi di scimmie parzialmente tracciate; in una seconda pagina c'erano gli schemi completati nelle diverse posizioni, anch'essi identici a quelli sulla lavagna.

Il signor Wang ha chiesto agli studenti di disegnare il maggior numero possibile di scimmie, a partire da un minimo di quattro. Ha soggiunto che gli studenti erano liberi di aggiungere altri particolari ai loro disegni e che gli studenti migliori potevano aggiungerne di più (suggerimento, quest'ultimo, che mi è parso alquanto strano). L'insegnante quindi si è messo a girare per l'aula, chiedendo agli studenti di che colore poteva essere il corpo della scimmia e quello più giusto per gli occhi o il muso. Poi si è deciso a lasciarli lavorare per conto proprio, più o meno.

I disegni erano eseguiti su piccoli fogli di carta (grosso modo 30 per 20 centimetri), prima a matita e poi riempiendo la forma di colore. Gli studenti copiavano o la forma alla lavagna o quella sul libro, che erano identiche. Solo due studenti non copiavano, ma i loro disegni erano ugualmente molto simili al modello originario; in effetti questi studenti sembravano i migliori della classe, le loro riproduzioni erano eccellenti e piene di aggiunte e arricchimenti. Probabilmente avevano sufficiente talento da fidarsi della memoria visiva o forse loro (e forse persino i loro genitori) avevano già eseguito questo esercizio in precedenza. (Abbiamo assistito ad esempi di tali "prove generali" in altre scuole.) La lezione era organizzata in modo tale che nessuno studente potesse fallire. Nondimeno c'erano produzioni di qualità diversa e il signor Wang ha mostrato alla classe alcuni dei disegni migliori, spiegando perché erano buoni. Lodi sono state fatte anche a quegli studenti che avevano fatto delle aggiunte, purché fossero state eseguite correttamente. (Nel corso di un altro esercizio, l'insegnante ha messo da parte il lavoro di uno studente che non aveva seguito le istruzioni e non ha permesso a Ellen di fotografare questo tentativo fallito.) Al termine della lezione molti disegni sono stati attaccati sulla lavagna; gli studenti hanno urlato un generoso arrivederci all'insegnante e si sono avviati in fila verso la ricreazione.

Come ho già notato a proposito dell'educazione musicale, anche gli insegnanti di arti figurative devono seguire il libro di testo, ma mantengono certi margini di libertà nella coreografia generale della lezione. Per esempio questo specifico insegnante all'inizio della lezione chiedeva una vasta partecipazione sia orale sia grafica (il che sembra lo rendesse molto popolare fra gli studenti) e si dava molto da fare per incoraggiare gli studenti a fare aggiunte (forse in parte a causa della nostra presenza) di particolari non scimmieschi. Altri insegnanti da noi osservati chiedevano ai bambini di raccontare o illustrare delle storie. Alcuni ricorrevano a registrazioni, film, piante o animali da mettere in mostra davanti alla classe all'inizio della lezione. Altri chiedevano agli studenti di descrivere i propri disegni ai compagni, ma queste illustrazioni verbali non venivano quasi mai ascoltate dai compagni – almeno in parte perché non erano ascoltate neppure dall'insegnante, occupato a girare fra i banchi. Mi è sembrato di capire che è proprio in queste (dal mio punto di vista) minori variazioni all'impostazione della lezione che gli insegnanti cinesi hanno la possibilità di manifestare la loro creatività.

Ci sono alcune cose cui non ho mai assistito nelle classi di arti figurative. Anche a livello di scuole medie, non ho mai assistito a una genuina sessione di critica, dove studenti e insegnanti esaminano un disegno e lo discutono nei suoi punti di forza e debolezza. Non ho mai visto una classe in cui gli studenti fossero incoraggiati a fare o anche solo lasciati fare disegni astratti. (In verità in una classe di asilo, dove i bambini stavano di fatto creando delle forme, l'insegnante si è sentita in dovere di assicurarmi che stavano facendo della carta da parati e tovaglie da tavola.) Non ho mai visto una lezione dove ci fosse qualche tentativo di collegare ciò che gli studenti stavano disegnando con lavori presi dalla storia dell'arte cinese o occidentale, come se si trattasse di due mondi totalmente separati. Nelle lezioni di arte in Cina non ho potuto trovar traccia né dell'insegnamento "alla Getty", dove gli studenti studiano storia, estetica, critica d'arte, né sullo stile del nostro Arts PROPEL, dove abbiamo cercato di integrare produzione, percezione e riflessione artistica (vedi pp. 230 sgg.).

In verità non è un eccesso di semplificazione asserire che le lezioni di arti figurative in Cina sono impostate per ottenere una sola cosa: far apprendere ai bambini quegli schemi di base o formule da cui i cinesi nel corso dei secoli hanno saputo derivare con successo figure di gamberetti, panda, cavalli, fiori di loto, montagne, vecchietti, clown e molte altre mirabili immagini, alle quali in tempi più recenti se ne sono aggiunte altre, più simili a dei cartoni animati stile Walt Disney, che si trovano appese alle pareti delle aule e diffuse sulle pagine dei giornaletti educativi distribuiti nella scuola. Data questa impostazione, è difficile che alla fine di un anno scolastico un bambino non sia diventato capace di disegnare un bel gatto o un topolino, anche in tre o quattro stili diversi.

I miei sentimenti nei riguardi di questi criteri estetici sono ambivalenti. Penso sia giusto che i bambini imparino a disegnare degli oggetti in uno o più linguaggi della loro cultura visiva. Tale abilità può essere fonte di soddisfazioni e ha il vantaggio pratico di permettere di registrare le proprie esperienze in un sistema simbolico diverso da quello del linguaggio naturale. Ma esiste anche un'altra più persuasiva ragione per appoggiare questo metodo. Credo che se si impara molto presto un vocabolario di schemi e se l'ambiente circostante non è costrittivo, ci si possa avventurare al di là di questi schemi e creare qualcosa di interessante e originale. Quindi, almeno potenzialmente, questi bambini potrebbero modificare questi schemi nei modi più vari, producendo scimmie immaginarie, pesci volanti o anche storie illustrate dove un indiavolato pesce rosso fa ruotare sul naso un cilindro pieno di scimmie.

Ma, come ho indicato, nella maggior parte dei casi ai bambini non è permesso spaziare come vogliono. E anche quando vengono lasciati fare, molti, se non la maggioranza, si accontentano di riprodurre gli schemi che hanno imparato a copiare e a eseguire alla perfezione. Dopotutto, se puoi disegnare alla perfezione una scimmia o un pesce rosso, dov'è l'incentivo a provare a farne uno diverso, specie se in quel caso ti troverai a deviare dalla via "normale" indicata dai libri di testo e quindi esposto alle critiche dei compagni e degli insegnanti?

Disegnare è qualcosa di molto più vasto, volendo, che non saper riprodurre perfettamente schemi di oggetti familiari. C'è la possibilità di fare dei disegni astratti o di creare animali e oggetti che nessuno ha mai visto prima. C'è la sfida di disegnare direttamente dalla realtà vivente – guardando e imparando a ritrarre scimmie, pesci rossi, gente arrabbiata o placida, scene di campagna così come appaiono all'occhio e non solo nei modi in cui precedenti artisti hanno scelto (o imparato) a renderli. (Quest'ultima alternativa è così lontana dalla mentalità cinese che perfino degli artisti pieni di talento si sono trovati spesso paralizzati se veniva loro chiesto di ritrarre direttamente dalla vita, piuttosto che da forme idealizzate.) C'è l'eccitamento di produrre un proprio stile personale o di trasmettere sentimenti che esprimono modi di vedere personali invece che condivisi.

Ancora un'altra considerazione, rilevante specie per i giovani, è il fatto che esiste un mondo visuale che può essere esplorato dal semplice processo di disegnare con una certa costanza. Questo tipo di esplorazione è chiara a ogni genitore occidentale che dia al proprio bambino di tre anni una manciata di pennarelli e di fogli e lo lasci disegnare incoraggiandolo, ma senza dargli direttive, per i seguenti tre o quattro anni. Ho osservato questo processo miracoloso con i miei figli più grandi quando avevano tre anni e lo sto riosservando ora con Beniamino; ho tentato di descriverlo nel libro *Artful Scribbles* (1980).

Proponiamo un compito provocatorio: disegnare un oggetto sconosciuto (un passeggino occidentale) seguendo la tecnica tradizionale della pittura a inchiostro. (1) Beniamino mentre gioca con il passeggino; (2) Ellen mostra il passeggino a una classe attenta (e a un gruppetto di amministratori piuttosto innervositi); (3-6) esempi di quattro diverse soluzioni.

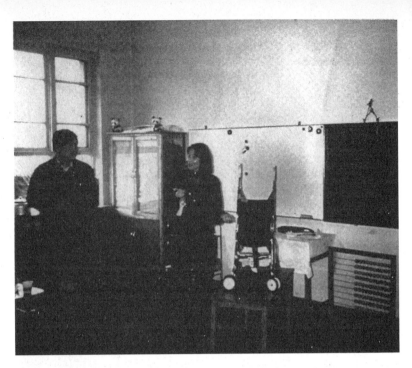

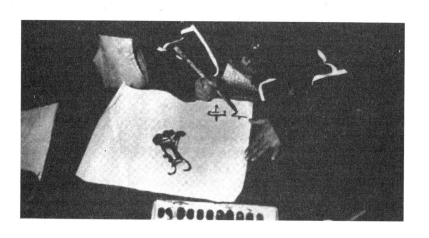

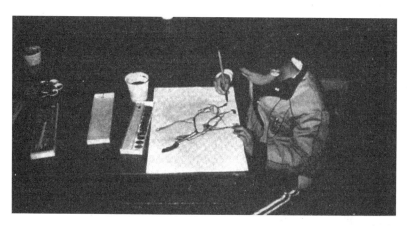

La maggior parte dei bambini cinesi non ha l'opportunità di svilupparsi liberamente nel disegno perché fin da piccolissimi vengono loro insegnati dei modelli da riprodurre. Di conseguenza, disegnano con molta maggiore facilità dei nostri bambini, ma è stata loro sottratta quell'esplorazione non guidata che consente ad alcuni bambini occidentali di produrre disegni fantastici e può costituire il terreno fertile che rende possibile in ultima analisi la maggiore originalità e visione personale che troviamo nei lavori degli artisti occidentali più maturi.

Stranamente abbiamo trovato che questa concezione "progressiva" dell'educazione artistica è condivisa senza eccezione da tutti gli artisti adulti cinesi da noi incontrati sia in Cina sia negli Stati Uniti. Essi condannano il regime cui sono sottoposti fin da piccolissimi i bambini nel loro paese e appoggiano il modello di istruzione "libera" all'occidentale. Alcuni di loro hanno messo in pratica questo approccio con i propri figli, quasi sempre con risultati spettacolari. Tuttavia, proprio come le lezioni di musica non sembrano poter prescindere dal potente modello del solfeggio e della notazione musicale, anche le classi di arte in Cina sembrano bloccate nella routine dell'insegnamento degli schemi. Le poche classi che tentano un approccio più occidentale sono ancora considerate molto sperimentali e molti insegnanti temono che i bambini ne usciranno privi di regole e refrattari a ogni disciplina.

Ellen, per la verità, ha tentato di mettere in atto un approccio occidentale in una classe d'arte in cui aveva chiesto di poter far lezione. Era rimasta molto colpita dall'insegnamento della tradizionale pittura a inchiostro cinese. Nonostante i suoi dubbi su un metodo di insegnamento basato sullo schema della scimmia, era convinta che questa peculiare tradizione fosse degna di essere preservata e trasmessa di generazione in generazione. Ma, proprio come io mi ero incuriosito a Liuzhou sui limiti di un talento grafico appreso in quel modo, Ellen si chiedeva se i bambini cinesi sarebbero stati capaci di applicare i principi della pittura a inchiostro a un oggetto non familiare. In altre parole, di fronte a un oggetto che i bambini non avevano imparato a disegnare, avrebbero capito che l'inchiostro può essere applicato a macchie piuttosto che con una linea continua di contorno, e che le parti possono essere tracciate separatamente, piuttosto che con un singolo gesto del pennello? Oppure sarebbero rimasti così sconcertati dalla novità del compito da non essere capaci di portarlo avanti?

Ci siamo consultati e abbiamo trovato l'oggetto perfetto: il passeggino di Beniamino, uno di quelli pieghevoli, costruiti in Italia, dotati di una forma elegante e angolare molto di moda nell'Occidente ma quasi completamente sconosciuta in Cina. Poiché probabilmente nessun bambino cinese di prima elementare ne aveva mai visto uno prima, e poiché la sua forma era alquanto diversa da quella delle piante e degli animali che erano abituati a riprodurre con la tecnica della pittura a inchiostro, il compito di disegnarlo avrebbe potuto rivelare fin dove potevano spingersi le capacità e la forza di visione di questi bambini.

Abbiamo compiuto l'errore tattico di portare il passeggino in classe il giorno precedente la lezione programmata di Ellen. Non appena insegnanti e amministratori hanno visto l'oggetto alieno sono stati presi dal panico: gli studenti non erano stati, e ormai non potevano più, essere "preparati" per un compito di questo tipo. Un nostro buon amico della Commissione di educazione ha implorato Ellen di abbandonare questo progetto, dicendosi preoccupato perché i bambini non sarebbero stati in grado di affrontarlo e questo fallimento avrebbe imbarazzato tutte le persone interessate.

Ma Ellen ha prevalso su tutti questi adulti ansiosi. Ha iniziato la sua lezione ricordando agli studenti la tecnica della pittura a inchiostro e poi comunicando loro che quel giorno essi avrebbero disegnato due nuove cose che non avevano mai disegnato prima. Il primo oggetto, scelto deliberatamente per non spaventarli, era una bambola di pezza che Beniamino si portava a letto tutte le sere; il secondo, *pièce de resistance* del nostro studio, era il famoso passeggino. Con buon senso pedagogico Ellen ha permesso ai bambini di toccare ognuno dei due oggetti e fermarsi a parlarne, prima di iniziare a disegnarli.

Nel sollievo più generale, i bambinetti di sei anni si sono messi immediatamente all'opera con grande entusiasmo. Ognuno di loro ha prodotto entrambi i disegni e tutti hanno lavorato diligentemente ed energicamente, come solo i bambini cinesi sanno fare, durante l'intera ora scolastica. In effetti alcuni forse vi starebbero ancora lavorando, se non li avessimo costretti a interrompersi!

Ellen e io ci siamo portati i disegni a casa e li abbiamo valutati secondo diversi criteri. La soddisfazione è stata generale. Ellen è stata contenta di trovare che la maggior parte degli studenti non erano stati capaci di generalizzare l'approccio della pittura a inchiostro ai nuovi oggetti: invece li avevano disegnati per contorni, come avrebbe fatto qualsiasi bambino occidentale molto bravo. Anch'io ero soddisfatto, perché quattro bambini, abbiamo concordato, erano stati capaci di adattare la tecnica della pittura a inchiostro sia alla bambola sia al passeggino. Questi esercizi, al pari del piccolo esperimento di disegnare il mio viso a Liuzhou, documentavano con mia soddisfazione che i bambini cinesi sono in grado di adattare i loro schemi a nuovi problemi. E naturalmente i nostri ospiti cinesi furono felici di vedere che i loro bambini erano in grado di far fronte onorevolmente a questi seccatori di stranieri.

In alcuni casi abbiamo incontrato dei bambini che costituivano un'eccezione al quadro descritto della ripetizione degli schemi convenzionali. Questi giovani, preadolescenti e adolescenti, non solo sapevano padroneggiare la tradizione della loro cultura, ma come i giovani incisori di Xian incontrati nel 1985, erano in grado di utilizzare le proprie abilità per creare lavori d'arte al tempo stesso personali e pieni di straordinaria forza. Nei casi in cui siamo stati in grado di chiedere informazioni sulla biografia di questi artisti, è risultato che o i loro genitori o qualche altro parente erano artisti essi stessi e avevano avuto un ruolo importante nell'addestramento del bambino. Queste eccezioni provano che non necessariamente una educazione artistica di tipo cinese soffoca la creatività, ma indicano anche che per far imboccare un percorso più originale può essere necessario un appoggio addizionale. Naturalmente abbiamo osservato spesso lo stesso fenomeno anche negli Stati Uniti, dove appoggio e modelli familiari possono essere decisivi nella decisione di impegnarsi nelle arti o di lasciar perdere.

Il nostro compito principale in Cina era osservare le lezioni di arte e di musica per poi descriverle ai colleghi americani, ma da noi ci si aspettava anche che comunicassimo le nostre reazioni ai colleghi cinesi e cercassimo di impegnarli in un dibattito su quanto avevamo osservato.

Concludo quindi questo capitolo presentando alcuni dei punti salienti delle "chiacchierate finali" fatte da me e da Ellen, con piccole variazioni, nel corso della nostra visita in Cina. Mi soffermerò anche su alcune delle reazioni più frequenti alle nostre osservazioni. Questa sintesi delle nostre discussioni preparerà il terreno a un mio seguente tentativo più sistematico di riflessione per fare il punto sull'insieme della nostra esperienza cinese.

Iniziavamo naturalmente ringraziando i nostri ospiti – ricordandoli singolarmente per nome – per la loro generosa ospitalità e per averci permesso di disturbare con la nostra presenza le loro lezioni e, a volte, anche di intervenire nel processo di insegnamento. Questa gratitudine era sincera: i nostri ospiti cinesi hanno veramente fatto di tutto, e in modo allegro e amichevole, per appagare i nostri desideri.

Subito dopo ci profondevamo in lodi sulla scuola, a volte sacrificando un poco l'oggettività a favore della cordialità. Ciò era in parte funzionale al seguito della discussione: c'erano alcuni piccoli punti sui quali i nostri modi di vedere divergevano e sui quali ci interessava avanzare qualche critica, chiarendo che questi contrasti nascevano dal confronto fra quella situazione e le migliori scuole d'arte negli Stati Uniti. Nonostante tutti ci avessero sempre chiesto critiche e pareri, a questo punto un considerevole nervosismo percorreva la sala.

A questo punto uno di noi due procedeva delineando quattro punti, ognuno dei quali è già stato trattato in capitoli precedenti e verrà ulteriormente ripreso per le conclusioni generali nel prossimo capitolo. (Dal che si deduce che questa sintesi può essere davvero breve!)

Iniziavamo sottolineando quanto le lezioni e le classi cinesi assomigliassero a delle rappresentazioni teatrali squisitamente eseguite. "Tutto avviene come se in ogni stanza si fosse pronti per l'arrivo di una telecamera che deve trasmettere via satellite in tutto il mondo," dicevamo. Notavamo che le classi americane sono molto più caotiche e non adatte a essere riprese dalla televisione. Ai cinesi chiaramente questo confronto piaceva. Ma noi continuavamo sottolineando che gli insegnanti americani sono molto meno interessati al prodotto finale e molto più interessati a facilitare il processo di apprendimento e più dediti ad approfondire il processo di comprensione.

Un secondo punto era dedicato ai rapporti fra insegnante e il resto della classe. "In Cina è come se l'insegnante fosse il sole – il centro della lezione – e gli studenti fossero i pianeti, che devono girare attorno al sole." Anche questa analogia suscitava risate contenute e gesti di assenso da gran parte del pubblico. Di solito io aggiungevo: "In Cina si assume che l'insegnante possieda la risposta dentro la propria testa. Il suo compito è prendere le proprie conoscenze (a questo punto toccavo la testa di Ellen) e versarle dentro le teste degli studenti (e toccavo la testa di Beniamino o la mia...) nel modo più efficiente possibile (risate generali)." Qui sia Ellen che io sottolineavamo il contrasto con la scuola americana, dove gli studenti hanno un ruolo molto più attivo, fanno progetti a lungo periodo e dove a volte insegnanti e studenti assieme si impegnano in ricerche congiunte per una comune migliore comprensione di un problema.

Un terzo punto era il grande contrasto spesso notato fra la centralizzazione caratteristica della pianificazione dell'educazione in Cina e l'estrema decentralizzazione americana. In un primo momento era estremamente difficile per gli ascoltatori cinesi riuscire a comprendere come un qualsiasi sistema organizzativo possa tollerare così grandi mancanze di coordinamento e gradi di variabilità. Ma quando mettevamo in luce che tale mancanza di vincoli permetteva una maggiore sperimentazione a costi minori, affioravano dei segni di comprensione e di apprezzamento.

Infine ci soffermavamo ampiamente sul tema centrale della nostra ricerca e di questo libro: i rapporti fra conoscenze di base da un lato e promozione della creatività dall'altro. Cercavamo di mettere in rilievo i vantaggi di entrambi gli approcci e di suggerire la grande forza di una soluzione capace di sintetizzare gli aspetti migliori di entrambe le impostazioni, quella cinese e quella americana. Trovavo utile concludere le mie osservazioni con la seguente contrapposizione:

In Cina l'educazione è considerata una gara. Gli studenti dovrebbero iniziarla prima possibile e procedere il più rapidamente possibile lungo una pista che è conosciuta ed è aperta a tutti. Questo sistema educativo è considerato ben funzionante quando molti individui ce la fanno a raggiungere il traguardo il più presto possibile. Anche in America c'è l'idea di una gara, ma noi crediamo che gli studenti debbano avere la possibilità di vagare qua e là e spaziare molto di più, anche se alla fine non tutti ce la fanno a raggiungere il traguardo. Pensiamo che alla fine della gara, come risultato del loro vagare, alcuni studenti avranno più cose da offrire.

Il vantaggio dell'impostazione cinese è che da voi gli studenti che raggiungono il tipo di competenza richiesta dal sistema e la meta finale, sono più numerosi. Lo svantaggio è che essi possono avere meno cose da mostrare o da dire, una volta che arrivano al traguardo. Lo svantaggio della impostazione americana è che molti studenti non arrivano mai e una parte non arriva neppure vicino al traguardo. Il vantaggio è che coloro che invece arrivano "fino in fondo" hanno delle cose molto interessanti e originali da dire, una volta giunti.

A questo punto, cioè dopo circa dieci minuti, di solito sia Ellen che io commentavamo gli aspetti specifici notati in quella scuola. Anche qui procedevamo più o meno seguendo sempre lo stesso schema. Prima i complimenti agli insegnanti e alle classi che ci avevano accolto e la sottolineatura degli aspetti più apprezzati. Poi, in ogni caso, esprimevamo un incoraggiamento ai migliori insegnanti a fare altri passi in avanti. Infine indicavamo dei modi per stimolare ulteriormente le menti degli studenti, per raffinare ancor più le loro abilità espressive, acuire la loro capacità di analisi dei lavori d'arte, migliorare la loro sensibilità verso soluzioni alternative. Descrivevamo alcuni nostri esperimenti, alcune nostre scoperte, alcuni progetti di cui eravamo a conoscenza. Non indugiavamo sugli aspetti che non ci erano piaciuti, se non indirettamente. Piuttosto, sull'esempio dei nostri colleghi cinesi (e secondo i dettami dello psicologo americano Skinner) cercavamo di incoraggiare innovazioni educative che si muovessero "nella direzione giusta" che avevamo già individuato. Citavamo spesso un esperimento fatto da Terry Amabile, perché cadeva proprio a proposito. In un progetto di ricerca riadattato con successo numerose volte, Amabile aveva cercato di scoprire che cosa sta alla base di disegni o produzioni creative particolarmente originali.[*] In una delle diverse applicazioni di questo esperimento, una classe viene divisa a caso in due gruppi. Al primo gruppo viene detto che ci sono dei premi per i disegni più originali, al secondo gruppo di studenti viene semplicemente comunicato che possono passare tutto il tempo a fare quel che vogliono.

Descrivevo ai miei ospiti i tratti essenziali dell'esperimento, rispondendo a qualsiasi loro domanda su aspetti particolari e infine chiedevo loro di predirne i risultati. In accordo con l'impostazione pedagogica dominante in Cina, la risposta era chiara: se vuoi un certo risultato, lo devi chiedere, devi proporre dei modelli e offrire premi per coloro che riusciranno nell'impresa. (Questo è il modo in cui venivano gestite le classi di creatività a Nanchino.) Nell'esperimento ideato da Amabile, tuttavia, i risultati vanno esattamente nella direzione opposta. Il chiedere prodotti creativi e premiarli rende la loro comparsa meno probabile; cercare di immaginare che cosa vuole l'insegnante si dimostra controproducente. Se invece uno è lasciato a se stesso è più probabile che vengano fuori cose inaspettate e a volte molto speciali.

Non tutti i cinesi capivano questo esperimento e non tutti coloro che lo capivano lo approvavano. Questo esempio, come nel caso dei due modi di concepire l'istruzione come gara, metteva in luce drammaticamente quegli aspetti del sistema cinese che più colpiscono un occidentale.

Tenere in piedi una discussione brillante con degli ospiti cinesi non è mai molto semplice e certamente anche nel nostro caso c'erano momenti difficili. Ma in ognuna delle più di venti sessioni simili a questa alle quali abbiamo partecipato, alla fine la discussione si accendeva e di solito eravamo noi a doverla chiudere dopo un'ora o due o anche più. Una parte della discussione era, naturalmente, puramente meccanica e di circostanza, con i presenti che assentivano a ciò che avevamo detto, anche senza aver ben compreso. E un numero notevole di domande erano fattuali: incoraggiate un grado di perfezione assoluto o relativo? I vostri studenti disegnano dal vivo? Quanti sono gli anni di formazione per gli insegnanti d'arte? Qual è il vostro stipendio medio?

C'erano anche domande riferite in generale all'America.

[*] T. Amabile, *The Social Psychology of Creativity*, Springer, New York 1983.

Come si diventa insegnanti? È un lavoro prestigioso l'insegnamento? Qual è la differenza fra scuole pubbliche e private? I cinesi sono avidi di informazioni sull'America e avendone l'opportunità facevano molte domande, pur tenendosi lontani da argomenti scottanti di carattere politico, sociale o economico, forse per tema che noi rispondessimo con domande analoghe sulla loro situazione.

Non finiva mai di sorprenderci la quantità di energie spese dai cinesi nel cercare di ottenere informazioni sui nostri programmi di studi. Anche quando avevamo ribadito che da noi non esistono programmi nazionali e che molti insegnanti semplicemente decidono da sé cosa insegnare, loro continuavano ad insistere, facendoci intendere senza dirlo apertamente: "Oh, avanti, dovete pur avere un programma. Finitela di menare il can per l'aia e diteci dove possiamo trovarne una copia." Suppongo che sia sempre estremamente difficile discutere problemi in cui gli assunti di partenza sono così divergenti. Per esempio noi americani non siamo in grado di comprendere come mai i cinesi non prendano decisioni riguardanti la propria carriera, la famiglia e persino, in molti casi, la scelta del coniuge, e quindi continuiamo a fare domande per le quali non esistono risposte nella loro cultura.

La discussione si faceva più interessante quando i cinesi prendevano sul serio i nostri commenti e/o li contestavano o ci chiedevano come fare per mettere in pratica le nostre idee. La maggior parte dei cinesi rifiutava la nozione che sia possibile essere creativi senza aver prima acquisito delle notevoli abilità di base. Dal loro punto di vista noi stavamo semplicemente tentando testardamente di mettere il carro davanti ai buoi. Il modo migliore per affrontare questo malinteso era fornire esempi di esercizi per bambini piccoli, capaci di aprire i loro sensi e stimolare le loro capacità di risolvere i problemi, senza tuttavia incanalarli in una direzione troppo ristretta o predeterminata. Ci siamo soffermati a lungo su esercizi in cui i bambini si limitano ad ascoltare e confrontare dei suoni; o in cui viene comunicato l'inizio di una storia, canzone o poesia, chiedendo loro di inventarne il finale, o liberamente o rispettando certe condizioni (per esempio, il finale deve essere a sorpresa); esercizi dove si chiede loro di disporre colori o forme o ritagli di plastica come meglio preferiscono per poi incoraggiarli a fare delle variazioni in diversi modi per ottenere effetti contrastanti; esercizi in cui si permette ai bambini di modificare degli schemi o dei motivi familiari in quei modi che sembrino loro promettenti. E non bisogna mai dimenticare – sottolineavamo – di fare in modo che nessuna specifica risposta appaia "quella giusta".

Quando gli insegnanti ci obiettavano che gli studenti non avrebbero saputo cosa fare, esprimevamo con gentilezza il nostro disaccordo e chiedevamo loro di provare questi esercizi sui loro stessi studenti. Ma mettevamo anche in rilievo che non è possibile provare qualcosa una sola volta. Bisogna creare un'atmosfera rilassata che incoraggi gli studenti a ripetere più volte le proprie sperimentazioni senza temere conseguenze negative quando le cose non funzionano bene subito. L'insegnante stessa deve adottare questo comportamento esplorativo e mostrare che non ci sono "risposte giuste" (anche se ci possono essere risposte migliori di altre, in certe situazioni) e che lei stessa è immersa totalmente nella ricerca come lo sono gli studenti.

A questo punto un cinese metterebbe in discussione il ruolo dell'insegnante in una "classe creativa". Se l'insegnante si limita a lasciare che gli studenti esplorino, suona probabile la domanda di quale sia il suo ruolo. L'insegnante non diventa forse superflua? Questa era una domanda difficile. Dal mio punto di vista il lavoro di un'insegnante in una classe progressiva o "aperta" è in effetti molto più difficile di quello in una classe tradizionale, che ruota attorno all'insegnante. In quest'ultimo caso, è chiaro cosa si deve fare: l'insegnante cerca di trattare ogni studente nello stesso modo e continua a ripetere la lezione finché non è stata appresa. Esiste un copione.

In una classe aperta, l'insegnante deve avere delle idee su quali problemi o domande si dimostreranno più efficaci nell'orientare il bambino in direzioni produttive e come incoraggiarlo a continuare e come riorientarlo se la sua ricerca sembra aver imboccato un vicolo cieco. Questo approccio più flessibile richiede non solo conoscenze sulle potenzialità di ogni bambino, ma anche il senso di quando intervenire e quando tirarsi indietro – un'arte e una capacità di giudizio in cui sbagliare è molto facile. Inoltre l'insegnante deve saper trasmettere in poche parole il senso della lezione o dell'esperimento in corso per gli studenti che non ci arrivano da soli e al tempo stesso stare attenta a non interferire con un bambino/a che sta faticosamente facendo una grande scoperta da solo/a.

È probabile che questi modi di procedere e questi atteggiamenti si imparino meglio trascorrendo dei periodi di apprendistato alla presenza di una brava insegnante, osservando in lei questi comportamenti e poi conducendo per un lungo periodo un gran numero di esperimenti informali sotto benevola supervisione. Ma questo tipo di risposta difficilmente appare soddisfacente agli insegnanti cinesi, i quali lavorano con circa cinquanta bambini alla volta, in condizioni ben lontane da quelle ideali.

Le questioni più difficili da districare, durante questi confronti, erano quelle relative alle differenze di fondo fra le nostre due società. È successo a volte che, in momenti di rilassamento, alcuni insegnanti o anche alcuni amministratori ci dicessero: "Sapete com'è, a noi piacerebbe fare queste cose che voi andate dicendo, ma è semplicemente impossibile. Noi abbiamo un curriculum standard e lo dobbiamo seguire. Certo, possiamo fare degli esperimenti, ma solo se hanno successo. E anche se ci fosse permesso di spaziare di più, la competizione per le risorse è tale fra le varie scuole e fra genitori e studenti per i posti all'università, che saremmo forzati a seguire la linea di minor resistenza e continuare a spingere il più rapidamente possibile verso il vertice di quella che viene accettata come la piramide vigente, con la sua ampia base e il suo minuscolo vertice."

Un tale candore da parte di altri esseri umani non poteva che richiedere altrettando candore da parte nostra. A questo punto noi ammettevamo che molti dei problemi che avevamo individuato in Cina, erano altrettanto pressanti nel nostro paese, che stavamo descrivendo una situazione ideale e non reale e che noi stessi non avevamo alcuna formula per raggiungere le mete che indicavamo. Stavamo presentando una lista dei desiderata, non un copione da seguire.

Ma subito, per timore di buttare via anche il bambino con l'acqua sporca, ci affrettavamo ad aggiungere alcuni consigli. Indicavamo di aver assistito a eccellenti esperimenti ed esercizi, che dimostravano che è possibile attuare delle innovazioni in Cina, se c'è la volontà. Parlavamo del bisogno che le scuole dicano quel che stanno facendo e cerchino rispondenza fra i genitori (i genitori in Cina sembrano molto più rispettosi degli insegnanti che non in America.) Parlavamo di rispettare la "lettera" del programma, ma anche di lottare per andare al di là, anche solo nelle classi di doposcuola. Incoraggiavamo le insegnanti a fare dei piccoli esperimenti, scriverli e portarli all'attenzione dei superiori.

A prova che la situazione in Cina è fluida, indicavamo l'esistenza del nostro rapporto di scambi culturali ben finanziato, la nomina recente di un Comitato generale di educazione artistica a Pechino, il fatto stesso che a noi era stato permesso viaggiare dove volevamo e predicare idee così eterodosse. Tutto questo è evidenza circostanziale che in Cina qualcosa si sta muovendo in favore di nuovi approcci nell'educazione artistica. Noi ci dichiaravamo disponibili ed entusiasti di lavorare con i cinesi per dare un contributo a portare avanti nuove sintesi, e dichiaravamo la nostra fiducia che almeno alcuni leader avrebbero decisamente appoggiato nuove pratiche e idee concrete.

Naturalmente nel fare questi commenti, stavamo andando al di là del nostro mandato. In effetti stavamo lasciando il campo educativo come tradizionalmente definito per entrare nell'arena politica. Più di una volta mi è stato detto che quando lodavo un insegnante, un probabile risultato poteva essere la richiesta di iscriversi al partito comunista e questo a sua volta avrebbe comportato la fine della sua creatività pedagogica. Questo certamente non era lo scopo del mio giudizio.

Prendevo atto che in entrambi i nostri paesi vi è un ampio arco di opinioni in materia di insegnamento. Molti in America preferirebbero di gran lunga l'approccio autoritario programma unico-abilità di base esemplificato dalla Cina. Forse un uguale numero di persone in Cina preferirebbe di gran lunga un curriculum meno rigido, aperto, esplorativo, guidato dal principio della creatività invece che da quello delle capacità di base. Eppure, nonostante questa gamma di punti di vista, la mia sensazione è stata che le nostre società sono effettivamente divise su certi assunti di base. Arrivati a questo punto, spesso, per alleviare un poco l'atmosfera, ricorrevo al racconto di Beniamino che cercava di infilare la chiave nella cassetta portachiavi dell'albergo.

12. La chiave nella fessura: cinque prospettive sulla Cina

L'episodio della chiave e della cassetta portachiavi, raccontato ai quattro angoli della Cina, ha finito con il diventare una vera e propria sceneggiata. Iniziavo imitando un Beniamino esultante il quale con atteggiamento "o la va o la spacca" sbatte la chiave contro la cassetta. Poi, per ricreare l'intervento dell'interlocutore cinese, afferravo e sollevavo il polso della persona che mi sedeva accanto chiedendole di guidare l'altra mia mano a infilare l'immaginaria chiave nell'immaginaria fessura. A questo punto, dando fondo alla nota propensione per il teatro che caratterizza noi accademici, mi mettevo a riprodurre la mimica facciale di tutti i protagonisti – viso radioso di Beniamino, paternalistico-accigliato l'interlocutore cinese, risentiti i due genitori americani.

Questo incidente, che può apparire così banale, mi ha aperto gli occhi su alcune fondamentali differenze fra società cinese e americana – differenze sintetizzabili in cinque punti o assunzioni generali considerate ovvie, scontate, in Cina, mentre invece contrastano grandemente con ciò che in Occidente verrebbe definita "una situazione ideale". Si tratta di punti già menzionati in altre parti di questo libro, ma sui quali finora non mi sono soffermato per trattarli esplicitamente e approfonditamente. Ad essere sincero, credo che se avessi dovuto illustrare alcuni di questi punti di fronte a un pubblico cinese, mi sarei sentito a disagio, per timore di recare offesa a qualcuno e di esser visto come uno che ridicolizza il punto 1.

Si tratta di punti interconnessi e – di fatto – inseparabili: una serie di concetti concatenati che si fondono in un tutto più ampio – potremmo quasi dire confuciano. Possono essere discussi in qualsiasi ordine e da ogni punto è possibile ricollegarsi con tutti gli altri in modo da ricostruire l'insieme. Nel loro complesso, aiutano a spiegare i tratti da noi ripetutamente osservati nelle classi di educazione artistica, ma anche differenze più diffuse che influenzano l'intero arco di attività in una società. In effetti da questo momento in poi sarà proprio quest'ordine più generale di questioni che avrò in mente, più che specifici problemi di educazione artistica.

Questi cinque punti, quindi, sono un tentativo di spiegare come mai un osservatore occidentale, interessato ai problemi dell'educazione e della creatività, sia rimasto profondamente colpito da certi tratti della realtà cinese nel corso di una serie di visite negli anni ottanta. Ciò che mi interessa non è tanto stabilire la verità assoluta di queste osservazioni, quanto il trasmettere ai lettori occidentali come la Cina avrebbe potuto apparire loro se essi avessero vissuto le mie esperienze. Si tratta di osservazioni che alla fin fine mi interessano più per le loro implicazioni sugli atteggiamenti e i comportamenti occidentali che non come contributo a una branca della sinologia. Inevitabilmente mi soffermerò sulle differenze fra le due culture e invece sorvolerò sulle aree in cui ognuna delle due culture riflette l'altra. Questo capitolo può essere anche letto come lo svolgimento di un tema dal titolo: "Che cosa significa per me la Cina."

Niente di più lontano da me dell'idea di pormi come "esperto della Cina". Le mie letture su questo argomento sono state sporadiche e non sistematiche. Anche qualora la mia analisi si dimostrasse fondata riguardo alla Cina comunista odierna, non sarei in grado di stabilire quali degli aspetti messi in rilievo siano peculiari di questa società e quali tipici di ogni comunità cinese del ventesimo secolo o quali siano da rintracciare indietro nel tempo: alla Cina repubblicana, alla Cina dell'ultima dinastia (Ching) o a tempi ancora più antichi, fino all'età confuciana. Ciononostante sono fermamente convinto che le mie conclusioni sono simili a quelle che altri, con esperienze e orientamenti analoghi ai miei, compresi molti lettori di questo libro, avrebbero raggiunto.

Quindi ora, seguendo un classico procedimento pedagogico, inizierò con l'elencare i miei cinque punti su quali poi ritornerò, approfondendoli ad uno ad uno e collegandoli sia fra loro che con l'episodio di Beniamino e la chiave.

1. La vita dovrebbe dipanarsi come una esecuzione artistica, dai ruoli ben delineati.

2. Ogni arte dovrebbe perseguire la bellezza ed essere promotrice di comportamenti buoni (morali).

3. Un controllo è sempre necessario e deve emanare dall'alto.

4. L'educazione procede grazie a una continua attività di formazione e modellamento.

5. Le capacità di base sono essenziali e devono precedere ogni sforzo di incoraggiare la creatività.

L'arte come esecuzione

Come anche per gli altri punti, l'alto valore attribuito in Cina all'esecuzione risale lontano nel tempo. Circa venticinque secoli fa Confucio tratteggiò un ritratto del comportamento ideale di un gentiluomo. Furono formulate regole meticolose su come si impara, come si insegna e come ci si comporta. Questa tradizione di indicare le esatte modalità di un comportamento desiderabile è sopravvissuta in Cina attraverso i secoli. In effetti ancora ai tempi della dinastia Ming (1368-1644) un gentiluomo e letterato era tenuto a rispettare precise regole relative alla propria formazione: saper suonare certi strumenti, scrivere poesie, padroneggiare l'arte della calligrafia secondo criteri predefiniti e anche conoscere quali debbano essere le corrette reazioni da manifestare di fronte all'esibizione da parte di altri di queste stesse capacità.

Ma fermarsi a parlare di modalità esecutive o di ruoli cui attenersi, non rende neppure pallidamente conto del significato pervasivo del termine "esecuzione" in Cina. Come abbiamo detto ai nostri ospiti cinesi, praticamente tutto ciò che un visitatore straniero osserva in Cina ha l'aspetto di un'esecuzione – un'esecuzione estremamente rifinita e raffinata, se è per questo. Dai bambinetti seduti nei loro banchi o che camminano nella stanza, alla direttrice la quale – in un incontro mattiniero – descrive con meticolosa puntigliosità il funzionamento della propria scuola, allo studente che risponde alle domande in una discussione con dei visitatori, ogni cosa segue – o ha la parvenza di seguire – un copione scritto in anticipo. Nel corso di una esecuzione da parte dei bambini, gli adulti se ne stanno lì seduti ripetendo con i movimenti delle labbra e con la mimica esattamente le stesse parole e gesti, come per rassicurare ogni bambino esitante o deviante che c'è un modello da consultare. Anche l'organizzazione generale e l'ambientazione di queste esecuzioni fanno venire in mente lo scenario di una rappresentazione teatrale. Ognuno sa esattamente cosa aspettarsi e in quale modo; ogni deviazione viene immediatamente notata e considerata motivo di imbarazzo.

Una tale dedizione a comportamenti eleganti e ben eseguiti è probabilmente la molla che spingeva i cinesi a intervenire per correggere Beniamino. Il suo sbattacchiare la chiave era un comportamento disordinato e offendeva il loro senso di come una (aggraziata, ovviamente) esecuzione deve procedere. L'intervento degli adulti era giustificato dalla finalità di spianare la strada il più rapidamente possibile a una esecuzione sciolta ed elegante della manovra chiave-nella-fessura.

Naturalmente le arti sono per eccellenza l'arena in cui si esercita l'esecuzione, la quale ne è per molti versi l'essenza. E quindi, specie fra i bambini più piccoli, le arti divengono un veicolo privilegiato per insegnare loro come stare seduti, come esprimersi, come usare le proprie mani o il proprio corpo. Non solo è minuziosa la descrizione della forma del prodotto finale, ma ugualmente cruciali sono i modi per arrivare a quel prodotto. Quindi produrre con la necessaria finezza un lavoro di calligrafia è una manifestazione di abilità esecutiva altrettanto importante del narrare una storia o eseguire una danza. L'atto dello scrivere in bella calligrafia è esso stesso un'esecuzione.

Questa enfasi sull'esecuzione, tuttavia, trascende le arti. Anche le altre materie, a scuola, da lingua a matematica, sono esecuzioni teatrali, dove gli studenti scrivono o rispondono oralmente all'unisono. Anche l'organizzazione della vita politica mostra segni di un'esecuzione teatrale, con i ruoli degli attori principali ben orchestrati in anticipo. Negli incontri di partito ripresi dalla televisione, non c'è mai nulla di non predisposto: i voti sono sempre all'unanimità; un pubblico dissenso è cosa estremamente rara; viene da pensare di stare assistendo a un copione teatrale piuttosto che a un incontro in una pubblica arena dove – a quanto viene affermato – si stanno discutendo e prendendo importanti decisioni. Naturalmente dei dissensi vi devono essere, ma sono accuratamente nascosti dalla pubblica vista, proprio come i genitori nascondono i propri litigi ai bambini. È rimasto famoso un dissenso espresso pubblicamente in un congresso di partito del 1987, cui infatti i giornali hanno dedicato titoli in prima pagina e che probabilmente avrà poi avuto aspre ripercussioni.

Assistere a uno spettacolo è divertente e noi ci siamo divertiti ad assistere alle lezioni nelle classi cinesi. I nostri ospiti, solerti come vuole la loro reputazione, ci hanno fatto assistere a un gran numero di meravigliose rappresentazioni. Tuttavia essere un buon ospite per dei visitatori non è lo stesso che fornire loro del buon materiale per l'osservazione antropologica. Cosicché i nostri tentativi di andare al di là di queste esecuzioni, si risolvevano quasi sempre in altrettante frustrazioni.

Per condurre fino in fondo la nostra missione di ricerca, dovevamo cercare di capire come si arrivava a ottenere quelle esecuzioni; in altre parole volevamo assistere non solo alla recita finale, ma anche ai retroscena. Per i cinesi permetterci di andare fra le quinte era una vera sofferenza. Eppure a noi anche queste non-rappresentazioni apparivano troppo simili a delle esecuzioni finali. Non che fossero necessariamente delle simulazioni, ma l'insegnamento stesso in Cina si svolge con una tale cura dei dettagli e ogni data lezione si basa così da vicino su una quantità quasi infinita di altre lezioni, che non è facile percepire il surplus di sforzo richiesto a studenti o insegnanti. Anche una lezione nuova risulta non essere altro che una piccola variazione di una esecuzione più vecchia – come se il direttore si fosse limitato a cambiare alcune note o alcune battute in un vecchio e ben conosciuto copione. (Vedi anche la discussione del punto 4, pp. 300-304 di questo libro.)

Non di rado, tuttavia, è successo – con nostra estrema costernazione – che una classe ci venisse presentata come "appena formata", mentre invece era evidente sia a noi osservatori sia all'interprete, essa stessa irritata, che si trattava di una messinscena. Molte volte, e non esagero, la lezione cui stavamo per assistere ci veniva presentata in modo gravemente distorto. Ci veniva assicurato che i bambini avrebbero disegnato, cantato, o danzato qualcosa per la prima volta, mentre poi scoprivamo che si erano esercitati su quello specifico compito non di rado per intere settimane. Abbiamo visto bambini chiamati alla lavagna a disegnare "per la prima volta" delle figure che essi tracciavano senza neppure guardare né la lavagna né il libro di testo, tante erano state le loro precedenti esecuzioni di quel compito. Abbiamo visto bambini cui era stato chiesto di illustrare una canzone con un disegno, eseguire tutti esattamente lo stesso (provetto) disegno. Abbiamo visto gli esercizi del giorno precedente solo parzialmente cancellati dalla lavagna, in barba alla pretesa che quel compito si stava affrontando per la prima volta. Mi veniva in mente un messaggio in codice che usavamo a casa quando c'erano ospiti inaspettati a cena: "F.T.I.", per "Famiglia, tirati indietro!", a indicare che bisognava mangiare poco in modo da lasciare agli ospiti la limitata disponibilità di cibo. Analogamente in Cina c'era fra scolari e insegnanti un tacito accordo a esibire le cose come se fossero spontanee quando, di fatto, non lo erano.

A volte questo desiderio di far mostra di eccellenti livelli di esecuzione ha raggiunto limiti assurdi. In una scuola avremmo dovuto assistere alla lezione di un'eccezionale insegnante di musica, la quale però quel giorno si era ammalata. Non preoccupatevi, ci è stato detto, un'altra insegnante di musica verrà a insegnare alla stessa classe. Ci siamo seduti e abbiamo assistito esterrefatti a una esibizione praticamente perfetta. Qualcosa mi suggeriva che, anche se tutti i ragazzini cinesi studiano le stesse cose alla stessa età, questo non poteva essere il primo incontro fra un'insegnante supplente e una classe che non l'aveva mai vista prima. Ho indagato e scoperto che lungi da "normale supplente", questa era una insegnante pluri-premiata la quale si era trasferita con l'intera sua scolaresca a occupare l'aula solitamente occupata dall'altra insegnante e dai suoi allievi. E che lo spettacolo continui!!!

In altri casi una certa falsa pretesa è stata smascherata seduta stante, con mutuo imbarazzo. Un'insegnante mi aveva detto orgogliosamente che i propri studenti "improvvisavano" sempre (il che credo dovesse significare che erano in grado di mettere in atto un'esecuzione senza averla prima provata). Allora ho chiesto il permesso di mostrare a una bambina una nuova canzone. L'insegnante, immediatamente allarmata, mi ha chiesto di scegliere una canzone facile, dall'inizio del libro. Così ho fatto. Ma la bambina non solo non era in grado di improvvisare, ma neppure di leggere le note della canzone e l'insegnante non sembrava in grado di mostrarle come fare. Devo aggiungere, a onore dell'insegnante, che più tardi l'ho sentita lavorare su quella stessa canzone con quella stessa bambina. Ma dubito che tali infondate vanterie si ripeteranno in quella scuola.

Naturalmente l'enfasi sull'esecuzione non è necessariamente un fenomeno isolato né riprovevole. Anche le società occidentali nel passato hanno coltivato e attribuito grande valore all'esecuzione. Ai tempi della nobiltà, i personaggi pubblici si presentavano in modi almeno altrettanto stilizzati di quelli esibiti oggi in Cina. Il privilegiamento dell'esecuzione è caratteristico in numerose culture orientali, come quella descritta dall'antropologo Clifford Geertz nei suoi studi su Bali.[*] Credo che uno dei motivi della preferenza da parte dei cinesi colti per autori europei come Jane Austen o Gustave Flaubert o autori americani come Henry James o Edith Wharton sia proprio che nelle loro opere viene rappresentata una società decisamente orientata verso l'esecuzione, dove le manovre dietro le quinte sono attentamente nascoste agli estranei. Ciò non toglie che gran parte della realtà della società cinese così come possiamo osservarla per le strade di Nanchino, sia più affine al mondo chiassoso e rocambolesco di Dickens, il che può spiegarne la popolarità.

Per comprendere meglio il ruolo dell'esecuzione, potremmo collegarlo al desiderio cinese di "salvare la faccia", esibendo un

[*] *Negara: The Theater State in Nineteenth-Century Bali*, Princeton University Press, Princeton 1980.

comportamento tale da mantenere buone relazioni con i visitatori evitando ogni sorpresa e possibile imbarazzo sia all'ospite che al visitatore. Tuttavia ho avuto la sensazione che fosse in gioco qualcosa di più del tentativo di mantenere un certo decoro o equilibrio; volevano lasciarci annichiliti con una serie di stupefacenti rappresentazioni.

Avvicinando la stessa questione da un altro verso ancora, si potrebbe mettere a fuoco il desiderio cinese di perfezione, di raggiungere o sorpassare i più alti standard in un certo campo. In Cina una tale ambiziosa (e pregevole) meta non è separabile dall'enfasi che anche le esibizioni preparatorie, di prova, siano eseguite senza la minima pecca. In Occidente un alto livello di esecuzione si raggiunge attraverso un processo – per esempio, urla contro cattive esecuzioni, scontri fra strategie o tecniche contrapposte – che spesso è completamente diverso dalla forma finale della rappresentazione. In Cina questa distinzione è o molto smussata o accuratamente nascosta.

Queste osservazioni, illustrate a una platea mista di studenti cinesi e americani al centro John Hopkins dell'Università di Nanchino, hanno suscitato un'inaspettata reazione da parte degli studenti americani. Alcuni di loro avrebbero desiderato aver avuto una formazione artistica più basata sull'esecuzione, a scuola. Rimpiangevano (come succede anche a me, pensando alla mia educazione) di non essere in grado di danzare, cantare o disegnare bene. A uno spettacolo festivo, organizzato congiuntamente, i cinesi avevano brillato mentre gli americani al confronto avevano fatto la figura di dilettanti da strapazzo.

Sono d'accordo che allo sviluppo delle abilità di esecuzione si dovrebbe dare più spazio e specialmente sono convinto che le capacità di espressione verbale dei bambini americani andrebbero ampliate. Ma possedere capacità di esecuzione è altra cosa che non una società fondata sull'esecuzione. I ragazzi americani hanno spesso una resa migliore nelle situazioni informali e nelle discussioni; di solito essi si trovano a proprio agio là dove i cinesi non lo sono affatto, come nel parlare con degli stranieri o nello sviscerare criticamente i propri componimenti o quelli di altri studenti. È chiaro che casi come questi per loro stessa natura non si prestano a essere riprodotti fin nei dettagli. D'altra parte alcuni insegnanti americani mi hanno fatto notare che gli studenti cinesi affrontano con molto più successo la parte nozionistica dell'insegnamento e sono in grado di memorizzare con maggiore accuratezza argomenti complessi.

In America e più in generale nell'Occidente, all'esecuzione viene contrapposta la *comprensione*. Noi desideriamo che i nostri studenti prima di tutto siano in grado di afferrare il significato, incluso quello implicito, di scritti, testi, principi scientifici, lavori artistici. Questo tipo di enfasi è anch'essa vecchia quanto Confucio in Cina: risale a Socrate (grosso modo contemporaneo di Confucio...) il quale ha messo sopra ogni altra cosa la conoscenza e la dialettica; sebbene possa sembrare che egli considerasse l'"esecuzione" una cosa trascurabile, di cui non curarsi troppo, egli in realtà era ossessionato dalla qualità del pensiero e del ragionamento. (Socrate in realtà era un maestro nell'arte dell'esecuzione, ma sempre e solo al servizio di finalità cognitive.)

Le migliori scuole dell'Occidente esaltano la comprensione tanto quanto le scuole esemplari della Cina mettono su un piedestallo l'esecuzione. Noi vogliamo che gli studenti analizzino, critichino, dibattano e sintetizzino come faceva Socrate e vogliamo che essi si cimentino da soli nel costruire nuove conoscenze. Il nostro modello è quello della scienza, dove si avanzano ipotesi da assoggettare allo scrutinio del rigore logico e alla smentita empirica.

Sono rimasto sbalordito dall'assenza totale di tale modello nelle scuole cinesi e nelle testimonianze degli educatori cinesi. Non esiste un diffuso senso comune teso a sottoporre a vaglio una certa linea di pensiero. Asserzioni fatte dai giornali o da vari portavoce (inclusi i visitatori occidentali) vengono spesso ripetute per il solo motivo di essere state enunciate; sembra che a nessuno venga in mente di andare a verificare fino a che punto tali asserzioni siano basate su dati di fatto, se siano state vere o lo siano ancora. Questo "accettare le cose perché dette dal tale" colpisce come un costume medioevale e prescientifico rintracciabile qua e là in ogni parte del mondo, ma forse non più così prevalente in America, almeno quando si tratta di discorsi pubblici.

Queste mie osservazioni nascono naturalmente dai miei studi nel campo della psicologia cognitiva e in particolare sull'arte come attività mentale; un interesse la cui costanza si riflette nell'aver scritto ben cinque libri tutti con il termine "mente" nel titolo. E risentono anche del mio essere un partigiano dell'Occidente; ricordo l'ironica definizione del mio collega Israel Scheffer: l'Occidente è il posto dove Socrate è un eroe culturale. È sbagliato, naturalmente, ipostatizzare un'inerente opposizione fra mente ed esecuzione – Confucio e i suoi seguaci erano interessati anche alla comprensione, all'imparare, al coltivare se stessi – ma è pur vero che di fatto questi concetti sembrano tendere in direzioni diverse. Se si seguono i dettami delle proprie potenzialità cognitive, centrando la propria attenzione sulla comprensione e sugli errori di comprensione, è facile finire col trovarsi in collisione con certe regole dell'esecuzione, regole che sono a lungo sopravvissute, ma il cui fondamento o scopo non sta nella ragione.

Infine, ci si potrebbe domandare se i comportamenti cui ho assistito io, in qualità di visitatore di alto bordo, abbiano qualcosa a che fare con ciò che succede di solito in quella nazione, lontano dagli occhi di osservatori stranieri. Vi sono due ragioni per ritenere che la mia caratterizzazione non si limiti a riflettere le peculiari condizioni entro le quali ho visitato la Cina. Prima di tutto, il grande darsi da fare dei cinesi per farci apparire tutto inappuntabile e rifinito è esso stesso rivelatore di quanto un'esecuzione perfetta fosse ritenuta importante nella loro cultura. Mai degli ospiti americani, per quanto volonterosi di far bella figura e per quanto si dessero da fare, sarebbero in grado di raggiungere quei livelli. Secondo, quello che qui descrivo è quanto ritengo essere, in quella società, lo stato di cose ritenuto ideale, una condizione desiderabile, più che quella comunemente realizzata. Così come noi, in Occidente, diamo valore a informalità, casualità e franchezza, i cinesi al contrario sembrano aspirare a ruoli e rituali perfettamente eseguiti. Anche per i cinesi indubbiamente vi sono sfere in cui prevalgono comportamenti molto più informali, ma queste sfere sono più circoscritte di quanto non lo siano da noi e protette rigidamente dalla vista dei forestieri e anche di cinesi con i quali non si sia in rapporti di familiarità.

L'arte come il bello e il buono

L'accento sull'arte come esecuzione va a braccetto con una visione dell'arte come promotrice del bello e del buono (o moralità). È chiaro che una tale concezione dell'arte non è monopolio del popolo cinese. In qualsiasi parte del mondo la maggior parte della gente, se interrogata sulle arti, risponderebbe che sono dedite a, o esemplificano, la bellezza; pochi, di primo acchito, solleverebbero obiezioni al tentativo di connettere fra loro il bello e il buono.

Ma di nuovo, proprio come i cinesi spingono il culto dell'esecuzione più in là di quanto facciano altri popoli, anche la loro concezione della bellezza risulta definita più meticolosamente e invocata più aggressivamente nelle questioni artistiche. Genitori e insegnanti cinesi, con le proprie esortazioni, comunicano ai propri pargoli ancora piccolissimi ideali molto definiti e privi di ambiguità su come deve presentarsi un dipinto o venir narrata una storia, o suonato uno strumento, o eseguito un passo di danza, o completato un movimento calligrafico. C'è un modo giusto di fare le cose e tanti altri sbagliati; quello giusto è bello e da imitare, quelli sbagliati sono brutti e da respingere.

Queste idee sono così potenti e così largamente condivise, che dopo un po' non è più neppure necessario presentare dei modelli concreti di qualcosa di bello. I bambini, così a lungo esposti a questi messaggi, hanno ormai imparato in che cosa consista una forma di danza o una composizione pittorica approvate o no. Cosicché anche quando si lascia briglia sciolta agli studenti – nello stile di una "classe di creatività" all'occidentale – le loro risposte tenderanno a essere prevedibili e a muoversi entro un ristretto ventaglio di alternative.

Questa impostazione è riscontrabile anche nel caso dell'incidente di Beniamino e la chiave. C'è un modo corretto di infilare la chiave dentro la fessura, un modo che, guarda caso, è anche aggraziato e bello. Questi canoni di bellezza devono essere instillati precocemente e chiaramente affinché il bambino non sia tentato di fare le cose in modo brutto e stonato – per esempio, sbattendo la chiave contro la fessura.

Tutto questo aiuta anche a comprendere meglio perché solo certe forme di arte e non altre siano approvate in Cina. Nella misura in cui l'arte è figurativa e la musica fa riferimento a dei contenuti verificabili, è più facile per i censori verificare se i lavori corrispondono a canoni evidenti. Ma quando l'arte diventa astratta, come giudicarne e determinarne la bontà? Piuttosto che schiudere questo vaso di Pandora di sregolatezze, è molto meglio restringere l'arte a oggetti che ognuno può vedere e sui quali si possono formulare rapidamente giudizi consensuali di bellezza. In Cina non tutti gli artisti condividono acriticamente queste posizioni, ma è rischioso metterle pubblicamente in discussione sia a parole sia esibendo opere di questo tipo.

In contrasto con questa idea dell'arte come bellezza, qual è la concezione occidentale? In accordo con la mia argomentazione che noi occidentali siamo venuti assumendo un atteggiamento sempre più cognitivo verso le cose, mi pare si possa sostenere che oggi dall'arte ci si aspetta che sia interessante, potente, capace di smuovere e che esiste prima di tutto per permettere agli esseri umani di vedere cose, udire cose, concepire cose in modi nuovi e forse inizialmente squilibranti. Ciò che noi cerchiamo (e troviamo) nei nostri grandi artisti occidentali non è o non è solo l'esemplificazione di qualche tipo di bellezza e non certo una bellezza intesa in senso stretto e preordinato. I nostri canoni non sono fatti per essere tramandati da una generazione all'altra. In fondo, cosa c'è di bello in una scena militare di Goya o nelle rovine da bombardamento di Picasso? T.S. Eliot e James Joyce scelgono forse dei bei soggetti su cui scrivere e usano toni melliflui per farlo? *La sagra della Primavera* di Stravinskij o i quartetti di Bartok sono forse opere convenzionalmente belle?

Quanto meno nel corso degli ultimi uno o due secoli, gli artisti ci hanno colpito perché hanno messo in discussione le nostre concezioni e ci hanno anche fatto rivisitare in modo nuovo l'arte del passato. Dall'ascolto della musica di Anton Webern può uscire alterata la nostra esperienza di tutta l'altra musica e anche di altri tipi di suoni. Lungi dal rammentarci idilliaci e confortevoli scenari di campagna, i lavori d'arte che abbiamo imparato ad ammirare sono più affini a nuove potenti presenze politiche o tecnologiche che dobbiamo cercare di assimilare e quindi in qualche modo incorporare nel resto della nostra comprensione.

E così, specie con riguardo alle manifestazioni artistiche contemporanee, noi non parleremmo – come fanno ancora i cinesi – di un pittore che disegna begli uccelli o un compositore che crea amabili canzoni sulla primavera. Parliamo invece di un creatore con una sorprendente prospettiva sul mondo, una Weltanschauung che probabilmente si imporrebbe indipendentemente dallo specifico campo artìstico e anche in un'attività affatto diversa.

L'aver assegnato un posto centrale all'idea di innovazione, nei tempi moderni in Occidente, ha comportato la messa in discussione dell'idea tradizionale di bellezza, perché ciò che è decisamente nuovo difficilmente può essere percepito come bello, in un primo tempo. Né questi lavori raggiungono mai un criterio convenzionale o sentimentale di bellezza: più che altro un Borges o Boulez o Braque tendono a cambiare la nostra concezione di che cosa può essere annoverato come artistico, come genuinamente creativo, allontanandola da ogni tradizionale idea di bellezza.

Naturalmente anche in Cina ci sono stati individui e periodi più radicali in capo estetico, come le drammatiche innovazioni artistiche e poetiche della dinastia Tang (618-907 d.C.) o i lavori e gli scritti di Dong Qichang, del tardo periodo Ming. (Come del resto vi sono stati periodi di stasi nella cultura occidentale.) Tuttavia questi cambiamenti di concezione, in Cina, hanno avuto la tendenza a verificarsi in periodi di tempo più lunghi, manifestando un carattere distintamente evolutivo, piuttosto che rivoluzionario.

Quando ho sostenuto alcune di queste idee, in Cina, sono stato immediatamente tacciato di "formalismo", ovvero interessato unicamente a questioni di forma e disinteressato alle connessioni con la vita reale. Come mi ha detto un funzionario: "In America vi interessate dell'arte per l'arte, in Cina [sulle orme del famoso discorso di Mao sull'arte pronunciato nel Yanan nel 1942...] noi ci interessiamo di arte per la vita." Ho rimbeccato a mia volta questo gentiluomo: "Ad essere precisi noi non ci interessiamo all'arte per l'arte, ma all'arte per la mente." Ho poi cercato di spiegare che noi vediamo l'arte come una impresa cognitiva e come un'altra via per espandere la nostra conoscenza di come il mondo può presentarsi e come potrebbe essere – in modi che si avvicinano più a quelli della scienza che a quelli della natura. Ho anche cercato di spiegare il nostro interesse a congiungere, nell'attività educativa, le abilità di produrre, percepire e riflettere, al fine di saper coordinare meglio le diverse forme di conoscenza che derivano dall'esperienza artistica.

La tendenza dei cinesi a collegare l'arte con la moralità è per me più difficile da esporre, forse perché non trova molti paralleli nel pensiero occidentale contemporaneo. Come i cinesi hanno cercato di spiegarmi, essere impegnato nell'arte fa parte dell'essere una persona buona, ordinata, armoniosa. Se fai dei bei dipinti o ricavi dei bei suoni da uno strumento, queste esecuzioni contribuiscono a farti diventare una bella persona. C'è continuità fra l'occuparsi di arte e diventare una persona virtuosa, e nel passato questi tratti sono stati associati gli uni con gli altri. Per esempio, lo stesso gentiluomo confuciano che dipingeva bene o suonava bene era anche un essere umano gentile e buono. In effetti lo scopo centrale dell'educazione confuciana è di diventare un essere morale, con abilità e sensibilità artistiche che costituiscono parte dell'attrezzatura di una persona completa; e anche la parallela formulazione buddista sottolinea la risonanza fra questioni estetiche e spirituali.

La tesi marxista che l'arte deve servire la società non fa che rinforzare queste presunte connessioni fra il bello e il buono. Come si legge su un libro di testo contemporaneo:

La capacità di apprezzare, comprendere e perseguire la bellezza, ha una grande funzione nella vita di un uomo. [La bellezza] arricchisce ed eleva la vita spirituale degli uomini e li abitua ad avere un bell'ideale e uno scopo per le sue attività e lo aiuta anche a continuare nelle proprie fatiche, lavoro, studio e saperne ricavare dei bei risultati.[*]

Ora, in qualità di cinico occidentale che sa che la correlazione non comporta un rapporto di causa ed effetto, non ho saputo resistere a vivisezionare tali posizioni. Ho fatto notare che molti grandi artisti sono stati esseri umani deprecabili e immo-

[*] *Education*, People's Educational Press, Pechino 1979.

rali; che durante l'Olocausto, gli stessi uomini che dirigevano le camere a gas, a casa ascoltavano Wagner o suonavano Beethoven al violino; che nel corso della stessa Rivoluzione culturale cinese è alquanto difficile trovare dei nessi fra livelli e interessi artistici e regole morali e che una rivoluzione che è stata chiamata "culturale", poteva anche essere chiamata "cattiva". Ho anche chiesto se gli scienziati non potessero anche loro essere gente morale o se fosse strettamente necessario praticare delle forme artistiche per essere buoni.

I miei colleghi cinesi ascoltavano questi quesiti e alcuni di loro perfino tentavano di darvi una risposta, ma ho avuto la chiarissima impressione che le mie obiezioni fossero considerate non pertinenti. Il loro non è tanto un atteggiamento empirico quanto un sistema di credenze che risale ai tempi di Confucio e concordante con le tradizioni buddiste: che esiste una certa nozione di vita buona, che include l'arte e la moralità; e che queste cose dovrebbero andare – e vanno – di pari passo. In verità, molto più degli intellettuali occidentali e forse anche più dei fondamentalisti religiosi, i cinesi sembrano credere che tutti i tratti positivi procedono assieme e che se ne manca uno in una dimensione, è improbabile che una persona riesca ad eccellere in un'altra. Compito dell'educazione è sviluppare il corpo di una persona, la sua conoscenza, il senso della bellezza e moralità; se non si raggiungono tutte queste cose, si fallisce e forse non è neppure possibile svilupparne una senza le altre. Naturalmente i cinesi ammettono che non è possibile raggiungere la perfezione in tutti i campi, ma sono riluttanti a riconoscere che uno può andare lontano nelle arti e non nella morale (o viceversa).

Mentre i cinesi sono felici di mostrare la loro educazione nelle arti, sono molto meno volenterosi a illustrare agli stranieri i dettagli della loro onnipresente educazione morale. È chiaro che questo è un terreno che scotta, strettamente intrecciato a delicati temi politici. Ho avuto la precisa impressione che i cinesi siano convinti di possedere la chiave per sbrogliare le questioni morali altrettanto bene di quelle educative, ma anche convinti che le proprie ricette siano "peculiarmente cinesi" e quindi non tagliate per l'uso all'estero. Dal punto di vista cinese, ai bambini si dovrebbe insegnare a pensare in certi modi e a fare certe cose; se essi saranno educati nel modo giusto, si comporteranno nel modo giusto. I miei tentativi di suggerire che le cose sono più complicate, percorse da ambiguità morali, ha avuto ben scarso successo.

Abbiamo qui a che fare con ciò che in un'era meno ecumenica, sarebbe stato descritto come "lavaggio del cervello". Da tenerissima età ai bambini cinesi vengono presentati certi ruoli modello (come quello del leggendario lavoratore Lei Feng) e certi atteggiamenti verso il comunismo, la Cina, la famiglia e i coetanei; e questi messaggi sono ribaditi loro senza posa. Per quanto mi è stato dato constatare, i cittadini cinesi di solito non fanno grandi sforzi per verificare tali precetti con l'evidenza dei loro stessi sensi, ma tendono ad accettarli come parte di ciò che significa (o cosa si ritiene significhi) essere un buono ed educato cinese. I miei ospiti cinesi sembravano genuinamente sorpresi quando facevo loro notare che di fatto queste regole morali sono violate in continuazione, per esempio da pratiche comunissime come il *guanxi*, ovvero il ricorrere a vie traverse per aiutare i propri amici invece che prendere delle decisioni basate sui loro meriti.

Non di rado le regole morali si mischiano con quelle estetiche e un lavoro viene considerato carente se non incorpora precetti morali. Ci si aspetta che l'arte trasmetta i messaggi del giusto ordine socialista e può far ciò solo se contiene al suo interno i giusti contenuti. Durante la Rivoluzione culturale, per fare un esempio, l'arte è stata rifiutata e gli artisti puniti se i loro lavori includevano il colore nero, che era considerato un colore cattivo e controrivoluzionario. E attraverso gli anni cinquanta e gli anni sessanta ci sono stati molti scrittori, il mio esempio favorito è Ru-Zhijuan, i cui lavori non erano altro che una versione letteraria degli insegnamenti di educazione morale contenuti nei libri di testo. Nel corso dei decenni gli artisti cinesi moderni che hanno tentato di trasmettere una visione morale più complessa, sono stati o ufficialmente redarguiti o costretti permanentemente al silenzio.

Ovviamente i miei pregiudizi su questioni come queste emergono con particolare virulenza. In qualità di uno che crede in diverse *formae mentis*, che vede la sfera morale come separata dalle proprie conoscenze e azioni in altre sfere e che trova problematici i rapporti fra conoscenza, valori morali e comportamento morale, mi era assolutamente impossibile accettare queste sintesi cinesi belle e confezionate dell'unico grande ideale. C'è l'arte, c'è la bellezza, c'è la moralità e forse non si incontreranno mai. Forse il sottoporsi con continuità a una disciplina estetica può produrre una persona genuinamente più disciplinata; ma giammai arriverei a inferire che questa persona sarà meno suscettibile di mentire, rubare o ingannare.

Ciononostante, riconosco che i cinesi hanno una diversa concezione di come le cose potrebbero essere e come potrebbero connettersi le une alle altre; e forse da un punto di vista educativo può essere altrettanto assennato far riferimento a un sistema di idee che rimanda a una visione utopistica o di "perfezionabilità", che non basarsi sulle odierne teorie del pensiero social-scientifico, oppure su una visione del mondo greco-romana.

La gerarchia del controllo

Dopo esecuzione e bellezza, le prossime due idee-guida riflettono la struttura della società cinese e le modalità approvate per trasmettere da una generazione all'altra le conoscenze e le regole dell'esecuzione. Qualunque osservatore non può che rimanere impressionato dal grado di organizzazione gerarchica della Cina nei secoli. È una civiltà in cui è sempre stato chiaro chi si trova alla testa – generalmente un imperatore o un signore della guerra – e quale sia il posto di ogni altro in relazione al centro e apogeo del potere. Questo poderoso senso della struttura organizzativa implica pratiche e credenze educative tese a far sì che gli individui siano accuratamente modellati fin dall'inizio conformemente ai valori e alle regole societarie.

In Cina, tradizionalmente, "il popolo" deve guardare in due direzioni: verso l'alto, verso coloro che detengono l'autorità; e all'indietro, verso le pratiche del passato. Questo doppio orientamento è sintetizzato nel culto degli antenati, per cui si guarda su verso coloro che sono più "in alto" degli attuali appartenenti alla famiglia e che nello stesso tempo risalgono "più indietro" nel tempo. Fino a non molto tempo fa queste figure erano tutte maschili e anche se ora si asserisce che "le donne occupano metà del cielo", non è chiaro fino a che punto questi atteggiamenti possano essere estesi a coloro che si ritengono solo "piccole felicità". Una direzione verso la quale abitualmente i cinesi non hanno guardato è verso l'esterno, dato che la Cina tradizionalmente viene considerata il centro del mondo.

La struttura della scuola riflette, sia professionalmente che politicamente, queste nozioni. Nell'aula, come ho notato, gli insegnanti sono considerati il centro di ogni attività e ogni comportamento o parola degli allievi sono diretti verso di loro. Tutto il sapere è già stato stabilito nel passato e l'insegnante ha il compito di trasmettere fedelmente queste conoscenze. A volte, a titolo di esperimento di pensiero, ho chiesto alle insegnanti cosa farebbero se non fosse loro permesso di modellare il comportamento o di presentare la giusta soluzione; le loro risposte piene di sussiego mi hanno indicato quanto aliene risultassero loro queste nozioni di educazione progressiva.

I libri possono comunicarci il senso dell'atmosfera educativa del passato. Scrive uno storico: "Era d'uso in Cina far imparare ai bambini i classici a memoria, far loro ripetere interminabili volte le frasi dei maestri senza comprenderle e senza chiedere spiegazioni, finché fossero iscritte nella memoria."[*] Ecco come lo scrittore di racconti Xiao Qian descrive vivamente la propria infanzia:

> Stavamo, circa in una cinquantina, stretti là dentro, con un "banco" fatto di mattoni per ogni quattro di noi. Sulla parete c'era la logora riproduzione di una tavola di pietra di Confucio, il più grande di tutti i saggi, al quale dovevamo inchinarci tre volte, prima e dopo le lezioni. Di fronte ad ognuno di noi c'era una copia dei Quattro Libri. Durante l'intera giornata ne urlavamo passaggi, a voce più alta possibile come se dovessimo buttare fuori vapore... Come risultato l'insegnante era solito darmi dei colpi sulla testa con la coppa metallica della sua pipa e i colpi divennero sempre più forti finché il mio cranio non fu tutto ricoperto di cicatrici. A questo prezzo così gravoso, imparavo molto poco.[**]

E l'autrice cino-americana Maxine Hong Kingston ricorda ancor'oggi le proprie esperienze nel frequentare un doposcuola cinese:

> Cantilenavamo tutti in coro, le voci che si alzavano e si abbassavano, più forti o più deboli, alcuni che urlavano, tutti che leggevamo assieme e non da soli, all'unisono. Quando dovevamo memorizzare un testo, l'insegnante chiamava ciascuno di noi vicino alla cattedra per recitare privatamente la lezione, mentre gli altri facevano pratica di copiatura o scrittura. [***]

Mentre i classici confuciani e relativa letteratura non dominano più i curriculi e l'abitudine di picchiare è probabilmente scomparsa, questa pratica di riprodurre pappagallescamente il passato non risulterà nuova a chiunque abbia passato del tempo in aule cinesi. Il peso del passato è semplicemente schiacciante. Nel corso di una protratta discussione con una insegnante, in cui contestavo i fondamenti di alcune pratiche di ripetitiva memorizzazione viste nella sua classe, essa ha troncato la discussione asserendo: "È che noi abbiamo fatto questo così a lungo che semplicemente sappiamo che è giusto."
Sebbene dapprima sia rimasto offeso dall'apparente chiusura mentale di questa insegnante, in seguito il mio atteggiamento è in qualche modo cambiato. Nel corso dei secoli gli educatori cinesi hanno messo in atto innumerevoli esperimenti e gradualmente

[*] S. Seagrave, *The Soong Dynasty*, Sidgwick and Jackson, London 1984, n. 21.
[**] *Chestnuts and Other Stories*, Panda Books, Pechino 1984, p. 25.
[***] *The Woman Worrior*, Vintage, New York 1977, p. 194.

hanno eliminato gli approcci meno promettenti finché sono giunti a forgiare dei metodi di insegnamento che sono superlativi nel raggiungimento dei loro scopi dichiarati. Gli interlocutori occidentali hanno poco se non nulla da aggiungere a questi metodi. Succede piuttosto che siano i fini verso cui questi metodi furono creati a non apparire più a lungo immuni da critiche. Con il senno del poi, avrei dovuto individuare e commentare l'accettazione da parte degli insegnanti di tali fini, spesso alquanto disfunzionali nel contesto contemporaneo, piuttosto che non il loro ricorso a mezzi vagliati dal tempo.

L'episodio di Beniamino e della chiave, ancora una volta mostra il ventaglio dei valori cinesi all'opera. La persona più anziana e più potente sa come mettere in pratica il comportamento desiderato ed è suo ruolo mostrare al giovane come fare, sia trasmettendogli le conoscenze superiori del passato sia stabilendo in questo modo la propria autorità (e quella della propria generazione). (Si potrebbe affermare che i cinesi sanno anche troppo bene come "guardare dall'alto in basso" gli inferiori.) Il ricorso alla presa in giro non è altro che un modo più aggressivo per sottolineare lo stesso rapporto autoritario.

Il fatto che la società cinese abbia resistito per secoli, in una continuità più unica che rara, non fa che convalidare l'autorità del passato. Con un passato così lungo, quasi tutto è già successo prima, molte volte; quasi qualsiasi cosa importante è già stata pensata, detta e fatta innumerevoli altre volte. Perché dunque farsi in quattro per nuovi approcci? Perché provare a orientare la chiave nella fessura in modo diverso, quando da tempo modi estremamente pratici sono stati già scoperti e modellati alla perfezione?

Convivere con una tale struttura d'autorità comporta un insieme definito di emozioni. La gente si sente a proprio agio quando qualcuno è al comando e quando ciascun altro conosce il proprio posto. Legami di estrema lealtà si stabiliscono fra i membri della famiglia, fra studenti e insegnanti. Grazie alla pietà filiale, gli anziani rimangono al lavoro indefinitamente, almeno in parte perché ognuno si sente meno minacciato se le redini sono nelle mani di qualcuno che conoscono. Nonostante gli sforzi correnti di legificare una transizione verso una generazione più giovane, è ancora vero, come mi ha detto un sinologo americano, che "il popolo cinese non sa come ci si mette in pensione".

L'altro lato della medaglia è che i cinesi si sentono relativamente a disagio di fronte a dei vuoti di potere o di fronte a sfide agli anziani o a chi ha potere. Ho notato che quando si era in una stanza, ognuno sembrava consapevole dell'ordine gerarchico. La gente scrutava la persona considerata di livello superiore per scoprire cosa dire o fare e tutti tenevano gli occhi fissi sul massimo dirigente, di solito il segretario di partito. Nelle rare occasioni in cui le cose non scorrevano perfettamente, i gradi superiori prendevano immediatamente in mano la situazione, per porre riparo ai danni. È molto raro, in Cina, assistere a quella sorta di "salvataggio dal basso" che può essere una boccata di aria fresca nell'Occidente.

Una tale gerarchizzazione ha enormi implicazioni sulle attività scolastiche. In una società in cui gli standard di eccellenza (o bellezza) sono chiari, è relativamente facile conoscere la propria collocazione nei confronti dei propri connazionali. Prendete per esempio il suonare il violino. Se un bambino è il migliore della propria classe, verrà messo assieme agli altri migliori della stessa età, se è il migliore di quel gruppo, verrà spostato e messo con i migliori dell'intera scuola, e se continua ad emergere andrà con i migliori a livello di distretto, poi di municipalità, provincia e, se ancora eccelle, con gli studenti migliori dell'intero paese. I migliori studenti di musica finiranno con l'approdare al conservatorio di Pechino o di Shangai, considerati universalmente le migliori scuole di musica del paese e quindi meta ambita dai giovani migliori in assoluto. Cosicché nel campo musicale come in ogni altro degno di nota, l'esistenza di standard comuni e di competizioni regolari assicura che ognuno possa conoscere il proprio livello e programmare i propri progressi o constatare le proprie carenze. Questa catalogazione in ranghi precisi non è altro che la manifestazione contemporanea di un ordinamento vigente fin dai tempi del sistema degli esami imperiali; e ancor oggi assistiamo ai sacrifici delle famiglie o anche delle comunità per aiutare i giovani più dotati a raggiungere la cima della piramide.

L'esistenza di un unico curriculum al quale tutti devono sottomettersi e l'estrema difficoltà nell'introdurvi dei cambiamenti riflettono il fatto che i cinesi si sentono come membri di un'unica gigantesca famiglia o clan (l'etnia Han dominante). È importante per tutti i membri di quella famiglia essere in grado di condividere esperienze e una comune eredità. (In questo senso, come ho già notato, i cinesi ricordano il popolo ebreo, unito, quali che siano le differenze, da un profondo vincolo comune.) Un tale senso di comunità – fino a un certo punto – costituisce una forza e permette ai cinesi di sentirsi un tutt'uno con i loro connazionali. Tuttavia la situazione non si può dire piacevole per i membri delle cinquanta e più minoranze cinesi, né attraente per coloro che volessero suggerire dei miglioramenti. Perfino accennare a dei cambiamenti è difficile perché, come in certe organizzazioni paramilitari americane, è consentito indirizzare i suggerimenti unicamente ai gradi immediatamente superiori e non esiste alcun mezzo per rivolgersi direttamente a persone più vicine ai vertici. Sono assenti in Cina quelle possibilità cui si ricorre di solito in questi casi in America: scrivere un articolo a un giornale, passare a un altra organizzazione o chiedere di "parlare col capo".

Benché il sistema di governo cinese abbia subìto radicali cambiamenti nel corso di questo secolo – con crisi incomparabilmente più gravi di quelle del sistema americano – tali mutamenti non hanno toccato nei loro fondamenti le strutture autoritarie, gerarchiche e patriarcali. Sotto il regime comunista, come sotto quello imperiale, c'è un capo supremo che presiede una enorme burocrazia. Come ci fa notare lo scienziato politico MacFarquhar:

> Quando Deng [Xiaoping] e Mao [Dzedong] sono entrati a far parte del movimento comunista, devono aver trovato confortanti similarità con una cultura politica che dopo tutto era fuori moda da soli dieci anni: un sistema imperiale che si era retto sul tripode formato da un leader e maestro supremo, un imperatore e una élite burocratica confuciana il cui diritto a governare era basato sulla conoscenza – frutto di diligenti anni di studio – dei classici confuciani.[*]

Questa può essere "la via cinese", ma certamente non è la via occidentale. Nel nostro sistema democratico e particolarmente negli sparpagliati e pluralistici Stati Uniti d'America, non c'è mai stata una struttura di potere così ben definita o un insieme di valori e atteggiamenti così condivisi. Parlando sempre in senso relativo, nella nostra società si assume comunemente che il passato può essere tanto un fardello quanto una fonte di conoscenza; che consegnare un grande potere nelle mani di un singolo capo è pericoloso; che sono desiderabili controlli e contrappesi; che i giovani possono essere fonte di ispirazione e informazione e dovrebbero essere messi su un piedestallo piuttosto che al loro posto. Quando gli americani diventano nostalgici di controllo, di ritorno al passato, per sostenerlo hanno bisogno di un sovrappiù di sforzo persuasivo perché va contro la saggezza comune. E nella maggior parte dei casi, tali idee subiscono piuttosto rapidamente una conversione a supporto di un contesto più meritocratico e pluralistico.

Do per scontato che, nell'era delle spiegazioni psicodinamiche, contrapposizioni come quelle che sto tracciando non

---

[*] "Deng Xiaoping's Reform Program in the Perspective of Chinese History", *American Academy of Arts and Sciences Bulletin*, 40, marzo 1985, pp. 20-38.

vengano prese in assoluto e alla lettera. Erich Fromm ci ha ricordato anni fa, con una espressione lapidaria, che esiste in Occidente una potente tendenza a "fuggire dalla libertà" e che nel nostro secolo questa tendenza ci ha portati al fascismo.[*] E anche quando non c'è il fascismo ci sono certamente dei controlli che non hanno bisogno di essere sbandierati perché ognuno sa che sono lì e che possono essere messi all'opera quando necessario.

Parimenti è troppo semplice asserire che i cinesi accettano pazientemente le loro catene. Caso mai, la conclusione cui tenderei è che il bisogno di una forte struttura di controllo e autorità in Cina deriva proprio dal potenziale caos che fa capolino in permanenza proprio sotto la superficie.

Mi sento di appoggiare su questo problema quella corrente psicoanalitica la quale sostiene che la frustrazione aumenta nei casi in cui uno deve continuamente assoggettarsi a una autorità superiore specialmente quando tale autorità è ascritta piuttosto che meritata. Secondo questo modo di vedere, i bambini cinesi hanno da sempre avuto un rapporto ambivalente con le persone potenti nella loro famiglia e nelle loro vite; essi si risentono per i modi in cui vengono presi in giro, manipolati e spesso picchiati dai più anziani e quando verrà data loro l'opportunità, risponderanno colpendo a loro volta. La Rivoluzione culturale è solo l'ultimo, ma non certo il solo esempio di queste terribili reazioni contro l'autorità. In un pregnante racconto lo scrittore cinese Lao She ci narra di un volonteroso insegnante il quale in un momento di debolezza confessa un errore – ammissione che basta per autorizzare uno studente della scuola a uccidere l'insegnante stesso e a uscirne impunito. Questo desiderio edipico può ben essere altrettanto pervasivo nella autoritaria società cinese quanto lo era nella società tedesca ai tempi di Freud.

La società cinese che oggi quasi sempre appare superficialmente ordinata, appena si gratta la superficie colpisce per una totale mancanza di organizzazione. Più spesso che no, l'organizzazione sembra recitata più che effettivamente funzionante. In Giappone, all'aeroporto tutti i nostri documenti e bagagli sono stati attentamente controllati; in Cina una tale sorveglianza sistematica di solito non si verifica, si tende invece a scegliere a caso una singola persona e perquisirla "fin alle budella". Nei negozi, i commessi raramente sanno dove si trova la mercanzia, anche quando poi risulta abbastanza vicina al loro banco. Perfino in un hotel molto ben diretto come lo Jinling, ho scoperto

---

[*] E. Fromm, *Fuga dalla libertà*, Mondadori, Milano 1987.

che i prezzi dei prodotti erano arbitrari e cambiavano imprevedibilmente da un momento all'altro. E, naturalmente, quando io e Beniamino siamo usciti dal Jinling abbiamo avuto una lezione anche troppo rapida sul potenziale di anarchia che cova in una folla in attesa dell'autobus.

Si potrebbe sostenere quindi che la Cina ha bisogno di un governo forte proprio perché i cinesi sono essenzialmente anarchici o caotici; ad ogni modo, come è stato ampiamente dimostrato in tempi recenti, essi hanno anche un grande potenziale di diventare dei formidabili capitalisti. Per uno straniero come me, questo fa parte del loro fascino, come individui. Non ho notato nessuna simile anarchia affiorare nel modo di essere dei giapponesi, i quali sembra invece abbiano pienamente interiorizzato i loro controlli.

Modellare il bambino

Visitando lo zoo di Pechino abbiamo assistito a uno spettacolo meraviglioso. Un elefante ammaestrato si è esibito per trenta minuti con la più impensabile perizia, equilibrandosi su una gamba, saltando su e giù, suonando diversi strumenti, girando su una bicicletta, facendo ruotare oggetti con la proboscide e di fatto mettendo in atto tutti quei trucchi che di solito leggiamo nei libri o vediamo alla televisione, sempre col dubbio che nella realtà qualcuno in carne e ossa sia davvero capace di tanto equilibrio. Al momento ci siamo semplicemente divertiti ad ammirare lo spettacolo e a osservare Beniamino il quale, troppo piccolo per sapere quali debbano essere considerati gli aspetti più importanti di una scena, sembrava assolutamente affascinato dalle non trascurabili dimensioni degli escrementi dell'elefante. Alla fine però ci siamo resi conto che anche questo spettacolo era parte integrante del nostro progetto di ricerca: non avevamo fatto altro che assistere a una ennesima spettacolare dimostrazione della capacità dei cinesi di addestrare la loro prole: umana e non.

Una delle più impressionanti realizzazioni del sistema educativo e di addestramento cinese è la capacità di prendere l'attività anche più complessa, spezzettarla nelle sue componenti e addestrare fino alla perfezione il bambino sulle parti più semplici per poi muovere gradualmente ma inesorabilmente verso esecuzioni sempre più complesse e notevoli.

Naturalmente questa sequenzialità – di per se stessa – è presente in ogni sistema educativo; ma pochi l'hanno perseguita con tanta inflessibilità quanto i cinesi.

Quindi, quando i nostri ben intenzionati osservatori cinesi venivano in soccorso di Beniamino, non gli guidavano la mano goffamente o con esitazioni o bruscamente, come avrei potuto fare io. Al contrario, lo guidavano con grande scioltezza e gentilezza e proprio nella direzione desiderata. Questi cinesi non si limitavano a modellare e conformare i movimenti di Beniamino secondo qualche antica usanza; nella migliore tradizione cinese, essi lo stavano *bazhe shou jiao*: "educandolo prendendolo per mano", e lo facevano così bene che Beniamino volentieri avrebbe ripetuto l'esperimento. Con un altro modo di dire cinese, essi promuovevano il cambiamento offrendo con una mano la cioccolata – ma pronti a utilizzare, se necessario, anche la tradizionale frusta saldamente stretta nell'altra mano.

Questo comportamento si basa e si ispira, come già detto più volte, sugli antichi metodi per eccellere nell'arte della calligrafia – un processo paurosamente complesso che, ciononostante, nel corso dei secoli è stato padroneggiato milioni se non miliardi di volte. Poiché questo metodo di addestramento ha dimostrato di essere così efficace per questa invenzione, di cui i cinesi sono giustamente così orgogliosi, si pensa debba essere appropriato in tutti gli altri usi e in tutte le altre possibili circostanze. Mentre l'idea di un esplicito curriculum nazionale unico è relativamente recente in Cina, un curriculum nazionale implicito risale a molti secoli addietro, ai tempi in cui furono stabiliti i metodi per apprendere la calligrafia.

Non rientrava fra i nostri compiti ufficiali, in Cina, metterci a studiare il modo in cui i bambini vengono allevati; ma portandoci appresso il nostro neonato ci siamo esposti a innumerevoli esempi di comportamento dei cinesi. Le assunzioni di partenza sono molto diverse da quelle occidentali, probabilmente più simili alle pratiche diffuse in società più tradizionali. Alla nascita, un bambino è considerato un oggetto molto delicato e trattato con estrema attenzione. Dagli uno ai tre mesi, viene lasciato per lo più supino, spostato poco e tenuto in casa al chiuso. Poiché si assume che abbia una capacità di percezione molto limitata, questa povertà di stimoli non è giudicata rilevante.

Nelle città l'addestramento al controllo degli sfinteri inizia nei primi mesi di vita e richiede una intensa cooperazione fra madre e bambino. È un addestramento del genitore almeno quanto lo è del bambino. Quando il momento cruciale si avvicina, la genitrice si affretta a reggere il bambino sul vasetto o sul terreno e si mette a sibilare leggermente e altri "rinforzi" entusiasti seguono l'adempimento della desiderata emissione. Questo elaborato balletto escretorio viene ripetuto regolarmente parecchie volte al giorno, con ognuno dei due partecipanti che addestra l'altro, finché dopo circa un anno il bambinetto è fondamentalmente addestrato. In Cina non esistono pannolini e la maggior parte della gente non aveva alcuna idea di che cosa fosse quell'indumento che mettevamo attorno al culetto di Beniamino né quale fosse il suo uso. I bambinetti cinesi corrono in giro con dei tagli nei loro pantaloni, cosicché possono fare i loro bisogni quando ne hanno voglia.

Più in generale l'educazione dei bambini procede come seguendo un capitolo di Pavlov, B. F. Skinner o J. B. Watson (fondatore del behaviorismo).

La modalità preferita di addestramento è il premio e rinforzo positivo, anche se certamente non è sconosciuta la punizione (o rinforzo negativo) la quale viene brutalmente inflitta ai bambini più grandicelli qualora non studino, disobbediscano o si dimentichino di esercitarsi ai loro strumenti musicali. (Tutta questa faccenda delle punizioni è rigorosamente tenuta dietro le quinte e in nessun modo è parte della esibizione pubblica cinese.) Infine, dopo anni di addestramento guidato, ci si aspetta che gli individui cinesi abbiano interiorizzato questi metodi e che continuino a studiare, o in senso più lato a coltivarsi, per il resto della loro vita.

Coerentemente con una tale psicologia associazionista, tutte le prestazioni vengono suddivise in unità le più piccole possibili, per essere affrontate e padroneggiate un passo alla volta. Da quanto ho potuto capire, non c'è alcun tentativo di fornire una spiegazione agli studenti: semplicemente si fa così. E, ancora coerentemente con un modo di vedere empiristico (contrapposto a uno razionalistico), l'interesse per gli aspetti cognitivi, per le idee e per il pensiero astratto è molto limitato, per concentrare invece tutto sulla correttezza delle forme di esecuzione – si tratti dell'esecuzione di una danza o dell'infilare correttamente una chiave. Finché tutti gli studenti non hanno raggiunto un perfetto livello di esecuzione, una lezione scolastica non viene ritenuta riuscita; gli educatori cinesi non sono in grado di comprendere il nostro compiacimento quando riusciamo a far capire una lezione alla "maggioranza" dei nostri allievi.

Una tale situazione mi ha convinto che, a parte alcune isole (come l'Università Normale di Nanchino), nella Cina contemporanea non si può parlare della esistenza di una vera e propria psicologia evolutiva e forse non c'è neppure un concetto di "infanzia" come lo intendiamo noi. Certamente i cinesi hanno nel passato adottato trattamenti molto diversi per i bambini molto piccoli rispetto a quelli più anziani: per esempio lasciandoli liberi fino ai quattro anni circa, per poi instradarli verso un regime molto più severo e dominato dagli adulti.[*] Ma una tale differenziazione è ancora ben lontana dai modi di vedere associati a Jean-Jacques Rousseau, John Dewey o Jean Piaget, i quali videro l'infanzia come una fase della vita fondamentale e positiva, piuttosto che come una semplice tappa necessaria per raggiungere lo stato di adulto.

La peculiarità di questa tradizione progressiva (entro la quale si potrebbe includere il nome di un altro Giovanni: Johann Pestalozzi, pedagogista svizzero del secolo diciottesimo) consiste nello stabilire che l'infanzia è un periodo molto speciale nel quale ogni bambino esibisce il proprio talento. I bambini possiedono certe conoscenze fin dalla nascita e, più importante di tutto, la natura li ha equipaggiati a destreggiarsi in modo da ricavare conoscenze sulla base delle loro esplorazioni. I bambini passano attraverso delle fasi o stadi, anche queste preordinate, e a ogni stadio percepiscono il mondo in modi diversi ma intellettualmente fondati. Coloro che hanno il compito di allevare i bambini dovrebbero rispettare queste fasi e permettere ai bambini di svilupparsi secondo le loro tendenze.

Questa impostazione psicologica implica un proprio regime educativo. Le scuole dovrebbero offrire e nutrire, ma non tentare di dettare o forgiare. Tali intrusioni da parte della civiltà possono risultare brutali e abbruttenti. Il bambino ha un suo genio creativo al quale deve essere permessa la crescita. C'è abbastanza struttura nella mente del bambino, abbastanza reazione chimica nel contatto fra il bambino e del materiale interessante, da rendere superfluo ogni ulteriore intervento. Quindi, Beniamino può essere lasciato in pace a giocare con la chiave; egli al momento opportuno sarà in grado di capire tutto ciò di cui ha bisogno.

Non serve aggiungere che queste idee, cui personalmente sono molto attaccato, sono del tutto estranee alla Cina contemporanea, benché alcuni accenni delle stesse possano essere stati presenti in periodi precedenti. (Devo qui affrettarmi ad aggiungere che esse non sono ampiamente diffuse neppure negli Stati Uniti, dove tuttavia molte buone scuole le fanno proprie e tentano di metterle in pratica.)

Quegli scarabocchi artistici e quelle precoci metafore che noi del Progetto Zero raccogliamo con vigilante trepidazione, in Cina sono stigmatizzati come errori da ignorare. La scuola è importante proprio perché esorcizza al più presto possibile questi tratti imprevedibili, improduttivi e potenzialmente perniciosi. La scuola è anche importante perché è il mezzo più affidabile da

---

[*] M. Levy, *The Family Revolution in Modern China*, Atheneum, New York 1968.

parte della società di assicurare il controllo della qualità. Le nozioni che negli Stati Uniti si apprendono dai coetanei e da altri mezzi quali i libri, i fumetti, i film e la televisione, in Cina sono considerate molto meno affidabili. E, naturalmente, ogni qualvolta sia possibile, tali materiali in Cina vengono rielaborati in modo da renderli coerenti, piuttosto che in antitesi, con le lezioni imparate dentro la scuola.

Poiché vi sono indizi che il modo di insegnare e di modellare adottato nei millenni passati, potrebbe non essere il più adatto per affrontare un futuro incerto, si sono messi in moto vari esperimenti. Per esempio, a Pechino, due asili infantili hanno adottato un metodo per cui ai bambini viene lasciato molto più spazio per esplorare e viene scoraggiata la pratica di rimpinzarli di informazioni stile "anatra alla pechinese". Non sorprenderà che questi tentativi non abbiano avuto immediato successo. Come ha detto una anziana insegnante: "I bambini della mia classe precedente erano conosciuti per la loro educazione e obbedienza... invece questa nuova classe di bambini di quattro anni è così rumorosa che ad alcuni insegnanti sembra di impazzire." Inoltre "la colpa" di questi risultati tende a venir immediatamente attribuita all'aver permesso l'uso di giocattoli e giochi aperti all'inventiva dei bambini. In questo caso particolare, descritto dal China Daily, gli insegnanti stessi

> a volte si chiedevano se dovessero continuare con l'esperimento dato che i bambini apparivano sempre più scatenati e faticosi. Ne abbiamo discusso... e abbiamo deciso di continuare. Nel passato abbiamo modellato i bambini in tal modo che essi non erano abituati a usare le loro teste... ma non possiamo permetterci di fare altrettanto con i bambini di oggi, perché essi entreranno in un mondo pieno di competizione. Devono essere preparati a usare le proprie capacità critiche.[*]

Possiamo dire che lo stesso Deng Xiaoping ha tentato, su vastissima scala, un esperimento di questa natura. Che un uomo di più di ottant'anni stia tentando di cambiare i modi di pensare di un popolo che per cinquemila anni ha aderito a una prospettiva opposta, è il paradosso cardinale della Cina contemporanea.

Capacità di base e creatività

I tentativi di cambiare la struttura di base della scuola o della società cinese toccano direttamente il problema che ci ha

---

[*] Li Xing, "A New Way to teach", *China Daily*, aprile 1987.

portato in Cina e che è rimasto il nostro principale oggetto di indagine nel corso di tutto il nostro soggiorno: l'importanza relativa e il rapporto fra capacità di base e creatività.

Esistono pochi altri problemi sui quali le divergenze fra le nostre due culture sono così profonde. In America sono molte le sfaccettature della società conformate in modo da incoraggiare l'innovazione e la creatività. Fin dal suo nascere l'America si è autodefinita in opposizione al passato, alla tradizione, ai "vecchi modi" di fare le cose. Ha guardato alla sua frontiera e alla sua giovinezza per forgiare nuovi e non previsti modi di vivere. Sebbene negli Stati Uniti le scuole non siano fra le istituzioni più innovative, spesso vi sono stati tollerati esperimenti di vario tipo. E agli occhi di molti americani, le scuole sono solo una (e forse neppure la principale) delle influenze socializzatrici, accanto a genitori, fratelli, coetanei, vari mezzi di comunicazione e la vita nella più vasta società, ciascuna delle quali può trasmettere i propri idiosincratici messaggi non raramente in conflitto con i messaggi emessi dalle altre.

Nella sua qualità di più antica civiltà sulla terra, la Cina è stata testimone, nel corso di secoli piuttosto che di lustri, di innumerevoli innovazioni sviluppatesi a ritmi diversi di evoluzione. Orientati alla tradizione, i cinesi hanno spesso lottato per rimanere aderenti a modi di fare del passato. Anche nel sistema politico radicalmente nuovo le continuità col passato rimangono impressionanti e in nessun posto lo sono di più che in quelle istituzioni inerentemente conservatrici che chiamiamo scuole.

Di cambiamenti, possiamo dire, ne avvengono in ogni società; è il modo di cambiare che differisce. In America, come in altre parti dell'Occidente, noi tendiamo a premiare relativamente di più i cambiamenti radicali rispetto al recente passato e, anche se non sempre immediatamente, onoriamo individui come Stravinskij, Picasso, Joyce e Einstein che nel tempo di una vita hanno completamente rimodellato la nostra concezione del mondo. Per la verità alcuni di questi innovatori creativi sono riveriti anche in Cina, ma lo spirito iconoclasta che essi rappresentano non è ugualmente apprezzato e anzi è attivamente attaccato durante le frequenti svolte verso quella che (in Cina) è chiamata "la sinistra".

A nessuno verrebbe in mente di nominare l'episodio di Beniamino e la chiave come un prototipo di comportamento creativo, nondimeno questo incidente cattura qualcosa di rivelatore sugli atteggiamenti verso la creatività nelle due culture. L'approccio cinese verso questo problema è diretto: Beniamino se vuole riuscire nel suo intento, deve acquisire le abilità di base di manipolare, orientare e saper collocare qualcosa in spazi limitati. Poiché le modalità per acquisire tali capacità sono ben conosciute e non problematiche, debbono semplicemente essergli trasmesse il più efficacemente possibile. Se più avanti nel tempo egli volesse introdurre delle modeste modifiche a questo approccio, anche questo è qualcosa di previsto e che va bene. In effetti nella mia analisi questa tolleranza verso le piccole modificazioni è il modo in cui la creatività viene a volte concepita in Cina: non come una dislocazione massiccia o una radicale riconcettualizzazione, ma come una continua leggera, modesta alterazione nel tempo, di schemi e pratiche esistenti.

Le diatribe terminologiche non sono facili nemmeno nella propria lingua e per me è stata praticamente un'impresa disperata tentare di discutere le diverse connotazioni del termine *creatività* con i colleghi cinesi. Ho scoperto che a volte venivo interpretato in modo completamente sbagliato, come se intendessi la più completa licenza; altre volte come se appoggiassi una estetica modernista; altre volte come se mi volessi richiamare a un "pensiero divergente" come quello esibito nella classe di "creatività" di Nanchino.

Il nostro collega Carma Hinton, anch'egli parte della delegazione in Cina, dopo il nostro ritorno mi ha spiegato che in cinese non esiste nessuna diretta traduzione del termine "creatività" come viene usato nella pedagogia americana. Un termine affine (*chuangzuo*) si riferisce a una certa categoria del curriculum artistico. In una "classe di 'creatività' (*chuangzuo*)" si chiede allo studente di impiegare le proprie abilità di base (fare dei bozzetti, usare i colori) per creare un nuovo soggetto. Forse una ragionevole traduzione in americano potrebbe suonare come "progetto nel quale la studentessa ha la possibilità di mostrare chi è lei". Alcuni insegnanti d'arte si riferiscono a un'altra forma di "creatività": la natura "originale" (*du chuangxing*) delle produzioni artistiche dei bambini. È probabile che qui ci muoviamo su un terreno parzialmente comune, perché molti dei lavori scelti dagli insegnanti come esemplari, lo sarebbero stati anche secondo standard occidentali.

Ho trovato due gruppi in Cina che avevano un'idea di che cosa intendevo quando parlavo dell'importanza di atteggiamenti e di atmosfera creativa nell'inculcare uno spirito creativo nei bambini. Il primo gruppo era composto da individui che erano stati in America e in particolare avevano sperimentato l'educazione progressiva. Questi individui condividevano la mia convinzione che gran parte del messaggio di creatività americano si trova "nelle strade" se non proprio accanto al bureau dell'hotel. Il secondo gruppo consisteva di insegnanti, artisti e insegnanti d'arte i quali avevano osato andare al di là del curriculum standard e avevano provato per conto loro ad esplorare i fondamenti del campo in cui erano impegnati. Quasi inevitabilmente questa mossa così audace li aveva condotti al tipo di sperimentazione e di atteggiamenti esplorativi così centrali nella concezione occidentale.

Ma queste sono eccezioni. Se (tenendo in mente Beniamino e la chiave) dovessi indicare il modo di vedere "tipico" o "modale" cinese sulla creatività, ecco qui come lo riassumerei. In ogni campo vi sono modalità condivise e accettate per raggiungere la competenza – esecuzioni prescritte e approvate. Non esiste realmente nessuna buona ragione per lasciare da parte strade percorse da sempre, sebbene si possa tollerare un modesto grado di deviazione, una volta che la forma tradizionale sia stata acquisita. Benché il punto di acquisizione possa non essere mai totalmente raggiunto (i buddisti Zen chiedono ai loro seguaci di creare lo "stesso" suono o forma o movimento migliaia di volte), agli esecutori competenti è lecito introdurre via via maggiori deviazioni dalle forme approvate. Attraverso questo cammino distintamente evolutivo, un maestro può alla fine arrivare a dei prodotti ragionevolmente devianti dal canone. Questa è "creatività approvata". La relazione col canone rimane centrale e la discussione critica dell'opera di un maestro adulto si accentra su un giudizio di "fruttuose" in opposizione a "idiosincratiche" deviazioni dalla forma canonica.

Una tale concezione dell'attività creativa pur non essendo certo quella del moderno mondo occidentale, è a mio parere altrettanto fondata. Mettendo a confronto la concezione più rivoluzionaria occidentale con la concezione più evolutiva abbracciata dai cinesi, vediamo virtualmente un rovesciamento di priorità: la giovane occidentale compie le proprie rotture all'inizio e poi gradualmente si reinserisce nella tradizione; la giovane cinese rimane quasi inseparabile dalla tradizione, ma col tempo, può giungere a punti di deviazione analoghi a quelli intrapresi inizialmente dalla innovatrice occidentale.

La posizione americana su questi problemi può essere facilmente riconosciuta nelle reazioni mie e di Ellen nell'episodio di Beniamino e la chiave. Dal nostro punto di vista il miglior modo di avvicinarsi a una nuova area è avere ampia opportunità di esplorarla – con incoraggiamento, certo, ma con relativamente poca supervisione diretta o tutela da parte dei più anziani. Una tale esplorazione non strutturata è considerata il modo ottimale per arrivare a conoscere i parametri di un problema e a scoprire le proprie competenze con riferimento allo stesso. Se poi uno riesce a risolvere il problema senza alcun aiuto, tanto meglio, e particolarmente lodevole è riuscire a farlo in un modo nuovo, o in casi rari, perfino scoprire un nuovo problema per cui val la pena cercare una soluzione.

Se uno diventa frustrato o non fa nessun passo avanti, allora può essere appropriato qualche piccolo intervento di aiuto. E se, più avanti, uno si mostra desideroso di istruzioni, allora chi lo segue può far ricorso ai grandi corpi del sapere dal passato. Sempre più, comunque, gli educatori occidentali diffidano dal fornire modelli diretti da copiare pedissequamente; è molto preferibile offrire degli indizi e suggerimenti, porre dei problemi importanti o presentare un ventaglio di possibili approcci che non suggerire che esiste una via maestra per l'acquisizione di una specifica abilità. Troppo spesso si è trovato che una persona che procede da sola in una nuova direzione o che da sola decide cosa merita copiare o quali dei vari aspetti siano da copiare, raggiunge i risultati più innovativi ed efficaci.

Un modo per riassumere la posizione americana è asserire che noi valutiamo prima di tutto l'originalità e l'indipendenza e senza problemi tendiamo a posporre l'acquisizione delle capacità di base a un tempo successivo. Ma ugualmente potremmo anche sostenere che per noi sono basilari altre abilità, altre capacità di base. Al posto di apprezzare la padronanza nel disegno figurativo o nella prospettiva, noi assegnamo maggior valore ad abilità quali l'osservazione attenta, l'esame critico del proprio lavoro, lo sviluppo di uno stile personale, l'acquisizione di familiarità con una varietà di approcci di lavoro. Così, per esempio, nel caso della musica invece che premiare la rapida lettura delle note, la precisione nel solfeggio o il virtuosismo su uno strumento, tendiamo ad optare per affinare la propria abilità di ascolto, congegnare melodie originali, ascoltare criticamente nuovi lavori o sapere come esprimere i propri sentimenti in musica. Le abilità tenute in vanto da una società possono essere quelle considerate residuali in un'altra.

Questo contrasto può anche essere visto in termini dei timori coltivati in ognuna delle due culture. Gli insegnanti cinesi temono che se le abilità di base non sono apprese presto non verranno mai padroneggiate, mentre non esiste un'urgenza comparabile per inculcare la creatività. Gli educatori americani temono che se la creatività non viene acquisita presto, può non emergere mai, invece le capacità di base possono essere sempre apprese.

Come nella precedente discussione su controllo e autorità, anche qui non desidero sbilanciarmi. C'è senza dubbio creatività in Cina: creatività di gruppo, creatività di particolari individui del passato, creatività di numerosi cinesi che vivono oggi nelle diverse società in giro per tutto il mondo. Come società, nel suo insieme, la Cina non ha nulla da invidiare quasi a nessun'altra sia in termini di scoperte scientifiche e tecnologiche che di innovazioni estetiche nel corso dei secoli. Inoltre, come ho suggerito ad alcuni psicologi in Cina, un'attenta indagine delle attività di Mao Dzedong durante la lunga marcia negli anni trenta e quaranta, costituirebbe uno studio affascinante di un caso di creatività in campo sociale e politico, idea che i miei colleghi sembravano disposti a condividere. Caso mai è proprio nel campo politico che probabilmente si sono verificate in Cina rotture radicali con le pratiche del passato analoghe a quelle che noi tanto aprezziamo nelle sfere scientifiche e culturali.

D'altra parte è anche rischioso enfatizzare troppo le rotture creative dell'Occidente. Quando ogni innovazione viene esaminata più da vicino, il suo debito col passato diventa più che evidente (il fenomeno dello "stare sulle spalle dei giganti"). Forse, come ha detto Claude Lévi-Strauss,[*] è fuorviante parlare di creatività come se venisse fuori dal nulla; ogni nuova acquisizione simbolica rappresenta una certa combinazione di scelte all'interno di un particolare codice simbolico. Può darsi che le differenze fra le nostre società riguardino gli atteggiamenti espliciti verso certe questioni e dove possano aver luogo rotture radicali entro quel tessuto sociale e non la capacità di rompere col passato per muoverci in direzioni innovative.

Ma assumendo che l'antitesi che ho sviluppato sia valida e che sia la cura delle capacità di base sia la creatività siano obiettivi che vale la pena perseguire, la questione importante diventa questa: possiamo ricavare dai due estremi, quello cinese e quello americano, una via superiore per impostare l'educazione, forse trovando un equilibrio ottimale fra i due poli della creatività e delle capacità di base? Dedicherò a questa questione le pagine finali di questo libro.

[*] *Tristi tropici*, Il Saggiatore, Milano 1982.

Parte terza

Riflessioni

13. Riflessioni in chiave professionale

Tornato dalla Cina nel giugno 1987, ho trovato gli ambienti connessi ai problemi dell'educazione immersi in una controversia ancor più aspra di quella suscitata quattro anni prima dal documento governativo intitolato "Una nazione a rischio". Come ho già scritto nel Prologo, c'era E.D. Hirsch il quale nel suo bestseller *Cultural Literacy* sosteneva che la competenza degli studenti americani andava valutata in base al loro grado di conoscenza di un vasto corpo di ben definite nozioni. C'era Allan Bloom, autore dello spettacolare successo editoriale *La chiusura della mente americana* che invocava un tipo di educazione imperniato sulla tradizione culturale dell'Occidente; egli, non dissimile in questo dagli antichi letterati cinesi, esibiva un supremo disinteresse per il valore educativo di schemi culturali in competizione fra loro o di altre tradizioni culturali. Infine, reminiscenti dell'imperiale sistema degli esami dell'antica Cina, c'erano il segretario generale dell'educazione William Bennett e colleghi, impegnati a elogiare la bontà di periodici test e a suggerire che studenti, insegnanti, distretti scolastici e perfino interi stati potevano essere adeguatamente valutati sulla base delle medie dei loro risultati nelle batterie di domande dei vari test scolastici.

Confesso che anch'io provo una certa nostalgia per il tipo di conoscenze che questi commentatori neo-conservatori tengono in così alta considerazione. Come ha detto un mio amico: "È proprio il tipo di conoscenze che vorresti che *gli altri* avessero." Ma rimango dell'opinione che questi neoconservatori costituiscono sotto molti aspetti una forza regressiva. Mentre la padronanza di informazioni e la cultura comune che essi reclamano probabilmente non sono mai stati posseduti da nessun gruppo sociale in America, essi ignorano interi settori di conoscenze e intere aree culturali che cadono fuori dei ristretti canoni da loro usati per definire la cultura occidentale. Molti di questi critici si autodefiniscono "elitisti" e molto di rado sembrano prendere atto dell'elevato grado di pluralismo della società americana, destinato a rimanere tale anche in futuro.

La Cina è una nazione che per millenni, si può dire, ha goduto di un corpo comune di conoscenze: i cinesi tradizionalmente hanno optato per l'uniformità sia nell'educazione sia nell'organizzazione della scuola, per cui gli studenti hanno studiato le medesime materie, sono stati valutati tutti con i medesimi metodi e strumenti e tutti potevano essere rapidamente classificati in una unica scala dal migliore al peggiore. In verità sembra che i nostri attuali critici dell'educazione invochino proprio alcune caratteristiche che il regime educativo della Cina dei tempi recenti esemplifica così bene e che i suoi pensatori di punta stanno denunciando come anacronistiche. Ai vecchi tempi, per addestrarsi alla carriera burocratica, tutti gli studenti cinesi dovevano conoscere alla perfezione quattro libri: il *Grande insegnamento*, il *Libro di Mencio, i Dialoghi o Analetti confuciani* e *La dottrina del giusto mezzo* che dovevano fin da piccoli imparare a memoria senza alcuna presentazione né spiegazione del testo. Per passare gli esami gli studenti dovevano scrivere dei componimenti dalle caratteristiche strettamente prescritte – del tipo: un testo consistente di otto paragrafi, tali da formare quattro paia parallele o bilanciate, col tema principale sviluppato in sequenza logica e culminante in un crescendo. Inoltre, come in molte altre società tradizionali, l'apprendimento avveniva in buona parte fuori della scuola, in rapporti di lavoro con parenti o con artigiani della comunità.

In America si discute molto sull'educazione, ma c'è ben poco consenso o chiarezza sui fini ultimi o sui processi educativi ottimali che si vogliono promuovere. (A essere onesti, Allan Bloom ha espresso chiaramente i propri scopi, anche troppo chiaramente si potrebbe dire.) Come ha sostenuto la mia collega Patricia Graham, la discussione sull'educazione in America è stata caratterizzata da cacofonia sulle pratiche educative e silenzio sugli obiettivi.

Il periodo trascorso in Cina mi ha spinto a fare i conti con la mia concezione della creatività e, più in generale, a ripensare il mio modo di vedere l'educazione. Nel caso della creatività, chi apprezzi lavori di ricerca non necessariamente prodotti nelle accademie, processi esplorativi e di apprendimento liberi e privi di guida e tendenze originali e iconoclaste, avrà una visione alquanto pessimistica del modo di considerare la creatività in Cina. Solo un occidentale potrebbe asserire che "la capacità di creare fornisce una insostituibile opportunità *di crescita personale in isolamento*".[*] D'altra parte, colui che vede ogni produzione come parte di una più ampia tradizione culturale, apprezzerà un processo educativo che costruisce sulle capacità di base e l'eredità del passato e cerca di ricrearle fedelmente e terrà in alto valore prodotti che deviano solo modestamente dai migliori esemplari del passato; costui vedrà la creatività in Cina come qualcosa di solido e gratificante. Perfino la scelta delle parole si rivela cruciale: "creatività" ha una connotazione più positiva che non *disordine* o *caos*; e *abilità di base* e *disciplina* possono essere intese sia come suprema padronanza che come ripetitiva esecuzione entro ristretti orizzonti.

Anche riguardo all'educazione, mi sono trovato sempre più spinto a riconciliare opposti insiemi di valori: il rispetto per la tradizione comparato con la dedizione al raggiungimento di idee e forme nuove; il concentrarsi sullo sviluppo delle abilità di base contrapposto all'incoraggiamento della libera e sciolta esplorazione; la desiderabilità di raggiungere una completa padronanza in un campo specifico, opposta al perseguimento di una educazione umanistico-scientifica d'ampio raggio che provvede una per lo meno superficiale familiarità con l'intero spettro dei campi del sapere istituzionalizzati. A dire il vero ero consapevole di queste antinomie anche prima di recarmi in Cina, ma l'esperienza cinese (accompagnata dalle discussioni a caldo sia in famiglia che nell'ambito del mio stesso campus universitario), è servita a mettere questi problemi in primo piano.

Nei capitoli precedenti ho riassunto come si è venuto sviluppando il mio modo di vedere: inizialmente l'adesione largamente acritica sia agli approcci tradizionali nell'apprendimento che alle espressioni artistiche classiche; gradualmente, negli anni del college, lo spostamento verso modalità di ricerca più aperte; l'adozione, nel corso del mio anno all'estero, di un'estetica pienamente "di avanguardia" e poi la conversione entusiastica a una concezione "progressiva" dell'educazione, risultato della mia esperienza di lavoro sui programmi scolastici, l'insegnamento in una classe aperta e la lettura di pedagogisti quali Dewey e Bruner.

Le mie ricerche sono state fortemente influenzate da queste impostazioni. Le mie indagini psicologiche si sono concentrate su una modalità di acquisizione delle conoscenze aperta, esplorativa, *problem-finding*.[**] La mia teoria delle intelligenze multiple mette in luce la diversità di abilità e di insiemi di abilità nei sin-

---

[*] Anthony Storr, *Solitude*, Free Press, New York 1988, p. 154; corsivo mio.
[**] Individuatore di problemi.

goli bambini e il bisogno di opportunità di scoprire e coltivare i propri talenti. Il mio risentimento verso programmi totalmente dominati dal pensiero linguistico e logico-matematico mi ha portato a sostenere la necessità di programmi tematicamente ricchi, adatti a stimolare una varietà di intelligenze; e la critica dei test standardizzati mi ha spinto alla ricerca di nuovi, più appropriati modi di verificare le conoscenze acquisite.

Alla vigilia del mio quarto viaggio in Cina, avrei potuto essere accusato di essere un progressivo troppo acritico; uno con una fede eccessiva "alla Bruner" nell'abilità degli studenti di imparare virtualmente qualsiasi cosa in ogni circostanza; uno che assumeva che con insegnanti ben motivati, studenti sani e ambiente appropriato, il processo educativo si sarebbe attuato praticamente da solo.

Un chiaro (e ammirevole) ottimismo aveva accompagnato i numerosi progetti educativi sperimentali (vedi capitolo 9) in cui mi ero impegnato. Così nel Progetto Spectrum, ero convinto che lasciando i bambini liberi di usare una varietà di materiali, ci si poteva attendere che essi avrebbero individuato da soli le proprie "aree forti" sulle quali costruire; e che le aree deboli, se individuate a tempo debito, avrebbero potuto venire adeguatamente rafforzate. Trascuravo allora la questione di cosa fare con i bambini straordinariamente dotati o con coloro che non mostravano alcun interesse per nessun materiale.

Nel progetto Key School,* assumevo, di comune accordo con gli insegnanti, che tutti i bambini non avrebbero potuto che trarre beneficio da un arricchimento dell'intero ventaglio delle loro intelligenze; quindi si poteva dedicare meno tempo allo sviluppo di abilità di base e minimizzare il bisogno di "assistenza speciale" per gli studenti con problemi di apprendimento. Come conseguenza, poca attenzione veniva dedicata a insegnare certe nozioni culturalmente "centrali" o ad attuare interventi di assistenza speciale.

Infine, in Arts PROPEL eravamo convinti che con esercizi particolarmente attraenti e imparando a tenere una cartella aggiornata dei propri lavori, gli studenti si sarebbero appassionati e gli insegnanti sarebbero stati in grado di valutarli. Sottovalutavamo molte difficoltà: instaurare un nuovo modo di pensare; mutare le priorità di un vasto sistema scolastico urbano; comunicare efficacemente i risultati sui progressi degli studenti a coloro rimasti "là fuori".

Mi sono reso conto che tutti questi esperimenti educativi

---

* Scuola chiave. [N.d.T.]

erano segnati da un comune leitmotiv: uno degli eventi determinanti nella educazione di un bambino è la scoperta di una sua area di forza e di interesse. Una volta trovata quest'area, ci si può attendere che lo studente proceda in avanti rigogliosamente; qualora non si trovi, è ben possibile che lo studente non arriverà mai ad apprezzare il piacere di apprendere. Ben poca attenzione dedicavamo, in tutto questo, alle ripercussioni sociali derivanti dall'esporre tutti gli studenti a certe idee, principi e fatti di base; altrettanto poco ci occupavamo degli atteggiamenti e valori diversificati e spesso conflittuali, fra amministratori, professori, genitori e forse in una certa misura fra gli studenti stessi.

Sebbene questo credo progressivo sembri andare d'accordo che le conoscenze acquisite sui bambini e sull'apprendimento e sia particolarmente in armonia con gli specifici valori e la storia degli Stati Uniti, la mia esperienza in Cina mi ha portato a riesaminare alcune di queste convinzioni centrali. Una delle lezioni portate a casa dalla Cina è di carattere negativo. In Cina, come ho già detto, si fa uso di una enorme quantità di energie per individuare i bambini più dotati di qualche talento e arricchire al massimo queste potenzialità. È un aspetto, questo, che avrebbe dovuto piacermi. Dopo tutto provavo una profonda ammirazione per i lavori e la qualità dell'impegno dei bambini cinesi. Inoltre in qualità di teorico delle intelligenze multiple e co-creatore del Progetto Spectrum, ero particolarmente felice che (altrove) si riconoscesse che i bambini si differenziano notevolmente nei talenti e che questi talenti possono essere identificati e coltivati fin da tenera età.

Sta di fatto, tuttavia, che la mia reazione a queste pratiche selettive è stata decisamente negativa. In un modo che fa venire in mente il tipico trattamento dei bambini prodigio nel mio stesso paese, mi sembrava che tali comportamenti sacrificassero i bambini e il loro naturale corso di sviluppo alle ambizioni della famiglia, dei genitori, di amici e della nazione tutta. Si mettono i bambini sotto pressione in un ambiente dove sono costretti a dedicarsi a tempo pieno a esercizi atletici o allenamenti musicali. Se hanno successo e riescono a piazzarsi fra i primi della propria specialità, hanno speranza di condurre una vita più interessante, anche se non scelta da loro stessi. E se invece non arriveranno al successo, saranno considerati incidenti di percorso in un sistema che ha scarsa pietà per i perdenti, né si preoccupa di offrire possibilità di carriere alternative.

Meditavo sui costi di un tale sistema per i singoli individui. Che ne era dei bambini inizialmente lenti i quali potrebbero in seguito dimostrarsi molto validi nei campi più svariati? Probabilmente non sarà mai offerta loro l'opportunità di realizzare le proprie potenzialità. (Il nostro sistema è molto più gentile con coloro che hanno ritardi e offre numerose successive ancore di recupero.) E che fine fanno le "conoscenze generali" condivise? Sotto la tensione a padroneggiare la propria specialità, questi studenti sono spesso descritti come virtuali *idiots savants*: sanno esattamente come suonare certi pezzi su un certo strumento o come condurre una certa gara ma sono quasi del tutto ignoranti in altre materie e in altri campi. E cosa dire del giovane che raggiunge un certo successo nel proprio campo ma vorrebbe provare anche qualcosa di diverso, o ha passato il momento di massimo vigore e non è più in grado di essere una figura da ribalta? Come da noi l'anziano lottatore professionista, è probabile non abbia carriere alternative e nemmeno semplici possibilità di lavoro alternativo.

Le mie osservazioni in Cina, quindi, mi hanno spinto a mettere in discussione il mio precedente assunto secondo cui è sufficiente individuare il talento di uno studente e lasciarlo procedere il più avanti possibile lungo quella linea. Mi sono venuti in mente gli aspetti positivi della "mancanza di pressione" del nostro sistema educativo e anche il valore di un'ampia educazione umanistico-scientifica che permette agli studenti, raggiunti i vent'anni, di muoversi su un vasto raggio di interessi.

Ma la Cina mi ha anche ricordato certe virtù di cui nel mio paese abbiamo perso memoria, mentre sono ancora felicemente manifeste in quella società più tradizionale. Ho visto bambini in tenera età profondamente impegnati e appassionati in attività di apprendimento sia scolastico che artistico ed espressivo. Ho visto bambini di sei-sette anni dedicarsi volonterosamente per un'ora o più, senza alcun incitamento, ai loro compiti di pittura o di calligrafia o di aritmetica o di costruzione. Li ho visti ritornare su quegli esercizi giorno dopo giorno, migliorando di giorno in giorno le proprie capacità tecniche, cosicché a dieci-undici anni avevano acquisito una vera e propria maestria. In loro non c'era, per quanto mi era dato capire, traccia né di orgoglio né di vanagloria, ma un senso di piacere derivante dall'attività svolta.

Spero di non romanticizzare il mio passato, ma ho l'impressione che un tale continuativo impegno e piacere fossero più comuni nell'America di trenta-quaranta anni fa che non oggi. Ho osservato che oggi, mentre i bambini possono scegliere fra molte attività, pochi di loro rimangono immersi in un particolare compito abbastanza a lungo da raggiungere la competenza e il piacere cui mi riferisco. Forse ci sono troppe opportunità; forse la durata dell'attenzione è stata erosa dai tempi concitati della televisione e dei video-games; forse il ritmo della vita ·è troppo affrettato o forse lo spartiacque consiste in una combinazione di tutti questi fattori.

In un primo tempo ero rimasto scandalizzato nel vedere, a Nanchino, assegnare a dei bambini di prima elementare dei compiti d'arte da eseguire dopo scuola che sarebbero rimasti tali e quali per tutti i seguenti sei anni. Un modo di fare dittatoriale, pensavo; e se qualcuno di questi compiti si scontra con lo spettro di intelligenze di un bambino? Ma dopo prolungate meditazioni, sono giunto a una diversa e molto più positiva valutazione di questa pratica. Diamo per scontato che l'ideale sarebbe un incastro perfetto fra le intelligenze del bambino e gli specifici compiti dopo scuola assegnatigli. Tuttavia, a mio parere, è talmente importante che il bambino abbia la possibilità di un lavoro continuativo almeno in un'area, che è meglio attuare la connessione casualmente piuttosto che non attuarla affatto. Mi pare giusta l'idea che gli studenti si impadroniscano gradualmente di una certa attività che viene loro assegnata, anche se inizialmente non mostrano un particolare talento; alla fine delle scuole elementari essi dovrebbero aver raggiunto un livello di ragionevole competenza in un'area apprezzata dalla loro cultura e forse ancor più cruciale, dovrebbero aver acquisito una comprensione "nelle ossa" di cosa significa guadagnarsi la graduale padronanza in un campo di abilità ritenuto importante.

Sono rimasto anche colpito dall'atmosfera che accompagna l'attività di apprendimento, in particolare nei "palazzi dei bambini" e nelle classi dei doposcuola. Molto più che nelle lezioni regolamentari, queste classi mi ricordavano le forme più classiche dell'apprendimento tradizionale. Una persona più anziana, con atteggiamento comprensivo e incoraggiante introduce i bambini a una certa attività. E, come nei piccoli gruppi della Key School di Indianapolis, ogni bambino interagisce anche con altri bambini, alcuni più esperti altri meno. In una tale atmosfera il bambino conserva un senso continuo del proprio progresso, di quale meta sta perseguendo in quella attività; come si colloca rispetto a coloro che sono più avanti e rispetto le attività che ha svolto nel passato. Un tale apprendimento di abilità in un contesto significativo – tale da far percepire la luce là in fondo al lungo tunnel – è una opportunità preziosa.

Combinando le mie vecchie idee con le riconsiderazioni indottemi dal periodo trascorso in Cina, ho recentemente avanzato una concezione che ho chiamato "insegnamento centrato sull'individuo" – una forma di educazione modellata in opposizione all'uniformità scolastica ed educativa che ha dominato la scena cinese e che alcuni influenti critici dell'educazione vorrebbero introdurre anche nel nostro paese oggi.[*] Un'educazione uniforme richiede stessi curricoli per tutti i bambini, insegnati nello stesso modo e con gli stessi test somministrati regolarmente a tutti; anche se i bambini non indossano uniformi sono trattati come se fossero intercambiabili l'uno con l'altro. Credo che tale regime, forse utile in altri tempi e luoghi, abbia poco da offrire in un ambiente sociale come l'America di oggi, mentre una scolarizzazione centrata sull'individuo risponde meglio a una società pluralistica e in rapido mutamento. Mi pare anche che possa adattarsi a coltivare alcuni valori ritenuti importanti sia negli Stati Uniti sia in Cina e nel contempo serve bene i bisogni particolari dei singoli bambini.

La scuola centrata sull'individuo è basata su due assunti. Prima di tutto, non tutti gli individui hanno le stesse abilità e profili mentali, non più di quanto siano identici nell'aspetto o nella personalità. In secondo luogo, poiché c'è molto più da imparare che tempo per imparare, è essenziale fare delle scelte su cosa imparare e come impararlo. Una scuola centrata sull'individuo prende sul serio queste differenze e offre curriculi, procedimenti di valutazione e opzioni educative capaci di rispondere a ciascuno degli studenti di cui è responsabile.

In una scuola centrata sull'individuo è importante che l'andamento delle intelligenze di ogni singolo studente venga seguito regolarmente. Il personale della scuola dovrebbe conoscere i punti di forza e gli stili di ogni ragazzo. Inoltre questa sorveglianza dovrebbe avvenire regolarmente perché i profili delle intelligenze cambiano nel tempo. E la sorveglianza dovrebbe essere condotta senza intrusioni e nel rispetto della forma di intelligenza, ovvero, rispettando il suo carattere di ragionamento spaziale o musicale e non cercando di valutarla attraverso le lenti del linguaggio o della logica.

Ovviamente un tale scandaglio potrebbe costare tempo e denaro, specie perché non esistono le strumentazioni richieste per ogni età e intelligenza. Tuttavia a mio giudizio un certo controllo può essere esercitato dai normali insegnanti con occasionale aiuto finalizzato da parte di psicologi o consulenti scolastici. Ciò che importa è che gli insegnanti siano addestrati a pensare in termini di diverse aree di forza e stili e in grado di individuarli

---

[*] H. Gardner, "An Individual-Centered Curriculum", in *The Schools we've got, The Schools we need*, a cura del Council of Chief State School Offices e dell'American Association of Colleges of Teacher Education, 1987; inoltre, H. Gardner, "Balancing Specialized and Comprehensive Knowledge: the Growing Education Challenge", in T. Sergiovanni (a cura di), *Schooling for Tomorrow: Directing Reforms to Issues that Count*, Allyn and Bacon, Boston 1988.

nel corso delle loro ordinarie osservazioni sugli studenti. Questo è ciò che ci proponevamo di fare nel Progetto Spectrum; siamo convinti che gli insegnanti dovrebbero essere capaci di identificare con ragionevole attendibilità fin dall'età prescolare i profili di intelligenza dei bambini loro affidati.

Le informazioni ricavate da questo tipo di valutazione hanno un ruolo cruciale nel curriculum in due modi. Prima di tutto, nella misura in cui vi sono materie elettive o altre possibilità di scelta, lo studente può essere aiutato da informazioni sulle sue particolari propensioni intellettuali. Gli studenti dovrebbero essere tenuti sempre informati sulle materie o attività extra curriculum per le quali essi possono avere interesse o essere portati. Naturalmente tali informazioni sono solo consigli: se una materia diventa obbligatoria cessa di essere elettiva!!! E ci saranno sempre studenti (fra i quali includo me stesso) i quali si sentono attratti verso certe discipline in cui la loro resa è relativamente scarsa.

In secondo luogo, le informazioni sui profili di intelligenza sono preziose nel guidare studenti e insegnanti nelle decisioni sui modi ottimali di avvicinare una particolare materia. Certamente ogni studente dovrebbe studiare storia, geometria, fisica e geografia, ma non esiste assolutamente alcuna ragione per cui tutti debbano studiare queste materie esattamente nello stesso, uniforme, modo scolastico. Ci sono ampie ragioni per ritenere che molti studenti non riescono in una certa materia non perché non sono capaci di padroneggiarla, ma perché il modo in cui viene loro presentata dall'insegnante e/o dal libro di testo è semplicemente inappropriato per il loro particolare modo di apprendere.

Un esempio dalla mia esperienza personale: a scuola spesso mi trovavo in difficoltà con esercizi che richiedevano di creare nella propria mente una immagine visiva per poi manipolarla in vari modi – abilità estremamente utile in certe aree della matematica, scienze e arte. Oggi so che gran parte di questi materiali potevano essere presentati in modo diverso, tale da non richiedere la formazione e trasformazione di immagini spaziali. Inoltre esistono oggi dei *software* straordinari e poco costosi con i quali è possibile creare un'immagine esterna e manipolarla in un'infinità di modi "davanti ai propri occhi" invece che nella mente. Se mi fosse stato fornito questo tipo di informazioni sul mio profilo di apprendimento e sulle varie "protesi cognitive" oggi a disposizione, avrei evitato innumerevoli frustrazioni e probabilmente avrei reso molto meglio in certe discipline. Più in generale, esiste oggi una varietà di modi per presentare le materie di studio e non c'è alcuna ragione per non offrire agli studenti dei curricoli appropriati alle loro intelligenze.

Una terza caratteristica della scuola centrata sull'individuo è l'incontro fra lo studente e le opportunità educative esterne alla scuola. In ogni scuola (o distretto scolastico) ci dovrebbe essere una base di dati con tutte le alternative di apprendimento presenti nella più vasta comunità: tirocinii, rapporti con possibili sostenitori, organizzazioni, istituzioni e singoli cittadini disponibili i quali impersonano un certo profilo di forze e stili intellettuali. Queste informazioni dovrebbero essere usate nelle scuole per suggerire agli studenti attività più adatte per la loro particolare miscela di intelligenze: in questo modo si può realizzare un incontro – o promuovere una esperienza duratura – fra le intelligenze spesso idiosincratiche di uno studente e un'opportunità educativa presente nella comunità.

Gli studenti di cui non mi preoccupo troppo sono quelli le cui intelligenze si esprimono particolarmente nell'area logico-matematica o linguistica. A scuola questi studenti andranno bene, saranno soddisfatti e facilmente troveranno possibilità di "cristallizzazione" nelle materie accademiche. (Ebbene, che diventino professori!!!) Quelli che mi preoccupano sono gli altri – siano il 10 o il 40 o il 90 per cento della popolazione – i quali possiedono definite forze intellettuali, ma non nelle aree tradizionalmente onorate nella scuola. Per questi studenti, la cristallizzazione come conseguenza della partecipazione in una attività importante della comunità può essere lo spartiacque fra una immagine di se stessi come persone competenti e la credenza errata ma devastante di essere degli stupidi, non in grado di fare niente.

In condizioni ottimali la scuola centrata sull'individuo si appoggerà a persone in grado di assumersi la responsabilità di "specialista di valutazione", "agente-di-curriculum studentesco" o "agente nei rapporti scuola-comunità",* come li ho chiamati altrove. Far ricoprire questi ruoli da persone particolari, vuol dire permettere a insegnanti e amministratori di concentrarsi sulle loro responsabilità tradizionali. Ma anche se non vi sono le risorse per creare delle competenze separate, questo modo di pensare centrato sull'individuo può essere adottato dal normale personale scolastico. In questo modo gli studenti possono avere una migliore idea di se stessi in quanto discenti e in definitiva apprendere di più da un curriculum convenzionale.

Anche coloro che simpatizzano per la scuola centrata sull'individuo hanno suggerito che potrebbe rivelarsi utopistica. Secondo questo punto di vista, una scuola che affronta seria-

---

* "Student curriculum broker" e "school-community broker". [N.d.T.]

mente le differenze individuali, per quanto desiderabile, finisce col richiedere costi inammissibili. A mio parere il problema sta meno nelle risorse che non nella volontà della comunità. Finché si continua a pensare agli studenti come tutti simili e a mettere su un piedestallo un curriculum unico e un modalità di apprendimento "linguistico-logica", le possibilità di una scuola individualizzata evidentemente sono molto scarse. Tuttavia se una comunità sceglie di perseguire un fine completamente diverso – una educazione fatta su misura per ogni singolo bambino – allora sono convinto che è possibile raggiungerlo. I modesti esperimenti condotti da me stesso e dai miei colleghi provano che è possibile muoversi in quella direzione. Non sapremo mai quanto sia possibile avvicinarsi a questo ideale – negli Stati Uniti o altrove – a meno che non ci proviamo.

Se confronto gli scenari educativi cinese e americano degli scorsi decenni, ho l'impressione che ognuno dei due sia andato troppo avanti in una direzione senza fare attenzione alla strada alternativa. Nell'America degli anni sessanta e settanta c'era una tale antipatia per tutto ciò che sapeva di tradizionale e un tale timore di dimostrarsi rigidi che da molte parti ha prevalso acriticamente un atteggiamento "progressivo" o "creativo". Nelle scuole e nelle strade erano presenti gli impulsi necessari per una società innovativa, ma in assenza delle necessarie conoscenze e abilità di base, questo ha prodotto disorganizzazione, inettitudine e perfino caos. Di qui, come risposta, le critiche conservatrici degli anni ottanta.

Al contrario in Cina c'è stato un tale timore di ribellioni e dei pericoli insiti in atteggiamenti di apertura, che il sistema educativo ha puntato quasi totalmente su approcci e forme tradizionali. Questa opzione ha comportato ammirevoli capacità esecutive nei bambini più piccoli ma, in assenza di messaggi alternativi a casa o nelle strade, a una popolazione adulta priva di immaginazione e a una società stagnante. Gli attraenti modelli di comportamento e di conoscenza che esistevano fra la popolazione più anziana non sono stati, per molte ragioni prima di tutto politiche, trasmessi alla più ampia società.

Che sia possibile catturare i punti di forza di entrambi i sistemi, facendo tesoro delle conoscenze raggiunte negli studi scientifici sullo sviluppo ed educazione del bambino, e al tempo stesso tenere conto dei due chiaramente divaricanti sistemi di valori delle due culture? Che ci sia più di una strada per produrre un individuo radicato nella tradizione eppure aperto a idee nuove? Che sia possibile in ogni paese immaginare uno scenario ottimale per raggiungere un ragionevole equilibrio fra questi contrastanti fini educativi?

Comincerò a rispondere a questo dilemma suggerendo che, mentre ognuno dei due paesi sembra aver puntato eccessivamente in una direzione, ognuno dei due ha dimostrato di sapere formare con successo degli individui dotati sia di senso della disciplina che di genuina creatività. Ci sono ampie prove che negli Stati Uniti è possibile, avendo iniziato con un approccio aperto ed esplorativo, arrivare a padroneggiare le abilità di base e a muoversi in modi innovativi in un campo specifico. Allo stesso modo, come ho già detto in precedenza, molti cinesi in patria e all'estero hanno trasceso i limiti di una educazione centrata sulle abilità di base per realizzare innovazioni nei loro rispettivi campi (compresi l'insegnamento e l'attività artistica).

Come esattamente ogni sistema possa riuscire a volte a trascendere le proprie debolezze non siamo ancora in grado di spiegarlo con chiarezza. Certamente ogni paese è abbastanza grande e diversificato da offrire una molteplicità di rotte di crescita. In ogni cultura i singoli studenti possono far leva sul proprio buon senso, analizzando cosa è richiesto per raggiungere una piena competenza e, se non vedono entro la propria cultura una rotta prescritta per giungere a questo fine, possono tracciarla loro stessi. Così ci sono studenti americani i quali, in un contesto scolastico di *laissez faire,* si applicano allo studio rigoroso di un problema e un certo numero di studenti cinesi che in una scuola rigida si dedicano a forme di giocosa esplorazione o a casa, o scrivendo un diario o con degli amici. Spesso può bastare un minimo stimolo o suggerimento per aiutare gli studenti a sviluppare un insieme di abilità o una visione del mondo non sanzionate ufficialmente dalla propria cultura.

Una prima risposta al mio problema, quindi, è che può non essere essenziale scegliere fra i due approcci: cioè se inizialmente impostare la scuola in un modo o nell'altro. Se la società vuole sviluppare sia abilità di base sia creatività, può averle entrambe. È però essenziale che l'approccio alternativo sia sempre tenuto in mente, per evitare che un orientamento esclusivo verso la creatività oppure verso le abilità di base, precluda la possibilità di sviluppare le facoltà complementari. Ma quando tali estremi sono evitati, non sembra esserci necessariamente un vantaggio in uno dei due approcci. Cosicché il modello che una volta si pensava essere ottimale per tutti i paesi e per tutte le situazioni, diventa solo una di numerose opportunità.

Tuttavia non basta la semplice asserzione compromissoria che entrambi gli approcci vanno bene. Il mio punto di vista, basato sugli studi di cui ho detto in precedenza e sulle mie osservazioni in diversi paesi, è che entro ogni cultura vi sono sequenze preferibili o ottimali diverse.

Nel contesto americano, come risulta dai miei studi, è preferibile dedicare i primi anni di vita, grosso modo fino ai sette anni – a un approccio relativamente non strutturato o "creativo", dove gli studenti hanno ampie opportunità di procedere come vogliono e di esplorare per conto loro materiali e mezzi di comunicazione. È durante questo periodo che i bambini dovrebbero essere esposti alla più ampia gamma di materiali e all'opportunità di scoprire in cosa si cristallizza il loro attuale profilo di intelligenze. In questa fase le loro inerenti capacità cognitive sono tali da permettere loro di estrarre significati, strutture e conoscenze dai materiali senza alcun bisogno di insegnamenti da parte degli adulti o interventi intrusivi.

Tendenzialmente scarterei l'ipotesi di una precoce costruzione di abilità di base così cara alla cultura cinese. Non è necessaria e può non essere saggia. D'altra parte terrei sott'occhio regolarmente lo spettro cognitivo di ogni singolo bambino e là dove appaia esserci insolita precocità o evidente difficoltà, proporrei diretti interventi anche durante gli anni prescolastici.

C'è tuttavia un'area nella quale abilità di base e disciplina dovrebbero venire sviluppati fin dai primi anni di vita: l'area dei rapporti civili. Fin dalla tenera età i bambini dovrebbero imparare come ci si comporta a casa, a scuola e con gli altri – come essere educati, condividere cose o idee, ascoltare, seguire istruzioni ragionevoli, procedere cercando di risolvere i problemi invece che con atti importuni. Una tale civiltà è essenziale se si vuole che l'educazione sia efficace negli anni successivi. La libera esplorazione dei diversi materiali non comporta alcun bisogno di infastidire gli altri o di fare male a se stessi. I bambini cinesi e giapponesi, per come vengono educati a casa e a scuola, sviluppano questa abitudine alle buone maniere fin dai primissimi anni; questo atteggiamento condiviso rende i loro primi anni di scuola una esperienza molto meno esagitata e fa risparmiare tempo prezioso una volta che inizia sul serio la scuola "regolare".

Dopo l'inizio della scuola e in virtù della crescente disposizione all'apprendimento di regole, diventa non solo giusto, ma raccomandabile iniziare a lavorare sulle abilità di base. È questo, in tutto il mondo, un periodo in cui i bambini rapidamente acquisiscono abilità di base e sono in grado di apprezzare le ragioni per farlo. Dai sette ai quattordici anni, gli studenti dovrebbero familiarizzarsi sia con le loro tradizioni culturali, sia con la cultura che sta alla base del funzionamento della società contemporanea.

Provo poca simpatia verso la pratica oggi corrente negli Stati Uniti di insegnare dei fatti e poi controllarne l'apprendimento con test standardizzati; questo modo di procedere implica una visione molto limitata dell'apprendimento e non è difendibile efficacemente neppure dai suoi stessi sostenitori. Ma non mi sento a mio agio neppure con un programma formato di materie elettive, che permette ai bambini di passare a volontà da una materia all'altra o che ritaglia un diverso programma educativo sulle forze e debolezze di ogni singolo individuo. Piuttosto, in parte basandomi sull'esperienza in Cina, vedo con favore l'adozione di metodi di apprendistato dove gli studenti lavorino per intere giornate con dei maestri riconosciuti tali nel loro settore; in questo modo gli studenti-apprendisti non solo migliorano le proprie capacità esercitandosi con regolarità in un contesto significativo, ma si fanno anche un'idea di come quelle stesse conoscenze possano essere utilizzate al di fuori dell'istruzione formale. Il valore di tali esperienze di apprendistato va al di là delle specifiche scelte professionali che saranno fatte dallo studente o dalla società.

Volendo proporre una ricetta tutta da sperimentare, suggerirei per ogni bambino un'esperienza di apprendistato in almeno tre aree: una forma artistica o artigianale, una forma di disciplina del corpo (come danza o sport) e una disciplina accademica (come storia o scienze). Queste aree dovrebbero essere scelte alla luce di tendenze individuali già manifeste a quella età – tendenze che possono essere identificate senza bisogno di ricorrere al giudizio di uno specialista. Se possibile questi apprendistati dovrebbero essere parte integrante dell'istruzione e occupare almeno un terzo di una giornata di scuola; se questo è irrealizzabile le scuole potrebbero, in certi giorni, sollevare gli studenti da altre responsabilità, in modo da permettere loro di perseguire queste attività altrove.

La gestione di questi apprendistati è cruciale. Nel passato fare un apprendistato era spesso una esperienza brutale, in cui si dovevano eseguire i compiti più bassi e spesso a quelli si rimaneva, essendo proibito acquisire delle vere capacità specialistiche. Naturalmente non esiste più alcuna ragione per mantenere in vita tali pratiche punitive da "casta" o "corporazione". Al contrario, gli apprendistati dovrebbero avvenire il più possibile nell'ambiente di lavoro effettivo del maestro; e piuttosto che far svolgere singole attività isolate, bisognerebbe il più presto possibile integrarle in progetti dotati di senso che possano un giorno tornare utili alla comunità. È anche importante, a questo punto dello sviluppo, fornire numerose opportunità di usare le abilità e conoscenze appena acquisite in modi immaginativi e non canonici.

Con l'avvento dell'adolescenza, i giovani vogliono essere in grado di far mostra delle proprie capacità e possibilmente anche poter volgerle ad uso personale. È quindi importante che a questa età abbiano acquisito capacità sufficienti in modo da non essere scoraggiati dalla qualità delle loro prove. Costruendo sulle loro previe esperienze prima di libera esplorazione e poi di affinamento delle abilità di base sotto la supervisione di un maestro competente, essi dovrebbero essere in una posizione favorevole per progettare nuovi prodotti che abbiano un senso per loro e possano anche "dire qualcosa" agli altri membri della comunità. In questa fase è particolarmente importante che gli studenti abbiano l'opportunità di partecipare alla progettazione e valutazione di lavori a lungo termine. Questi tipi di lavori sono cruciali per la sopravvivenza in ogni società contemporanea complessa, eppure poche scuole hanno riconosciuto la centralità di queste esperienze.

Gli ultimi anni dell'adolescenza – fine della high school e college nella cultura statunitense – dovrebbero essere periodi nei quali viene dato particolare rilievo all'abilità di mettere in discussione le frontiere fra le discipline tradizionali e le arti. La mente dell'adolescente può e in effetti è ansiosa di sperimentare, esplorare modi alternativi di conoscere; è pronta a considerare interrogativi fondamentali e ad avere a che fare con l'intero arco delle possibilità; e dovrebbe avere ampie opportunità di vagare attraverso i campi del sapere. Esistono oggi nuovi strumenti interattivi, come *Intermedia* o *Hypertext*, creati apposta per tracciare tali connessioni atte ad aprire le menti.

In un certo senso, quindi, questa terza fase di sette anni (grosso modo dai quattordici ai ventun anni) si ricollega a quella della prima infanzia. Lo sviluppo delle abilità di base in quanto tali rimane in seconda fila e lo studente viene incoraggiato a scoprire le questioni e problemi o che gli sembrano più significativi e a far ricorso a un ampio arsenale di metodi nell'avvicinare questi temi. La differenza con la fase precedente consiste nel fatto che il giovane, essendosi già impossessato di abilità di base e di disciplina, è ora in grado di comunicare efficacemente con la comunità. Questa produzione creativa non deve andare a discapito delle capacità acquisite precedentemente dal giovane in aree che considera importanti per una futura professione; sarebbe controproducente per un futuro matematico o musicista sospendere tali attività per sette anni.

In un mondo di crescenti specializzazioni, è essenziale che gli anni successivi al college siano dedicati ad acquisire delle competenze da usare nella professione o fuori per il resto della vita. Nella buona o nell'avversa fortuna (come ho scoperto io stesso circa vent'anni fa!) questo è necessariamente un periodo di professionalizzazione. Ciononostante la nostra complessa civiltà ha anche bisogno di identificare e preparare coloro che mostrano una particolare propensione a divenire dei "generalisti", individui il cui compito sarà quello di trascendere le frontiere disciplinari, di sintetizzare la conoscenza o formulare i problemi in modi innovativi. Ne sappiamo poco su come individuare e preparare queste persone; eppure è grande la necessità di persone che sappiano lavorare con gli esperti ma mobilitare le loro conoscenze verso fini più ampi e a volte imprevedibili ma non di rado preziosi.

Come si può vedere "la ricetta" che ho qui abbozzato comporta un insieme di enfasi contrastanti: conoscenze generali contro specializzazione, creatività contro abilità di base. Il periodo della prima infanzia ha l'afflato del generalista e fa emergere comportamenti esplorativi e creativi. Nei sette anni intermedi si opta in favore di alcune specializzazioni (i tre apprendistati) e della coltivazione di abilità specifiche nelle aree dell'alfabetismo, nozioni "comuni" e i tre apprendistati stessi. Nell'adolescenza c'è un ritorno a una fase esplorativa più creativa che attraversa le frontiere disciplinari. E infine la prima fase della vita adulta segna di nuovo un ritorno professionale-specialistico verso una professione o una disciplina. Questo schema ricorda in molti sensi le idee avanzate alcuni decenni fa da Alfred North Whitehead, il quale parlava di "urgenze alternate di libertà e disciplina" e dichiarava:

> Dovrebbe essere lo scopo di una educazione costruita in modo ideale che la disciplina sia il risultato volontario della libera scelta e che la libertà si arricchisca di possibilità grazie alla disciplina. I due principi, libertà e disciplina, non sono antagonisti e dovrebbero essere armonizzati nella vita del bambino in modo tale da corrispondere a una oscillazione naturale, in un senso e nell'altro, dello sviluppo della personalità.[*]

Secondo Whitehead l'accento del ciclo pedagogico dovrebbe idealmente spostarsi dalla creatività alle abilità di base e poi indietro di nuovo, ma è cruciale che in ognuna di queste due fasi rimanga vitale anche l'opzione alternativa. I primi anni di vita dovrebbero prevedere per lo meno un minimo di acquisizione di abilità di base, per esempio nello sviluppo di utili abitudini di lavoro e, possibilmente, in una più approfondita familiarizzazione con un'arte o mestiere. Parimenti gli anni intermedi della fanciullezza dovrebbero prevedere alcune attività non finalizzate,

---

[*] A.N. Whitehead, *The Aims of Educations*, Free Press, New York 1929, p. 30 (tr. it. *I fini dell'educazione e altri saggi*, La Nuova Italia, Firenze 1969²).

produzioni lasciate alla fantasia dello studente, oltre a costanti sollecitazioni tese a ricordare che non esiste un unico modo migliore per fare qualcosa e che ogni scelta comporta costi e benefici. Se queste opzioni alternative sono tenute in mente in ogni momento, lo studente si trova nella posizione ottimale per catturare il meglio di entrambi gli orientamenti, di comprendere l'ideale di Igor Stravinskij:

> La funzione del creatore è filtrare gli stimoli che riceve [dalla sua immaginazione], giacché l'attività umana deve porsi dei limiti. Più l'arte è controllata, limitata, ripensata, più è libera [...] La mia libertà quindi consiste nel muovermi entro la stretta cornice che mi vado io stesso assegnando per ogni nuovo lavoro.[*]

Questa mia ricetta è chiaramente di taglia americana, congegnata su misura per il contesto statunitense, pur risentendo dell'influenza della mia esperienza cinese. In che modo, quindi, una tale proposta potrebbe avere un senso in Cina, la Cina di oggi o la Cina che potrebbe emergere domani?

Una delle lezioni che ho appreso studiando le istituzioni educative è che non ha molto senso tentare di trasporre in blocco una pratica educativa da una cultura a un'altra. Anche quando tale trasposizione venga attuata con la massima cura, quella pratica verrà immediatamente ridisegnata dal nuovo contesto in modi che è difficile anticipare. È tristemente istruttivo vedere cosa succede al metodo educativo Suzuki di insegnamento del violino a bambini piccolissimi, quando viene messo in atto in un contesto culturale nel quale, ben lontano dall'intera ora ritenuta desiderabile, nessuno dei due genitori riesce a trovare neppure cinque minuti al giorno da passare allenandosi col proprio figlioletto. Non diversamente, assieme agli altri colleghi, abbiamo trovato molto difficile, a Newton, nel Massachusetts, mettere in atto una "classe aperta" di stile inglese con studenti privi ancora di qualsiasi idea su come strutturare il proprio tempo e con insegnanti poco esperti nel sorvegliare un ampio numero di bambini impegnati in attività scelte da loro stessi.

Sarebbe quindi futile voler esportare "la mia formula" in Cina, dove i messaggi a casa, nelle strade e nel più vasto contesto storico e culturale sono semplicemente troppo differenti. Tuttavia mi sento di suggerire che lo stesso modo di pensare in termini di *cambiamenti di enfasi* potrebbe dimostrarsi utile anche nel contesto cinese. I cinesi possono ben desiderare di mantenere nella

---

[*] I. Stravinskij, *The Poetics of Music*, Vintage, New York 1960, pp. 66,68 (tr. it. *Poetica della musica*, Studio Tesi, Pordenone 1987).

prima infanzia l'enfasi sulle abilità di base e riproduzione di opere ma, una volta che questi bambini arrivano alla fase intermedia, corrono il rischio di diventare dei piccoli pappagalli sempre più fedeli e rigidi, senza aver acquisito alcuna flessibilità nell'uso delle proprie tecniche. Quindi consiglierei caldamente che nei primi anni di scuola venga posta una notevole enfasi sul tipo di abilità coltivate nelle classi di creatività che recentemente hanno incominciato a fare la loro apparizione in Cina: cercare diversi approcci o diverse risposte ai problemi, individuare da soli i propri problemi, applicare conoscenze acquisite in un campo a un altro campo. In altre parole, la fertilizzazione incrociata ed esplorazione che in America avviene o dovrebbe avvenire idealmente nell'adolescenza, in Cina dovrebbero essere portate ai primi anni di scuola.

Parimenti in Cina consiglierei un ulteriore alternarsi di enfasi nei due periodi seguenti la fase intermedia dell'infanzia. In particolare, la preparazione professionale potrebbe essere spostata negli anni della tarda adolescenza, ma a questa dovrebbe seguire una fase di enfasi sull'uso flessibile di queste abilità e anche di ricerca deliberata di nuove e imprevedibili applicazioni, così che individui dotati di abilità altamente raffinate, diventino capaci di mobilitarle in modi flessibili e creativi.

Credo che il mio schema iniziale, basato in parte su considerazioni di psicologia dello sviluppo e perfino di ordine neurologico, se modificato in questo modo potrebbe funzionare per il contesto cinese. Un'acquisizione fondamentale del nostro tempo è che non è la sola biologia a dettare le strutture cognitive e di apprendimento; sono biologia e cultura a cospirare in queste faccende. Per esempio, un bambino piccolo è capace sia di eccellenti imitazioni sia di inventare strutture nuove, tutte sue; quale di queste opzioni verrà privilegiata è determinato dalla cultura. A causa del sistema di valori cinesi, il bambino in età prescolare sembra spesso simile a un bambino americano in età scolare e quindi è "pronto" per la disciplina connessa all'acquisizione di abilità di base. In contrasto e forse a titolo di compensazione, il giovane adulto cinese spesso sembra meno sicuro di sé e meno sviluppato, più simile a un adolescente americano. Quindi a questa più tarda età, può essere più appropriato impegnarlo in esplorazioni e sperimentazioni relativamente poco strutturate. Forse i bambini cinesi e americani della stessa età sono diversi fra loro dal punto di vista evolutivo e quindi corrispondentemente diversi regimi educativi possono essere la risposta più appropriata.

Il cambiamento di enfasi in certi momenti dello sviluppo è il punto centrale della ricetta educativa qui proposta. Se è posta eccessiva enfasi su una creatività a briglia sciolta – il rischio americano – il bambino può trovarsi privo di abilità di base e quindi in grado di comunicare o fantasticare solo con se stesso. D'altra parte se c'è una concentrazione esclusiva sullo sviluppo di abilità di base – il pericolo cinese – il bambino può essere incapace di eseguire qualcosa che vada al di fuori dei modelli imitati.

È importante che questo "cambiamento di enfasi" non avvenga improvvisamente. Appare più ragionevole un cambiamento graduale che inizi verso la fine di ogni fase evolutiva, con aspetti della fase precedente che permangono nella nuova, sebbene in forma meno intrusiva. Dopo tutto, il risultato finale non dovrebbe essere un individuo "schizofrenico", che cerca di bilanciare due modalità di risposta inconfrontabili fra loro, ma piuttosto una persona integrata, che ha fuso in modo personalmente soddisfacente le tensioni sia verso la disciplina che verso la creatività.

In verità una molteplicità di messaggi in una stessa fase evolutiva presenta chiari vantaggi. In Francia, per esempio, l'educazione scolastica è stata tradizionalmente rigida e univoca – più cinese che americana. Tuttavia il gusto iconoclasta così apprezzato in tante aree della vita francese – per esempio nei mezzi di comunicazione di massa e per le strade – aiuta a garantire che gli studenti non diventeranno dei pedanti o dei robot e che la società francese rimanga percorsa da una considerevole creatività. Allo stesso modo, anche nella società giapponese una persona nel corso del proprio sviluppo riceve messaggi positivamente competitivi fra loro: una famiglia permissiva in contrasto con un asilo molto esigente; una scuola regolare più rilassata in contrasto con un juku o doposcuola più esigente; e nell'età adulta un incoraggiamento alla creatività a livello di gruppo anche se non individuale. Interrogato sul tipo di scuola al quale un genitore dovrebbe mandare i figli, Bruno Bettelheim sembra abbia risposto: "Una scuola in cui sia presente una filosofia diversa da quella che è stata privilegiata nella vostra casa." L'esposizione a una varietà di correnti e modi di essere può produrre una popolazione scolastica che esibisce le forze congiunte di un approccio creativo e di uno basato sull'acquisizione delle abilità di base.

Quindi la Cina e gli Stati Uniti possono avere molto da imparare l'uno dall'altro; ma nel provare a mettere in pratica i reciproci programmi pedagogici, ogni paese dovrebbe osservare attentamente e sperimentare prudentemente. Troppi tentativi di educazione alla creatività sono destinati a fallire in Cina perché basati su una comprensione superficiale di come mantenere viva un'atmosfera giocosa e di come essere recettivi a idee nuove e apparentemente prive di senso. E troppi tentativi di istituire un tirocinio delle abilità di base in America sono destinati a barcollare perché i proponenti sottovalutano il grado di esercitazione, dedizione e motivazione necessari sia da parte degli studenti che degli insegnanti nel lungo periodo. Perché tali interventi possano avere successo in contesti estranei, la società americana deve riuscire a comunicare in modo non ambiguo la propria fede nell'importanza di possedere tali abilità di base; e la società cinese da parte sua deve segnalare la propria convinzione che le espressioni creative sono qualcosa di più che non dei fronzoli. In breve, se questi tentativi non vogliono essere delle caricature, essi hanno bisogno di essere basati su uno studio rigoroso, paziente e pratico e un genuino consenso sociale.

Ognuno dei due paesi ha anche bisogno di imparare ad apprezzare gli insospettati vantaggi dell'approccio dell'altro. Le abilità inculcate nei giovani cinesi permettono loro, paradossalmente, la libertà di creare potenti nuovi messaggi che possono essere compresi da altri. Nell'assenza di tali capacità, gli adulti americani spesso sono costretti a ricorrere a dei trucchi o ad acquisire nuove abilità in una fase in cui farlo è ben più difficile, o rimanere incapaci di comunicare le loro (altamente preziose) concezioni ad altri. D'altra parte la flessibilità, l'avventurosità e il senso dell'alternativa stimolati nei bambinetti americani permettono loro, paradossalmente, di immaginare dei fini inaspettati e straordinari al cui servizio mettere le proprie capacità. Nell'assenza di una tale visione, molti cinesi se ne stanno lì, equipaggiati di meravigliose abilità, ma incapaci di mobilitarle verso uno scopo che non sia la trasmissione alla prossima generazione.

Sono profondamente consapevole che i regimi educativi che ho suggerito per gli Stati Uniti e per la Cina possono sembrare essi stessi formule ortodosse – ricette che promettono di raggiungere il migliore dei mondi della tradizione, delle abilità, dell'innovazione, del *problem solving*, della creatività. È quindi d'uopo sottolineare che né una buona educazione tradizionale, né una buona educazione progressiva, né un buon misto delle due possono essere raggiunti tramite formule. Come i miei colleghi ed io abbiamo spesso ripetuto, una educazione eccellente avviene in posti imprevedibili e dipende da fattori imponderabili: insegnanti pieni di dedizione, presidi lungimiranti e genitori incoraggianti, la capacità di guardare al di là degli slogan passeggeri e al momento sopravvalutati in quella determinata cultura e quella capacità di giudizio "tipo-giudice" che è stata individuata come fondamentale negli insegnanti di arte che hanno vinto i premi della Fondazione dei fratelli Rockefeller, dote che ho osservato anche nei migliori insegnanti di musica in Cina, a Chengdu e Xiamen.

Gli studenti hanno sempre imparato altrettanto o anche più dal modo in cui gli insegnanti si presentano – i loro atteggiamenti, i loro valori, i loro codici morali, il loro modo di pensare quotidiano, di agire, e prima di tutto, di essere – che non dal curriculum, sia questo creato uguale per tutti a Pechino o ritagliato su misura di ogni singolo allievo in uno dei mille distretti scolastici negli Stati Uniti. Oggi in nessuno dei due paesi le idee vengono accettate acriticamente solo perché enunciate da degli adulti. I giovani non sono i depositari della saggezza, ma neppure coloro che sono in posizione di autorità lo sono; il diritto di essere ascoltati devono guadagnarselo e l'esempio delle loro vite deve costituire la più legittima rivendicazione dell'attenzione dei giovani.

Negli ultimi vent'anni della mia vita ho pensato a me stesso professionalmente come scienziato. Ho creduto che risposte migliori a gran parte dei problemi possano essere scoperte grazie a una continua, oggettiva ricerca scientifica. Continuo anche adesso a pensarla così, ma allo stesso tempo, specie in seguito alla mia visita in Cina, sono giunto a dare valore anche a un'altra prospettiva. Le risposte alle domande alle quali sono più interessato – domande sullo sviluppo umano, l'arte, l'educazione, la mente e la creatività – non verranno mai verificate nel chiuso di un "puro" laboratorio scientifico e neppure in una moltitudine di tali laboratori che operano indipendentemente l'uno dall'altro. Riusciremo ad avvicinarci a risposte degne di essere ascoltate in questi campi solo dopo che avremo portato avanti studi etnografici in molti diversi contesti e compreso gli assunti e i valori che permeano questi contesti. La conoscenza scientifica – piuttosto che le riflessioni informali di queste pagine finali – inizierà ad accumularsi quando intraprenderemo il lungo e arduo processo di mettere in contrasto e poi sommare i risultati di questi studi. Solo allora potremo determinare se generalizzazioni solide e fruttuose possono emergere da studi di casi particolari o se le pieghe idiosincratiche di ogni caso non minino le generalizzazioni al loro nascere. Per il momento, io spero che queste intuizioni raggiunte sulla base dell'istruttivo confronto di due culture così disparate allargherà la nostra comprensione di alcune questioni da tempo cruciali in ognuna di esse e crescentemente cruciali in entrambe.

14. Riflessioni in chiave personale

Nelle settimane immediatamente seguenti il mio ritorno negli Stati Uniti, sono stato preso da una strana frenesia di visitare musei. Nella profusione di gallerie e mostre fra cui scegliere, mi hanno particolarmente colpito due esibizioni contrastanti fra loro quanto lo sono le concezioni dell'arte in Cina e negli Usa. La prima, al Museo d'arte moderna di New York, era intitolata "Berlino dopo la guerra". Quasi nulla in questa esposizione sarebbe considerato bello né secondo i criteri cinesi né secondo i criteri occidentali, anche i meno rigidi. Erano infatti lavori aspri, brutti, grotteschi, anarchici, grezzi e crudeli e anche quando non così stridenti, spesso enormi e sfacciati oppure minuti e oscuri. Una parte delle opere riguardava mutanti e storpi, la morte e i morenti – tutti soggetti tabù nel contesto cinese. Inoltre era spesso non facile discernere una vera e propria maestria dietro il modo in cui questi lavori si presentavano. La grande maggioranza dei cinesi non potrebbe che rimanere turbata per tale stile, per il soggetto, nonché per l'evidente mancanza di tecnica.

Eppure anziché deprimermi, questa mostra mi ha esilarato. Scorgevo voce, spirito, genuine emozioni in questi lavori. Quasi tutti erano vivi e importanti, incorporavano una volontà di affrontare senza indietreggiare quei temi di sessualità, crimine, politica, e "il muro" che pervadono la Germania del dopoguerra (e alcuni richiamano la Germania di tempi ancora precedenti). Dentro e accanto tutto questo c'erano anche tracce di sentimento, di speranza, di innocenza quasi infantile. Una mostra che riusciva a trasmettere cosa deve aver significato crescere in quella vetrina che è stata la Berlino degli ultimi decenni – essere vissuti "lì".

Non potevo evitare di fare continui confronti con le mostre d'arte contemporanea visitate in Cina, che spesso esibivano mirabile maestria tecnica ma non avevano niente a che fare con la vita così come scorreva fuori nelle strade. Tali lavori rappresentavano un mondo di sogno, sospeso fra un idilliaco passato che non tornerà e un presente socialista messo quotidianamente in crisi dalle riforme economiche del regime di Deng. Una didascalia su un poster di Dieter Hacker, alla mostra su Berlino, ricordava con parole brechtiane, che esiste anche un'altra concezione dell'arte:

L'arte deve azzannare il collo della borghesia come il leone azzanna quello del cavallo. Non è lì per soddisfare molli bisogni e oziosi piaceri. Deve affilare la nostra consapevolezza. L'arte ci spalanca davanti un enorme ventaglio di cose... L'arte è attiva autodeterminazione.

La seconda mostra non poteva essere più diversa. Un sabato pomeriggio, visitando la nuova pinacoteca Sackler dell'Università di Harvard, sono capitato dentro "L'ultimo dei· Mandarini: calligrafia e pittura dalla Collezione F.Y. Chang". Dozzine di raffinati dipinti e pergamene collezionati nel corso di questo secolo da un dignitoso ufficiale governativo dell'era repubblicana (1911-1949), poi finito con la propria famiglia negli Stati Uniti. Non sufficientemente ricco per poter acquistare lavori d'arte del passato, egli aveva invece stabilito buoni rapporti personali con artisti grafici suoi contemporanei pieni di talento e aveva raccolto i loro lavori, ora esposti alla Sackler.

Mi ha colpito la storia della vita di questo personaggio, narrata nel catalogo della mostra. Nato nel 1890, Chang fu allevato negli ultimi anni dell'impero nel rispetto della tradizione confuciana, ovvero nelle credenze, allora ancora dominanti, che bisogna coltivare l'educazione morale dei singoli e che gli uomini educati hanno la responsabilità di entrare nell'amministrazione e di aiutare la società. Il suo amore per la pittura e la calligrafia iniziò quando era ancora un bambino di nove o dieci anni. Come ha comunicato alla figlia: "Per qualche motivo amavo guardare i ruscelli, le montagne e gli uccelli nei dipinti appesi alle pareti della mia casa e a scuola mi sentivo istintivamente ispirato da dipinti cinesi di paesaggi e fiori."[*]

Chang ha collezionato lavori di artisti che, a suo parere, esemplificavano la sensibilità confuciana: quell'amalgama di nozioni scolastiche, sensibilità, rettitudine e allusività estetica inestricabilmente connesse nello spirito dei letterati cinesi. I suoi artisti favoriti non imitavano gli stranieri, ma cercavano una "grande sintesi", ispirandosi allo stile degli antichi maestri per

---

[*] Julia K. Murray, *Last of the Mandarins*, Harvard University Museum, Cambridge 1987, p. 11.

dare un proprio contributo creativo nella pittura. Man mano che
l'artista riusciva a sviluppare gradualmente nel corso degli anni
un proprio stile, egli stesso entrava a far parte della tradizione.[*]

In acuto contrasto con gli atteggiamenti occidentali, a Chang
la visione del mondo dell'artista non interessava, ma neppure si
lasciava sommergere da questioni di destrezza tecnica. Le idee
che animavano gli artisti della esibizione su Berlino erano
quanto di più lontano si possa concepire dallo spirito della sua
collezione. Per Chang l'aspetto più importante era il *carattere*
dell'uomo: se un uomo è retto, tutte le vicende della sua vita
seguiranno la via dell'ordine e dell'armonia. Chang spiegava a
sua figlia che la calligrafia o il dipinto di uno studioso non vanno
misurati unicamente in base alla loro bellezza, ma al carattere
della persona che li ha prodotti. Nel contemplare un'opera, si
osservano primariamente non le sue "pure" forme estetiche,
quanto la personalità e la forza della persona che l'ha creata.
Chang quindi concordava con i moralisti che avevo incontrato
in Cina – tranne che nella sua versione se un uomo non era mo-
ralmente retto, la sua arte non poteva aver alcun merito.

Con la cessazione del sistema degli esami, la fine dell'impero
e l'avvento di decenni di turbolenza politica in Cina, fu chiaro a
Chang che egli era venuto raccogliendo le vestigia di una età in
dissolvimento, un tempo in cui era esistita nella classe colta una
cultura condivisa e una comune visione della vita alla quale i
privilegiati potevano aspirare. Chang sapeva, come sappiamo
ancor meglio noi, che tale tempo e tale visione non possono
essere ricreati e che in molti modi e per molta gente è proprio
bene che così sia. Fortunatamente, tuttavia, la sua collezione "ci
offre uno sguardo nel mondo dei letterati proprio un attimo
prima che il sipario scenda definitivamente".[**] Ammiro Chang
per aver saputo conservare quel mondo, del quale egli era
almeno marginalmente parte e per averlo reso accessibile alle future generazioni, anche se noi siamo in grado di apprezzarlo solo
parzialmente. Sono anche colpito dalla constatazione che la
maggior parte della gente che ammiro, in Cina, mantiene dei le-
,gami personali con quel tempo e che quando loro moriranno,
tali legami saranno recisi per sempre.

Mi sono chiesto: come è possibile che io sia al tempo stesso
così entusiasta della mostra su Berlino e così toccato da opere di
una cultura ieri ed oggi portatrice di valori così contrastanti?
Come può la stessa persona aver contestato con scetticismo le
vantate connessioni fra arte e moralità nella Cina di oggi, e inve-

---

[*] *Ibid*, pp. 6, 11.
[**] *Ibid.*, p. 9.

ce accettare con spirito tollerante quegli stessi nessi nella Cina di ieri? Questi e molti altri enigmi hanno fatto nascere in me il bisogno di arrivare a far chiarezza nell'intrico delle reazioni suscitatemi dalla Cina, fin dal primo viaggio.

Inizio con alcune vivide impressioni sensoriali. Vi sono oggigiorno pochi luoghi in grado di competere con la Cina per ampiezza e varietà di scenario. Si viaggia con crescente stupore attraverso questo vasto e per molti versi ancora vergine territorio, con le sue impressionanti giustapposizioni di montagne e di mari, ricche ondulate pianure e aridi deserti, minuscoli villaggi e affaccendate metropoli. La cultura della Cina è ugualmente sontuosa e ugualmente diversificata – con tesori artistici che risalgono fino alle ossa oracolari della dinastia Sung e ai grandiosi bronzi della dinastia Chou; le imponenti stele calligrafiche e gli animali di porcellana della dinastia Tang; gli amabili dipinti e pergamene delle dinastie Sung, Yuan e Ming. Altrettanto ricchi gli spartiti musicali e le danze, incluse centinaia di forme d'opera, dozzine di strumenti antichi, innumerevoli canzoni popolari e danze prodotte da una ventina di minoranze etniche e uno stile di esecuzione trasmesso nel corso dei secoli. In effetti, viaggiando attraverso la Cina, paese coinvolto in un esperimento di trasformazione sociale fra i più ampi e continuativi mai intrapresi, mi sono sentito in contatto con diversi millenni. Ho visto contadini arare i campi e in piedi accanto ai fiumi, che apparivano (e forse si sentivano) proprio come ai tempi di prima della scrittura. Gran parte dei procedimenti di costruzione, delle modalità di trasporto, la dieta giornaliera e lo stile di abbigliamento risalgono a centinaia di anni fa, donando alla Cina una atmosfera senza tempo. Viene in mente una immagine di Shen Conwen, scrittore molto riverito, il quale descrive una comunità sul fiume Chen nel Hunan occidentale:

In quei duemila anni molte razze decaddero divennero moribonde o furono spazzate via... eppure, nonostante le lotte intestine e le carneficine che hanno sconvolto quest'arco di tempo e i cambiamenti dinastici che hanno inflitto tali calamità alla popolazione, uccidendone una parte e costringendo i sopravvissuti a farsi crescere il codino oppure a tagliarselo, soggetti di volta in volta alle restrizioni imposte dai nuovi governanti, la gente qui sembra fondamentalmente priva di alcuna connessione con la storia. A giudicare dai loro metodi di sopravvivenza e dalle distrazioni con le quali sfogano i propri sentimenti, non sembra esserci alcuna differenza fra passato e presente... la scena che mi è di fronte potrebbe essere stata esattamente la stessa osservata da Qu Yuan duemila anni fa.[*]

---

[*] *Recollenctions of West Hunan*, Panda Books, Pechino 1982, p. 63.

Mentre gran parte della Cina può sembrare al di fuori della storia, molti dei suoi abitanti hanno un incredibile spessore storico. Si possono ancora vedere uomini e donne della Cina imperiale, uomini con barbe e mantelli in stile Manciù, donne con minuscoli piedi strettamente fasciati. E ci sono persone che non solo ricordano i decenni postimperiali (dal 1910 in poi) ma per molti versi li epitomizzano: democratici degli anni venti; rivoluzionari degli anni trenta e quaranta; la prima generazione di cinesi dopo la Liberazione e gli "esperti stranieri" loro soccorritori; vittime e carnefici di ognuna delle purghe e controrivoluzioni del dopo 1949; e anche cinesi addestrati in Giappone, Europa, Russia o Stati Uniti nel corso di quasi ogni decennio dal 1900 ad oggi. Dubito che esista un altro posto al mondo dove ci si possa trovare in mezzo a così diverse correnti culturali e discorrere con persone testimoni di ognuna di queste – alcune delle quali io stesso ho avuto modo di intervistare nel corso della nostra ricerca.

Non ho neppure tentato di nascondere la mia totale mancanza di simpatia per l'attuale regime cinese, il quale mi colpisce per essere inutilmente costrittivo, inefficiente e fuori passo con molte delle tendenze più profonde, più forti e migliori del popolo cinese. Parimenti non posso che testimoniare la profonda impressione causatami da molti singoli individui cinesi, fin dalla mia iniziale scoperta del "tipo alla Zhou Enlai". È in questo paese che ho incontrato le persone che considero più vicine all'ideale, persone dal temperamento equilibrato, calde, studiose, modeste e infinitamente compassionevoli. Nonostante quello che hanno passato (o forse a causa di questo) questi uomini e queste donne hanno raggiunto un senso di equilibrio, armonia, accettazione e saggezza che non ho mai incontrato altrove in nessuna misura e che so benissimo che io non riuscirò mai a raggiungere.

Come sia maturata in Cina una tale visione del mondo e di vita, non è facile dire. Mi pare che questa sensibilità cinese rifletta principalmente una capacità di rimanere connessi al passato – alla potente tradizione ed eredità confuciana, ma nel contempo in qualche modo anche aperti e disponibili verso le forze all'opera nell'era moderna. Comporta il rispetto per il vecchio, per ciò che è venuto prima, per idee religiose e perfino superstiziose, combinato con la tolleranza verso coloro che non sono legati a, o non possono apprezzare, questi aspetti dell'antica tradizione. Comporta una dedizione allo studio, all'accademia, alle finalità artistiche, accompagnata dalla credenza che queste attività siano valide in se stesse, ma anche contribuiscono a rafforzare il tessuto sociale e a trasmettere valori positivi alle future generazioni. Lascia spazio alle differenze individuali, perfino alle eccentricità, ma in nessun modo le glorifica o le programma a spese della sensibilità altrui. Uno che esibisce questo tipo di sensibilità è disponibile a piegarsi al volere della più vasta comunità, ma non a sacrificare il proprio senso della misura e rispetto per l'individualità.

Senza dubbio ci sono voluti secoli per portare a compimento in una cultura questo tipo di personalità e nel corso di una singola vita sono richiesti anni di cure per riuscire a sviluppare un tale carattere, portamento e prospettiva. Forse ogni comunità al mondo genera un certo numero di "individui essenziali" come questi e in certe comunità cinesi ne ho visto al lavoro le forze propagatrici.

Questi cinesi per me esemplificano atteggiamenti e valori che mi erano cari nella prima giovinezza, valori raramente manifesti e ancor meno apprezzati nella società americana. Come figlio più anziano di immigranti tedeschi ed ebrei, contornato dalla famiglia allargata, ho imparato ad apprezzare le persone anziane e le relazioni di parentela, ad ammirare il passato e i valori che vi sono associati, a rispettare l'educazione e l'amore per la conoscenza, a coltivare una sensibilità artistica e uno spirito religioso. Forse proprio perché la mia famiglia era stata perentoriamente privata del proprio passato e alcuni suoi membri crudelmente assassinati, queste vestigia diventavano particolarmente preziose. La Cina – Taiwan tanto quanto il continente – si mantiene molto di più entro l'ambito di quella che la mia famiglia (e i sociologi) chiamano *Gemeinschaft* (una comunità connessa da legami personali) e piuttosto lontana dal polo contrastante della *Gesellschaft* (una comunità regolata da legami commerciali).

Alcuni di questi valori – particolarmente quelli riguardanti la conoscenza e le arti – hanno mantenuto un posto centrale nella mia esistenza. Mi sento a casa in una nazione della quale si può dire: "La storia dell'educazione cinese è quasi la storia della Cina, perché forse in nessun altro paese il processo educativo ha avuto un'influenza così profonda sulla vita nazionale".[*] Altri valori – come la venerazione del passato, il culto dell'identità ebraica, la prossimità fisica con la famiglia allargata – sono invece lentamente passati in secondo piano. Ma proprio come la mia riunione con i compagni di liceo mi ha ricordato la grande importanza (sebbene temporaneamente dimenticata) di quegli anni formativi, così anche il tempo trascorso in Cina mi ha rivelato l'importanza che ancora rivestono per me, seppure sotterranei, questi altri valori.

Sono anche stato profondamente influenzato da occasioni

---

[*] J. Leighton Stuart, citato in C.T. Hu, "Il retroterra storico: esami e controlli nella Cina premoderna", *Comparative Education*, 20, 1984, p. 7.

che mi hanno avvicinato alla figura del letterato cinese (così come comunicata, per esempio, dalla collezione del signor Chang) e dall'aver conosciuto personalmente dei cinesi che continuano a impersonare alcuni di quei valori. Proprio come mi ha sempre affascinato l'Inghilterra del diciottesimo secolo, stile Samuel Johnson, mi sono anche sentito attratto dal tipo di vita condotto dai membri del ceto intellettuale della dinastia Ming. Posso immaginare me stesso intento a coltivare le arti e le abilità artigianali in compagnia di amici, fare lunghe passeggiate per i tortuosi sentieri di Suzhou, prender parte ora alla indaffarata vita di corte e ora ritirarmi in montagna per dedicarmi alla contemplazione. In un certo senso è irrilevante se per davvero mi sarebbero piaciute la Gran Bretagna del 1750 o la Cina del 1550 (e se i membri delle ristrette élite privilegiate cui mi riferisco avrebbero potuto capire qualcosa di me...); la mia immagine di queste società mi aiuta a fare i conti con alcuni aspetti fra i più significativi della mia vita.

Man mano che mi andavo estraniando da certi valori tradizionali della mia giovinezza, anche i miei criteri educativi ed estetici andavano mutando. Alla vigilia del mio primo viaggio in Cina, come già detto, ero un convinto "progressivista" in materia educativa e un deciso "modernista" nelle questioni di carattere estetico. Il mio universo era inquadrato da Dewey e Piaget su un asse e Joyce e Picasso sull'altro. Il periodo passato in Cina mi ha spinto a riconsiderare queste posizioni. Tanto per iniziare, l'osservare i giovani cinesi intenti a sviluppare le proprie abilità estetiche nel corso di molti anni, ha suscitato in me un nuovo senso di rispetto per l'importanza di un tale addestramento continuativo e regolare entro un definito campo di competenza. Mi ha anche fatto tornare alla mente i miei continui tentativi di migliorare le mie abilità musicali e altre pratiche simili in altri campi della mia vita ancora oggi. Ci dovrebbe essere spazio per lo sviluppo di abilità di base e per un apprendistato prolungato, nella struttura dell'educazione americana.

Allo stesso modo, pur non avendo affatto ripudiato i miei precedenti criteri estetici, mi sono trovato più attratto di quanto non avessi previsto dalle forme tradizionali della musica, delle arti figurative e specialmente della calligrafia cinesi le quali, specie quando praticate o esibite in un contesto adatto, trasmettono una grande forza. Gli studenti che vivono in una cultura con un antico passato dovrebbero, come parte della loro educazione, poter scegliere di dedicarsi a una o più di queste pratiche tradizionali. E il coltivare forme espressive tradizionali dovrebbe essere una pratica incoraggiata, in contesti adeguati, anche nell'ambito di società più giovani, come l'America.

Infine sono stato stimolato a riformulare i concetti relativi alla natura e ai modi di coltivare la creatività. Non è indispensabile inquadrare la creatività come una rottura radicale col passato e neppure iniziare a coltivarla in giovanissima età; essa può manifestarsi in circostanze sorprendenti, in individui insospettabili e nel corso dell'intera vita.

Con questo torno indietro alle due mostre d'arte. Piuttosto che essermi sviluppato in un essere umano "ben integrato" (come consigliano i trattati di psicologia e di autoanalisi...) io mi trovo a essere un ibrido: da un lato attratto dalle forme ed espressioni artistiche più iconoclaste e provocanti, dall'altro da forme di maestria artistica fra le più controllate e tradizionali. Oltre a ciò mi trovo a dover riconciliare l'attrazione per una educazione imperniata sulla creatività con il riconoscimento dell'importanza delle abilità di base; il mio profondo impegno verso il pluralismo nell'educazione, con un rinnovato rispetto per il bisogno di coltivare alcuni comuni concetti, testi e oggetti culturali; la mia visione della prima infanzia come un periodo di massima libertà di esplorazione, con il copione di una infanzia strettamente programmata che porta a spettacolare maestria tecnica e può più avanti facilitare il decollo creativo.

Nel midollo sono americano, ma a causa del retroterra culturale misto – e anche per esser contemporaneamente figlio primogenito e secondogenito – può darsi che io avverta più profondamente dentro di me il perenne e universale conflitto fra innovazione e tradizione, fede e iconoclastìa, autorità e democrazia, ordine e "disordine creativo", continuità e rotture. In quanto "uomo marginale" sento anche la tensione fra il desiderio di una base comune di sapere condiviso da tutti entro una forma di governo e il rispetto per la libertà di individui o di minoranze di seguire la propria strada. In quanto scienziato che ha sostenuto l'esistenza di diverse forme di intelligenza umana, vedo lo sviluppo di quelle specifiche forme in ogni individuo come mezzo per sviluppare appieno il proprio potenziale. Allo stesso tempo, rendendomi conto che i problemi del mondo non saranno mai risolti dai tecnici, sento il bisogno di quella pietra angolare umanistica, che risulta da una educazione generale e che rimane il perno delle tradizioni educative sia greco-romana che anglosassone che confuciana.

Come americano (di discendenza ebraico-tedesca) non posso, se non con un atto di immaginazione, collegarmi intuitivamente e personalmente con l'eredità cinese. Neppure l'adozione di un figlio cinese che amo caramente può assimilarmi a quella cultura. Eppure trovo significativo che a metà della mia vita, io abbia sentito il bisogno di cercare modelli di vita diversi e vari indizi su come preservare e migliorare il nostro mondo. Né, date le numerose affinità in positivo fra le culture cinese ed ebraica (come l'enfasi sulla famiglia e sulla educazione...) e le tremende ripercussioni negative (l'Olocausto e la Rivoluzione culturale), è sorprendente che mi sia sentito particolarmente attratto dalla Cina.

Adesso mi tocca affrontare la sfida di riuscire a fondere fra loro questi diversi messaggi e tradizioni culturali. È un problema personale, ma è anche, credo, un problema del nostro tempo. È straordinaria la quantità di miei coetanei che, ancora relativamente giovani data l'impresa, si sono messi recentemente a scrivere saggi autobiografici. Ho l'impressione che molti di noi sentano nel proprio passato l'agire di elementi cruciali della tradizione che hanno avuto importanza sia nella nostra formazione che nei nostri successi e che invece sembrano mancare nelle vite della prossima generazione e a volte anche dei nostri figli; elementi che riteniamo debbano in qualche modo entrare a far parte delle opzioni contemporanee, se vogliamo sentirci tutt'uno con noi stessi e collegati con il più vasto mondo.

Nel mio caso, la connessione con la Cina, la tradizione cinese e il popolo cinese mi hanno aiutato a dare delle risposte a questi bisogni. In contrasto con la Cina, l'America è la più giovane fra le società più importanti; è un paese che si è autodefinito in termini di mancanza di vincoli precedenti e che si è mosso in molte nuove e spesso fruttuose direzioni. Ma non è più la virginale "città sulla collina"; anche l'America è sempre più travagliata da molti dei problemi che hanno appesantito le vecchie civiltà. Da molti punti di vista, il nostro paese sta andando a fondo, anche se ancora lo vediamo spesso fungere da sorgente di speranza di costruttive innovazioni agli occhi di buona parte del resto del mondo, incluse zone apertamente ostili. Ed ecco come l'esempio della Cina può giocare un ruolo positivo. Gli aspetti di forza di carattere, rispetto per la tradizione, coltivazione delle capacità di base, creatività evolutiva e generosità d'animo che ho trovato così attraenti in Cina, possono stimolarci a considerare come preservare il meglio nelle tradizioni culturali americane. Se possiamo identificare tratti analoghi nei nostri passati e nei nostri attuali modi di essere, forse possiamo anche prefigurare una sintesi percorribile per il domani dei nostri travagliati paesi.

Con mia sorella, dato che i nostri genitori stanno invecchiando, abbiamo deciso di incoraggiarli a stabilirsi a Boston, in modo da essere più vicini a figli e nipoti. E così, anche con un aiuto finanziario da parte loro, abbiamo comprato un appartamento. Con mia sorpresa e delusione, invece di trasferirsi immediatamente a Boston, essi sono rimasti a Scranton. Sentendomi pieno di virtù per l'acquisto ma in un certo senso anche irritato che tutto non si fosse risolto con la rapidità che avrei voluto e avevo previsto, ho riferito questo episodio a un amico cinese. "Nel nostro paese," gli ho detto, "genitori e figli spesso non vivono vicini come fanno in Cina. Al fine di stare tutti più uniti mia sorella e io abbiamo deciso di mettere i nostri risparmi in un appartamento, ma i nostri genitori hanno deciso di rimanere nella loro vecchia casa in Pennsylvania."

"Ah," ha commentato, "forse non hai fatto le cose nel modo giusto. In Cina il modo corretto di agire è spostarsi nella loro città così che tu possa essere vicino ai genitori."

Sapevo che il mio amico aveva ragione e che mia sorella e io eravamo in gran parte stati motivati da ragioni di convenienza personale. Sapevo anche che due professionisti di mezza età non possono decidere di lasciare Boston per trasferirsi nella lontana Scranton. In America non è facile e forse non è possibile, "tornare a casa". Sembra proprio che non ci sia altro da fare che accettare la separazione.

Da quando le diverse società hanno iniziato a istituire contatti continuativi fra loro, è divenuto chiaro a tutti tranne che agli sciovinisti irrecuperabili, che nessuna società è riuscita ad articolare al proprio interno l'intero spettro di conoscenze su come condurre la propria vita. Man mano che il mondo diventa più complesso e più interconnesso, l'impossibilità di autosufficienza nazionale diventa sempre più evidente.

Dobbiamo quindi scegliere o di chiuderci la porta alle spalle, alla ricerca di nuove risposte – la chiamerei la via ciecamente creativa – oppure di studiare le altre più importanti culture per vedere se le loro soluzioni ci possono aiutare. La civiltà cinese di per se stessa non può, naturalmente, fornirci risposte a tali urgenti problemi mondiali come la sopravvivenza nucleare, ma non è un piccolo risultato che la Cina, diversamente dalla maggior parte delle altre grandi potenze, sia per lo più rimasta entro i propri confini, abbia una lunga storia di tolleranza e che raramente si sia gettata in imprese di conquista e di proselitismo. Mentre la Cina da sola non possiede la chiave ai problemi educativi degli Stati Uniti, il fatto che abbia successo nel coltivare abilità di base e allo stesso tempo nel forgiare giovani uomini e donne eccezionalmente creativi, è rilevante per il dibattito nazionale in questo paese. E mentre la Cina da sola non può dirmi come allevare i miei figli o come mantenere e onorare i miei genitori, il fatto che la maggior parte dei bambini cinesi sembrino felici e fiorenti e che i cinesi abbiano da tempo trovato delle sistemazioni importanti per la parte più anziana della popolazione, pare istruttivo a me e forse anche ad altri. Alla fine ogni individuo, ogni gruppo sociale, ogni nazione deve arrivare a una propria integrazione dei vari modelli con i quali viene a contatto. Dalle esperienze di cui ho qui fatto la cronaca, io traggo la conclusione che dobbiamo accettare e affrontare la disparità degli impulsi dentro noi stessi, cercando di riconciliare quelli che hanno la possibilità di essere connessi e accettando con comprensione quelli destinati a rimanere separati.

Indice